文法敎育의 탐구

A Study on Grammatical Education

文法敎育의 탐구

A Study on Grammatical Education

朴 德 裕 著

한국문화사

머리말

학교문법은 실용문법으로 언어와 국어에 관한 체계적인 지식을 익히고 국어를 정확하게 사용하는 데 목표를 둔다. 따라서 학교문법은 우리의 언어생활을 올바르게 하기 위하여 규칙을 정하고 그것을 명령하는 문법이므로 문법을 교육적인 안목에서 실용적인 효율성을 고려하여 교육 效用上에 근거를 두고 통일적으로 체계화시켜야 한다. 그러기 위해서는 전통적 문법을 바탕으로 객관적이며 과학적인 분석에 의한 構造主義 문법과 有意味的인 단위를 바탕으로 무한한 언어 창조에 초점을 둔 變形生成 문법의 이론을 적용시켜야 하되, 실용적인 면과 규범적인 면을 고려해야 할 것이다.

특히, 제7차 교육과정에서의 문법은 '언어를 운용하는 데 필요한 여러 가지 원리'라는 넓은 의미로 사용된다. 따라서 가장 작은 단위인 '音韻'에서부터 가장 큰 단위인 '談話'에 이르기까지 국어에 관한 문제들을 하나씩 탐구하는 특성을 갖는다. 그리고 우리말을 정확하게 사용하는 능력 함양을 위해 국어 지식과 규칙인 문법을 익히되, 하나의 획일적인 답만을 암기하는 방식에서 탈피하여 우리말을 다양하게 탐구하는 경험을 갖도록 한다.

이러한 7차 교육과정은 1997년에 고시되어 2000년 3월 초등학교 1, 2학년부터 시행하여 2004년 3월 고등학교 3학년까지 적용된다.

이에 본서는 제6차 교육과정과 제7차 교육과정이 동시에 적용 받고 있는 과도기적 시점에서 이 모두를 만족시키기 위해 필요한 분야를 탐구하도록 했다. 따라서 우리말을 연구하고 이를 바탕으로 하여 우리말을 사랑하는 마음과 우리말을 발전시키려는 태도에 초점을 두어 각 부분별로 문제점을 탐구할 뿐만 아니라, 실생활에 적용하는 실용문법으로서의 역할을 다하고자 하였다.

　제1장에서는 문법교육론을 통해 문법교육의 개념과 필요성을, 제2장에서는 국어과 교육과정과 문법을 제6, 7차 교육과정으로 나누어 고찰하였으며, 제3장에서는 형태론적인 면을, 제4장에서는 문장론적인 면의 시제와 상론을, 제5장에서는 어휘의 양상면으로 은어와 속어를, 제6장에서는 담화론을, 제7장에서는 국어의 규범론을 원리와 실용에 맞추어 실제적인 문제들을 탐구하도록 했다. 부록에서는 옛말의 문법론과 우리말의 변천과 특질을 제시하였으며, 제6차와 7차 문법교과서의 잘못된 점을 지적하여 실었다. 이는 제7차 교육과정의 문법 차례인 '말소리, 단어, 어휘, 문장, 의미, 이야기, 국어의 규범, 그리고 부록인 국어의 옛 모습과 국어의 변화에 맞추어 전개시킨 것이다. 특히, <부록>의 우리말의 변천을 통해 音讀·語彙·文法·意味의 변천 등 國語史의 흐름을 이해할 수 있도록 자세히 고찰하였다.

　대개 문법은 이론과 실제가 분리되어 그저 암기식 위주로 인식되어 왔으며, 기존의 습관적인 틀에서 벗어나지 못하는 고정적인 틀로 인식되어 온 것이 사실이다. 문법은 단순히 지식을 획득하는 것만이 아니라, 그것을 실제생활에 적용함으로서 국어를 올바르게 사용할 수 있어야 한다. 이에 본서는 문법교육의 이론적인 면에서 문제를 제기하고 탐구함으로써 그 이론이 실생활에 적용할 수 있는 부문들을 통해 지식 전달뿐만 아니라, 문제해결 능력과 정확한 언어생활을 할 수 있도록 하였다.

　끝으로 이 책이 나오기까지 여러 모로 도움을 주신 분들께 감사 드리며, 흔쾌히 출판해 주신 한국문화사의 김진수 사장님과 편집위원께 진심으로 고마움을 전한다.

2002년 9월 15일
저자 識

차 례

제3장 形態素와 單語形成論

제4장 時制와 相論

제1장 文法敎育論

1.1 學校文法의 槪念과 性格

1.1.1 學校文法의 개념

학교문법은 문법의 用途 내지는 목표 면으로 본 實用文法의 명칭이다. 실용문법은 우리의 언어생활을 올바르게 하기 위하여 규칙을 정하고 그것을 명령하는 문법이다. 개별언어의 문법현상을 있는 그대로 記述 설명하는 科學문법 내지는 學問문법에 대립된다. 일정한 기준에 따라 옳고 그름을 단정하기 때문에 언어의 시대적·지역적·사회적 位相性을 무시해버리는 경향이 있다. 주로 청소년들에게 自國語나 외국어를 학습시킬 때, 특히 학교교육에서 교육되는 문법이므로 학교문법(school grammar) 또는 교육문법(didactic grammar)이라고 한다. 국어문법에서는 그 연구가 국어 국문의 整理운동과 결부되어 이루어졌으므로, 초창기의 대부분의 文法書들은 敎科 문법서의 성격을 지니고 있다.

학교문법의 성격을 목표와 내용면에서 살펴보면 다음과 같다.

첫째로 目標面에서의 학교문법은, 學問문법으로서의 지식이나 문법이론을 중심으로 하는 體系문법이 아니라, 우리의 언어생활에서 실제로 직면하는 언어적 사실의 일반적 秩序, 곧 문법적 지식을 학습하고 자신의 언어생활을 반성하는 능력을 기르며, 동시에 정확한 언어표현의 요령을 습득시키는 實用的이며 실제적인 의의를 지니는 機能문법이다.

말을 자각적으로 사용하는 일, 말에 대한 예민한 감각을 갖는 일, 文

法的 意識을 높이는 일 등이 중요한 목표가 된다. 文法意識은 문법지식을 의미하는 것이 아니라 문법적 眼識을 말한다. 이러한 문법의식을 발전적으로 啓發하기 위하여 필요한 것이 학교문법으로, 이는 말의 秩序性 내지는 規範性을 인식하고, 문법의식을 예민하게 하며, 문법적 지식을 익히면서 문법적 문장의 자각적 사용으로 유도한다.

다음으로 內容面에서의 학교문법은, 순수한 文法部門 자체에서 좀 이탈된 부문일지라도 언어활동으로서의 表現과 理解의 능력을 기르는 것이 국어과 교육의 중요한 목표이므로 形態論과 構文論뿐만 아니라 音韻(음성을 포함한), 語彙, 意味, 待遇法, 正書法, 談話論 등 언어표현의 諸相에 관한 내용이 학습되어야 한다.

학교문법은 학생들로 하여금 정확하고 효율적인 언어생활을 할 수 있도록 題材를 선정하여 지도한다. 따라서 학교문법의 내용은 문법학자의 학문적 연구체계일 수 없고, 어느 개인이나 학파의 독단적 학설이나 체계일 수도 없다. 문법을 교육적인 안목에서 실용적인 효용성을 고려하여 교육 效用上에 근거를 두고 통일적으로 체계화되어야 한다. 또한, 학문적 전문성을 피하고 慣用性을 근거로 應用言語學的 측면에서 문법이론을 다루어야 한다.

후란시스(W. Nelson Francis)는 그의 "문법의 혁신"(Revolution in Grammar)이라는 논문에서 문법을 3가지 유형으로 나누고 세 가지 부류의 문법개념을 제시했다.[1] 이에 따르면 文法1은, 어떤 언어의 말들이 보다 큰 의미를 전하기 위해서 질서정연하게 배열되어 이루어진 일련의 形式的 模型으로서 언어구조 중의 한 특수 분야, 즉 文法2의 주제를 이루는 복잡한 인간 언어체계를 지칭한다. 文法1은 개별언어의 原話者의 내면에 형성되어 있는 機構(mechanism)이다.

다음으로 文法2는 이러한 機構의 작용에 관한 연구라고 할 수 있다. 뉴톤이 사과나무에서 떨어지는 사과를 보고 萬有引力을 발견하였는데,

---

1) Gaeng, Paul A., *Introduction to the Principles of Languages*(1971), pp.78-79.

그 이전에도 宇宙引力은 여전하게 작용했던 것처럼, 어느 누가 제일 먼저 의미의 규칙을 형식화하여 학문으로서의 문법의 역사를 밝히기 이전에도 文法1은 여전히 작용하고 있는 것이다.

끝으로 文法3은 언어를 사용할 때, 무엇이 옳고 무엇이 그른가에 관하여 따지는 것으로서, 문법적인 문장인가 혹은 비문법적인 문장인가의 판단에 관심을 기울인다. 이러한 의미의 문법은 言語凡節(linguistic etiqette)이 중요하다. 마치 우리가 집에서 혼자 있을 때, 두 다리를 자유롭게 테이블 위에 올려놓을 수는 있어도 점잖은 자리에서 이렇게 하면 예의에 어긋나는 것과 같이, 언어 사용에 있어서의 適正性을 문제삼는다.

학교문법은 후란시스가 분류한 세 가지의 유형 중에서 주로 文法3의 성격을 지니고 있음에 유의해야 한다.

1.1.2 學校文法과 學問文法

言語觀 및 文法觀에 따라 문법을 구분하면, 이른바 思辨철학에 근거한 傳統문법과 實證論에 근거한 科學문법, 經驗論에 입각한 構造문법, 그리고 合理論에 따른 變形·生成문법으로 대별된다. 각 문법관의 특징을 열거하고 학교문법과의 관계를 살펴보면 다음과 같다.

1) 傳統文法과 학교문법

전통문법의 일반적 특징을 열거하면 다음과 같다.

① 문법이란 글을 쓰는 규칙이며, 언어를 타락에서 수호하고 통제하는 규칙의 임무를 띤 것이라고 주장한다.
② 언어는 사상 표현의 도구로서 변화될 수도 모순도 없는 것이며, 변천은 곧 타락이라고 본다.
③ 모든 언어규칙은 본질적으로 하나라고 생각하는 보편문법의 성격을

지녔으며, 또한 문법은 글을 올바르게 쓰는 규칙이며, 이 규칙은 철학
자가 案出해 내는 것으로서, 문법은 이 규칙을 잘 지켜 일정하게 고
정시키며, 타락에서 수호하는 일이라고 생각한다.

④ 口語보다는 文語의 문법을 중시하여 권위 있는 글의 격식을 바르게
가르치는 길, 곧 규범적 태도를 취함이라 생각한다.

⑤ 문법의 下位部門은 대개 5부문(正書法, 語源論, 構文論, 韻律論, 句
讀法)이었으며, 모든 언어는 논리학의 命題인 主辭, 賓辭, 繫辭로 구
분된 것으로 보았다.

⑥ 전통문법에서 추구하는 문법은 直觀的인 설명이었으며, 의미나 관념
에 기반을 둔 설명 방법이었다. '名詞는 사물의 이름을 나타내는 것',
'문장은 하나의 완결된 사상을 나타내는 것' 등과 같이 의미적 관념적
인 기준에 의한 定義들은 그 구체적인 예의 하나다.

⑦ 어떤 때는 機能的 기준에서, 어떤 때는 形態的 기준에서 분류 설명하
는 등의 이론적 일관성을 잃고 있다. 品詞의 정의에서 '副詞는 동사
를 한정하는 것'이라 한 것은 전자의 예이며, '動詞는 活用變化詞다'
라고 정의하는 것은 후자의 예이다.

⑧ 전통문법은 논리학에서 출발하였으므로 기본문에 있어서 平敍文을
기본적인 것으로 간주하였고, 이에 따라 품사도 평서문 속에서의 기
능에 따라 규정하였고, 다른 문형도 평서문의 변형으로 설명되었다.

이상에서 열거한 전통문법의 특성에서 학교문법의 성격과 일치하는
점은, 첫째로 전통문법이 실용성을 강조하고 있고, 학교문법이 표현과
이해의 실용적인 목적을 중시하고 있는 점에서 서로 밀접한 관계에 있
다. 둘째로, 전통문법이 규범성・통일성을 강조하고 있어, 학교문법이
모든 사람에게 공통적으로 쓰일 수 있고, 표준이 될 만한 보편성을 띤
규칙을 중시하며, 규범적 규칙에서 출발하므로, 전통문법과 학교문법은
긴밀히 연관되어 있다.

그러나 전통문법이 곧 학교문법이라는 생각은 잘못이다. 위에 든 예
만 보더라도, 문법이 언어를 타락에서 수호하는 규칙이라는 생각, 언어
의 변천을 타락이라고 생각한 점, 문법규칙이 위대한 철학자에 의하여

案出된 것이라고 생각한 점, 口語보다 文語를 강조한 점 등의 여러 가지는 학교문법의 성격과 거리가 멀기 때문이다.

國文法의 전통문법적 연구는 대부분이 학교문법을 위한 規範문법이었고, 실용적 성격에서 기술되었음은 특기할 일이다.

2) 構造文法과 학교문법

과학문법은 앞에서 언급한 바와 같이, 근대 實證論에 입각한 학문문법으로서, 설명·이론문법을 계승한 理論문법이다. 과학문법의 모델은 스위트(H. Sweet)에서 비롯하여 예스페르슨(O. Jespersen)에 이르러 그 절정에 달했던 문법이론이다. 과학문법의 특징을 열거하면 다음과 같다.

① 라틴 傳統문법에서의 脫殼
② 晋聲언어의 중시와 論理學에서의 해방
③ 의미보다 형태를 중시하고, 규범성에서의 탈피와 放棄의 경향
④ 언어는, 인간이 交涉 協同하는 수단이라는 관점에서 역사적으로 타락하지 않고 변천 발전하는 것이며,
⑤ 언어는 인간사회의 協約的 약속이므로 인위적으로 수정 개선해 나갈 수 있다고 본다.
⑥ 그리고 문법은 언어사실과 현상에서 관찰된 규칙이며, 그러한 이유를 반드시 考證·설명해야 한다는 이론문법의 성격을 띠고 있다.

한편 記述문법, 즉 構造문법은 經驗論에 입각한 구조주의 언어학으로서 共時的 기술태도를 지닌 문법이다. 경험론의 언어관에 있어서 언어구조는 선천적으로 결정되는 것이 아니며, 언어는 전적으로 경험을 통해서 습득된다고 주장한다. 인간에게는 언어습득을 위해서 특별하고 선천적인 능력을 가지고 있지 않다는 것이다. 이 점이 合理論의 언어관과 근본적으로 다른 점이다. 우리가 언어를 습득한다는 사실과 우리가

배우는 언어의 구조는, 모두 우리가 어렸을 때 받은 훈련의 덕택이다. 언어습득의 관점에서 볼 때, 우리는 空白의 石板에서부터 시작되는 것이다. 이 공백의 석판에 최종적으로 쓰이는 언어체계는 無의 상태에서 구축되며, 그 구조는 경험에 의해서만 결정되는 것이다. 그래서 언어의 습득은 마치 우표수집이나 포크를 사용하는 방법을 습득하는 것처럼 문화적 被傳達사실이라 보는 견해다.[2]

構造문법의 특징을 항목별로 열거하면 다음과 같다.

① 전통문법이 意味를 연구의 출발점으로 하는 主觀주의 내지는 멘탈리즘에 기반을 두고 있는 데 반하여, 구조문법은 形態를 중심으로 한, 객관적 기계주의적 입장을 고수했다. 그러므로 전자가 언어의 중요한 특질이 나에게 어떻게 관계되는가를 설명하고자 하는 데 반하여, 후자는 언어의 중요한 특질이 그들 상호간에 어떻게 관계되어 있는가를 기술한다.

② 전통문법은 어떠한 문법사실이 왜 나타났으며, 그것이 어떻게 운용되어야 하는가를 설명하는 說明문법인 데 반하여, 구조문법은 하나의 문법사실을 객관적으로 관찰하고 분석하고 기술하는 分類·記述문법이다.

③ 전통문법은 여러 가지 位相(level)의 혼동, 곧 중심적 개념에 의하여 특징지어지는데, 구조문법은 이들 계층을 명확히 하여 구별하기에 힘쓰고, 다른 位相과의 交錯을 배제한다. 예를 들면, 形態的 계층과 統辭的 계층을 준별하여 형태적 분석 다음에 통사적 분석으로 옮기는 것과 같은 것이다. 언어단위의 분석적 계층을 혼동했던 전통문법과는 달리 구조문법은 여러 가지 분석계층을 구별하고 있다.

④ 전통문법이 라틴文法의 이론에 따라 논리학이나 思辨철학 등의 추상적인 것에 근거하여 意味·言語外的 기준에서 출발하는데 반하여, 구조문법은 철학적 思辨을 배제하고 언어 내적 관계의 기준에 대폭적으로 의존하고 있다.

⑤ 전통문법이 서구 언어를 대상으로 하여 문자언어를 중시한 데 반하

---

2) Langacker, Ronald W., *Language and It's Structure*(1968), p.235.

여, 구조문법은 아메리칸 인디언과 같이 문자가 없는 종족의 언어를
연구 대상으로 한 데서 발달된 관계로 음성언어가 연구의 중심이 되
었다.
⑥ 전통문법은, 記述방법이 다분히 직관적이고 추상적 진술에 가까운데,
구조문법은 객관적이며 類型 형성적이며 언어자료에 의하여 증명 가
능하며 歸納的이며 上向的이다.
⑦ 구조문법은 인문과학적 성격의 전통문법을 자연과학적 경험과학의
방향으로 轉移시킨 것이라 할 수 있다.

이상의 科學문법과 構造문법에서 定義하는 문법의 개념은 다음과 같
다. 즉, 문법이란 언어의 사실과 현상을 있는 그대로의 모습에서 觀
察·分析·記述하는 규칙이며, 언어자료에서 구성의 분류와 목록을 작
성하는 작업이다. 있는 그대로의 언어사실을 記述하고 설명하려는 문
법학은 학문문법으로서의 記述문법이다. 규범성과 실용성은 별로 문제
가 되지 않는다. 심지어는 일시적으로 잘못 쓰인 말까지도 연구의 대상
으로 하여 분석 기술하려는 태도를 고수한다. 이러한 점에서 학교문법
과는 성격이 다르다. 학교문법이 實用性 規範性에 의한 규칙에서 출발
하려는 것이라면, 記述문법은 있는 그대로의 언어사실에서 출발하며,
여기에서 체계적인 것을 찾으려고 한다.
그러나 학교문법에서 제공하는 규칙은 가공적이거나 공상적인 것이
아니다. 敎育문법에서 제공하는 언어사실은 가상적인 것이 아니다. 역
시 과학적이며 記述的 연구의 결과를 이용하는 것이다. 실지의 언어사
실에 토대를 두고 그 언어사실에서 규범이 될 만한 규칙만을 선택하여
교육한다는 점이 다를 뿐이다. 있는 그대로의 언어사실에서 출발하여
귀납적인 방법으로 문법체계를 세워나가는 것이 과학적 記述문법이라
면, 학교문법은 이 기술의 결과에서 모범이 될 만한 규칙적 사실은 정
화하여 이 규범적 사실에 따라 언어생활하기를 요구하는 演繹的 문법
으로 운용하는 것이 다르다. 학교문법에서는 언어 사실을 토대로 하여
歸納的 방법으로 규칙을 이끌어 내는 것이 교육상 매우 중요한 일이다.

학교문법과 記述문법은 서로 밀접한 관계를 가지고 있으면서 성격을 달리한다. 기술문법, 과학문법 등은 과학적 학문문법이며, 학교문법은 그 중에서 實用性·規範性을 고려하여 선정된 규칙을 교육하는 應用문법이다.

3) 變形文法과 학교문법

촘스키(N. Chomsky, 1957)는, 언어분석의 목표는 개별언어의 文法的 문장을 非文法的 문장으로부터 구별하고 문법적인 문장의 구조를 보이는 데 있다고 말했다. 따라서 문법이라는 것은 문법적인 문장만을 生成하고 비문법적인 문장은 절대로 생성하지 않는 일련의 규칙이라고 말한다. 언어습득의 이론에 있어서 變形문법은 合理論에 근거하고 있어, 어린이가 말을 배우게 되는 것은 인간에게 선천적으로 言語能力이라고 하는 生得的(a priori) 능력을 가지고 있기 때문이다. 언어경험의 기능은 언어를 형성한다는 것보다 오히려 生得的인 언어능력을 활동하게 하는 일이다. 모든 가능한 언어체계의 靑寫眞은, 모든 어린이가 가지고 태어나는 先天的인 신경장비의 일부로서 가지게 된다. 그러므로 학습의 역할은 최소한도라는 것이다. 어린이는 자기의 주위에서 쓰이는 언어를 다른 가능한 인간언어로부터 구별해 주는 구조상의 세부를 배우기만 하면 된다. 자기가 이미 소유하고 있는 언어체계와 골격에 살을 붙이기만 하면 된다. 언어들을 표현상 구별하는 지엽적 구조상의 세부가 환경의 영향을 바탕으로 습득되는 것이다. 언어학의 과제는 바로 이 언어능력(competence)을 해명하는 일이다.

變形문법의 특징을 항목별로 열거하면 다음과 같다.

① 有限한 문법규칙으로 無限한 문장을 生成해 낼 수 있는 언어능력의 창조성을 해명하려는 것으로, 문법은 모든 문법적 連鎖를 생성해 내는 裝置라는 관점에서 유기적 규칙적 체계의 有限文法의 성격을 띠고 있다.

② 잠재적 언어능력은 어느 민족이나 인종과 관계없이 인간이면 누구나 선천적으로 지니고 있다는 가설에 입각하고 있다.

③ 구조문법이 귀납적이며 上向的으로 자료의 유형분류 등을 중시하는데 반하여, 變形문법은 演繹的이며 문장에서 출발하는 下向性으로, 제한된 현지조사나 階層분리 형식기준의 방법, 곧 분석 단어 출현 빈도 등도 거의 무시한다.

④ 언어분석의 목표는 문법적인 문장을 비문법적인 문장에서 구별하고, 문법적 문장의 구조를 보이는 데 있다.

⑤ 반드시 기호와 규칙으로 추상화된 가설적 구조를 설정하고, 경험이 아닌 生成능력과 啓示的 豫報능력의 해명, 基底형식에서 파생된 관계 등을 일정한 공식으로 전개한다.

⑥ 變形문법의 이론은 시대와 연구자에 따라 여러 유파로 나뉘는데, 일반적으로 初期이론, 擴大이론, 標準이론, 生成의미론, 關係문법 등 매우 多岐하다. 그러나 이들 이론의 공통점은 문법의 記述에 있어서 變形 내지 변형규칙이라 불리는 규칙이 불가결한 점과 生成이론이라는 점이다. 따라서 이 문법을 變形·生成문법이라 불리는 것이다.

變形문법에서 정의하는 문법의 개념은 앞에서 이미 언급한 바와 같이, 문법은 언어의 문법적 연쇄를 생성하는 裝置인 유기적 규칙세계이다. 그러므로 국어문법은 국어의 잘 짜여진 바른 문장을 詳述하고, 그들 각각에 구조적 記述을 부여하는 裝置라고 말할 수 있다. 국어의 잘 짜여진 바른 문장을 지도하는 것은 學校문법의 중요한 목표인 것이다.

지금까지의 문법교육은 品詞나 音韻에 편향된 경향을 걸어왔다. 構造문법에서도 音韻에서 출발하여 形態로, 형태에서 統辭로의 해명에 접근했다. 그러나 그 중에서 統辭部門은 별로 중시하지 않았다. 이에 반하여 變形문법에서는 통사적 사실에서 출발하여 의미론적 혹은 음운론적 해석에 접근한다. 문법교육은 문법적인 문장을 비문법적인 문장에서 구별하고, 문법적 문장의 구조를 인식하고 사용하는 데 있다. 문법교육이 문장에서 시작하여 문장으로 끝나는 통사론이 중심이 되어야 함을 시사하는 것이다.

또한 언어습득에 대한 태도와 방법에서 構造문법에서는, 언어란 後得的(a posteriori) 경험으로 습득되는 것이므로, 마치 공백의 석판에 우표수집이나 수저를 사용하는 방법을 익히듯이 반복과 연습을 통해서만 가능하다고 생각했다. 그러나 合理論에 근거한 變形·生成이론에서는 인간에게는 선천적으로 言語能力이라고 하는 生得的 능력이 있어서, 언어 경험능력은 언어를 형성하는 것이 아니라 선득적인 언어능력을 활동하게 하는 일이라 생각한다. 그러므로 문법교육은 이 理想的인 話者의 양성이라는 점에서 학교문법의 성격과 일치한다.

學問문법과 학교문법은 서로 대립되거나 상치되는 것이 아니다. 학문문법의 발달에 따라 얼마간의 간격을 유지하면서 普遍的 규칙이 선택되고 정화하여 이를 교육적으로 지도 운용하는 것이 敎育문법인 것이다.

1.1.3 學校文法과 교과서

「大韓文典」(1908)을 비롯하여 대부분의 文法書는 규범문법적 성격을 지닌 문법서로서 학교문법의 교재로 사용되었다. 그러나 그들의 문법서는 저자에 따라 그 내용·체계·용어들이 달랐으며, 개인의 독자적 학설을 학생들에게 강요하는 문법서들이 많았다.

조선조 고종 32년(1895)에 공포된 小學校 校則大綱 제3조에 규정된 소학 고등과에서 국어문법이 정식 교과목으로 채택된 이래, 우리나라에서 처음으로 문교부는 이른바 '학교문법 통일안'(1963. 7.25)을 마련하여 공포하기에 이르렀다. 1963년 2월 15일(문교부령 제121호)에 공포한 새 교육과정에 의거하여 1967년부터 중학교가, 1968년부터 고등학교의 교과서가 개편되어, 문법교과서도 문교부 제정 '학교문법 통일안'에 준거, 중학교 문법교과서 16종, 고등학교 문법교과서 13종이 문교부 검인정으로 편찬 교육되었다.

문법교과서의 내용은 품사분류에 있어서 指定詞(잡음씨)도 허용하게
되어, 9품사와 10품사의 체계로 다시 갈라져 통일을 이루지 못하고 그
下位체계는 다양한 분류로 나타나게 되었다. 이로 말미암아 일선 교단
에서는 많은 문제점이 그대로 남게 되어 지도상의 혼선을 빚기도 했다.
따라서 국어교육상 및 언어정책상 실용적이고 규범적인 敎育문법은 그
체계와 내용의 합리적인 통일이 절실히 요청되었다.

그 후 중학교 교육과정은 1973년 8월 31일(문교부령 제325호)에 개정
공포되어 중학교에서 독립 교과로 사용하던 문법 교과서가 없어지고
중학교에서 지도해야 할 文法 指導事項을 선정 系列化하여 국어독본
시간에 지도하도록 하여 1979학년도부터 실시하게 되었다. 우선 과도
기적 조치로 간략한 설명을 붙인 文法要素表를 중학국어 교사용 지도
서의 부록으로 게재하고 지도서의 각 단원 말미에 문법 소단원을 넣어
학생들을 지도하도록 했다.

고등학교 교육과정은 1974년 12월 31일(문교부령 제350호)에 개정
공포되었고, 종전에는 인문계 고등학교 국어 I에 포함되었던 문법 교과
서가 국어 I에 포함되어 인문계(문과)와 자연계(이과)의 모든 고등학생
이 이수하도록 규정해 놓았다. 따라서 2종 도서인 문법 교과서는 題材
選定의 기준이 달라져, 이 기준에 따라 다시 제작 檢認하여 1978년 7월
5개종의 문법 교과서가 채택되어, 1979학년부터 이 문법서를 학교문법
의 교재로 사용하였다.3)

다시 1981년 12월 31일(문교부 고시 제442호)에 교육과정이 개정되
어, 국어과는 그 영역이 '技能(표현·이해), 언어, 문학' 등 3영역으로
구성되어, 초등학교부터 '언어', 즉 문법지도가 강조되었다. 초등학교 3
학년부터 국어 교과서 각 단원의 말미에 '말익히기' 공부할 문제를 실
어 언어사항을 지도하도록 했고, 중학교에서도 국어 교과서의 각 단원

---

3) 金完鎭 외 1 , 金敏洙, 허웅, 李喆洙 외 1, 李應百 외 1 등 5개종의 문법 교과서.

말미에 '문법' 학습문제를 실어 단계적으로 문법을 지도하도록 했다. 그리고 고등학교에서의 文法 교과는 다시 국어 II에 포함시켜 일반계 고등학교의 인문 사회과정에서 이수하도록 했다. 그리고 종전의 2종(검인정) 도서였던 5개종의 문법 교과서는 없어지고, 1종(국정)도서인 1개종의 문법 교과서로써 지도하도록 했다. 그리하여 1985학년부터 새로운 국어과 교육과정에 따른 교과서를 가지고 지도하게 되었다.

다시 제6차 교육과정이 바뀌면서 고등학교 「문법」 교과서는 서울사대 국어연구소에서 개발하게 되어 1996년 3월 고등학교 「문법」(교육부) 교과서가 일선 고등학교에 보급되어 지도하게 되었다. 그러다가 제7차 교육과정에 의해 2002년 3월 고등학교 「문법」(교육인적자원부) 교과서가 보급되는 중에 있다.

1.2 文法敎育의 필요성

生來의 母話者는 따로 문법을 배우지 않고도 저절로 몸에 배도록 익히게 된 文法性의 認識能力, 즉 直觀문법의 구현자로서 어린 아이라도 상당한 언어감각을 지니어 문법에 맞고 아니 맞는 것을 直觀에 의하여 판단해 낼 수 있으며, 스스로 문법에 맞는 無限한 표현을 할 수 있다. 그러나 生得的인 文法性만으로는 오롯한 언어생활을 영위할 수 없다. 반드시 학습과 연마를 요하는 것이다.

일반적으로 우리의 언어생활에서 정서적 언어에 치우치고, 우리말이 정서적 언어의 특징을 지니고 있어서 論理性이 결여되기 쉽다. 소집단 사회에서는 잘 모르나 대집단 사회에서는 논리적인 표현이 중요하다. 논리성의 결여를 극복하려면 무엇보다도 문법교육이 필요하다. 또한 문법교육의 필요성을 현대국어의 혼란에서도 찾을 수 있다. 현대국어의 음운·어휘·통사 면에서의 혼란을 극복하기 위하여 적극적이고 보다 의도적인 문법교육이 필요하다.

흔히 사람들은 '문법을 모르고도 언어생활을 누릴 수 있다'라든가, 혹은 '문법을 알고 있어야만 올바르고 효과적인 말을 사용할 수 있다'라고 말하기도 한다. '문법을 몰라도'에서의 '문법'이란 말이 학문적으로 정리된 문법체계를 의미한다면, 확실히 그것을 모르고 있어도 언어생활이 가능하다. 한편 '문법을 알고 있어야만'에서의 '문법'이란 말은 문법체계의 지식을 말하는 것이 아니다. '언어의 효과적인 사용'이라든지 '올바른 말의 사용'을 의미한다. 후자에서의 文法이란 말은 '말을 자각적으로 사용하는 일' 또한 '말에 대한 예민한 감각을 갖는 일', 곧 文法意識을 지칭하는 말이다. 文法意識은 문법지식을 의미하는 것이 아니다. 비문법적인 문장, 잘못된 말을 거침없이 사용하고 있다는 것은 文法知識이 부족하기 때문이기에 앞서 문법의식이 부족하기 때문이다. 文法意識을 예민하게 하여 언어를 자각적으로 사용하는 일만이 바르고 효과적인 언어사용으로 이끄는 길이다.

이러한 문법의식을 啓發시키기 위하여 문법교육이 필요한 것이다. 예를 들면, 표준어 사용의 지도를 할 때, 기초단계로서 잘못된 말을 하나하나 일일이 지적하면서 교정하는 방법이 있는데, 이와 같은 지도방법은 효과도 없을 뿐만 아니라 발전성도 없다. 動詞의 활용법이라든지 助詞의 기능 등을 알게 함으로써 효과적인 학습이 가능하게 되는 것이다. 다시 말하면 말의 秩序性 내지는 規範性을 인식하고 문법의식을 예민하게 하여 거기에서 얻은 문법지식을 살리면서 표준어의 자각적 사용을 하게 하는 것이다. 여기에서 국어교육 내지는 바람직한 언어생활의 발전적 방향이 기대되는 것이다.

고등학교에 있어서 문법교육의 목표는 초등학교에서 비롯하여 중학교에 이르기까지 이루어진 문법교육, 곧 문법적 자각 내지는 문법의식을 예민하게 하는 일을 더욱 단계적으로 지적 수준을 높이고 체계화하여 그 문법지식을 실제 언어생활에 살릴 수 있도록 함에 있다. 文法的知識이란 문법학의 암기적 지식을 이르는 말이 아니라 몸에 밴 문법지식, 곧 말의 모범적 論理性 내지는 秩序性을 자각한 결과의 지식을 말한다.

1.3 敎科文法書의 역사

이른바 敎科문법 교육의 시기는 조선조 고종 32년(1895)부터 현재에 이르는 약 백 년 간을 말한다. 敎科文法書를 중심으로, 이 교과문법의 시기를 8期로 나누어 그 특징을 살펴보면 다음과 같다.

1.3.1 제1기 大韓帝國시대의 敎科文法(1895~1910)

甲午更張을 계기로 하여 각종 학교에서 국어를 정규과목으로 채택하게 되어 학교문법으로서의 교재가 필요하게 되었다. 국어문법이 정식 교과목으로 채택된 것은 고종 32년(1895)에 공포된 小學校 校則大綱 제3조에 규정된 小學 고등과가 처음이었다. 이어서 중학과정에서도 정식 교과로 채택되었으나 구체적으로 누구의 저술이 어떤 과정에서 사용되었는가 자세한 사정을 알 수 없다. 다만 金熙祥의 「初等國語語典」(1909)이 당시 학부(현재의 교육부)의 검정을 거쳐 소학교에서 사용되었다는 기록이 전할뿐이다. 1895년부터 국권이 상실된 한일합방(1910)까지는 현재 유인물로 전해지고 있는 俞吉濬의 「朝鮮文典」, 「大韓文典」, 김규식의 「大韓文法」(유인물), 崔光玉의 「大韓文典」, 주시경의 「대한국어문법」(유인물), 「초등국어문전」(유인물), 「국어문법」 등이 사용되었던 것으로 간주된다. 제1기에 속하는 문법서를 열거하면 다음과 같다.

문 법 서	저 자	연 대	출 판 사
朝鮮文典	兪吉濬	1895(?)	필사본
		1906	유인물
大韓文典	崔光玉	1908. 1	安岳勉學會(한성)
國文文法	周時經	1905년경	필사본
國語文典音學	周時經	1908. 11	博文書館(경성)
말	周時經	1908년경	필사본
高等國語文典	周時經	1909년경	유인물
國語文法	周時經	1910. 4	博文書館(경성)
大韓文法	金奎植	1908	유인물
大韓文典	兪吉濬	1909. 2	隆文館(한성)
初等國語語典	金熙祥	1909. 3	唯一書館(경성)

1.3.2 제2기 植民地시대의 敎科文法(1911~1945)

국권을 상실한 후에는 국어 교과목도 이름이 朝鮮語로 바뀜에 따라 문법서의 이름도 '조선'이라는 이름이 붙은 문법서가 출간되었다. 이러한 유형의 문법 교과서는 1938년 朝鮮語 과목이 폐지될 때까지 나왔는데, 檢定을 거치지 않은 것이 대부분이었다. 이 중에서 중학교 과정(당시의 학제로는 고등보통학교)에서 많이 사용된 문법서는 李奎榮의 「現今朝鮮文典」, 李奎昉의 「新撰朝鮮語法」, 李完應의 「中等敎科朝鮮語文典」, 崔鉉培의 「중등조선말본」, 「중등교육 조선어법」, 朴相埈의 「改正綴字準據 朝鮮語法」, 朴勝彬의 「簡易 朝鮮語文法」, 沈宜麟의 「中等學校朝鮮語文法」 등을 꼽을 수 있다. 그러나 당시의 문법교육은 형식적인 데서 크게 벗어나지 못하였다. 그러므로 실질적인 문법교육은 1945년 광복 후부터 비롯되었다고 말할 수 있다. 제2기에 속하는 문법 교과서를 열거하면 다음과 같다.

문 법 서	저 자	연 대	출 판 사
朝鮮語典	金熙祥	1911. 10	普及書館(경성)
조선어법	남궁억	1913년경	필사본
말의 소리	周時經	1914. 4	新文館(경성)
조선말본	김두봉	1916. 4	新文館(경성)
朝鮮文法	安 廓	1917. 1	회동서관(경성)
現今朝鮮文典	李奎榮	1920. 7	新文館(경성)
朝鮮文法提要(上)	姜 邁	1921. 3	廣益書館(경성)
朝鮮正音文典	金元祐	1922. 4	朝鮮圖書株式會社(경성)
鮮文通解	李弼秀	1922. 6	漢城圖書株式會社(경성)
新撰朝鮮語法	李奎昉	1923. 8	以文堂(경성)
정음문전	리필수	1923. 8	조선정음부활회(경성)
깁더조선말본	김두봉	1923	새글집(上海)
조선말본	김윤경	1925	유인물
朝鮮語文法	李常春	1925. 10	崧南書館(開城)
울이글틀	金熙祥	1927. 4	永昌書館(경성)
中等敎科朝鮮語文典	李完應	1929. 1	朝鮮語研究會(경성)
우리말본(첫째매)	최현배	1929. 4	延專出版部(경성)
朝鮮語學講義要旨	朴勝彬	1931. 7	普成專門學校(경성)
改正綴字準據 朝鮮語文法	朴相埈	1932. 1	東明書館(평양)
精選朝鮮語文法	姜 邁	1932. 4	博文書館(경성)
朝鮮語文法	申明均	1933. 12	常識普及會(경성)
중등조선말본	최현배	1934. 4	東光堂書店(경성)
朝鮮語學	朴勝彬	1935. 7	朝鮮語學研究會(경성)
中等學校朝鮮語文法	沈宜鱗	1935. 10	朝鮮語學研究會(경성)
中等敎育朝鮮語法	崔鉉培	1936. 5	東光堂書店(경성)
우리말본	최현배	1937. 2	正音社(경성)
簡易朝鮮語文法	朴勝彬	1937. 8	朝鮮語學研究會(경성)
朝鮮語典	장지영	1937	유인물

1.3.3 제3기 光復直後의 敎科文法(1945~1948)

1945년 8·15광복 직후 수년 동안에는 식민지 시대에 나왔던 문법서의 이름을 바꾸거나, 사용하던 문법서를 약간 개편하여 출간하였다. 이규방, 최현배, 김윤경, 이상춘 등의 문법서가 다시 출간되었고, 특히 최현배는 「중등조선말본」의 지도 지침서를 내놓기까지 하였다. 정열모, 박창해, 김근수, 장하일, 박태윤 등은 새로운 교과서를 쓰기도 하였다. 제3기에 속하는 교과 문법서를 열거하면 다음과 같다.

문 법 서	저 자	연 대	출 판 사
국어문법	이상춘	1946. 9	조선국어학회(서울)
신편고등국어문법	정열모	1946. 10	한글문화사(서울)
쉬운조선말본	박창해	1946. 11	啓文社(서울)
중학국문법책	김근수	1947. 8	文敎堂(서울)
중등새말본	장하일	1947. 12	敎材硏究社(서울)
중등국어문법	이영철	1948. 1	乙酉文化社(서울)
중등조선말본	최현배	1948. 3	正音社(서울)
나라말본	김윤경	1948. 5	東明社(서울)
중등말본	김윤경	1948. 7	東明社(서울)
중등국어문법	박태윤	1948. 8	京城印書社(서울)
초급국어문법독본	정열모	1948. 9	高麗書籍(주)(서울)
고급국어문법독본	정열모	1948. 9	高麗書籍(주)(서울)

1.3.4 제4기 1차 檢認定시기의 敎科文法(1949~1955)

1949년 7월 학교문법 통일을 위한 첫 試圖로서 252개의 文法用語를 제정하고, 같은 해 9월부터 문법 교과서의 檢認定 제도를 실시하였다. 확정된 문법용어는 고유어로 된 것과 한자말로 된 것의 두 가지로 인정하고, 그 중의 한 가지를 일관성 있게 쓸 것이며, 두 가지를 혼용할 수 없다고 규정했다. 이 문법용어는 국어 문법뿐만 아니라 외국어 문법에도 사용할 수 있도록 만들어졌다. 당시에 이에 준거하여 나온 문법 교과서는 崔鉉培, 張河一, 鄭寅承, 李熙昇, 李仁模 등의 5종 교과서였다. 이때에 정인승은 앞의 최현배와 같이 교사용 지침서를 펴낸 바 있다. 광복 이후 이 시기의 대부분의 문법서들은 중학 과정과 고등 과정이 분리되지 않은 것이었다. 제4기에 속하는 敎科文法書를 열거하면 다음과 같다.

문 법 서	저 자	연 대	출 판 사
재미나고 쉬운 새조선말본	이인모	1949. 8	금룡도서(주)(서울)
표준말본(2권)	장하일	1949. 8	鐘路書館(서울)
표준중등말본	정인승	1949. 9	語文閣(서울)
초급국어문법	이희승	1949. 9	博文出版社(서울)
改編國語文法	沈宜鱗	1949. 12	世紀科學社(서울)
국어강의	정경해	1953. 11	한국대학통신교육출판사
古典文法	李崇寧	1954. 12	乙酉文化社(서울)

1.3.5 제5기 2차 檢認定시기의 敎科文法(1956~1965)

1955년 8월 새로운 敎育課程의 공포에 따라 정식으로 중학교용과 고등학교용이 나뉘어 편찬되었는데, 1956년부터 나온 문법 교과서는 중학교용에 張河一, 金允經, 鄭寅承, 李崇寧, 李熙昇, 崔鉉培, 崔台鎬, 金敏洙 외 3명 등의 교과서 8종과, 고등학교용에 이숭녕, 김윤경, 정인승, 최현배, 이희승, 김민수 외 3명 등의 교과서 6종이었다. 이 중에서 정인승은 중등문법과 고등문법에 걸쳐 교사용 지침서를 내놓았다.

이렇게 중학교와 고등학교에 걸쳐 여러 종류의 문법 교과서가 출현하여 국어문법 교육은 제자리를 잡게 되었다. 그러나 교수 경험이 깊어지고 상급학교 입학시험, 특히 대학 입학시험에 문법교과의 내용을 측정하는 현실적인 문제가 대두되자, 문법체계와 문법용어에 대한 통일의 필요성이 더욱 강조되기에 이르렀다. 이러한 사회적 요구를 충족시킬 목적으로 쓰여진 것이 김민수 외 3명의 문법서이다.

제5기에 속하는 敎科文法書를 열거하면 다음과 같다.

문 법 서	저 자	연 대	출 판 사
표준말본	장하일	1956. 3	향린사(서울)
중등국어문법	이숭녕	1956. 3	乙酉文化社(서울)
고등국어문법	이숭녕	1956. 3	乙酉文化社(서울)
표준중등말본	정인승	1956. 4	新丘文化社(서울)
표준고등말본	정인승	1956. 4	新丘文化社(서울)
중등문법	이희승	1956. 4	博文出版社(서울)
중등말본(3권)	최현배	1957. 2	正音社(서울)
중학말본(3권)	최태호	1957. 3	思潮社(서울)
새중학문법	김민수, 남광우, 유창돈, 허 웅	1960. 3	東亞出版社(서울)

1.3.6 제6기 檢認定시기의 敎科文法(1966~1978)

1960년대부터 교육문법의 통일을 촉구하자는 소리가 높아지자 문교부에서는 1962년 3월부터 약 1년 간에 걸쳐 13명의 준비위원으로 하여금 시안을 작성시키면서 11월에는 「중·고등학교 국어문법 지도지침」이라는 책자를 펴냄으로써 학교문법의 통일을 위한 준비작업에 들어섰다. 그러나 시안 일부에 대한 반대로 말미암아 다시 16명의 전문위원회가 구성되어 1963년 5월에는 드디어 통일안이 작성되고, 같은 해 7월 25일에 공포되었다.

그 통일안의 체계는 9품사 정도만 통일하고, 나머지는 의견의 합의를 보지 못하였다. 用語는 음성론과 구두점만 고유어식 용어를 원칙으로 채택하고, 품사론과 문장론은 한자어의 용어가 채택되었다. 통일안이 공포된 이후 몇 년 동안 指定詞 '이다'와 문법용어를 둘러싸고 이른바 '말본파'와 '문법파' 사이에 격렬한 논쟁이 벌어지기는 하였으나, 이 체계에 따른 중학교 문법 교과서는 1966년에, 고등학교 문법 교과서는 1968년에 나옴으로써 통일된 체계와 용어에 의한 문법교육이 어느 정도 가능하게 되었다. 1964년에는 한국국어교육연구회에서 「중학국문법」과 「고등국문법」을 펴내기도 하였는데, 이에 의해 통일문법이 공포된 1963

년부터 새 교과서가 나온 1966, 1968년까지의 공백을 어느 정도 메울 수
가 있었다.

　1966년에 나온 중학문법 교과서는 모두 16종이고, 고등문법은 13종
이었다. 문교부의 통일안이 9품사였음에도 저자 중에는 指定詞를 더하
여 10품사를 설정한 것도 있으며, 用語에 있어서도 두 가지가 병용되는
등, 실제로는 통일이라는 말을 하기가 어렵게 되었다. 몇몇의 문법서들
이 종전의 품사론 중심에서 벗어나, 문장론 중심으로 서술하려는 의욕
을 보여줄 뿐 대부분의 문법서는 이전의 전통문법의 체계에서 크게 벗
어나지 않았다. 이는 우리의 문법연구가 아직도 품사론 위주의 굴레에
서 벗어나지 못하고 있었음을 의미한다. 응용성을 충분히 발휘하는 교
재편찬의 배경에는 그 방면에 대한 충분한 이론적 연구가 뒷받침되어
있지 않으면 안 되는 것이다.

　제6기에 속하는 敎科文法書를 열거하면 다음과 같다.

문 법 서	저 자	연 대	출 판 사
<中等文法>			
새국어문법	이명권, 이병호	1966. 1	敎學社(서울)
새중등국어문법	양주동, 유목상	1966. 2	대동문화사(서울)
새중등문법	이희승	1966. 2	一潮閣(서울)
표준문법	허 웅	1966. 1	新丘文化社(서울)
표준중등문법	이원구, 이은문	1966. 1	수학사(서울)
모범중등문법	전학진	1966. 1	一志社(서울)
중학문법	남광우, 유창돈, 이응백	1966. 1	東亞出版社(서울)
중학문법	문덕수, 김윤식	1967	청운출판사(서울)
중학교국어문법	이용주, 구인환	1967. 3	法文社(서울)
새로운 중학문법	김형규	1967. 1	高麗書籍(주)(서울)
중학말본	최현배	1967. 1	正音社(서울)
표준중학문법	김민수, 이기문	1967. 1	語文閣(서울)
중학국어문법	이숭녕	1967. 1	乙酉文化社(서울)
표준중학말본	정인승	1967. 1	대동당(서울)
중학표준문법	이은정, 한인석	1967. 1	지림출판사(서울)
중학문법	이을환, 이응호, 이인섭	1967. 1	사조사(서울)

문 법 서	저 자	연 대	출 판 사
<高等文法>			
문법	이명권, 이길록	1968. 2	三和出版社(서울)
새문법	양주동, 유목상	1968. 2	대동문화사(서울)
새문법	이희승	1968. 2	一潮閣(서울)
표준문법	허 웅	1968. 2	新丘文化社(서울)
새로운 말본	최현배	1968. 2	正音社(서울)
표준문법	김민수, 이기문	1968. 2	語文閣(서울)
국어문법	이숭녕	1968. 2	乙酉文化社(서울)
표준문법	정인승	1968. 2	啓蒙社(서울)
우리문법	이은정	1968. 2	문천사(서울)
최신문법	이을환	1968. 2	양문사(서울)
정수문법	강윤호	1968. 2	지림출판사(서울)
문 법	강복수, 유창균	1968. 2	螢雪出版社(대구)
새문법	이인모	1968. 2	영문사(서울)

1.3.7 제7기 檢認定시기의 敎科文法(1979～1984)

이른바 통일문법의 체계와 용어에 의한 문법 교과서의 저술은 1979 년에 또 한 차례 있었다. 1960년대 후반에 있었던 중등문법과 고등문법 의 구분이 없어지고, 고등학교의 문법 교과서만이 檢認定을 받을 수 있 게 하였는데, 5종으로 제한하였다. 1968년의 고등문법 교과서는 13종이 었는데, 5종으로 제한한 것은 모든 검인정 교과서와 같이 일률적으로 보조를 맞추어 제한했기 때문이다.

1979년도부터의 고등학교 교과문법의 특징은, 이전의 인문계 고등학 교 문과계에 부과했던 문법교과를 인문계 고등학교 全課程에 확대 부 과한 점과, 교사용 지도서가 문법 교과서와 같이 檢認定의 대상이 되어 필수적으로 딸려 있도록 제작한 점이라 하겠다. 이전의 교과서에는 몇 몇 문법서를 제외하고는 교사용 지도서가 없었는데, 이렇게 같이 저술 된 것은 모든 교과서에 교사용 지도서를 갖도록 한 방침 때문이었다. 이 교과서의 저자는 金敏洙, 許雄, 金完鎭 외 1, 李喆洙 외 1, 李應百 외 1명 등이다.

문법체계와 용어는 철저히 1963년의 통일안에 근거했다는 점이 1960년대 후반의 검인정 문법서와 다른 점이라 할 수 있다. 이는 통일문법의 체계와 용어가 점차 뿌리를 내리고 있다는 것으로 해석할 수 있다. 서술 내용에 있어서도 1960년대와는 달리 품사 중심보다는 문장 중심의 서술이 크게 늘어나고 있어 상당한 진보가 엿보인다. 이는 1960년대 후반부터 활발하게 일어났던 구문론 방면의 연구업적이 크게 뒷받침이 된 것으로 본다.

제7기의 문법 교과서는 다음과 같다.

문 법 서	저 자	연 대	출 판 사
문　법	김완진, 이병근	1979. 3	박영사(서울)
문　법	김민수	1979. 3	語文閣(서울)
문　법	허　웅	1979. 3	科學社(서울)
문　법	이길록, 이철수	1979. 3	三和出版社(서울)
문　법	이응백, 안병희	1979. 3	寶晉齋(서울)

1.3.8 제8기 國定 敎科文法의 시기(1985~)

이른바 통일문법이라고 하는 1종(國定) 문법교과서의 편찬을 위한 기초연구가 진행되었다. 통일문법의 체계와 용어가 발표된 지 20년의 세월이 흐르는 동안 이에 근거한 문법 교과서가 두 번에 걸쳐 검인정이라는 형태로 나왔지만, 실제의 수업과정이나 응용과정에서는 문제점이 많음이 지적되어 왔다. 통합 교재에 대한 요구가 敎師나 학습자 사이에서 자주 제기되어 왔다. 한편 국어학자나 문법 연구가 사이에도 문법에 대한 인식의 재검토와 그것을 교육 현장에 적용하는 문제에 대한 적지 않은 논의가 계속되어 왔다. 이러한 실정을 감안할 때, 문법교육에 대한 전면적인 검토가 불가피하다는 사실을 깨달을 수 있고, 통합교재를 요망하는 사회적 요구를 외면하고 있을 수 없다는 생각을 하게 되었다. 이에 문교부는 종전에 인문계 고등학교 전 과정에 부과했던 문법 교과를 일반계 고등학교 인문·사회과정의 국어 II로 돌리고, 제1종 (國定) 교과서로 개발하기로 방침을 정하였다. 이 방침은 1982년 3월 5일에 결정되었는데, 統合편찬의 목적을 다음과 같이 정하고 있다.

현재 학교문법의 용어와 체계가 교과서마다 달라, 학생들에게 혼란과 부담을 주고 있으므로, 이를 통합함으로써 모든 학생으로 하여금 공통된 학교문법을 학습하게 하여, 한국인으로서 기본 교양을 갖추게 한다.

이와 같은 목표를 달성하기 위하여 먼저 기초연구를 하여 이를 바탕으로 문법 교과서를 개발 보급하기로 하였다. 기초연구는 성균관대학교 부설 大東文化研究院(당시 원장 姜信沆)에서 1982년 3월부터 수행되었는데, 연구위원의 명단은 다음과 같다. 責任研究員 : 강신항, 研究員 : 고영근, 김영희, 남기심, 이기동, 이기문, 이용주 등이다. 연구진들이 문법교재 편찬을 위한 기초연구 결과보고서로 '학교문법체계 통일을 위한 연구'를 제출했는데, 여기에는 학교문법의 문제점, 문법의 기본 방향, 문법의 범위, 앞으로의 문법교육에 대한 방향 설정, 그리고 개발할 문법 교과서의 대체적인 틀 등이 포함되었다. 1983년 문법 교과서 개발을 위한 연구진과 집필진을 구성하고, 기초연구의 결과에 따라 고등학교 문법 교과서(검토본)를 집필했다.

이 교과서는 보급에 앞서 1984년 5월 언론기관과 전국의 국어학 전공학자 및 고등학교 교사에게 배부하여 공개 검토를 받았고, 그 의견을 수렴하여 1985년에 고등학교 1종 교과서로 발간되었다.[4] 다시 제6차 교육과정이 바뀌면서 고등학교 「문법」 교과서는 서울사대 국어연구소에서 개발하게 되어 1996년 3월 고등학교 「문법」(교육부) 교과서가 일선 고등학교에 보급되어 지도하게 되었다.

그러다가 제7차 교육과정이 적용되면서 2002년 3월 「문법」(교육인적자원부) 교과서가 발간되었다. 연구진과 집필진은 다음과 같다. 연구진

---

4) 李喆洙, 學校文法論(1986), pp.10-29 참조.

(김광해, 고영근, 김영욱, 김혜숙, 남기심, 임홍빈, 장경희, 홍종선, 이용부, 박삼서 등), 집필진(김광해, 권재일, 김창섭, 민현식, 시정곤, 이관규, 이종덕, 임석빈, 정희창 등) 등이다.

제2장 국어과 敎育課程과 文法

2.1 국어과 교육에서의 文法의 위치

국어과 교육은 국어의 교육이다. 국어는 우리말, 곧 한국인의 언어다. 이 언어는 인간을 전제로 한 언어이며, 생활을 전제로 한 언어다. 우리는 언어에 의하여 思考하고 생활한다. 언어의 효과적인 사용에 의하여 개인생활·사회생활·국민생활 전반에 걸쳐 생활을 향상시킬 수도 있다. 그러므로 국어교육은 하나의 言語敎育으로서 모든 방면에 걸쳐 생활을 누리고 국민 문화를 창조하며, 국어력을 향상시킬 수 있는 지식·능력·技能·태도·습관 등을 습득시키기 위한 學習과 指導를 말하는 것이다.

국어교육의 영역을 말하기·듣기·읽기·쓰기의 4영역으로 나누기도 하고, 理解力·表現力으로 나누어 생각할 수도 있고, 또한 말하기 언어생활, 쓰기 언어생활 등으로 나눌 수도 있다.

국어과 敎育課程(제6차)에서는 국어의 본질을 중시하고 국어과의 교육내용을 明示하기 위하여 그 영역을 言語使用技能(말하기, 듣기, 읽기, 쓰기)과 言語 그리고 文學 등으로 나누고 있다. 고등학교는 보통교과 안에 국어 敎科를 두고, 共通 필수과목으로서의 국어(10)와 課程別 필수과목으로서의 화법(4), 독서(4), 작문(6), 문법(4), 문학(8) 등 5과목을 두어 인문·사회과정, 자연과정, 직업과정에 따라 이수하도록 편제되어 있다(괄호 안의 숫자는 單位數임).

중학교에서는 종전에 있었던 독립된 文法 교과서가 없어졌고, 또한 별도의 문법 시간을 따로 두지 않으며, 국어 시간에 다루어야 하고, 고등학교에서는 종전의 제4차 檢認定시기의 5개종으로 제한하였던 문법 교과서가 없어지고 이른바 1種(국정) 교과서로서의 「문법」(문교부, 1985) 교과서로 지도하도록 했다.

그러면 文法은 국어과 교육에서 어떠한 성격을 지니고 있으며, 어떠한 位置를 점하고 있는가. 문법은 언어에 內在하고 있다. 그러므로 文法교육은 말하기, 듣기, 읽기, 쓰기의 언어생활 가운데 항상 포함되어 있다. 문법교육이 우리말의 표현과 이해, 즉 언어사용 기능을 신장시키고 언어활동을 훌륭하게 할 수 있도록 하고, 언어 運用面에 있어서도 효율적으로 할 수 있는 범위 안에서 국어의 문법체계를 알도록 하는 데 있으므로 문법교육과 국어교육의 영역과는 表裏一體가 되어 다루어 지는 것이지 대립적인 관계나 종속적 관계에 있는 것이 아니다. 물론 文法을 독립 교과로서 학습하는 것은 가능하며 의의가 있으나, 문법을 전문적인 문법학으로서, 문법이론의 체계를 중심으로 하는 體系文法으로 인식되어서는 안 된다. 그렇다고 고등학교 인문·사회계열에서, 문법을 언어사용 기능의 학습만으로 지도된다면 그것은 바람직한 문법교육이 아니다. 문법교육은 우리의 언어생활에서 실제로 직면하는 언어사실의 일반적 질서, 곧 문법적 지식을 학습하고 자기의 언어생활을 반성하는 능력을 기르며 동시에 언어표현의 요령을 습득시키는 실제적 의의를 지니고 있는 과목인 것이다.

2.2 제6차 국어과 교육과정에서의 언어영역

국어과 교육과정에서는 국어과 교육의 본질 추구를 上位개념으로 하여, 국어과는 상호 보완적이면서 層位가 다른 3가지 영역(언어사용 기능, 언어, 문학)의 통합으로 구성된 교과라는 관점에서 규정하고 있다. 즉 국어과는 국어생활을 정확하고 효과적으로 하는 데 필요한 고등 사고기능으로서의 언어사용 기능을 기르는 교육, 언어와 국어에 관한 체계적인 지식을 기르는 교육, 문학에 관한 지식 및 문학작품 감상 기능을 기르는 교육의 통합으로 된 교과라는 관점을 취하고 있다. 그리고 언어사용 기능은 認知的 기능으로서의 表現과 理解 기능의 遂行을 가능하게 하는 基底 지식과 언어활동의 방향과 목적을 바르게 설정해 주는 태도와 가치 등의 측면이 통합된 것으로 보고 있다.

국어과 교육과정에서 언어영역의 목표를 어떻게 제시하고 있는가를 살펴보기 위하여 초·중등학교 국어과의 교과 목표를 圖示하면 다음과 같다.

국어과 教科目標

	초 등 학 교	중 학 교	고 등 학 교
一般目標	국어 생활을 바르게 하고, 국어를 소중히 여기게 한다.	국어 생활을 바르게 하고, 국어와 민족의 언어 문화에 대한 이해와 관심을 가지게 한다.	국어 생활을 정확하고 효과적으로 하며, 언어와 국어에 관한 체계적인 지식을 갖추고, 문학의 이해와 문학 작품 감상 능력을 기르며, 국어의 발전과 민족의 언어문화 창조에 이바지하게 한다.
言語使用技能	가) 말과 글을 통하여 생각과 느낌을 바르게 표현하고 이해하게 한다.	가) 말과 글을 통하여 생각과 느낌을 정확하게 표현하고 이해하게 한다.	가) 말과 글을 통하여 생각과 느낌을 효과적으로 표현하고 이해하며, 언어 사용에 대하여 바르게 판단하는 태도를 가지게 한다.
言語	나) 국어에 관한 초보적 지식을 익히고, 국어를 올바르게 사용하게 한다.	나) 국어에 관한 기초적인 지식을 익히고, 국어를 바르게 사용하게 한다.	나) 언어와 국어에 관한 체계적인 지식을 익히고, 국어를 정확하게 사용하게 한다.
文學	다) 문학 작품을 즐겨 읽고, 아름다운 정서와 풍부한 상상력을 기르게 한다.	다) 문학에 관한 기초적인 지식을 갖추고, 작품 감상력과 상상력을 기르게 한다.	다) 문학 작품을 통하여 문학에 관한 체계적인 지식을 갖추고 창조적인 체험을 함으로써 미적 감수성을 기르며, 인간의 삶을 총체적으로 이해하게 한다.

위의 예에서 알 수 있는 바와 같이, 국어과의 목표는 前段에 국어과의 一般目標로서, 국어 생활을 바르게 하고, 국어를 소중히 여기게 하며(초등학교), 국어 생활을 바르게 하고, 국어와 민족의 언어 문화에 대한 이해와 관심을 가지게 하며(중학교), 국어 생활을 정확하고 효과적으로 하며, 언어와 국어에 관한 체계적인 지식을 갖추고, 문학의 이해와 문학 작품 감상 능력을 기르며, 국어의 발전과 민족의 언어 문화 창조에 이바지하게 한다(고등학교)라고 규정하였고, 목표 (가)에서는 표현과 이해, 즉 言語使用 技能의 목표를, 목표 (나)에서는 言語領域의 목표를, 목표 (다)에서는 文學領域의 목표가 제시되고 있다.

언어영역의 목표는 국어에 관한 初步的인 지식을 익히고, 국어를 올바르게 사용하게 하며(초등학교), 국어에 관한 基礎的인 지식을 익히고, 국어를 바르게 사용하게 하며(중학교), 언어와 국어에 관한 體系的인 지식을 익히고, 국어를 정확하고 효과적으로 사용하게 한다(고등학교)라고 규정하고 있다.

중등학교 국어과 교육과정에서의 언어영역을 발췌하여 항목별로 정리하면 다음과 같다.

2.2.1 중학교 국어과의 언어영역

1) 성격

국어과는 언어 사용 기능, 언어, 문학의 세 영역으로 구성된 교과이다.

언어사용 기능 영역에서는 의사 교환 기능으로서의 표현 기능과 이해 기능을 길러 주며, 이를 통하여 합리적이며 창의적인 사고력을 길러 준다.

언어영역에서는 국어에 관한 기본이 되는 지식을 학습시켜, 국어를 바르게 사용할 수 있는 기능을 길러준다. 또한, 언어 현상에서 규칙을 발견할 수 있는 탐구 능력도 길러준다.

2) 목표

"국어에 관한 기초적인 지식을 익히고, 국어를 바르게 사용하게 한다."

3) 내용

(1) 내용 체계

영역	내　용		
언어	1. 언어의 본질 ① 언어의 특성 ② 언어와 인간 ③ 언어와 사회	2. 국어의 이해 ① 음운의 체계와 변동 ② 단어의 형성 ③ 문장의 구성 요소와 기능 ④ 단어의 의미 ⑤ 문장과 이야기	3. 국어 사용의 실제 ① 표준어와 표준 발음 ② 맞춤법 ③ 국어 순화 ④ 국어를 정확하게 사용하는 태도 및 습관

(2) 학년별 내용

〈1학년〉

▎언어의 본질

① 같은 뜻을 나타내는 국어의 단어와 외국어의 단어를 비교하여 보고, 언어가 사회 구성원 사이의 약속임을 안다.

▎국어의 이해와 사용의 실제

② 글에서 표기와 발음이 다른 경우를 찾아보고, 음운 변동의 주요 규칙을 안다.

③ 단어들을 품사 분류 기준에 따라 나누어 보고, 각 품사의 특성을 안다.

④ 단어들을 이루고 있는 요소를 알아보고, 짜임에 따라 단어의 종류를 나누어 본다.

⑤ 조사의 쓰임을 알아보고, 다양한 의미의 문장을 만든다.

⑥ 동음이의, 유의, 반의, 상하의 관계가 성립하는 단어들을 말하여 보고, 같은 관계가 성립하는 단어들을 찾는다.

⑦ 표준어 사용의 필요성을 알고, 표준어와 표준발음으로 말하는 태도를 가진다.

〈2학년〉

▌언어의 본질

① 어법에 어긋나는 말을 들어보고, 언어에는 일정한 규칙이 있음을 안다.

▌국어의 이해와 사용의 실제

② 국어의 음운 체계에 대하여 알아보고, 음운이 바뀜에 따라 어감이나 의미가 달라지는 단어를 찾는다.

③ 용언의 활용에 대하여 알아보고, 이를 바탕으로 하여 잘못된 문장을 바르게 고쳐 쓴다.

④ 문장의 기본 형식에 대하여 알아보고, 이에 따라 문장을 분류한다.

⑤ 문장을 몇 부분으로 나누어 각 부분의 기능을 알아보고, 각 성분 사이의 관계와 문장의 구성 원리를 파악한다.

⑥ 일상의 말 중에서 중의적이거나 관용적으로 쓰이는 말의 예를 들어 보고, 그 말들을 상황에 따라 바르게 사용한다.

⑦ 일상의 언어생활에서 바르고 곱지 않은 말의 예를 들어보고, 국어를 순화하려는 태도를 가진다.

〈3학년〉

▌언어의 본질

① 옛말과 현재의 말을 비교하여 보고, 언어가 변화함을 안다.

② 첫 글자나 끝 글자가 같은 단어들을 찾아보고, 그 의미에 대하여 알아본다.

③ 여러 문장을 하나의 문장으로, 하나의 문장을 여러 문장으로 만들어 보고, 전달하고자 하는 내용을 효과적으로 표현한다.

④ 여러 문법 요소들의 기능을 알아보고, 이들의 쓰임이 바르지 못한 문장을 찾아 고쳐 쓴다.

⑤ 글의 각 문장에서 전달하고자 하는 내용을 말하여 보고, 문장과 문장 사이의 연결 관계가 적절하지 못한 부분을 찾아 고쳐 쓴다.

⑥ 하나의 단어가 여러 가지 의미로 사용될 수 있음을 알아보고, 그 의미를 상황이나 문맥에 따라 파악한다.

⑦ 우리말의 어법에 맞게 국어를 바르게 사용하는 태도를 가진다.

4) 방법

가. 언어영역의 교수·학습은 언어 지식을 직접 제시하거나 설명하기보다는 구체적인 국어 자료로부터 언어 지식을 도출하는 탐구과정 중심으로 이루어지도록 하고, 언어 지식을 활용하여 국어를 정확하게 사용하도록 한다.

나. 언어영역은 구체적인 국어 자료로부터 언어 지식을 도출할 수 있는 탐구과정 중심으로 구성한다.

5) 평가

가. 언어영역의 평가에서는 언어 지식 그 자체보다는 언어 자료로부터 언어 지식을 도출하는 과정과 언어 지식의 활용에 중점을 두도록 한다.

나. 언어영역에 대한 평가는 선다형, 단답형, 완성형 등의 다양한 방

법을 적절하게 활용한다.

2.2.2 고등학교 국어과의 언어영역

목 표

국어과의 목표는 국어 생활을 정확하고 효과적으로 하며, 언어와 국어에 관한 체계적인 지식을 갖추고, 문학의 이해와 문학 작품 감상 능력을 기르며, 국어의 발전과 민족의 언어 문화 창조에 이바지하게 한다. 특히 언어영역의 목표는 다음과 같다.

"언어와 국어에 관한 체계적인 지식을 익히고, 국어를 정확하게 사용하게 한다."

1) 국어 과목

(1) 성격

'국어' 과목은 국어 생활을 바르게 하고, 국어와 우리의 언어 문화를 계승, 발전시키기 위하여 언어 사용 기능, 언어, 문학의 세 영역으로 구성한다.

언어영역에서는 언어와 국어에 관한 일반적인 지식을 학습시켜 국어를 바르게 사용할 수 있는 기능을 길러준다. 또한, 언어 현상에서 규칙을 발견할 수 있는 탐구 능력도 길러준다.

(2) 목표

언어와 국어에 관한 일반적인 지식을 바탕으로 국어를 바르게 이해하고 사용하게 한다.

(3) 내용

가. 내용 체계

영역	내 용		
언어	1. 언어의 본질 ① 언어와 사회 ② 국어의 특질	2. 국어의 이해 ① 음운의 체계와 변동 ② 단어의 형성과 유형 ③ 문장의 구성요소와 기능 ④ 단어의 의미 ⑤ 문장과 이야기	3. 국어의 사용 ① 표준어와 표준 발음 ② 맞춤법 ③ 국어 순화 ④ 단어와 문장을 효과적으로 사용하는 태도 및 습관

나. 내 용

▌언어의 본질

① 언어와 사회와의 관계를 안다.

② 언어의 본질과 국어의 특질을 안다.

▌국어의 이해와 사용의 실제

③ 국어의 음운체계와 음운의 변동에 대해 알고, 정확하게 발음한다.

④ 국어 단어 형성의 규칙을 알고, 단어들을 품사에 따라 분류한다.

⑤ 국어 문장의 구조와 문장 성분 사이의 호응관계를 알고, 정확한 문장을 구사한다.

⑥ 문법 요소들의 기능을 알고, 의미가 바르게 전달되도록 이야기를 생성한다.

⑦ 단어의 여러 가지 의미관계를 알고, 의사소통 상황에 적합한 단어를 선택하여 사용한다.

⑧ 표준어와 방언에 따른 언어의 차이를 알고, 국어의 다양성을 효과적으로 활용한다.

⑨ 국어의 역사를 개략적으로 알고, 국어의 발전 방향에 대해 토의한다.

⑩ 국어를 순화시키고 더욱 발전시키려는 태도를 가진다.

(4) 방법

① 언어영역의 교수·학습은 국어의 음운, 형태, 통사구조 등에 관한 지식 자체의 설명보다는 구체적인 국어 자료로부터 지식을 도출해 내는 탐구과정에 중점을 두어 이루어지도록 하고, 언어지식을 활용하여 국어를 정확하게 사용하도록 한다.

② 언어영역은 구체적인 언어자료로부터 언어지식을 도출하는 탐구과정 중심으로 학습 내용을 구성한다.

(5) 평가

① 언어영역의 평가 목표는 단편적인 언어지식 그 자체보다는 언어지식을 도출해 내는 과정과 언어지식의 활용에 중점을 두어 설정하도록 한다.

② 언어영역의 평가는 선다형, 단답형, 완성형, 서술형 등의 다양한 방법을 적절히 활용하되, 평가의 내용을 평가의 목표와 부합되게 한다.

2) 문법 과목

(1) 성격

고등학교 ‘문법’ 과목은 국어 과목의 교육 성과를 바탕으로 언어의 본질과 국어의 특질에 대한 올바른 지식을 가지게 하고, 국어의 구조를 체계적으로 이해하게 함으로써 우리말을 정확하게 사용하는 능력과 함께, 국어를 소중히 여기는 습관과 민족의 언어인 국어를 발전시키는 데 이바지하려는 태도를 기르는 데에 목적이 있다. 따라서, ‘문법’ 과목은 ‘국어’ 과목의 ‘언어’ 영역을 심화, 확충시킨 과목으로서, 초등학교, 중학교, 고등학교 ‘국어’ 교과목의 ‘언어’ 영역과 밀접한 관련성을 가진다.

고등학교 '문법' 과목의 특성은 국어학 및 언어학의 주요 연구 성과를 바탕으로 국어와 언어는 물론, 이를 사용하는 인간에 대한 이해 및 탐구의 경험을 가질 수 있도록 하는 데 있다. 이러한 특성을 바탕으로 '문법' 과목의 내용 체계는 '언어의 본질과 국어의 특질', '국어의 이해', '국어 사용의 실제'의 세 영역으로 구성한다. '언어의 본질과 국어의 특질'에서는 언어와 국어의 특질에 대한 일반적인 이해가 교수·학습의 중심이 된다. '국어의 이해'에서는 국어의 음운, 형태, 통사, 의미, 담화 등에 대한 체계적인 이해를 교수·학습에서 주로 다룬다. '국어 사용의 실제'에서는 국어의 구조에 대한 이해를 바탕으로 국어를 정확하게 사용하는 능력과 국어에 대한 올바른 습관 및 태도를 기르기 위한 활동이 교수·학습의 중심이 된다.

(2) 목표

가. 현대국어를 체계적으로 이해하게 한다.

나. 국어와 국자에 대하여 올바른 인식을 가지고 효과적인 국어 생활을 영위하게 한다.

다. 국어의 순화와 발전에 이바지하려는 뜻을 세우게 한다.

(3) 내용

가. 내용 체계

영 역	내 용	
1) 언어의 본질과 국어의 특질	① 언어의 본질 ③ 국어의 특질과 변천	② 언어와 인간
2) 국어의 이해	① 음운의 체계와 변동 ③ 문장의 구성 요소와 짜임새 ⑤ 문장과 이야기	② 단어의 갈래와 형성 ④ 단어의 의미
3) 국어 사용의 실제	① 단어와 문장의 올바른 구사 ③ 국어를 정확하고 효과적으로 사용하는 태도 및 습관	② 표준어와 맞춤법

나. 내용

(가) 언어의 본질과 국어의 특질

① 언어의 본질

㉠ 언어의 기호적 특성에 대하여 이해한다.

㉡ 언어의 규칙성과 체계성에 대하여 이해한다.

㉢ 음성 언어와 문자 언어의 관계에 대하여 이해한다.

② 언어와 인간

㉠ 언어와 사고의 관계에 대하여 이해한다.

㉡ 언어와 사회의 관계에 대하여 이해한다.

㉢ 언어와 문화의 관계에 대하여 이해한다.

③ 국어의 특질과 변천

㉠ 국어의 특질에 대하여 이해한다.

㉡ 민족어로서의 국어의 성격에 대하여 이해한다.

㉢ 현대국어와 그 이전 국어의 차이점에 대하여 개략적으로 이
해한다.

(나) 국어의 이해

① 음운의 체계와 변동

㉠ 음성과 음운에 대하여 이해한다.

㉡ 국어의 음운과 그 체계에 대하여 이해한다.

㉢ 국어의 음운 변동 규칙에 대하여 이해한다.

② 단어의 갈래와 형성

㉠ 품사 분류와 그 기준에 대하여 이해한다.

㉡ 단어를 형성하는 단위와 방법에 대하여 이해한다.

③ 문장의 구성 요소와 짜임새

㉠ 문장 성분과 구조에 대하여 이해한다.

㉡ 문법 요소들의 기능과 그 의미에 대하여 이해한다.

㉢ 문장의 여러 가지 짜임새에 대하여 이해한다.

④ 단어의 의미

　　㉠ 의미의 종류와 단어들 사이의 의미관계에 대하여 이해한다.

　　㉡ 의미 변화의 양상에 대하여 이해한다.

⑤ 문장과 이야기

　　㉠ 발화 행위로서의 언어 현상들에 대하여 이해한다.

　　㉡ 이야기의 표현 및 이해에 작용하는 요소들에 대하여 이해한다.

　　㉢ 이야기의 구조를 이해한다.

(다) 국어 사용의 실제

① 단어와 문장의 올바른 구사

　　㉠ 단어를 올바르게 선택하고 사용한다.

　　㉡ 조사와 어미를 정확하게 사용한다.

　　㉢ 문장 요소들 사이의 호응관계에 유의하여 바르게 표현한다.

　　㉣ 문법에 맞는 문장을 만들고, 비문법적인 문장을 바르게 고친다.

② 표준어와 맞춤법

　　㉠ 표준 발음을 알고, 정확하게 발음한다.

　　㉡ 표준어와 방언에 대하여 이해하고, 이를 상황에 따라 바르게 사용한다.

　　㉢ 맞춤법의 원리와 규정을 이해하고, 그에 맞는 국어 생활을 한다.

③ 국어 사용의 태도 및 습관

　　㉠ 국어를 정확하고 효과적으로 사용하는 태도 및 습관을 가진다.

　　㉡ 국어의 순화·발전에 이바지하려는 태도를 가진다.

(4) 방법

가. '문법' 과목은 단순한 지식의, 전달 및 주입이 아니라 원리나 법

칙을 발견해 내는 탐구과정을 중시하되, 언어 현상에 관한 홍미
와 관심이 증진되도록 지도한다.
나. 문법 분야에만 치중하지 말고, 국어 전반에 대하여 폭넓게 이해
하도록 지도한다.
다. 언어로서의 국어를 잘 이해하게 하여 우리 민족, 나아가서는 인
간의 특성을 이해할 수 있도록 지도한다.
라. '문법' 과목은 현대국어를 중심으로 지도하되, 그 이전의 국어의
모습에 대해서도 개략적으로 이해할 수 있도록 지도한다.
마. 국어에 대한 지식은 실제적인 국어 생활에서 활용될 수 있도록
지도한다.
바. 한글 맞춤법, 표준어 규정, 표준 발음법 등 언어 생활의 통일성을
위하여 마련된 제반 규정들을 알고, 그것을 지켜 쓰려는 태도를
가지도록 지도한다.
사. 민족어로서의 우리말과 우리 글에 대한 사랑과 발전 문제에 대하
여 생각해 보는 경험을 가지도록 지도한다.
아. 교수·학습 방법에 관한 구체적인 사항은 '고등학교 국어 과목
교육과정 4. 방법'에 제시된 내용을 참고한다.
자. 교수·학습 자료에 관한 사항은 '고등학교 국어 과목 교육 과정
4. 방법, 마의 (6)항과 바의 (1)항'에 따른다.
차. '문법' 과목은 '국어' 과목의 '언어' 영역과 긴밀하게 관련을 맺어
지도한다.

(5) 평가

가. '문법' 과목의 평가에서는 국어에 관한 단편적 지식보다는 언어와
국어에 관한 일반적 개념이나 국어의 주요 현상에 관한 지식에
중점을 두며, 실제 언어 생활에 이 지식을 활용하여 문법에 어긋
나는 것을 판별하는 능력을 평가하도록 한다.
나. '문법' 과목 학습이 규칙이나 원리의 탐구과정 중심으로 전개되어

야 한다는 점을 고려하여 다음과 같은 능력을 평가하는 데 유의
한다.

① 문법 규칙을 도출하는 데 적합한 언어 자료를 선정하는 능력

② 합리적 과정에 따라 문법 규칙이나 원리를 찾아내는 능력

③ 도출된 문법 규칙이나 원리의 적절성을 확인하는 능력

다. 평가의 소재가 문법의 어느 일부 현상에만 치우치지 않도록 하여
전반적인 영역을 평가하도록 한다.

라. 평가의 결과는 학생들이 국어 생활을 바르게 영위하도록 지도하
는데 활용하고, 교사의 문법 수업에 활용하도록 한다.

마. 평가방법에 관한 구체적인 사항은 '고등학교 국어 과목 교육과정
5. 평가'에 제시된 내용을 참고한다.

2.3 제7차 국어과 교육과정에서의 文法 지도사항

2.3.1 교육과정5)의 성격

이 교육과정은 교육법 제155조 제1항에 의거하여 고시한 것으로,
초·중등학교의 교육 목적과 교육 목표를 달성하기 위한 국가 수준의
교육과정이며, 초·중등학교에서 편성, 운영하여야 할 학교 교육과정의

---

5) 이른바 제7차 교육과정은 1997년 12월 30일 교육부 고시 제1997-15호, 교육법 제155
조 제1항에 의거하여 고시된 초·중등학교 교육과정이다. 이 교육과정은 학교급별,
학년별로 다음과 같이 시행하도록 했다.
(가) 2000년 3월 1일: 초등학교 1, 2학년.
(나) 2001년 3월 1일: 초등학교 3, 4학년, 중학교 1학년.
(다) 2002년 3월 1일: 초등학교 5, 6학년, 중학교 2학년, 고등학교 1학년.
(라) 2003년 3월 1일: 중학교 3학년, 고등학교 2학년.
(마) 2004년 3월 1일: 고등학교 3학년.
부칙 : 초등학교 교육과정(1992, 1995)은 2002년 2월 28일에,
　　　　중학교 교육과정(1992)은 2003년 2월 28일에,
　　　　고등학교 교육과정(1992)은 2004년 2월 28일에 폐지됨.

공통적·일반적인 기준을 제시한 것이다.

이 교육과정의 성격은 다음과 같다.

가. 국가 수준의 공통성과 지역, 학교, 개인 수준의 다양성을 동시에
추구하는 교육과정이다.
나. 학습자의 자율성과 창의성을 신장하기 위한 학생 중심의 교육과
정이다.
다. 교육청과 학교, 교원·학생·학부모가 함께 실현해 가는 교육과
정이다.
라. 학교 교육체제를 교육과정 중심으로 개선하기 위한 교육과정이
다.
마. 교육의 과정과 결과의 질적 수준을 유지, 관리하기 위한 교육과
정이다.

2.3.2 編制와 單位 배당 기준

1) 편제

가. 교육과정은 국민 공통 기본 교육과정과 고등학교 선택 중심 교육
과정으로 구성한다.
나. 고등학교 선택 중심 교육과정은 교과와 특별활동으로 편성한다.
다. 교과는 보통교과와 전문교과로 한다.
라. 보통교과는 국어, 도덕, 사회, 수학, 과학, 기술·가정, 체육, 음악,
미술, 외국어와 한문, 교련, 교양의 선택과목으로 한다.

2) 시간(단위) 배당 기준

(1) 국민 共通 基本 敎育課程

구분	초 등 학 교						중 학 교			고 등 학 교		
	1	2	3	4	5	6	7	8	9	10	11	12
국어	국어 210	238	238	204	204	204	170	136	136	136	선 택	

가. 이 표의 국민 공통 기본 敎育課程에 제시된 시간 수는 34주를 기준으로 한 연간 최소 수업시간 수이다.

나. 1시간의 수업은 초등학교 40분, 중학교 45분, 고등학교 50분을 원칙으로 한다. 다만, 기후, 계절, 학생의 발달 정도, 학습 내용의 성격 등을 고려하여 실정에 알맞도록 조절할 수 있다.

다. 11, 12학년의 특별활동과 연간 수업시간 수에 제시된 숫자는 2년 동안 이수하여야 할 단위 수이다.

(2) 고등학교 選擇 중심 敎育課程

가. 보통 교과

구분	국민 공통 기본 교과	선 택 과 목	
		일반 선택 과목	심화 선택 과목
국어	국어(8)	국어생활(4)	화법(4), 독서(8), 작문(8), 문법(4), 문학(8)

※( ) 안의 숫자는 단위 수이며, 1단위는 매주 50분 수업을 기준으로 하여 1학기(17주) 동안 이수하는 수업량이다.

2.4 제7차 교육과정의 문법

2.4.1 성격

국어는 우리가 의사소통을 위하여 사용하고 있는 언어인 동시에 우리 민족과 분리하여 생각할 수 없는 민족어이다.

고등학교 '문법은 언어의 본질과 국어의 구조와 체계에 대한 체계적인 지식을 익히고, 우리말을 정확하게 사용하는 능력과 국어를 사랑하고 민족어인 국어를 아끼고 가꾸어 나가는 태도를 기르는 과목이다. 또 '문법'은 국민 共通 基本 '국어' 교과의 '국어지식' 영역의 학습 내용을 심화, 발전시킨 과목이다.

고등학교 '문법' 과목의 내용 체계는 '언어와 국어', '국어 알기', '국어 가꾸기'의 세 영역으로 구성한다. '언어와 국어'에서는 언어의 本質, 언어와 人間, 국어와 국어 文化에 대한 이해가 교수·학습의 중심이 된다. '국어 알기'에서는 국어의 音韻, 形態, 統辭, 意味, 談話 등에 대한 체계적인 이해가 교수·학습의 중심 내용이 된다. '국어 가꾸기'에서는 규범에 맞게 국어를 사용하는 능력을 기르고, 국어 사용에서 발견되는 문제점을 정확히 인식하며, 문화 유산으로서 국어를 보존하고 발전시키려는 바람직한 태도를 기르는 활동이 교수·학습의 중심이 된다.

'문법' 과목에서는 지식을 단순 암기하는 방법을 지양하고 탐구 학습을 강조하여 국어를 더 잘 이해하고 논리적 사고력과 국어 문제 해결을 위한 통찰력을 기르는 데 중점을 둔다.

2.4.2 목표

국어에 대한 탐구과정을 통한 통찰력과 논리적 사고력을 바탕으로 언어와 국어의 문화적 가치 및 국어에 대한 체계적인 지식을 갖추고, 국어를 올바르게 사용하여 국어의 발전에 寄與하는 태도를 지닌다.

가. 언어와 국어의 문화적 가치를 이해한다.
나. 국어를 체계적으로 이해하고 효과적인 국어 생활을 營爲한다.
다. 국어를 사랑하고 발전시키는 태도를 지닌다.

2.4.3 내용

1) 내용 체계

영 역	내 용
(1) 언어와 국어	① 언어의 본질 ② 언어와 인간 ③ 국어와 국어 문화
(2) 국어 알기	① 음운의 체계와 변동 ② 단어의 갈래와 형성 ③ 국어의 어휘 ④ 문장의 구성 요소와 짜임새 ⑤ 단어의 의미 ⑥ 문장과 담화
(3) 국어 가꾸기	① 국어 생활의 규범 ② 정확한 국어 생활 ③ 국어 사랑의 태도

2) 영역별 내용

(1) 언어와 국어

가. 언어의 본질

　① 언어의 기호적 특성을 이해한다.

　② 언어의 규칙성과 체계성을 이해한다.

　③ 音聲언어와 文字언어의 관계를 이해한다.

나. 언어와 인간

　① 언어와 思考의 관계를 이해한다.

　② 언어와 社會의 관계를 이해한다.

　③ 언어와 문화의 관계를 이해한다.

다. 국어와 국어 문화
　① 국어의 특질을 이해한다.
　② 국어의 역사를 이해한다.
　③ 한글의 가치를 이해한다.

(2) 국어 알기

가. 음운의 체계와 변동
　① 음성과 음운에 대하여 이해한다.
　② 국어의 음운과 그 체계를 이해한다.
　③ 국어의 음운 변동 규칙을 이해한다.

나. 단어의 갈래와 형성
　① 국어의 품사 분류와 그 기준을 이해한다.
　② 국어의 단어를 형성하는 단위와 방법을 이해한다.

다. 국어의 語彙
　① 국어 어휘의 존재 양상을 이해한다.
　② 국어 어휘의 체계를 이해한다.

라. 문장의 구성 요소와 짜임새
　① 국어의 문장 성분과 구조를 이해한다.
　② 국어 문법 요소의 기능과 그 의미를 이해한다.
　③ 국어 문장의 여러 가지 짜임새를 이해한다.

마. 단어의 의미
　① 의미의 종류와 단어 사이의 의미관계를 이해한다.
　② 의미 변화의 樣相을 이해한다.

바. 문장과 談話

① 發話行爲로서의 언어 현상을 이해한다.

② 談話의 표현 및 이해에 작용하는 요소를 이해한다.

③ 談話의 구조를 이해한다.

(3) 국어 가꾸기

가. 국어 사용의 규범

① 표준 발음을 이해하고, 정확하게 발음한다.

② 표준어와 방언에 대하여 이해하고, 이를 狀況에 따라 바르게 사
용한다.

③ 맞춤법의 원리와 규정을 이해하고, 국어 생활에서 이를 지킨다.

나. 정확한 국어생활

① 국어 音韻의 체계와 변동에 맞추어 정확하게 발음한다.

② 조사, 어미를 정확하게 사용하고, 문법에 맞는 문장을 사용한
다.

③ 단어의 의미를 정확하게 알고 사용한다.

④ 논리적이며 凝集性이 있는 談話를 생산한다.

다. 국어 사랑의 태도

① 국어 사용에서 발견되는 문제 양상을 파악하여 국어를 바르게
사용하는 태도를 지닌다.

② 국어를 가꾸고 발전시키려는 태도를 지닌다.

3) 학년별 <국어지식> 내용

〈1학년〉

① 한글 낱자의 음가를 안다.

② 우리말이 있음을 알고, 우리말을 소중히 여기는 태도를 가진다.

〈2학년〉

① 자음과 모음을 구별한다.

② 문장 안에서 꾸며주는 말의 기능을 한다.

③ 고운 말을 사용하려는 태도를 가진다.

〈3학년〉

① 우리말에는 어순이 있음을 안다.

② 우리말에는 높임법이 있음을 안다.

③ 이어주는 말의 기능을 안다.

④ 바른말을 사용하려는 태도를 가진다.

〈4학년〉

① 용언의 기본형을 안다.

② 문장의 종류를 안다.

③ 어휘의 개념을 안다.

④ 낱말과 낱말 사이의 유의관계, 반의관계, 하의관계를 안다.

〈5학년〉

① 언어가 창조적으로 쓰임을 안다.

② 우리말에는 시간을 표현하는 말이 있음을 안다.

③ 문장 성분의 개념과 기능을 안다.

④ 표준어와 방언의 개념을 안다.

⑤ 공식적인 상황에서 표준어를 사용한다.

⑥ 상황에 따라 방언과 표준어를 구별해서 사용하려는 태도를 지
닌다.

〈6학년〉

　① 언어에는 규칙이 있음을 안다.

　② 언어가 기호임을 안다.

　③ 고유어, 한자어, 외래어, 외국어의 개념을 안다.

　④ 문장과 문장 사이의 연결관계를 안다.

　⑤ 표준발음법에 맞게 발음한다.

　⑥ 상황에 따라 표준발음으로 말하려는 태도를 지닌다.

〈7학년〉

　① 음성언어와 문자언어의 관계를 안다.

　② 음절의 개념을 안다.

　③ 형태소와 낱말의 개념을 안다.

　④ 은어, 전문어, 속어, 비어, 유행어의 개념을 안다.

　⑤ 동음이의어와 다의어의 개념을 안다.

　⑥ 담화의 구성을 안다.

　⑦ 국어를 순화하려는 태도를 가진다.

〈8학년〉

　① 언어의 사회성을 안다.

　② 언어의 역사성을 안다.

　③ 국어의 음운체계를 안다.

　④ 국어의 조어법을 안다.

〈9학년〉

　① 남북한 언어의 차이를 안다.

　② 국어의 음운변동규칙을 안다.

　③ 품사의 분류기준과 각 품사의 특성을 안다.

　④ 각 성분의 특성과 문장의 구성원리를 안다.

⑤ 문장의 구조로 말미암아 의미가 여러 가지로 해석되는 현상을
   안다.
⑥ 맞춤법에 맞게 국어를 사용하려는 태도를 지닌다.

〈10학년〉
① 언어와 주변 세계의 관계를 안다.
② 국어의 개략적인 역사를 안다.
③ 문법요소의 기능을 안다.
④ 문장의 짜임새를 안다.
⑤ 장면에 따른 표현방식을 안다.
⑥ 문법에 맞게 국어를 사용한다.
⑦ 문법에 맞게 국어를 사용하려는 태도를 지닌다.
⑧ 국어를 발전시키려는 태도를 지닌다.

2.4.4 교수·학습 방법

가. 지식의 전달이나 주입을 지양하고, 원리나 법칙을 발견해 내는
   탐구과정을 중시하되, 언어 현상에 관한 흥미와 관심이 증진되도
   록 지도한다.
나. 문법 분야에만 치중하지 말고, 국어 전반에 대하여 폭넓게 이해
   하는 도움이 되는 내용을 선정하여 지도한다.
다. 국어를 잘 이해하게 하고 우리 민족, 나아가서는 인간의 특성을
   이해할 수 있도록 지도한다.
라. 국어 이해를 위하여 언어 현상을 다룰 때에는 현대국어를 중심으
   로 지도하되, 그 이전의 국어의 모습에 대해서도 개략적으로 이
   해할 수 있도록 지도한다.
마. 국어에 대한 지식을 실제적인 국어 생활에서 활용할 수 있도록
   지도한다.

바. 언어 생활의 통일성을 위하여 마련된 한글 맞춤법, 표준어 규정, 표준 발음법 등 제반 규정을 알고, 그것을 지키려는 태도를 지니도록 지도한다.

사. 민족어로서의 국어를 사랑하고, 국어의 발전에 대하여 생각해 보는 경험을 가지도록 지도한다.

아. '문법' 과목의 지도는 국민 共通 基本 '국어'에 제시한 교수·학습에 대한 사항을 참고한다.

2.4.5 평가

가. '문법' 과목의 평가목표와 내용은 교육과정의 내용 체계와 영역별 내용을 근거로 설정한다.

나. '문법' 과목의 평가에서는 국어에 대한 단편적인 지식보다는 언어와 국어에 대한 일반적 수준 및 국어의 주요 현상을 논리적으로 처리하는 능력에 중점을 둔다.

다. 학습한 지식을 활용하여 실제의 국어 생활에서 바르지 못한 判別하는 능력과 스스로 바른 문장을 사용할 수 있는 능력을 평가한다.

라. '문법' 과목 학습이 규칙이나 원리의 탐구과정 중심으로 전개되어야 한다는 점을 고려하여 다음과 같은 능력을 평가한다.

① 규칙을 導出하는 데 적합한 언어 자료를 선정하는 능력

② 합리적 과정에 따라 규칙이나 원리를 찾아내는 능력

③ 도출된 규칙이나 원리의 適切性을 확인하는 능력

마. '문법' 과목의 교수·학습에서 국어 가꾸기의 태도 형성이 중요하다는 점을 고려하여 다음과 같은 사항을 평가한다.

① 오늘날 국어 사용에서 나타나는 문제 현상을 파악하는 태도

② 문제 현상을 개선하기 위하여 바람직한 국어 생활을 실천하는 태도

③ 국어의 *保存*과 발전에 이바지하는 태도

바. 평가의 내용이 문법의 어느 일부 현상에만 치우치지 않도록 전반
　　적인 영역을 평가한다.

사. '문법' 과목 평가의 결과는 학습자의 성취 수준을 판단하고, 교
　　수·학습 방법과 내용을 개선하는 데 적절히 활용한다. 또, 학습
　　자가 국어 생활을 바르게 영위하도록 지도하는 데에도 적절히
　　활용한다.

2.4.6 제6차 교육과정 문법 내용과의 차이점

가. 제6차 교육과정 : 고등학교 「문법」(교육부, 1996)의 주요 내용

나. 제7차 교육과정 : 고등학교 「문법」(교육인적자원부, 2002)의 주요
　　내용

(1) 6차	(2) 7차
Ⅰ. 언어와 국어	Ⅰ. 언어와 국어
1. 언어와 인간	1. 언어의 본질
2. 국어의 특질	2. 언어와 인간
Ⅱ. 말소리	3. 국어와 한글
1. 음운과 음절	Ⅱ. 말소리
2. 음운의 변동	1. 음운과 음운체계
Ⅲ. 단 어	2. 음운의 변동
1. 단어의 갈래	Ⅲ. 단 어
2. 단어의 짜임새	1. 단어의 형성
Ⅳ. 문 장	2. 품사
1. 문장의 짜임새	Ⅳ. 어 휘
2. 문법의 기능	1. 어휘의 체계
Ⅴ. 의 미	2. 어휘의 양상
1. 언어와 의미	Ⅴ. 문 장
2. 단어 간의 의미관계	1. 문장의 성분
Ⅵ. 이야기	2. 문장의 짜임
1. 이야기의 구성과 장면	3. 문법요소
2. 장면에 따른 표현과 이해	

(1) 6차	(2) 7차
Ⅶ. 바른 언어생활	Ⅵ. 의미
1. 규 범	1. 언어와 의미
2. 발 음	2. 단어 간의 의미 관계
3. 단 어	Ⅶ. 이야기
4. 문 장	1. 이야기의 개념
Ⅷ. 표준어와 맞춤법	2. 이야기의 요소
1. 표준어	3. 이야기의 짜임
2. 맞춤법	Ⅷ. 국어의 규범
□ 부 록	1. 표준어와 표준발음
Ⅰ. 옛말의 문법	2. 한글맞춤법
1. 문자와 말소리	3. 외래어 표기법과 국어의 로마자
2. 단 어	표기법
3. 문 장	□ 부 록
4. 이야기	Ⅰ. 국어의 옛 모습
Ⅱ. 우리말의 변천	1. 역사적 개관
1. 국어의 형성과 역사	2. 옛말의 문법
2. 음운의 변천	Ⅱ. 국어의 변화
3. 어휘의 변천	1. 음운의 변화
4. 문법의 변천	2. 어휘의 변화
5. 의미의 변천	3. 문법의 변화
	4. 의미의 변화

    문법과목의 성격 규정을 비교해 보면 6차와 7차의 차이점이 거의 없다.6) 따라서 전체적인 내용 체계를 보더라도 약간의 변화가 있을 뿐이다. 무엇보다도 7차에서 가장 두드러진 특징은 탐구활동 중심의 교수·학습으로 학습자의 주체적이고 적극적인 활동을 요구함으로써 하나의 정답만을 추구하지 말고 열린 사고로 다양한 탐구 가능성을 열

---

6) 제6차에서는 "언어의 본질과 국어의 특질에 대한 올바른 지식을 가지게 하고, 국어의 구조를 체계적으로 이해하게 함으로써 우리말을 정확하게 사용하는 능력과 함께 국어를 소중히 여기는 습관과 민족어인 국어를 발전시키려는 태도를 갖게 하는데 그 목적이 있다."고 규정하였고, 제7차에서는 "언어의 본질과 국어의 구조와 체계에 대한 체계적인 지식을 익히고, 우리말을 정확하게 사용하는 능력과 민족어인 국어를 아끼고 가꾸어 나가는 태도를 기른다."고 규정하였다.

수 있게 하였다. 또 다른 특징으로 실생활의 보충자료를 활용하여 우리 주변의 언어 자료를 잘 활용할 수 있도록 함으로써 자신의 실제 언어 생활로 전이할 수 있도록 하였다.

그리고 주요 내용을 비교하면, 6차나 7차 모두 8단원과 부록으로 구성되었다. 제7차는 4단원 '어휘'(1. 어휘의 체계, 2. 어휘의 양상)가 새로 첨부되었고, 제6차는 제7단원 '바른 언어생활', 제8단원 '표준어와 맞춤법'을 제7차에서는 제8단원에서 하나의 단원인 '국어의 규범'으로 만들었다. 그리고 세부 내용의 차이점으로 우선, 제1단원인 '언어와 국어'의 중단원인 '3. 국어와 한글'은 주로 '국어의 특질'에 관한 내용으로 6차와 차이점이 없다. 다만, 한글의 우수성을 새로 첨부하였을 뿐이다. 그리고 8단원에서 6차는 외래어 발음에 대한 아주 간결한 언급만 있는 반면, 7차는 독립된 중단원으로 '3. 외래어 표기법과 국어의 로마자 표기법'이 첨부되었다.

그러나 제6차나 제7차 모두 談話인 '이야기' 단원은 구성 체제나 내용 면에서 여전히 부족한 면을 보였다. 다행히 <부록>의 옛말의 문법에서 6차는 내용상에서나 잘못 기록된 誤字 등이 많았으나, 7차에서는 대체로 바로 잡았으나 아직도 문제가 되는 것이 더러 있다.

제3장 形態素와 單語形成論

3.1 형태소와 단어

3.1.1 형태소

형태론은 국어학의 한 영역으로 국어 단어를 이루는 형태소와 형태소 배합 및 상호 관계를 다루며, 단어의 구조와 단어형성을 연구하는 영역이다. 따라서 형태론은 최소의미단위인 형태소와 형태소 배합으로 이루어진 단어의 내부구성을 연구한다.

형태소는 어절을 분석한 것으로 "나-는/넓-은/바다-를/보-았-다"는 {나}, {-는}, {넓-}, {-은}, {바다}, {-를}, {보-}, {-았-}, {-다}로 분석된다. 형태소의 분류는 우선, 홀로 설 수 있음과 없음에 따라(自立性의 與否에 따라) 自立形態素(자립성을 가짐)와 依存形態素(자립성이 없고 다른 말에 의존하여 쓰임)로 나뉘며, 의미가 실질적인가 형식적인가에 따라(內容의 虛實에 따라) 實質形態素(그 의미가 실질적인 형태소)와 形式形態素(실질형태소에 붙어 말과 말 사이의 관계를 형식적으로 표시하는 형태소)로 분류된다.

의미를 語彙的 의미와 文法的 의미로 나눌 때 문법적 의미란, 말과 말 사이의 관계를 나타내는 것일 수도 있고, 어떤 단어의 품사를 바꾸는 것일 수도 있다. 이렇게 문법적 의미를 가지고 있는 형태소를 形式形態素라 한다. 또한 單語形成에 참여하는 접사도 형식 형태소다.

形態素는 의미를 가지는 최소의 단위로 정의되고, 單語는 최소의 자립형태소로 정의된다. 그러나 이 정의에는 약간의 문제가 있는데, 첫째, 助詞는 자립할 수 없고 체언에 붙어서만 사용된다. 따라서 조사는 단어일 수 없다. 그러나 조사와 어미를 비교해 보면, 조사 없이도 체언은 자립할 수 있는데 비해, 어미가 없으면 用言은 자립할 수 없다. 이런 측면에서 보면, 조사는 準自立性을 가지고 있다고 할 수 있다. 따라서 학교문법에서는 조사를 단어로 본 것이다. 둘째, 依存名詞도 자립성에 문제가 있다. 항상 관형어와 동반해야 하는 것이다. 그러나 의존명사가 나타날 수 있는 환경을 보면, 다른 체언이 나타날 수 있는 환경과 일치한다. 따라서 의존명사도 단어로 본 것이다.

3.2.2 단어

1) 단어의 개념

最小自立形式으로 의존형태소들의 결합이되, 자립성을 발휘하는 것이어야 하고, 자립형태소에 붙되, 그것과 쉽게 분리되는 의존형태소로 한 어절이 단어가 될 수도 있다. 또한, 의존형태소의 앞뒤에는 '-'를 붙이나 자립형태소에 붙는 조사는 한 단어가 된다고 하여 붙임표를 사용하지 않고 '가, 를'처럼 적는다.

[참고] 조사 문제

조사는 체언 뒤에 결합해서 다른 말과의 문법적 관계를 나타내거나, 특별한 뜻을 더해 주기도 한다. 조사는 그 기능과 의미에 따라 격조사, 접속조사, 보조사로 나뉘어진다. 이러한 조사를 단어로 인정해야 할지, 인정하지 말아야 할지 문제가 된다.

가. 조사를 단어로 보자는 주장

① 조사 자체는 自立性이 없어도 이들과 직접 결합되는 형식은 자립형식이다.

② 조사 없이도 體言은 자립할 수 있지만, 語尾 없이 用言은 자립할 수

없다.

③ 조사는 分立性이 인정되는 준자립형식이다.

④ 영어의 전치사도 단어로 인정된다.

나. 단어로 인정할 수 없다는 주장

① 조사는 형태 분석면에서 분립성이 없다.

'꽃+이'에서 '꽃'이 자립적이고 분립적이지 '이' 자체에 분립성이 있는 것이 아니다.

② 통사적인 단위로 볼 때 띄어쓰기를 기준으로 하는 것이 합리적이다.

③ 체언토와 용언토의 문법적 기능은 같은 것으로 실제적인 의미가 없다.

④ 영어의 전치사는 본래 실사에서 전성된 것이다.

＊ 일부 보조사 '-붙이, -같이'는 문법적 기능보다 어휘적 加意性이 있다.

2) 단어의 형성

單語의 갈래 ┬ 單一語 — 단일 형태소로 이루어진 말. '집, 하늘, 나무'
          └ 複合語 ┬ 派生語 : 어근에 접사가 붙어서 이루어진 복
                            합어. '지붕, 맏아들, 치밀다'
                  └ 合成語 : 둘 이상의 어근이 합성하여 이루어
                            진 복합어. '집안, 높푸르다, 소나무'

(1) 파생어의 형성

가. 語根과 接辭

○ 語根(뿌리) : 실질적인 의미를 나타내는 부분.

○ 接辭(가지) : 어근에 붙어 그 뜻을 제한하는 부분.

語根은 자립형태소일 수도 있고, 의존형태소(예컨대, '덮-개'의 '덮-')
일 수도 있다. 어느 경우이든 9품사가 분명한 어근을 規則的 語根, 그

렇지 못한 것을 不規則的 語根(예컨대, '아름답다'의 '아름-')이라 한다.

語根과 語幹은 전혀 다른 개념이다. 語根은 단어 형성의 측면에서 쓰이는 용어이고, 語幹은 活用(체언에 격조사가 결합되는 것을 曲用이라 하면, 곡용도 포함됨)의 측면에서 쓰이는 용어다.

나. 接辭의 종류

○ 位置에 따라   接頭辭 '맨손, 들볶다, 시퍼렇다'

접미辭 '덮개, 지붕(집-웅)

○ 機能에 따라   限定的(內心的) 접사 : 품사는 그대로 두고, 어근의 뜻만 바꾸는 접사

支配的(外心的) 접사 : 문법적 범주(품사, 자동사·타동사 등)까지 바꾸는 접사. 異種的 접사라고도 함.

① 接頭辭에 의한 파생어

○ 限定的(副詞性) 접두사

용언 어근 앞에 붙어서 添意的 기능을 가지며, 어근의 의미를 제한할 뿐, 품사를 바꾸지 못함. '올-되다, 설-익다'

○ 冠形的(冠形性) 접두사

名詞類의 앞에 붙어서 添意的 기능을 하는 접두사. '개-살구, 올-벼, 덧-문, 맨-손'

② 接尾辭에 의한 파생어

○ 名詞派生

[명사＋접미사(-아지, -님, -씨)] '송아지, 선생님, 아기씨'

[용언＋접미사(-ㅁ, -이, -기, -리, -게, -애)] '물음, 돈벌이, 쓰기, 지게, 덮개, 마개(막-애)'

○ 動詞派生

[동사＋접미사(-치, -이, -히, -리, -기)] '놓치다, 먹히다, 울리다'

[명사＋접미사(-하다)] '위반하다'

[부사＋접미사(-거리다)] '철렁<u>거리다</u>'

[형용사＋접미사(-히)] '밝<u>히</u>다'

○ 形容詞派生

[형용사＋접미사] '까맣<u>다</u>(깜-앟다), 높<u>다랗</u>다'

[명사＋접미사] '가난<u>하다</u>, 학생<u>답다</u>, 슬기<u>롭다</u>'

[부사＋접미사] '차근차근<u>하다</u>'

[관형사＋접미사] '새<u>롭다</u>'

○ 副詞派生

[동사＋접미사] '마주(맞-우), 너무(넘-우)'

[형용사＋접미사] '많<u>이</u>, 깨끗<u>이</u>'

[부사(첩어)＋접미사] '집집<u>이</u>, 곳곳<u>이</u>'

(2) 合成語의 형성

가. 合成法의 類型

① 統辭的 合成法 : 자립성을 지닌 두 단어가 결합된 합성법. 국어
의 일반적 단어 배열과 같은 유형의 합성법. '작은형'

② 非統辭的 合成法 : 자립성이 없는 두 語基가 결합된 합성법. 국
어의 일반적 단어 배열에 어긋나는 합성법. '늦더위'(늦은 더위)

나. 合成語와 句

合成語는 다른 말이 그 사이에 끼여들 수 없음(예컨대, *큰우리아들).
그러나 句는 다른 말이 그 사이에 끼여들 수 있다. 즉, 다른 말에 의해
분리가 가능하다(예컨대, '큰 아들', '다 큰 우리 아들').

다. 合成語의 갈래

○ 名詞合成 : 통사적 ┌ [명사＋명사] '길바닥', '돌다리'
│ [관형사＋명사] '새해', '첫인상'
└ [관형사형＋명사] '날짐승', '군밤'

비통사적 ┌ [의태부사＋명사] '부슬비'
          └ [어간＋명사] '늦잠', '누비옷'
○ 動詞合成
  主述관계('힘들다'), 客述관계('장가들다'), 副述관계('앞서다')
  [본동사＋보조적 연결어미＋조동사] '돌아서다'
  [어간＋어간] '오르내리다', '날뛰다', '돋보다' ┐
○ 形容詞合成 : 主述관계('손쉽다')   │ 비통사적
            [어간＋어간] '굳세다'   ┘
○ 副詞合成 : [명사＋명사] '밤낮'   ┐
            [관형사＋명사] '온종일'   │ 통사적
            [부사＋부사] '더욱더'   ┘
○ 反復合成語 : 같은 말이 겹쳐진 합성어. '집집, 사람사람'

라. 合成語의 派生

합성어가 파생법에 의해 다시 새로운 파생어가 되기도 한다.
'해돋이, 품갚음, 팽이치기'

(3) 한자어의 형성

가. 漢字語의 특성

漢字는 造語力·縮約力이 강하며, 각 글자 하나 하나가 형태소의 자
격을 띠고 있다.

나. 漢字語 單語形成의 유형

① 派生法
○ 接頭派生 : [假-N] 假建物, 假校舍, 假調印
            [不-N] 不合理, 不可能, 不滿足
            [無-N] 無關心, 無價値, 無感覺
            [未-N] 未開拓, 未成年, 未登錄

[副-N] 副市長, 副會長, 副敎授

[新-N] 新記錄, 新紀元, 新小說

[貴-N] 貴婦人, 貴會社, 貴校

[尊-N] 尊啣

[令-N] 令息, 令孃

[弊-N] 弊社

○ 接尾派生 : [N-家] 敎育家, 事業家, 政治家

[N-化] 科學化, 近代化, 合理化

[N-的] 政治的, 社會的, 學問的

[N-子] 椅子, 箱子, 粒子, 帽子

[N-工] 技能工, 修理工

[N-輩] 不良輩, 謀利輩

[N-用] 事務用, 家庭用

[N-課] 敎務課, 庶務課

[N-學] 國語學, 言語學

[N-論] 文法論, 進化論

② 合成法

○ 2音節의 漢字語

主述관계 : 日出, 天高, 夜深, 山高, 水麗

述目관계 : 讀書, 愛國, 求職, 問病, 植木, 修身

述補관계 : 下山, 歸鄕, 入場, 登山

修飾관계 : 徐行, 必勝, 雲集, 北送, 過用, 前進; 靑山, 北風, 草家, 妙
策

竝列관계 : 桃李, 眉目; 師弟, 遠近

○ 4音節의 漢字語

客述관계 : 機會捕捉 修飾관계: 國民經濟

反復관계 : 天高馬肥(主述반복), 勸善懲惡(述目반복), 奇奇妙妙, 明
明白白

③ 略語法 : 여러 글자로 된 말을 줄여 쓰는 조어법

    高等學校 → 高校   韓國銀行 → 韓銀

    石油公社 → 石公   追加更正豫算案 → 追更案

    仁荷大學校師範大學 → 仁荷師大   梨花女子大學校 → 梨花女大

3.2 學校名의 形態論的 考察

3.2.1 學校名稱 研究의 方法과 必要性

사람이 태어나면 가장 먼저 이름을 짓듯이 名稱은 인간이 생활하는 모든 공간에서 반드시 필요한 것이다. 따라서 구약성서 창세기에도 아담이 가장 먼저 한 일은 사물에 명칭을 부여하는 일이었다. 이러한 명칭에는 地名, 人名, 王名 그리고 각종 유정물에 대한 명칭과 사물에 대한 명칭이 있다. 이 중 地名에 대한 연구는 名稱硏究의 가장 중심연구가 되어 왔고, 지금도 言語學의 입장에서 가장 활발히 연구되고 있는 영역이다.

우리는 이 가운데, 학교명칭에 대한 연구를 고찰하고자 한다. 그 이유는 학교명칭이 地名과 밀접한 관계가 있으며, 그 지방의 起源과 由來 및 傳說, 遺蹟 등 여러 가지 민족의 생활문화를 함의하고 있기 때문이다. 이에 학교명칭 대상으로 인천지방을 택해서 연구를 조사했다.7) 인

---

7) 仁川은 약 2천 년 정도의 역사를 갖고 있다. 오랜 역사 속에 仁川의 地名은 나라가 바뀔 때마다 그 名稱도 바뀌어 왔다. 먼저 百濟時代에는 해상교통의 중심지로 '彌鄒忽'라 하였다. 이는 漢字의 訓을 따서 붙인 이두식 표기로 '밑골' 또는 '바탕골'이란 뜻이다. 그리고 이는 나라의 도읍지로 곧 비류 백제의 도읍지임을 알려주는 것이다. 그러다가 高句麗가 인천을 지배한 후 '買召忽'로 그 명칭을 바꾸었다. 이 역시 '미추홀'과 의미는 같다. 그리고 新羅가 삼국을 통일한 후 인천을 '邵城縣'이라 했다. 이는 거친 들판, 메마른 곳의 의미로 그 위상이 격하되었음을 보여준다. 그러다가 高麗가 건국되면서 '慶源郡'이라 하였다. 이는 인천이 해상의 중요지일 뿐만 아니라, 7대에 걸쳐 왕비를 낸 경사스러운 땅의 의미를 갖는다. 고려 인종 때에는 順德王后의 內鄕이라 하여 仁州 李氏의 본향 이름을 따서 '仁州'라 하였다. 그러다가 朝鮮 太

천광역시는 총 8개 區, 2개 郡, 1개 邑, 19개 面, 126개 洞으로 편성되어, 학교는 초등학교 수가 170개, 중학교 수가 90개, 고등학교 수가 85개로 모두 345개이다(1998년 3월 개교한 학교까지의 수).

仁川地方의 학교명칭어 중 初等學校 명칭어를 중심으로 그 특징을 고찰하는 이유는 초등학교 명칭어가 중·고등학교 명칭어보다 특징을 분석하는데 더 다양하고, 또한 지방의 향토성과 전통성을 연구하는 데에도 더욱 가치가 있기 때문이다.

名稱研究의 방법으로는 言語學的·歷史學的·民俗學的·地理學的 方法이 있지만 본고에서는 言語學的인 접근 방법으로 고찰할 것이다.8) 이는 名稱의 形態的 구조와 語彙的 發生 등을 分析·記述하려는 것이다. 都守熙(1994: 23-25)는 지명의 발생에 대해, 이는 그 地名을 포괄하는 언어의 어휘 발생에 해당하는 것이요, 地名의 變遷은 일종의 語彙 變遷에 관련된 것으로 音韻論的 分析, 語彙論的 分析, 意味論的 分析, 形態論的 分析으로 세분된다고 했다. 즉, 그는 地名研究의 내용으로 크게 共時論的인 입장과 通時論的인 입장으로 나누고, 전자의 입장으로 음운론적 접근, 형태론적 접근, 어휘론적 접근, 의미론적 접근으로 세분했으며, 후자의 입장으로 音韻史, 語彙史, 語源論 등으로 세분했다. 이

宗 때에 물이 많거나 물과 인연이 깊다하여 '仁川府'라 하였다. 그리고 일제 식민지 시대인 1914년에는 '富川郡'으로 편입되었다가, 1940년 다시 '仁川府'로 바뀌었다. 해방 후에는 '仁川市'로 불리다가 1981년 '仁川直轄市', 1995년 '仁川廣域市'로 승격되면서 江華郡, 金浦郡(검단면), 甕津郡이 인천광역시에 편입되어 오늘에 이르게 된 것이다.

8) Stewart(1975: 34-52)는 한 言語 내에서의 名稱研究는 세 가지 가정으로 시작된다고 하였다. 즉, 모든 명칭은 意味를 가지고 있으며, 특히 지명의 명칭은 그 장소의 모습을 설명하거나 인간의 삶의 방식을 보여주며, 한 번 정해진 이름은 音聲的인 발달에 따른다고 하여 語源論의 중요성과 同化作用에 따른 음운론적 측면의 중요성을 제시하였다. 이외에 社會的·文化的 慣習의 변화 또한 영향을 미친다고 하였다. 이에 李喆洙(1980: 545)는 名稱科學의 研究對象은 地名을 비롯하여 人名·王名·神名·事物名으로, 이는 歷史學과 民俗學, 그리고 人類學과 言語學 등에 의해 연구된다고 하였다. 이 중 言語學은 地名研究의 중심이 되어 言語學的인 측면에서 調査·分析·綜合되어야 하며, 言語學的 연구가 核이 되어 關聯科學과의 提携로써 地名研究가 이루어져야 한다고 했다.

에 대해 李喆洙(1982: 458-459)는 地名言語學은 地名이라는 고유명사를
언어학적으로 조사·분석하는 학문이라고 하여, 語彙論的 연구, 形態
論的 연구, 意味論的 연구, 音韻的·文法的 기준, 應用言語學的 연구로
세분했다. 즉, 어휘론적 연구는 지명어의 體系·計量·對照 혹은 比
較·語源·歷史·位相·辭典 등의 방면에서 연구하며, 形態論的 연구
는 지명어의 구성, 語形成 등을 고찰하고, 意味論的 연구로는 고유명사
로서의 지명어가 어떠한 특성을 가지고 있으며, 唯一性, 認知性, 外延
性, 示差性 등의 관점에서 고찰하는 것이라 했다.

地名硏究는 아주 중요하다.9) 그러므로 우리는 地名과 관계 깊은 학
교명칭어에 관한 연구로 校名이 행정구역 명칭과 어떤 관계에서 설정
되었으며, 그 외에 어떤 특성으로 만들어졌는가를 形態論的 고찰로 세
분해 보임으로써 앞으로 학교명칭어를 만드는데 도움이 됨은 물론이
요, 잘못된 명칭어에 대해서도 바로잡기를 기대하는 데에 그 意義와 必
要性이 있다.10) 그러므로 우선, 形態論的 分析으로 造語論的인 측면에
서 분석하여 單一語와 合成語로 구성된 점을 보이고, 합성어 형태는 어

---

9) 李敦柱(1994: 28)는 地名은 어느 나라, 어느 민족을 막론하고 오랜 역사를 통하여
자기네 조상으로부터 물려 받아온 귀중한 言語文化財이며, 각 시대와 민족의 생활
과 精神文化의 특성을 표현한 것이므로 그 지역의 발전상을 보여주며, 지방의 특수
한 自然環境과 생활사와도 밀접한 관계를 가진 것이라 하여 지명 연구의 필요성을
강조했다. 이에 대해 都守熙(1994: 8)는 地名 語彙의 필요성에 대해 우선, 國語의 系
統, 古代國語의 再構, 國語의 語源, 國語 變遷史 등의 연구에 지극히 귀중한 자료가
되며, 둘째로 韓國의 歷史, 地理, 民俗, 民譚, 神話, 傳說, 制度 등 文化史 전반적인
연구의 자료가 된다고 했다. 셋째로 우리 민족의 성립 및 이동은 물론 타민족과의
문화사적 교류 관계를 파악하는 데도 긴요한 자료가 된다고 했다. 그리고 넷째로
歷史學, 考古學, 地理學, 民俗學, 社會學, 經濟學, 說話 文學 등에 대한 보조과학이
될 수 있으며, 다섯째로 지명을 접두한 物名(產地名), 地名과 人名, 地名과 新造語
등과 깊은 관계가 밝혀질 수 있다고 했다. 따라서 인천의 학교명칭어를 분석함으로
써 특수한 자연환경과 생활모습과의 관계, 그리고 有緣性과 素材에 따른 특징을 밝
힐 수 있을 것이다.
10) 地名이 중심이 되어 교육 분야뿐만 아니라, 모든 분야에 걸쳐 그 중요성이 인식되
고 있다. 따라서 인천의 학교명칭어는 지명과의 관계가 어떠한지 形態論的·語彙
論的 분석을 통하여 그 造語 方法面에서의 특징을 분석하고 그 語彙가 갖는 有緣
性과 素材에 따른 분류를 통해서 그 특성을 밝히고자 한다.

떤 유형으로 구성되었는가를 보일 것이다. 그리고 이러한 형태론적 유형을 바탕으로 크게 행정구역 지명어와 관련된 학교명칭어(① 行政區域 地名語와 學校名稱語가 완전 일치하는 경우, ② 행정구역 지명어에 방향이 결합된 경우, ③ 행정구역 지명어의 앞글자를 학교명칭어로 한 경우, ④ 행정구역 지명어의 뒷글자를 학교명칭어로 한 경우, ⑤ 행정구역 지명어의 앞글자와 뒷글자를 결합한 경우, ⑥ 행정구역 지명의 위치와 학교명칭어가 不一致한 경우)와 行政區域 地名語를 學校名稱語로 하지 않은 경우(① 현재 행정구역 지명어와는 달리 옛 地名이나 傳說 및 주변의 事物名稱을 사용한 경우, ② 뜻을 취한 경우, ③ 기타의 경우)로 나누어 고찰할 것이다.

3.2.2 形態論的 分析과 特徵

지금까지 形態論的 研究는 지명어의 構成型에 따라 분석되었다. 즉, 지명어의 합성법이나 파생법에 의한 單語形成과 有緣性이나 自然的 素材에 따른 後部語素[11]로 분류된다. 우리는 주로 형태론적 특성을 語形成에 관계된 것으로 분석한다. 有緣性이나 자연적 소재에 따른 분류는 語彙論的 分析에서 구체적으로 다룰 것이다.[12]

인천지역 학교명칭어는 주로 漢字 合成語로 이루어졌다. 초등학교 170개의 학교명칭어 중 고유어의 명칭어는 유일하게 '함박초등학교' 한 개뿐이다.[13] 따라서 우리는 한자로 구성된 학교명칭어의 구조를 造語

---

11) 後部語素라는 名稱을 사용한 학자는 申敬淳(1977)으로 본고에서도 이 용어를 사용한다. 이에 대해 柳在泳(1982)은 接尾語라 하고, 이러한 接尾語에는 주로 洞(골), 里, 村(마을), 山(메, 뫼), 亭(정), 堂(당이, 댕이), 寺(절), 野(벌) 등이 있다고 하였다.
12) Stewart(1975: 85-88)는 地名의 분류체계는 일반적인 지명에서 특별한 지명을 구별하고 분리하려는 욕구를 전제로 하기 때문에 言語學的인 과정을 도입할 수밖에 없다고 하고, 10가지로 분류하여 기술하였다. 즉, Destriptive names(記述名), Associative names(聯想名), Incident names(事件名), Possessive names(所有名), Commemorative names(紀念名), Commendatory names(推薦名), Folk-etymologies(民間語源名), Manufactured names(製造名), Mistake names(失手名), Shift names(變遷名)으로 세분하였다.

論的인 측면에서 분석하고자 한다. 초등학교 학교명칭어는 대체로 명사로 이루어져 單一語와 合成語로 구성된다. 즉, N형, N1+N2형, N1+N2+N3형으로 나누어진다. 그리고 N은 고유명사의 한자어로 이루어졌으므로 이는 다시 형태소 M1+M2형(앞글자인 경우는 M1, 뒷글자인 경우는 M2)으로 분석된다.14)

이러한 形態論的 類型을 바탕으로 우선 行政區域 地名語와 學校名稱語가 일치하는 경우, 지명어의 앞글자나 뒷글자가 일치하는 경우, 행정구역 지명어의 앞글자와 뒷글자를 결합한 경우, 행정구역 지명의 위치와 학교명칭어가 不一致하는 경우, 그리고 행정구역 지명어를 학교명칭어로 하지 않은 경우로 나누어 고찰하고자 한다.15)

---

13) 1997년 연수1동에 개교한 '함박초등학교'는 그곳에 咸씨와 朴씨가 많이 살았던 곳이라 하여 '함박' 마을이었던 지명을 취한 경우이다. 현재 연수동은 본래 '遠又爾面 咸朴里'였다. 그러다가 1914년 延壽里가 되었다가 해방 이후 연수동이 되어 오늘에 이른 것이다. 그러나 학교명칭어를 漢字로 하지 않은 이유는 이외에 '함박꽃나무'의 의미와 '함박웃음'의 의미도 곁들여 함박초등학교라 했기 때문이다.

14) 학교명칭어는 주로 2음절과 3음절로 이루어진다. 따라서 2음절로 이루어진 前部語素를 하나의 명사(고유명사)로 보아 N으로 한다. 그리고 3음절은 固有名詞의 방향이나 관계 표시를 나타내는 경우로 N1+N2로 설정하여 분석한다. 또한 N을 하나의 고유명사로 보아 형태소의 결합으로 설정하여 M1+M2로 한다. 즉, 학교명칭어가 漢字로 이루어져 漢字 한 글자가 명사적 개념일 수 있으나, 두 개의 漢字가 구성되어 하나의 地名要素인 고유명사가 되므로 각각 形態素로 다루는 것이다. 그리고 6음절의 경우는 N1+N2+N3형으로 분석한다. 이 경우에도 N을 하나의 단어로 취급하여 설정한 것이다.

15) 李喆洙(1982: 460-461)는 地名型의 분류를 우선 語種構成에 따라 固有語地名인가, 漢字語地名인가, 外來語地名인가, 아니면 混種語지명인가에 따라 地名型을 분류하고, 다음으로 人間居住地名(洞·里·村·거리·길·언덕·바위 등)인가, 自然地形名인가, 아니면 水域地名(海·沿岸·海岸·島·江·池·溪·泉·井)인가를 구분했다. 그리고 地名에 사용된 素材에 따른 분류와 지명어의 構成型으로 지명어의 音節數(단음절, 2음절, 3음절, 다음절)에 따른 분류와 形態素 配合型에 따라 分類要素(後部要素), '前接要素(性格要素)+後部要素(分類要素)', '最前接要素(分割要素)+前接要素(性格要素)+後部要素(分類要素)'의 구성형으로 분류했다.

1) 行政區域 地名語와 관계 있는 名稱

우선 행정구역 지명어와 관련되는 학교명칭어는 모두 124개로 전체 72.9%에 해당된다. 이를 다시 세분하면 ① 行政區域 地名語와 學校名稱語가 완전 일치하는 경우, ② 행정구역 지명어에 방향이 결합된 경우, ③ 행정구역 지명어의 앞글자를 학교명칭어로 한 경우, ④ 행정구역 지명어의 뒷글자를 학교명칭어로 한 경우, ⑤ 행정구역 지명어의 앞글자와 뒷글자를 결합한 경우, ⑥ 행정구역 지명의 위치와 학교명칭어가 不一致하는 경우로 세분된다.

(1) '行政區域 地名語'를 學校名稱語로 한 경우

행정구역 지명어의 區名을 취한 경우는 2개이고, 洞名을 취한 경우는 38개이며, 邑名을 취한 경우는 1개이다. 그리고 面名을 취한 경우는 17개이며, 里名을 취한 경우는 9개이다. 따라서 행정구역 지명어를 학교명칭어로 취한 경우는 모두 67개로 이는 전체 39.4%에 해당된다. 이에 학교명칭어의 고유명사를 Nx[16]로 보이면 다음과 같다.

가. 區名을 학교명칭어로 한 경우 : N → Nk

桂陽 : 계양구 장기동   南洞 : 남동구 만수3동

나. 洞名을 학교명칭어로 한 경우 : N → Nd

佳佐 : 가좌2동	葛山 : 갈산동	黔丹 : 검단동
桂山 : 계산2동	官校 : 관교동	九月 : 구월동
論峴 : 논현동	桃林 : 도림동	道禾 : 도화1동
東春 : 동춘동	萬壽 : 만수6동	文鶴 : 문학동

---

16) 學校名稱語 중 고유명사를 갖는 語素를 N(oun)으로 하고, 그 N이 市, 郡, 區, 邑, 面, 洞, 里에 따라 분류하여 이를 Nx형으로 구분하고자 한다. 국어 로마자 표기법의 표기상 원칙인 市(shi), 郡(gun), 區(gu), 邑(up), 面(myon), 洞(dong), 里(ri)를 적용하여 각각 이를 기호로 나타내 Ns, Ng, Nk(gun과 구별하기 위해 區는 ku로 한다), Nu, Nm, Nd, Nr로 설정한다.

白石 : 백석동   兵房 : 병방동   富開 : 부개1동
山谷 : 산곡1동   三山 : 삼산동   石南 : 석남3동
仙鶴 : 선학동   松林 : 송림1동   松峴 : 송현동
崇義 : 숭의4동   新峴 : 신현동   深谷 : 심곡동
十井 : 십정1동   延壽 : 연수3동   永宗 : 영종동
玉蓮 : 옥련동   龍現 : 용현5동   雲西 : 운서동
日新 : 일신동   鵲田 : 작전1동   朱安 : 주안4동
昌榮 : 창영동   淸川 : 청천1동   靑鶴 : 청학동
鶴翼 : 학익1동   曉星 : 효성1동

다. 邑名을 학교명칭어로 한 경우 : N → Nu
    江華 : 강화읍

라. 面名을 학교명칭어로 한 경우 : N → Nm
    喬桐 : 강화군 교동면   吉祥 : 강화군 길상면
    內可 : 강화군 내가면   大靑 : 옹진군 대청면
    德積 : 옹진군 덕적면   白翎 : 옹진군 백령면
    佛恩 : 강화군 불은면   三山 : 강화군 삼산면
    西島 : 강화군 서도면   仙源 : 강화군 선원면
    松海 : 강화군 송해면   良道 : 강화군 양도면
    兩寺 : 강화군 양사면   靈興 : 옹진군 영흥면
    紫月 : 옹진군 자월면   河岾 : 강화군 하점면
    華道 : 강화군 화도면

마. 里名을 학교명칭어로 한 경우 : N → Nr
    蘭井 : 강화군 교동면 난정리   內里 : 옹진군 영흥면 내리
    北浦 : 옹진군 백령면 북포리   三省 : 강화 불은면 삼성리
    信島 : 옹진군 북도면 신도리   延坪 : 옹진군 송림면 연평리
    長峰 : 옹진군 북도면 장봉리   造山 : 강화군 양도면 조산리
    興旺 : 강화군 화도면 흥왕리

이상의 학교명칭어의 수와 비율을 표로 보이면 다음과 같다.

〈표 2〉 행정구역 지명어를 학교명칭어로 한 경우

항 목	市名	區名	洞名	郡名	邑名	面名	里名	계
명칭 수	0	2	38	0	1	17	9	67
비율(%)	0	3.0	56.7	0	1.5	25.4	13.4	100

(2) '行政區域 地名語+方向'을 學校名稱語로 한 경우

행정구역 지명어에 방향(Direction)인 位置와 方位를 나타내는 명사가 합성되어 'N1+N2'의 형식으로 이루어진다. 우선 위치를 나타내는 경우는 1개뿐이고, 나머지는 모두 방위를 나타내는 경우로, 區名(Nk)을 취한 경우는 1개이고, 나머지 17개는 洞名(Nd)을 취한 경우이다. 따라서 '행정구역 지명어+방향'을 학교명칭어로 한 경우는 모두 19개로 전체 11.2%이다. 이를 다시 方位를 나타내는 N2로 보이면, 東인 경우는 3개, 西인 경우는 5개, 南인 경우는 4개, 北인 경우는 6개이다.

가. 위치(上)+지명(市) → N1+Ns

　　上仁川 : 간석1동

나. 지명+방위

　① 지명(區)+방위 → Nk+N2

　　지명+北(North) → Nk+Nn

　　富平北 : 부평구 갈산1동

　② 지명(洞)+방위 → Nd+N2

　　㉠ 지명+東(East) → Nd+Ne

　　富平東 : 부평4동　　　鶴翼東 : 학익2동　　　曉星東 : 효성1동

　　㉡ 지명+西(West) → Nd+Nw

　　九月西 : 구월3동　　　富開西 : 부개2동　　　富平西 : 부평1동

石南西 : 석남2동   曉星西 : 효성2동

　　ⓒ 지명＋南(South) → Nd＋Ns

富平南 : 부평2동   山谷南 : 산곡3동   龍現南 : 용현5동

朱安南 : 주안8동

　　ⓒ 지명＋北(North) → Nd＋Nn

幹石北 : 간석3동   萬壽北 : 만수2동   山谷北 : 산곡1동

新峴北 : 신현동   朱安北 : 주안5동

이를 표로 보이면 다음과 같다.

〈표 3〉 '행정구역 지명어＋방향'을 학교명칭어로 한 경우

항 목	市名	區名	洞名	郡名	邑名	面名	里名	계
명칭 수	1	1	17	0	0	0	0	19
비율(%)	5.3	5.3	89.4	0	0	0	0	100

(3) '行政區域 地名語의 앞글자'를 學校名稱語로 한 경우

행정구역의 지명어는 대개 두 글자로 이루어져 하나의 고유명사(N)로 설정하였다. 따라서 이 N을 다시 분석하기 위해 한 글자를 형태소 M으로 하여 'N=M1＋M2'로 분석하고자 한다. 이 경우 모두 14개로 전체 8.2%이다.

가. 區名의 앞글자를 취한 경우 Mk＋M2

南部 : 남구 주안7동   東明 : 동구 송림2동   延盛 : 연수구 동춘동

나. 洞名의 앞글자를 취한 경우 Md＋M2

佳石 : 가정3동   富光 : 부개3동   富元 : 부평1동

富興 : 부평5동   新光 : 신흥동   新石 : 석남1동

龍一 : 용현1동   鵲洞 : 작전3동   白鶴 : 학익1동

다. 里名의 앞글자를 취한 경우 Mr＋M2

　　甲龍 : 강화읍 갑곶리　　　船澤 : 강화읍 길상면 선두리

이를 표로 보이면 다음과 같다.

〈표 4〉 '行政區域 地名語의 앞글자'를 學校名稱語로 한 경우

항 목	市名	區名	洞名	郡名	邑名	面名	里名	계
명칭 수	0	3	9	0	0	0	2	14
비율(%)	0	21.4	64.3	0	0	0	14.3	100

(4) '行政區域 地名語의 뒷글자'를 學校名稱語로 한 경우

행정구역 지명어에서 뒷글자를 학교명칭어로 취한 경우이다. 이 경우에는 區名語 1개와 洞名語 8개로 모두 9개이며 전체 5.3%이다.

가. 區名의 뒷글자를 취한 경우 → M1＋Mk

　　昭陽 : 계양구 박촌동

나. 洞名의 뒷글자를 취한 경우 → M1＋Md

　　大禾 : 도화2동　　　馬谷 : 산곡1동　　　上井 : 십정1동
　　瑞林 : 송림5동　　　瑞禾 : 도화3동　　　石井 : 간석4동
　　下井 : 십정2동　　　化田 : 작전1동

이를 표로 보이면 다음과 같다.

〈표 5〉 '行政區域 地名語의 뒷글자'를 學校名稱語로 한 경우

항 목	市名	區名	洞名	郡名	邑名	面名	里名	계
명칭 수	0	1	8	0	0	0	0	9
비율(%)	0	11.1	88.9	0	0	0	0	100

(5) ‘행정구역 지명어의 앞글자와 뒷글자’를 학교명칭어로 한 경우

행정구역 지명어의 경우 市, 區, 洞, 郡, 邑, 面, 里에서 M1, M2 모두를 행정구역 지명어에서 취한 경우로 2개의 지명을 합한 것으로 한쪽은 앞글자, 다른 한쪽은 뒷글자를 취한 경우이다. 다만 里名의 경우에만 각각 앞글자를 취한 경우로 모두 5개이며 전체의 2.9%이다.

가. 市名＋洞名인 경우 → Ms＋Md

仁壽 : 인천시 만수4동－市(앞글자)＋洞(뒷글자)

나. 區名＋洞名인 경우 → Mk＋Md

富谷 : 부평구 산곡2동－區(앞글자)＋洞(뒷글자)

다. 洞名＋洞名인 경우 → Md＋Md

佳井 : 가좌4동17)－佳佐洞＋十井洞

라. 里名＋里名인 경우 → Mr＋Mr

大月 : 강화읍 대산리－大山里＋月串里

陽堂 : 강화군 송해면－陽五里＋堂山里

(6) ‘行政區域 地名의 위치와 學校名稱語’가 不一致한 경우

학교명칭어의 경우 대개 행정구역 지명어를 따서 지은 경우가 많은데 현재 행정구역과 일치하지 않은 경우가 있다. 이에 대한 경우는 모두 10개로 전체의 5.9%이다. 그 사례를 보이면 다음과 같다.

幹石 : 구월2동	萬石: 화수동
富平 : 계양구 계산1동18)	富炫 : 계양구 계산3동

---

17) 佳佐洞에 있는 ‘佳井초등학교’는 1978년도에 개교한 것으로 당시 가좌동의 경계인 십정1동에 학교가 없어 ‘佳佐洞’의 ‘佳’자와 ‘十井洞’의 ‘井’자를 합해 ‘佳井초등학교’라 한 것이다.

富炫東 : 계양구 계산택지[19]   松月 : 전동
新興 : 답동   長壽 : 만수1동
芝石 : 교동면 삼선리   中央 : 연수1동[20]

2) 行政區域 地名語와 관계없는 名稱

행정구역 지명어와는 관계없이 다른 의미를 학교명칭어로 한 경우이
다. 여기에는 옛 地名이나 傳說 및 주변의 사물명칭을 사용하거나 뜻을
취한 경우 등 다양하다. 따라서 크게 옛 地名이나 전설 및 주변의 사물
명칭을 취한 경우는 모두 32개이며, 뜻을 취한 경우는 10개, 기타는 4
개로 모두 46개이며 이는 전체 27.1%에 해당된다. '仁川敎大附屬'만 6
음절의 N1+N2+N3형이고, 나머지는 모두 N형이다. 이를 보이면 다음
과 같다.

(1) 옛 地名이나 傳說 및 주변의 事物名稱을 취한 경우

모두 32개로 이 중 3음절의 N형은 '凌虛臺'와 '摩利山' 2개이며, 나머
지는 2음절의 N형이다.

---

18) '富平' 地名의 역사를 보면, 고구려 장수왕 58년(470)에 '主夫吐郡'이라 하던 것이
   신라 문무왕 8년(668)에 '長提郡', 고려 태조 23년(940)에 '樹州', 의종 4년(1150)에
   '安南都護府', 고종 2년(1215)에 '桂陽都護府', 충렬왕 34년(1308)에 '吉州', 충선왕 2
   년(1310)에 '富平府'라 했다. 그리고 조선 태종 13년(1413)에 '富平都護府', 세종 20
   년(1438)에 '富平縣'으로 강등되었다가 다시 '富平都護府'로 명칭이 바뀌었다. 이는
   연산 11년(1505)과 숙종 24년(1698)에 다시 강등, 복귀가 반복되었다. 그러다가 고
   종 31년(1894) '富平郡'으로 되어 오늘날 '富平區'와 '桂陽區'로 나뉘게 되었다. 현재
   계양구 계산동에 위치한 '富平초등학교'는 1899년에 개교하였으므로 당시에는 '富
   平郡'이었다. 따라서 현재 행정구역명이 바뀌어 不一致한 것이다.
19) 富炫초등학교는 1996년에 개교하였고, 富炫東초등학교는 1997년에 개교하였다. 이
   는 주 18)에서 밝혔듯이 현재 행정구역명인 桂陽區가 과거에 富平郡이었으므로
   '富平'의 '富'를 취한 것이다.
20) 본래 '中央초등학교'는 中區 中央洞에 1971년에 개교하였다가 1997년 3월에 연수
   구 연수1동으로 이전하였기에 행정구역명과 학교명칭어가 불일치한 것이다.

江后 : 강화군 하점면 창후리　　　乾地 : 가좌3동(건지골－전설)

九山 : 부평구 부개택지(산 이름)　　吉州 : 계산동(옛 지명)

凌虛臺 : 옥련동(유적지)21)

談訪 : 남동구 만수6동(담뱅이－옛 지명)

大丁 : 산곡3동(산 모양)22)　　　東幕 : 남구 동춘동(옛 지명)23)

東岩 : 부평구 십정동(驛 이름)　　摩利山 : 강화군 화도면24)

---

21) 凌虛臺는 百濟 초기에 중국을 왕래하던 나루터이다. 이 능허대 밑에는 조그만 포구가 있었는데, 이 포구가 大津(한나루)이다. 사람들이 배를 타기 위해 기다리던 것이 능허대이며, 배에 오르고 내리던 곳이 바로 이 한나루이다. 『京畿邑誌』(1871)의 <仁川府邑誌>에는 "在府西十里海邊高起百餘尺極望大洋無邊下有大津…(중략)…故使臣之入中國自此浮海達于登莱云"(凌虛臺는 府 서쪽 10里에 위치하며 바다를 수심으로 하여 1백여 척으로 솟아 있어 앞 바다를 바라봄에 막힘이 없다. 이 凌虛臺 밑에 大津(한나루)이 있는데, 三國이 정립하였을 때 고구려에 의하여 육로가 막히자 百濟의 使臣이 중국으로 들어갈 때 이곳에서 배를 띄워 산동반도의 登州, 莱州에 도달하였다.)고 기록되어 있다.

22) 仁川地誌(1987: 233)에 의하면 인천의 산맥 형성은 시흥시에 위치한 蘇莱山을 출발하여 元通山으로 이어지는데, 부평동을 기점으로 하여 산맥이 크게 꺾여 동쪽으로 뻗어가 元積山과 축串山을 거쳐 桂陽山을 이루었다고 한다. 따라서 지형의 연이은 산줄기 모습이 마치 큰 '丁'자형의 모습과 유사하다 하여 '大丁'이라 하였다. 지금 富平洞은 富平府 同所井面 大井里였다. 그리고 1914년 富川郡 富內面 大井里로 되었다가 1940년 다시 仁川府에 편입되면서 일본식의 昭和町으로 개명하였다가 해방 후 富平洞이 되었다. 일부에서는 이 '大井里'가 '大丁里'의 오기로 보기도 한다.

23) 현재 東春洞은 옛날에 한자로 遠又爾面이었으며, 이는 '먼우금면, 먼오금면, 또는 먼부면이라고 하였다. 이는 '먼오금'이라는 토박이말을 한자로 표기한 것이다. 『京畿誌』(1842)와 『京畿邑誌』(1971)의 <仁川府邑誌>의 '坊里'편에 '遠又爾面'라 기록되었으며, 여기에 자앞부락과 동막부락인 尺前里와 東幕里가 소속되어 있음을 보여준다. 그러다가 1906년 西面으로 面의 명칭이 바뀌면서 三里와 四里가 되었다. 그 후 1914년 富川郡이 생기면서 文鶴面 東春里가 되어 오늘날 東春洞이 된 것이다. '東幕'이란 말은 동쪽에 군대가 막을 치고 있었다고 해서 유래되었다고 한다.

24) 강화군 화도면에 '마리산(摩利山)'이 있는데, 현재 모든 지도나 관련서에서는 '마니산(摩尼山)'으로 표기하고 있다. 그 예로 초등학교 4학년의 『인천의 생활』(1998)에서도 '마니산'으로 표기하고 있다. '마리산'은 '頭山', '宗山'으로 우리말로 '머리가 되는 산'의 의미이다. 『高麗史』 권 56(地理志)(1451)에는 "有摩利 山在府南山頂 有塹星壇, 也傳檀君祭天壇"이라 기록되어 있다. 그리고 『世宗實錄』<地理誌>(1454), 『明宗實錄』(1571), 『宣祖實錄』(1616)에도 '摩利山'으로 기록되어 있다. 그러다가 15세기 말부터 '摩尼山'이란 명칭이 보인다. 그 일례로 『成宗實錄』(1476) 이후 『中宗實錄』(1550), 『仁祖實錄』(1653), 『肅宗實錄』(1728), 『英祖實錄』(1781), 『正祖實錄』

馬場 : 부평구 청천2동(옛 지명)25)   滿月 : 구월2동(옛 주안산 이름)

文南 : 연수1동(문학산 남쪽)   烽燧 : 가정2동(축곶산 봉수대)26)

西串 : 서구 연희동(옛 지명)27)   石岩 : 주안6동(옛 지명)28)

石泉 : 구월2동(돌샘, 전설)   松島 : 옥련동(옛 지명)29)

(1805)에 모두 '摩尼山'으로 표기하고 있다. 특히 마리산 정상의 塹星壇에서 淨水寺 쪽으로 가는 길에 비문이 있는데, 이는 숙종 43년(1717)에 당시 江華留守였던 崔錫 恒이 지은 '塹星壇重修碑' 비문에 '摩尼山'으로 표기되어 있다. 문제는 이 '摩尼山' 을 讀音으로 어떻게 읽었느냐는 것이다. 이에 대해 김윤후(1998: 35-37)는

"마리(摩尼)란 뜻에 대해 말(馬)을 마리(摩尼)라 했고, 가장 위에 있는 머리(頭) 를 또한 마리(摩尼)라 했다(丁若鏞의 <與猶堂全書> 疆域考 권 1). 따라서 '摩尼山' 은 '摩利山'과 함께 본래의 우리말 산이름인 '마리산'을 소리 옮김한 것으로, 至 大·至高·至尊의 뜻을 지닌 우리말 산이름의 한자표기이다."

라고 언급하고 있다. 이렇게 '摩利山'이든 '摩尼山'이든 모두 讀音으로는 '마리산'으 로 읽어야 할 것이다. 이것을 '마니산'으로 읽게 된 것은 일제의 의도적인 것으로 볼 수 있다. 일제는 머리의 산으로 불려지어 최고의 뜻을 지닌 '마리산'을 '摩尼山' 의 한자어를 택해 일본의 가타카나인 '마니산'으로 토를 달아 정착시킨 것으로 추 정한다. 이에 우리는 '마니산'을 '마리산'으로 바르게 고쳐야 할 것이다.

25) 현재 淸川洞은 富平府 馬場面이었다. 이는 말을 사육하는 곳이라는 뜻으로 이곳의 토질이 토박하고 초원이라서 國營으로 말을 사육한 곳이었다고 한다. 1914년 富川 郡이 신설되면서 富內面 淸川里가 되어 오늘에 이른 것이다. 이 馬場面과 白馬場 은 다른 지명이다. 현재 속칭 '백마장'이라 불리는 곳은 지금의 山谷洞을 의미한다. '산 골짜기'라는 뜻의 山谷洞은 본래 메꽃말(山花村), 또는 장끝말로 불리었다. 그 러다가 馬場面 山谷里였던 것이 1914년 富內面 산곡리로 개칭되었다. 그리고 1940 년 일본식명인 白馬町으로 불리었다가 해방 이후 山谷洞으로 개명된 것이다.

26) <大東輿地圖>(1861)에 安南山(桂陽山)에서 朱岸山으로 이어진 산줄기 중 서쪽으로 뻗은 산줄기 끝지점에 '축串'의 명칭과 봉수대의 모양이 뾰족하게 표기되어 있다. 『京畿誌』(1842)와 『京畿邑誌』(1871)의 <富平府邑誌>에 나타난 지도에는 元積山과 桂陽山 사이에 축串山이 있으며, 그 산 위에 '烽燧'라고 표기되어 있다. 현재에는 봉수터의 흔적을 찾기 어려우나 아직도 가정동에 '烽火村(봉오재)' 마을이 남아 있 다.

27) 현재 連喜洞은 본래 富平府 毛月串面에 소속된 連喜里였다. 그러다가 1914년 富川 郡이 신설되면서 毛月串面과 石串面이 합쳐져 西串面이라 했다. 그 후, 1940년 仁 川府로 편입되어 일본식으로 井上町이라 하다가 1946년 連喜洞으로 개명하여 현 재에 이른다.

28) 현재 間石洞은 본래 朱雁面이었다. 여기에 석바위인 石岩里와 샛말인 間村里가 소 속되어 있었다. 그러다가 1946년 間石洞으로 되었다. 현재 간석동에서 주원고개를 넘어 주안으로 가는 방면을 석바위라 하는데, 이는 옛 행정지명인 '石岩'의 한자어 를 '한자+고유어'로 부른 것이다.

承鶴 : 관교동(承基山 = 承學山)   新垈 : 계산동(옛 지명)[30]

新村 : 십정동(고유어 '새말'→한자)   安南 : 계산3동(계양산 옛 명칭)[31]

沿岸 : 항동(옛 지명)[32]   蓮花 : 연수2동(풍수설)[33]

龍遊 : 중구 남북동(옛 지명)[34]   龍井 : 숭의4동(옛 지명)

---

29) 현재 玉連洞을 대개 松島라 부른다. 본래 仁川府 '먼우금면'에 5개 부락이 있었는데, 1906년 西面 소속 하에 이 5개 부락을 합해서 西面 5里가 되었다. 그 후, 1914년 富川郡이 신설되고 文鶴面이 신설되면서 玉連里로 개명되었다. 이는 백옥 같은 돌이 많다는 데서 유래된 것이다. 그러다가 1937년 일본식명인 松島町으로 되었다가 1946년 해방 이후 玉連洞으로 바뀌었다. 따라서 섬이 아니면서 '松島'라 한 것은 일본인이 지은 이름으로 대부분 왜명은 해방 이후 사라졌지만 '松島'와 부평의 '白馬場'은 아직도 세인들이 부르고 있는 명칭이다. 송도가 지금까지 '송도유원지', '송도해수욕장'으로 그 이름을 연명하는 이유는 1937년 수인선이 개통되면서 송도역이란 한 것이 지금까지 이어진 것으로 본다.

30) 현재 鵲田洞은 富平府 西面이었다. 이 서면에는 佳峴里(가루개), 新垈里(새대, 새터), 化田里(된밭), 鵲井里(까치울)의 네 마을이 있었다. 이는 1914년 富川郡 富內面의 소속으로 되었다가 1940년 鵲田町으로 바뀌었다. 그러다가 해방 이후 鵲田洞으로 된 것이다. 이 중 新垈里는 새로 생긴 마을이란 뜻이다.

31) 『東國與地勝覽』(1486)에 "부평도호부 북쪽 2리 되는 곳에 鎭山(고을을 鎭護하는 主山)이 있는데 일명 安南山이라고도 한다."고 기록되어 있다. 또한 주 18)에서 제시하였듯이 의종 4년(1150)에 安南都護府의 기록이 있음으로 이 산의 명칭이 安南山이라 한 것을 알 수 있다. 그리고 <大東輿地圖>(1861)에도 '安南山'으로 표기되어 있다. 그러나 『新增東國與地勝覽』(1530)의 <富平都護府> '山川' 편에는 '桂陽山'으로, 『京畿誌』(1842)와 『京畿邑誌』(1871)의 <富平府邑誌>에도 모두 '桂陽山'으로 표기되어 있다. 따라서 둘 모두 사용되다가 오늘날 桂陽山으로 되었음을 알 수 있다.

32) '沿岸'이란 말은 바다나 호수 등 수역에 접해 있는 장소를 말하며, 海岸, 湖岸이라고도 한다. 현재 연안부두로 불리는 곳은 海面埋立으로 이루어진 땅이다. 이는 1912년 海岸町이라 하였다가 1946년 해방 이후 海岸洞으로 개칭하였다. 이는 바닷가에 있는 마을이란 뜻으로 붙여진 이름이다.

33) 현재 延壽洞은 본래 咸朴마을로 불리던 곳으로 仁川府 西面 소속이었다. 그러다가 1914년 文鶴面이 되면서 延壽里가 되어 오늘날 연수동이 된 것이다. 이 연수리에 浮水池마을이 있었다. 이는 문학산 남동쪽 산기슭에 위치한 마을이다. 이 마을 북동쪽에 까치섬이란 뭍이 있었는데, 밀물이 들어오면 마치 물에 잠긴 듯이 보인다고 하여 섬처럼 보이기 때문에 까치섬이라 하였다. 이곳에 李許謙의 묘가 있는데, 이 묘를 쓴 자리가 風水說에 의하면 '연꽃이 물에 떠 있는 형국(蓮花浮水形)'이라 하였다고 하여 이 동리 이름을 浮水池라 한 것이다. 이후 仁川 李氏들이 출세를 많이 하였다고 한다. 高麗時代 인천을 '仁州'라 한 것도 이와 관련된다.

34) 龍遊島는 용이 수영하는 모습에서 취한 명칭으로 본래 仁川의 소속이었다. 그 후,

朱原 : 간석4동(붉은 고개名)　　　鳥洞 : 만수4동(옛 지명)[35]

柸峴 : 인현동(싸리재 고개)　　　天馬 : 석남3동(산 이름)[36]

淸涼 : 동춘동(산 이름)　　　海明 : 강화 삼산면 매음리(산 이름)

(2) 뜻을 學校名稱으로 취한 경우

인천의 초등학교 명칭어 중 뜻을 취해 학교명칭어로 한 경우는 10개이다. '함박초등학교'를 제외하고는 모두 漢字語로 구성되었으므로 그의미를 쉽게 파악할 수 있다.

1914년 부천군 용유면이었다가 1973년 甕津郡에 편입되었다. 그러다가 1990년 龍遊面 전체가 인천시 중구에 편입되어 오늘에 이르고 있다. 따라서 南北洞은 본래 용유면에 소속되었던 南北里였다.

35) 현재 萬壽洞은 옛 仁川府 鳥洞面 소속의 새말(샛골)과 담뱅이 마을이었다. 그러다가 1903년 조동리와 담방리로 명칭을 확정하였다가 1906년 鳥谷里와 담방리로 되었다. 그러다가 1914년 부천군에 편입되면서 萬壽里가 되었다. 이는 백세까지 장수하는 마을이란 뜻이다. 그리고 1940년 萬壽町이었다가 1946년 萬壽洞이 되었다. 鳥洞面은 본래 억새풀이 많은 마을이라 하여 새말(草村), 또는 초곡(草谷)이었는데, 한자로 표기할 때 이를 鳥洞, 또는 鳥谷으로 하였다고 전한다.

36) 산을 깎아 佳佐洞과 山谷洞을 이어주는 도로가 난 산을 현재 지도에서는 鐵馬山으로 표기하고 있다. 그러나 『東國輿地勝覽』(1486), 『新增東國輿地勝覽』(1530)의 <富平都護府> '山川' 편에 '元積山'으로 기록되어 있다. 이 원적산은 도호부 서쪽 15리에 위치한다고 하여 현재 철마산으로 불리는 위치임을 알 수 있다. 이외에 『京畿誌』(1842)의 第一冊 <富平府邑誌>와 『京畿邑誌』(1871)의 第一冊 <富平府邑誌>에도 '元積山'으로 기록되어 있다. 한편 '鐵馬山'은 산 꼭대기에 鐵로 만든 작은 말이 있었다는 데서 유래한 것이다. 『鄕土仁川』(1988)에 나타난 이 산에 유래된 전설은 다음과 같다. 옛날 가정동에 陝川 李氏들이 주로 살았는데 조선 초기 李氏 門中에 이상한 아기가 태어났다고 한다. 태어난 지 이레도 되지 않아 걸어다녔고, 양 어깨에는 날개가 달려 날기도 했다고 한다. 당시 家門에 壯士가 나면 역모할까봐 그 집안 일족을 모두 죽였기 때문에 後患이 두려운 부모는 이 아이를 죽이려고 다듬잇돌로 눌러 그 위에 올라섰더니 하늘에서 龍馬 한 마리가 내려와 집 주위를 맴돌며 구슬프게 울어댔다고 한다. 그러다가 그 아기가 죽자 어디론가 사라졌다는 것이다. 이런 연유로 이 산을 '天馬山'으로 부르고 신성시하였다고 한다. 지금도 이 산의 남서쪽엔 天馬의 말발굽 모양이 여기저기 바위에 찍혀 남아 있어 이를 馬蹄石이라 불러 지금까지 전한다. 산 정상에는 서구청에서 지은 정자가 있는데 이를 '鐵馬亭'이라 하였고, 천마산과 마제석의 유래를 적어 놓은 안내판이 있다. 따라서 지도상의 '鐵馬山'이나 산 아래에 있는 '鐵馬寺'나 明新女高 校歌에 들어있는 '鐵馬山'은 모두 잘못된 것이다.

開興 : 부평4동　　　明新 : 강화군 하점면　　　博文 : 답동
瑞興 : 숭림2동　　　　永化 : 창영동　　　　　仁聖 : 송학동
昌新 : 서구 원당동　　韓一 : 산곡동　　　　　合一 : 강화읍 신문리
함박 : 연수1동

(3) 기타의 경우

앞에서 제시한 것 외에 나머지를 기타로 다루었다. 모두 4개인데, 이 중 3개는 앞글자가 방위(direction)에 관련된 것으로 자세한 것은 語彙論 的 分析에서 다룰 것이다. 그리고 3개의 고유명사가 합성어로 이루어 진 N1＋N2＋N3 형식의 '仁川敎大附屬'은 기타에서 다룬다.

가. N＝M1＋M2 → Mdi(방위)＋M2
　　東部 : 남동구 만수3동　　　　　　　東樹 : 부평구 부평동
　　西面 : 연수구 동춘2동

나. N1＋N2＋N3 → Ns(市名)＋N2(大學名)＋N3
　　仁川敎大附屬 : 숭의동(1957)

3) 學校名稱語에 문제점이 있는 경우

인천의 학교명칭어는 대부분 행정구역의 지명어를 그대로 사용하였 으므로 행정구역 지명어가 잘못된 경우, 그대로 학교명칭어도 잘못된 것이 있다. 또한 학교명칭어의 漢字가 잘못된 경우도 있다. 이에 이러 한 문제점을 제시하여 바로잡는 대안이 있었으면 한다.

(1) 행정구역 지명어와 학교명칭어의 漢字가 다른 경우
가. 幹石初等學校, 幹石北初等學校

간석·간석북 초등학교는 행정구역 지명어를 빌려 학교명칭어를 취 한 경우로 행정구역 지명어의 漢字와 다른 경우이다. 즉, 幹石·幹石北

초등학교는 행정구역 지명어인 間石洞의 '間石'과 다르다. 따라서 '間石'으로 해야지 '幹石'으로 해서는 안 된다.37)

(2) 학교명칭어의 漢字가 잘못된 경우

가. 乾地초등학교

가좌동에 위치한 乾地初等學校의 '乾地'가 잘못된 것이다. 『仁川地誌』(1987: 232)에 의하면 현재 가좌동 지역에 늪이 있었다고 한다. 그런데 이상하게 그 물이 점점 다른 곳으로 이동해 가더니 드디어 그 늪이 말라버렸다고 한다. 그래서 그 마을을 '乾池골'이라 불렀다고 한다. 그리고 이 늪에서 가재가 나왔다고 하여 '가재골'이라 하고, '가재골'에서 '가재올' 또는 이를 음차하여 漢字로 '佳哉里'라고 하였으며, 이 '가재리'가 '佳佐里'로 되었다고 전한다. 따라서 가좌동에 위치한 '乾地初等學校'의 '乾地'는 '乾池'가 되어야 한다.

나. 談訪초등학교

만수6동에 있는 '談訪초등학교'의 한자도 잘못된 듯싶다. 옛 마을명이 '담방이말'38)이었다고 한다. 이 뜻은 마을 앞 방죽에 바닷물이 담방담방 넘어들려고 했다는 데서 유래된 말이다. 현재 만수6동에 '담방마을' 아파트가 있으며, 이 마을 주변에 전해오는 민요에서도 담방이를 알 수 있다. 즉, "샛골에서 새를 잡아 장작골에서 장작 피워 담방이 마을에서 담방 담그어 음실에서 음실음실 먹자."는 내용이다. 그런데 이

---

37) 『京畿邑誌』(1871)의 <仁川府邑誌>에 기록된 朱岸面은 石村, 間村, 城里, 九月里를 포함하고 있다. 현재 間石洞은 본래 석바위와 샛말(사이말)로 불리던 마을이 1903년 石岩里와 間村里가 되었다. 그러다가 1914년 두 마을이 합쳐져 間石里가 된 것이다. 이는 間村里의 '間'자와 石岩里의 '石'자가 합쳐진 지명이다. 그러다가 1940년 일본식명인 木越町으로 개명되었다가 1946년 다시 間石洞으로 바꾸어 오늘에 이른 것이다.

38) 일명 '담뱅이' 마을이라고도 한다. 이는 인천부 조동면에 위치한 '담방리'로, 새말(鳥洞, 鳥谷里)과 합쳐 현재 萬壽洞이 되었다.

'담방골'인 '담방'의 漢字를 어떻게 적어야 하는가가 문제이다. 현재 이 곳에 개교한 '담방초등학교'는 '談訪'으로 적고 있다. 『朝鮮地誌』(1910) 와 『舊韓國地方行政區域名稱一覽』(1912)에는 '淡方里'로, 『한국지명총 람』(1986)에는 '潭芳里'로 표기되어 있다. 그 이전의 『京畿誌』(1842)의 <富平府邑誌>에는 '潭芳里'로, 『京畿邑誌』(1871) <仁川府邑誌>에는 '淡 芳里'로 기록되어 있다. 따라서 현재 '談訪초등학교'의 漢字는 잘못된 듯싶다.

다. 龍井초등학교

숭의4동의 '龍井초등학교'의 한자도 잘못되었다. 현재 용현동은 본래 인천부 多所面이었다. 농사를 짓기 위해 우물물이 필요해 우물이 많다 는 뜻이다. 용현동은 다소면에서 '비랑이(비랭이)'로 불리던 곳이었다. 이것이 1903년 동리명이 확정될 때 '비랑리(飛浪里)'와 '독정리(篤丁里)' 로 구분되었다. 그러나 용이 나타났다는 마을의 뜻의 이 말은 飛龍里가 잘못된 것이고, 글을 가르치던 서당인 정자가 있었던 곳의 의미인 '讀 亭里'의 잘못인 듯싶다. 따라서 1906년 동리명이 개정되어 飛龍里와 讀 亭里가 되었다. 그러다가 1914년 부천군의 관할이 되면서 飛龍里의 '龍' 자와 讀亭里의 '亭'자를 합해서 '龍亭里'로 개칭하였다. 그리고 1946년 해방 직후 龍現(峴)洞이라 하여 지금에 이르고 있다. 따라서 '龍井초등 학교'는 용현동의 옛 지명인 '龍亭里'를 취한 것으로 '龍亭초등학교'로 해야 할 것이다.

라. 三省초등학교

삼성초등학교는 강화군 불은면 삼성리에 위치한 학교이다. 江華郡 佛恩面에는 8개 里가 있는데 그 중 하나가 三城里이다. 이는 石城, 西 門洞, 馬場洞의 세 城이 이루어진 마을이라 하여 붙여진 이름이다. 즉, 돌로 만든 城과 서쪽을 막았던 城, 그리고 옛 牧馬場의 城터인 3개의 성으로 둘러 쌓인 마을이다. 따라서 '三省'초등학교는 '三城'초등학교로 해야 한다.

마. 九山초등학교

九山초등학교 역시 행정구역 지명어가 九山洞에서 나온 것으로 이는
거북이 모양의 산이라 하여 龜山(현재 중앙병원 뒤에 있는 산)에서 나
온 것으로 '龜山'을 '九山'으로 잘못 표기한 것으로 보인다.39)

(3) 주변 지시물의 명칭이 잘못되어 학교명칭어가 잘못된 경우

가. 東岩초등학교

東岩初等學校는 십정동의 東岩驛(전철역명)에서 취한 명칭이다. 이
는 주안산과도 관계가 깊다. 현재 주안산은 지도상에 나타나 있지 않지
만『東國輿地勝覽』(1486) <仁川都護府>에 '朱雁山'으로 표기되어 있
다.40) 이는 도호부 북쪽 11리 되는 곳에 있다고 한다. 그러다가 김정호
의『大同輿地圖』(1861)에는 '朱岸山'으로 표기되어 있다. 이렇게 주안산
에서 유래된 '朱雁'은 1937년 '朱安'으로 바뀌어 오늘날에 이르게 된 것
이다. 그런데 이 주안산은 현재 지도상에는 없고 대신 그 자리에 '滿月
山'으로 표기되어 있다. 만월산은 현재 만수동에서 십정동으로 넘어가
는 고개가 그 산을 가로지르고 있다. 이 주안산 밑에 위치한 현재 동암
은 천연구리의 광물질이 매장되어 있었으며, 실제로 1967년 이후 1989
년 폐광되기까지 광물질을 채취하였다. 따라서 동암은 '東岩'이 아니라,
'銅岩'임을 알 수 있다. 지금도 동암역 북부광장 입구에는 '銅岩'이라는
한자어가 남아 있다.

---

39) 九山洞은 옛 富平郡 同所井面 龜山里였다가 1914년 富川郡 富內面 九山里로 되었
　　다. 그 후 1940년 일본식의 명칭인 伊藤町으로 되었다가 1947년 九山洞으로 바뀌
　　어 현재에 이르고 있다.
40) 이형석(1998)에 의하면 산이름의 유래는 나무가 적고 흙이나 바위의 색이 붉으며
　　산의 형태가 마치 기러기가 날아가는 형상이어서 생긴 이름이라고 한다.

나. 朱原초등학교

朱原초등학교는 '주원고개'에서 유래된 명칭이다. 주원고개는 인천에서 수원으로 통하는 고개였다. 즉, 석바위에서 간석5거리, 그리고 만수동과 장수동을 거쳐 시흥시로 이어진다. 이 중 석바위에서 간석5거리로 내려가는 고개를 주원고개라 한다. 그런데 '주원'이란 말은 붉은 언덕이란 뜻에서 온 말이라고 전한다. 그렇다면 '朱岸'의 의미가 된다. 주안산은 『新增東國輿地勝覽』(1530) <仁川都護府>에는 '朱雁山'으로 기록되어 있다. 이는 산 색깔이 붉고 그 형상이 마치 기러기가 날아가는 모습 같다는 데서 나온 말이다. 그런데 『大東輿地圖』(1861)에는 '朱岸山'으로 표기되어 있다. 이는 '붉은 언덕산'이란 뜻이다. 따라서 '朱原고개'는 '朱岸고개'가 잘못 쓰여진 것으로 본다.

3.2.3 요약

지금까지 仁川地方을 중심으로 學校名稱語에 대해 言語學的인 研究方法으로 분석하여 그 특징과 문제점을 고찰하였다. 초등학교를 대상으로 하여 모두 170개의 학교명칭어를 形態論的 分析으로 분류하여 살펴보았다.

먼저 形態論的 分析의 特徵을 보이면, 인천지방 학교명칭어는 주로 漢字 合成語로 이루어졌다. 초등학교 170개의 학교명칭어 중 고유어의 명칭어는 유일하게 '함박초등학교' 한 개뿐이고, 나머지 169개는 한자어로 이루어진 합성어이다. 이에 造語論的인 측면에서 분석한 결과 대체로 명사로 이루어져 單一語와 合成語로 구성되었다. 합성어 형태는 N형, M1+M2형(형태소의 결합으로 앞글자는 M1, 뒷글자는 M2), N1+N2형, N1+N2+N3형의 종류로 세분되었다. 이러한 형태론적 유형을 바탕으로 크게 행정구역 지명어와 관련된 학교명칭어와 관련되지 않은 명칭어로 나누어 정리하면 다음과 같다.

우선 행정구역 지명어와 관련되는 학교명칭어는 모두 124개로 전체

72.9%에 해당된다. 이를 다시 세분하면 ① 行政區域 地名語와 學校名稱語가 완전 일치하는 경우가 67개로 이는 모두 'N'형의 2음절로 이루어졌다. ② 행정구역 지명어에 방향이 결합된 학교명칭어는 19개이다. 이는 모두 'N1＋N2'형의 3음절로 이루어졌다. ③ 지명어 앞글자를 학교명칭어로 한 경우는 14개, 뒷글자를 학교명칭어로 한 경우는 9개였다. 이는 모두 'M1＋M2'형의 2음절로 이루어졌다. ④ 행정구역 지명어의 앞글자와 뒷글자를 결합한 경우는 5개이다. 이는 모두 'M1＋M2'형의 2음절로 이루어졌다. ⑤ 행정구역 지명의 위치와 학교명칭어가 不一致하는 경우는 10개이다. 이는 모두 'N'형의 2음절로 이루어졌다. 따라서 'N' 형식은 모두 77개, 'M1＋M2' 형식은 28개, 'N1＋N2' 형식은 19개이다.

이를 표로 보이면 다음과 같다.

行政區域 地名語와 관계 있는 名稱

항 목	일치	일치＋방향	앞글자	뒷글자	앞글자＋뒷글자	불일치	계
명칭 수	67	19	14	9	5	10	124
비율(%)	54.0	15.3	11.3	7.3	4.0	8.1	100
형태구조 (음절)	N (2)	N1＋N2 (3)	M1＋M2 (2)	M1＋M2 (2)	M1＋M2 (2)	N (2)	

그리고 行政區域 地名語를 學校名稱語'로 하지 않은 경우는 모두 46개로 전체 27.1%이다. 현재 행정구역 지명어와는 달리 옛 地名이나 傳說 및 주변의 事物名稱을 사용한 경우는 32개, 뜻을 취한 경우는 10개, 그리고 기타의 경우는 4개로 세분되었다. 1개만 고유어이며, 나머지 45개는 모두 漢字語의 구성으로 이루어졌으며, '仁川敎大附屬'만 6음절의 N1＋N2＋N3형이고, 나머지는 모두 N형이다. 이 중 3음절의 N형은 '凌虛臺'와 '摩利山' 2개이며, 나머지는 2음절의 N형이다.

이를 표로 보이면 다음과 같다.

行政區域 地名語와 관계없는 名稱

항 목	옛 地名이나 傳說周邊 事物名	뜻을 취한 경우	기 타	계
명칭 수	32	10	4	46
비율(%)	69.6	21.7	8.7	100
형태구조 (음절)	N(2음절-30, 3음절-2)	N (2음절)	M1＋M2(2음절) N1＋N2＋N3(1음)	

다음으로 學校名稱語에 문제점이 있는 경우가 있다. 우선 행정구역 지명어와 학교명칭어의 漢字가 다른 경우가 있다. '幹石初等學校, 幹石北初等學校'의 '幹石'은 행정구역 지명인 間石洞의 '間石'과 다르다. 이는 '間石'으로 해야지 '幹石'으로 해서는 안 된다.

또한, 학교명칭어의 漢字가 잘못된 경우가 있다. '乾地초등학교'의 '乾地'가 잘못되었다. 이는 늪이 말라버렸다는 '乾池골'이라는 마을에서 취한 것이다. 따라서 가좌동에 위치한 乾地初等學校는 乾池初等學校가 되어야 한다. 그리고 '談訪초등학교'의 '談訪'의 漢字도 잘못된 듯 싶다. 옛 마을명이 '담뱅이(담방리)'로 '潭芳里'나 '淡芳里'로 적어야 한다. 또한 '龍井초등학교'의 '龍井'도 '龍亭'으로 해야 한다. 이는 용현동의 옛 지명이 '龍亭里'였기 때문이다. 그리고 '九山초등학교' 역시 행정구역 지명어가 九山洞에서 나온 것으로 이는 거북이 모양의 산이라 하여 龜山(현재 중앙병원 뒤에 있는 산)에서 나온 것으로 '龜山'을 '九山'으로 잘못 표기한 것이다.

다음으로 주변 지시물의 명칭이 잘못되어 학교명칭어가 잘못된 경우가 있다. '東岩초등학교'의 '東岩'은 천연구리의 광물질이 매장되어 있는 데서 유래한 것으로 '銅岩'으로 해야 한다. 또한 '朱原초등학교'의 '朱原'은 '주원고개'에서 유래된 명칭으로 '朱岸고개'가 잘못 쓰여진 것으로 본다.

學校名稱 역시 地名語와 마찬가지로 그 지방의 自然環境과 생활모습

등을 고찰함으로써 그 지역의 歷史와 固有한 特徵을 알 수 있는 중요
한 것이다. 그런데도 불구하고 너무 무의미하게 學校名稱을 부여함으
로써 별 의미 없는 학교명칭어가 된 경우가 많았다. 마을의 由來를 잘
못 알거나 심지어 漢字가 틀린 경우도 있으므로 보다 세심한 주의를
기울였으면 한다. 따라서 본고는 너무 쉽게 간과해버린 학교명칭어의
중요성을 인지하고, 앞으로 그 地方의 歷史와 鄕土性을 갖는 학교명칭
어를 사용함으로써 그 起源과 由來를 알 수 있도록 하고, 아울러 그것
의 변천상도 고찰함으로써 지방의 傳統性을 알게 할 뿐 아니라 愛鄕心
과 自矜心을 가질 수 있도록 해야 할 것이다.

　이제는 행정편의주의를 지양하고, 아직도 사용하고 있는 일제하의
行政區域名과 더불어 학교명칭을 일소하고 우리의 옛 地名을 되찾아
우리가 살고 있는 지역의 고유한 이름을 후손들에게 전해주는 일 또한
교육적 가치가 크다 하겠다.

[부록]　學校名稱語(仁川地域　初等學校)

　仁川의 行政區域에 속한 초등학교 170개를 形態論的 分類로 그 특징
을 제시하였다. 우리가 분석대상으로 삼은 學校名稱語는 대부분 고유
명사로 '초등학교'의 보통명사는 분석대상에서 제외했다. 그리고 행정
구역 지명어와의 관계를 보이기 위해 학교가 위치한 행정지명을 함께
보일 것이다. 따라서 분석대상의 고유명사인 학교명칭어를 보이면 다
음과 같다.

〈표 1〉 인천지역의 초등학교 명칭어

1. 가석(佳石) : 가정3동(1994)
2. 가정(佳井) : 가좌4동(1978)
3. 가좌(佳佐) : 가좌2동(1986)
4. 간석(幹石) : 구월2동(1971)
5. 간석북(幹石北) : 간석3동(1984)
6. 갈산(葛山) : 갈산동(1993)
7. 갑용(甲龍) : 강화읍 갑곶리(1970)
8. 강화(江華) : 강화읍(1898)
9. 강후(江后) : 강화군 하점면 창후리(1961)
10. 개흥(開興) : 부평4동(1992)
11. 건지(乾地) : 가좌3동(1990)
12. 검단(黔丹) : 검단동(1932)
13. 계산(桂山) : 계산2동(1987)
14. 계양(桂陽) : 계양구 장기동(1932)
15. 관교(官校) : 관교동(1987)
16. 교동(喬桐) : 강화군 교동면(1922)
17. 구산(九山) : 부평구 부개택지(1996)
18. 구월(九月) : 구월동(1952)
19. 구월서(九月西) : 구월3동(1983)
20. 길상(吉祥) : 강화군 길상면(1920)
21. 길주(吉州) : 계산동(1998)
22. 난정(蘭井) : 교동면 난정리(1943)
23. 남동(南洞) : 남동구 만수3동(1922)
24. 남부(南部) : 남구 주안7동(1978)
25. 내가(內可) : 강화군 내가면(1932)
26. 내리(內里) : 옹진군 영흥면 내리(1948)
27. 논현(論峴) : 논현동(1941)
28. 능허대(凌虛臺) : 옥련동(1997)
29. 담방(談訪) : 만수6동(1994)
30. 대월(大月) : 강화읍 대산리(1964)
31. 대정(大丁) : 산곡3동(1987)
32. 대청(大靑) : 옹진군 대청면(1921)
33. 대화(大禾) : 도화2동(1994)
34. 덕적(德積) : 옹진군 덕적면(1933)
35. 도림(桃林) : 도림동(1971)
36. 도화(道禾) : 도화1동(1946)
37. 동막(東幕) : 동춘동(1994)
38. 동명(東明) : 동구 송림2동(1946)
39. 동부(東部) : 남동구 만수3동(1980)
40. 동수(東樹) : 부평동(1991)
41. 동암(東岩) : 십정동(1966)
42. 동춘(東春) : 동춘동(1971)
43. 마곡(馬谷) : 산곡1동(1989)
44. 마리산(摩利山) : 강화군 화도면(1955)
45. 마장(馬場) : 청천2동(1997)
46. 만석(萬石) : 화수동(1959)
47. 만수(萬壽) : 만수6동(1930)
48. 만수북(萬壽北) : 만수2동(1983)
49. 만월(滿月) : 구월1동(1989)
50. 명신(明新) : 강화군 하점면(1944)
51. 문남(文南) : 연수1동(1994)
52. 문학(文鶴) : 문학동(1917)
53. 박문(博文) : 답동(1900)
54. 백령(白翎) : 옹진군 백령면(1937)
55. 백석(白石) : 서구 백석동(1971)
56. 백학(白鶴) : 학익1동(1990)
57. 병방(兵房) : 병방동(1995)
58. 봉수(烽燧) : 가정2동(1988)
59. 부개(富開) : 부개1동(1955)
60. 부개서(富開西) : 부개2동(1983)

61. 부곡(富谷) : 부평구 산곡2동(1995)   62. 부광(富光) : 부개3동(1984)
63. 부원(富元) : 부평1동(1982)   64. 부평(富平) : 계산1동(1899)
65. 부평남(富平南) : 부평2동(1962)   66. 부평동(富平東) : 부평4동(1940)
67. 부평북(富平北) : 부평구 갈산1동   68. 부평서(富平西) : 부평1동(1946)
(1968)
69. 부현(富炫) : 계산3동(1996)   70. 부현동(富炫東) : 계산 택지(1997)
71. 부흥(富興) : 부평5동(1964)   72. 북포(北浦) : 옹진군 백령면 북포리
(1956)
73. 불은(佛恩) : 강화군 불은면(1934)   74. 산곡(山谷) : 산곡1동(1953)
75. 산곡남(山谷南) : 산곡3동(1986)   76. 산곡북(山谷北) : 산곡1동(1984)
77. 삼산(三山) : 부평구 삼산동(1986)   78. 삼산(三山) : 강화군 삼산면(1931)
79. 삼성(三省) : 강화군 불은면 삼성   80. 상인천(上仁川) : 간석1동(1987)
리(1962)
81. 상정(上井) : 십정1동(1989)   82. 서곶(西串) : 서구 연희동(1930)
83. 서도(西島) : 강화군 서도면(1936)   84. 서림(瑞林) : 송림5동(1939)
85. 서면(西面) : 동춘2동(1996)   86. 서화(瑞禾) : 도화3동(1967)
87. 서흥(瑞興) : 송림2동(1965)   88. 석남(石南) : 석남3동(1946)
89. 석남서(石南西) : 석남2동(1984)   90. 석암(石岩) : 주안6동(1968)
91. 석정(石井) : 간석4동(1989)   92. 석천(石泉) : 구월2동(1981)
93. 선원(仙源) : 강화군 선원면(1923)   94. 선택(船澤) : 강화군 길상면 선두
리(1960)
95. 선학(仙鶴) : 남구 선학동(1993)   96. 소양(昭陽) : 박촌동(1946)
97. 송도(松島) : 옥련동(1952)   98. 송림(松林) : 송림1동(1933)
99. 송월(松月) : 전동(1955)   100. 송해(松海) : 강화군 송해면(1933)
101. 송현(松峴) : 송현동(1937)   102. 숭의(崇義) : 숭의4동(1937)
103. 승학(承鶴) : 관교동(1992)   104. 신광(新光) : 신흥동(1958)
105. 신대(新垈) : 계산동(1998)   106. 신도(信島) : 옹진군 북도면 신도
리(1946)
107. 신석(新石) : 석남1동(1987)   108. 신촌(新村) : 십정동(1982)
109. 신현(新峴) : 신현동(1982)   110. 신현북(新峴北) : 신현동(1986)
111. 신흥(新興) : 답동(1946)   112. 심곡(深谷) : 서구 심곡동(1998)
113. 십정(十井) : 십정1동(1984)   114. 안남(安南) : 계산3동(1990)
115. 양당(陽堂) : 강화군 송해면(1946)   116. 양도(良道) : 강화군 양도면(1918)
117. 양사(兩寺) : 강화군 양사면(1930)   118. 연성(延盛) : 동춘동(1994)
119. 연수(延壽) : 연수3동(1992)   120. 연안(沿岸) : 항동(1987)
121. 연평(延坪) : 옹진군 송림면 연평   122. 연화(連花) : 연수2동(1995)
리(1935)
123. 영종(永宗) : 영종동(1920)   124. 영화(永化) : 창영동(1892)

125. 영흥(靈興) : 옹진군 영흥면(1934)　126. 옥련(玉蓮) : 옥련동(1996)
127. 용유(龍游) : 중구 남북동(1935)　128. 용일(龍一) : 용현1동(1962)
129. 용정(龍井) : 숭의4동(1973)　130. 용현(龍現) : 용현5동(1953)
131. 용현남(龍現南) : 용현5동(1985)　132. 운서(雲西) : 중구 운서동(1953)
133. 인성(仁聖) : 송학동(1962)　134. 인수(仁壽) : 만수4동(1988)
135. 인천교대부속(仁川敎大附屬) :　136. 일신(日新) : 일신동(1985)
　　　숭의동(1957)
137. 자월(紫月) : 옹진군 자월면(1946)　138. 작동(鵲洞) : 작전3동(1993)
139. 작전(鵲田) : 작전1동(1984)　140. 장봉(長峰) : 옹진군 북도면 장봉
　　　리(1936)

141. 장수(長壽) : 만수1동(1991)　142. 조산(造山) : 강화군 양도면 조산
　　　리(1943)

143. 조동(鳥洞) : 만수4동(1987)　144. 주안(朱安) : 주안4동(1934)
145. 주안남(朱安南) : 주안8동(1984)　146. 주안북(朱安北) : 주안5동(1983)
147. 주원(朱原) : 간석4동(1979)　148. 중앙(中央) : 연수1동(1971)
149. 지석(芝石) : 교동면 삼선리(1961)　150. 창신(昌新) : 서구 원당동(1949)
151. 창영(昌榮) : 동구 창영동(1907)　152. 천마(天馬) : 석남3동(1989)
153. 청량(淸涼) : 동춘동(1995)　154. 청천(淸川) : 청천1동(1971)
155. 청학(靑鶴) : 청학동(1995)　156. 축현(柚峴) : 인현동(1946)
157. 하점(河岾) : 강화군 하점면(1922)　158. 하정(下井) : 십정2동(1991)
159. 학익(鶴翼) : 학익1동(1939)　160. 학익동(鶴翼東) : 학익2동(1983)
161. 한일(韓一) : 산곡동(1965)　162. 합일(合一) : 강화읍 신문리(1909)
163. 함박 : 연수1동(1997)　164. 해명(海明) : 강화 삼산면(1943)
165. 화도(華道) : 강화군 화도면(1928)　166. 화전(化田) : 작전1동(1988)
167. 효성(曉星) : 효성1동(1982)　168. 효성동(曉星東) : 효성1동(1985)
169. 효성서(曉星西) : 효성2동(1986)　170. 흥왕(興旺) : 강화 화도면 흥왕리
　　　(1934)

---

* ( )의 숫자는 개교한 연도임.

제4장 時制와 相論

4.1 도입

우리는 학교문법에서 제시하고 있는 相(aspect)에 대해서 그 문제점을 고찰함으로써 국어 相의 교육적 방향을 제시하고자 한다. 상은 일반적으로 두 가지 범주로 나누어진다. 하나는 문법적 범주요, 다른 하나는 문법화되지 않은 범주다. 전자는 文法相으로 完了相과 未完了相의 대립으로 표현되며, 후자는 語彙相으로 동사의 어휘적 의미와 그 동사가 처하는 문맥이나 담화상황에서 나타난다. 그런데 대체로 많은 학자들이 문법화되지 않은 어휘상을 등한시하고 있다.[41]

이에 動詞의 자질을 제시하고, 이러한 자질에 의해 나타나는 動詞部類의 특성을 통해 상의 본질적인 의미를 고찰함으로써 상의 해석을 올바르게 할 수 있을 것이다. 그간 국어의 상에 대한 연구가 질적으로 활발하지 못했고 또한 여러 학자의 설이 각기 달리 나타나 개념 및 특성이 정립되지 못한 것이 사실이다. 아직도 상은 많은 사람들에게 생소하

---

41) 슬라브 학자들을 중심으로 일부 언어학자들은 상을 'aktionsart'라는 용어를 사용하기도 하였다. 이에 Maslov(1962), Forsyth(1970), Comrie(1976)는 상(aspect)과 동작류(aktionsart)를 구별하여 aspect는 동사의 문법범주로, aktionsart는 동사의 어휘범주로 고찰하였다. 반면에 김성화(1990)는 상을 문법적 범주로 국한시켜 동사의 연결어미와 조동사의 결합형으로 파악하여 자립어의 어휘의미나 의미자질에 의한 것을 상론에서 제외시켰다. 朴德裕(1997c)는 '본용언＋보조용언'의 상 형식을 문법상(aspect)이라 하고, 어휘적 의미에 의해 구별되는 동사부류를 어휘상(aktionsart)이라 하여 이 두 범주의 상을 모두 포괄하는 것으로 파악해 動詞相(verbal aspect)이라 하였다. 이 중, 어휘적 의미에 의해 구별되는 동작류는 동사의 자질에 의해 분류된다.

고 거의 대부분 사람들에게 時制로 인식되고 있는 실정이다. 국어문법에서 시제와 상을 구분짓기 시작한 것은 이숭녕(1961)에서부터이다. 그러다가 국어에는 시제가 없고 상만 존재한다는 주장이 나왔다. 남기심(1972)은 자연시간 개념에 맞추어 현재·과거·미래로 三分한 Jespersen 식의 시제체계를 국어에 그대로 도입한 것은 오류였다고 지적하고 그것은 시제가 아니라 상을 나타낸 것이라고 하였다. 다행히 학교문법에서는 동작상이라는 용어로 상에 대해 설명하고 있지만 너무 간략하게 소개하고 있어 보다 분명한 상의 개념적 정립과 그 범위 및 특성에 대한 보완이 필요하다.

이에 학교문법에서 제시하고 있는 상의 교육적 문제를 제시함으로써 상을 보다 정확하고 합리적으로 究明하고자 한다. 따라서 학교문법에서 제시하고 있는 상에 대한 문제점으로 우선, 상의 용어를 '동작상'이라 한 점, 둘째로 상의 종류를 완료상과 진행상의 이분법으로 분류한 점, 셋째로 동사의 어휘적 의미를 고려하지 않고 '-어 있-'과 '-고 있-'에 의해 상이 실현된다고 본 점, 넷째로 시제와 상의 구별을 명확하게 제시하지 않은 점을 들 수 있다. 따라서 이러한 문제점을 토대로 상의 개념과 그 해석 방법을 살펴보고, 상을 보다 구체적으로 정확하게 해석하고자 상의 본질적 의미를 고찰할 것이다.

4.2 학교문법의 相과 그 문제점

학교문법에서 相에 대한 언급은 중학교 국어교과서(1997:52) 3학년 1학기 3단원 <문법기능>의 '(3) 시간표현'과 고등학교 문법교과서(1996: 52) 제4장 <문장>의 '2. 문법기능: (3) 시간표현'에서 제시하고 있다. 이 중 문법교과서의 내용을 보이면 다음과 같다.

시간 표현과 관련을 맺는 또 다른 문법 기능에는 시간의 흐름 속에서 동작이 일어나는 모습을 나타내는 것이 있다. 발화시를 기준으로 동작이 계속 이어 가는 모습, 동작이 막 끝난 모습 등이 그것이다. 이를 각각 진행, 완료라 하는데, 이렇게 발화시를 기준으로 동작이 일어나는 모습을 나타내는 문법 기능을 動作相이라 한다.

광수는 지금 학교에 오고 있다. (진행상)
광수는 지금 의자에 앉아 있다. (완료상)

위의 문장들은 '-고 있-'에 의해 진행상이, '-아 있-'에 의해 완료상이 실현되고 있다. 이와 같이, 국어에서 동작상은 특정한 선어말어미에 의해 실현되기보다는 보조적 연결 어미 '-어'나 '-고'에 보조 용언이 이어져 실현된다.

참고로 제7차 교육과정 문법교과서(2002:182)에서도 발화시를 기준으로 동작이 일어나는 모습을 표현하는 것을 동작상이라 하고, 대표적인 것으로 진행상과 완료상을 들었다.

4.2.1 相의 개념과 용어 문제

相(aspect)은 본래 슬라브어 'vid'에 해당되는 것으로 장면에 대한 동작의 폭을 의미한다. 따라서 동사의 활용에 完了와 未完了의 구별을 지칭하기 위해 사용된 용어로서 어떤 동작이나 사건의 시간적 樣態, 혹은 시간적 폭이 어떻게 펼쳐져 있는가를 보이는 것이라 할 수 있다. 그러므로 동사의 활용형인 연결어미 '-어'와 '-고'에 보조동사가 결합되어 나타나는 완료와 미완료의 구별을 지칭하기 위해 사용된 말이다. 일반적으로 상이라 하면 이런 통사적 구성의 결합으로 나타나는 문법상을 의미하는 것으로, 어떤 행위나 사건의 변화와 이동과정을 나타내는 장면의 내적 구성이라 할 수 있다. 상은 단순히 발화시간과 관련된 장면의 위치를 결정하는 것이 아니라, 동사의 이동과정이 그 장면에 어떻게 펼쳐져 있는가를 보이는 것이다. 즉, 이동의 전개 과정에서 動的 狀況이 나타내는 움직임의 모습을 문법범주화한 것이 相이다.42)

앞에서 제시했듯이 학교문법에서는 문법적 범주만으로 상을 설명하고 있으므로 그 용어 또한 문제가 될 수 있다. 즉, 학교문법에서는 '動作相'이라 하였으나 이는 동사의 어휘적 의미를 제외한 제한적인 의미의 용어상 설정이다.43) 그러므로 상은 文法相만으로 국한시킬 것이 아니라, 어휘상까지 포함해서 해석하는 것이 올바르다고 본다. 상은 형태적·의미적·통사적 차원에의 접근으로 고찰해야 하므로 '동작상'보다는 '動詞相'이란 용어가 적절할 것이다.44) 상은 동사의 動的인 것으로 나타내는 이동과정이 장면 내부에 어떻게 펼쳐지는가를 보이는 것이므로 동사와 밀접한 관계를 가진다. 따라서 단순히 用言의 活用形에 의해 전개되는 동작의 양상만을 보이는 것이 아니라, 동사 자체의 어휘적 의미에 따른 동사의 동적 과정까지도 고찰하는 것이어야 한다. 이와 같은 상의 해석 방법은 이미 오래 전에 Jespersen(1924)을 거쳐 최근에 Alexander(1981)에 의해 언급된 바 있다.45) 결국 국어의 상은 '본용언＋보조용언'의 문법적 형식을 통해 나타내는 것을 기본으로 하되 相 資質을 통한 동사부류에 의해 결합된 통사적 구성으로 해석해야 보다 효율적이고 합리적일 수 있다. 따라서 동사 자체의 어휘적 의미에 따라 동사상 자질을 설정하고 그 특성에 의해 동사를 분류한 다음 문법상의

---

42) Comrie(1976:6-7)는 相을 문법적 범주인 完了相과 非完了相의 대립으로 파악했으며, 非完了相을 어휘의미적 범주인 습관·진행·지속·반복상 등으로 다시 세분했다.

43) 고영근(1986:108)은 개별어휘가 갖는 동작의 양상은 제외하고, 동사의 활용형에 의해 표시되는 동작의 양상만을 動作相이라 했다.

44) 元大誠(1985)은 動作相과 相的 特性에 힘입어 상적 특성이 동사뿐만 아니라 명사에도 적용될 수 있다고 하고, 명사를 형태·통사론적인 현상과 관련시켜 動態性의 내포 여부에 따라 하위 분류했다. 즉, 명사를 相的 意味로 해석한 名詞相 입장에서 고찰한 셈이다.

45) Alexander(1981:196)는 相을 形態論的 차원, 語彙論的 차원 그리고 統辭論的 차원까지 고려해야 한다고 했다.

형식을 결합하여 상을 해석해야 할 것이다.46)

4.2.2 相을 完了相과 進行相으로 제한시킨 점

(1) 가. 철호는 그냥 앉아 있고, 영수는 책을 읽고 있다.
　　나. 그 배가 곧 떠나려고 한다.
　　다. 영수는 그 드라마를 보곤 한다.

(1가)에서 '앉아 있다'는 용언의 활용형 '-아'에 보조동사 '있-'이 결합된 '-아 있-' 형태로 행위가 현재에 끝나 있는 상태의 상적 의미를 갖는다. 따라서 이러한 상의 형식을 完了相이라 한다. 또한 '읽고 있다'는 용언의 활용형인 '-고'에 보조동사 '있-'이 결합한 형태로 행위가 진행 중인 상의 의미를 갖는다. 따라서 영수가 책을 읽고 있는 동작은 과거의 어떤 시점에서부터 이루어졌으며, 앞으로도 그 행위는 당분간 계속 된다는 의미를 지니고 있으므로 未完了相인 셈이다. 결국 相은 동사의 動的인 것으로 나타내는 이동과정이 장면 내부에 어떻게 펼쳐지는가를 보이는 것으로 내적 시간 구성을 하나의 전체로서 파악하면 完了相이요, 여러 국면으로 세분해 그 중 어느 한 국면만을 보여준다면 未完了相이다. 이러한 미완료상은 일시적으로 동작이 계속되는 進行相으로 주로 설명된다. 그러나 국어의 상은 완료상과 진행상만으로 국한되는 것이 아니라, (1나)처럼 가까운 미래에도 어떤 동작이 펼쳐질 것을 기대하는 豫定相이 있으며47), (1다)에서처럼 그 행위가 반복되어 나타나는 反

---

46) 이에 대한 자세한 논의는 '4.4상의 본질적 의미를 배제시킨 점'과 '4.5상의 본질적 의미에 따른 해결방안'에서 다루어질 것이다.

47) 예정상이 있다고 주장한 학자로는 국내에서는 고영근(1986), 민현식(1990)을 들 수 있으며, 국외학자로는 Comrie(1976)를 들 수 있다. 이 중 Comrie(1976: 64)는 어떤 시간의 흐름에 대한 상태와 그것에 선행하는 장면과의 관계를 확인한다고 하는 의미에서 완료상이 회고적이라고 하고, 이에 대한 대칭적인 어떤 형식의 상도 있을 것이라 하여 그것을 예정상(prospective aspect)이라 했다. 이에 우리는 예정상이란 화자의 추측이나 의도에 의해 이루어지는 주관적인 것이 아니라, 관찰자에 의해서 보여지는 객관적인 장면으로 '-기로 되어 있다'의 표현으로 대체될 수 있는

復相이 있다.48)

본용언의 활용형과 보조용언의 결합을 상의 형식으로 본 학자로는
최현배(1937)를 시작으로 허웅(1975), 이기동(1976), 고영근(1981), 김용
석(1983), 김성화(1990), 민현식(1992), 정회자(1994) 등을 들 수 있다. 이
들 가운데 보다 구체적으로 문법적 범주의 상 형태를 제시한 것은 김성
화(1990)이다. 그는 상을 크게 지속상(-어 오-, -어 가-, 고1 있-, -어 대-,
-어 쌓-, -곤 하-)과 종결상(-고2 있-, -어 있-, -어 두-, -어 놓-, -어 내-,
-고 나-, -어 버리-, -어 치우-, -고 말-, -다가 말-)으로 구분하였다. 그는
실제적인 동적 상황과 관련된 것만 상으로 취급하여 예정되거나 예기
되는 동적 상황의 움직임을 상에서 배제시켰다. 그러나 과거에 동작이
시작되어 현재에 그 동작이 끝난 상황의 완료상과 과거에 동작이 시작

것으로 파악한다. 고영근(1986:110)은 예정상을 나타내는 통사적 구성으로 '-게 하
-', '-게 되-', '-려(고)-'를 들었다. 그러나 '-게 하-'는 문제가 있다.

(1) 가. 민호는 학술회의에 참가하게 된다.
　　나. 민호를 학술회의에 참가하게 한다.
　　다. 민호는 학술회의에 참가하려고 한다.
(2) 가. 민호는 학술회의에 참가할 것이다.
　　나. 민호는 학술회의에 참가하겠다.

(1가)와 (1다)는 의미가 같다. 이는 (2가)의 일반적인 미래나 (2나)의 단순한 추측
과는 다른 객관적인 장면으로 예정상의 의미가 된다. 그러나 (1나)는 동작주의 의
지와는 상관없이 누군가의 강제적 압력이 있음을 나타낸다. (1)을 '-기로 되어 있
다'로 바꾸면, 다음 예문처럼 보다 분명히 구별된다.

(3) 가. 민호는 학술회의에 참가하기로 되어 있다.
　　나. *민호를 학술회의에 참가하기로 되어 있다.
　　다. 민호는 학술회의에 참가하기로 되어 있다.

(3나)는 비문이 되어 상이 아님을 보여 준다. 이는 단지 민호가 행하는 동작의 주
동을 남에게 시키는 동작의 사동으로 만들었을 뿐이다. 따라서 '-게 하-'는 예정상
이 될 수 없다.
48) 반복상은 주로 '-곤 하-'의 형태로 나타난다. 이는 습관적인 것으로 '늘, 항상' 등의
부사어가 들어 있는 문장과 동일한 것으로 반복상을 나타낸다. 反復과 習慣은 부
분적으로 구별되는 면이 있다. 습관이 반복성을 띠는 것이므로 반복성 안에 내포
되는 개념으로 보아 습관상보다 반복상을 상위개념으로 파악하고 반복상이란 용
어를 사용한다.

되어 현재에도 그 동작이 진행중인 진행상(미완료상)만 상으로 볼 것이
아니라, 현재에 동작이 시작되어 미래의 어느 시점에 그 동작이 끝날
수 있는 예정상(-려고 하-, -게 되-)이 제시되어야 할 것이다. 이는 현재
를 기점으로 상을 3분법적인 대칭 구조로 볼 수 있다. 이를 도표로 보
이면 다음과 같다.

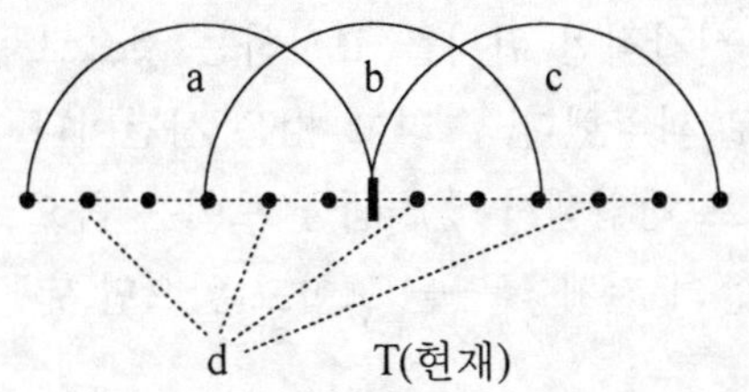

a : 완료상 : 과거시에서 현재시까지
b : 진행상 : 과거시에서 미래시까지
c : 예정상 : 현재시에서 미래시까지
d : 반복상 : 완료상, 진행상, 예정상에 모두 나타남)

4.3 時制, 相, 敍法

4.3.1 時制와 相

相은 時制와는 달리, 그것이 발화의 시간에 관계되는 것이 아니라는
점에서 지시적인 것이 아니다. 그리고 相은 文法範疇로 취급되기도 하
지만 語彙範疇로 취급될 수도 있다.

김차균(1990:194-197)은 時制를 몸이라 하고 相을 옷이라 비유하여
時制와 相은 항상 더불어 존재하는 것으로 동전의 앞뒤와 같다고 하고,
時制는 相에 의하여 분절된 시간이라 했다.

김성화(1990:12)는 명제 내용을 실제화하여 현장성을 지니게 하는 문

법요소들을 양상부라 하고 相은 양상부의 하위 범주 중 하나이며, 자립어의 어휘의미가 아닌 기능어의 의미이며, 문법 기능으로 相範疇가 持續(-고 있-)과 終結(-어 버리-)로 형성된다고 했다.

李南淳(1995:23)은 時制와 相의 범주는 패러다임을 달리하는 범주로 보고, 時制와 相의 범주는 문장에 대하여 서로 다른 통합 관계를 보이는 것으로 이를 표시하는 형식들은 서로 배타적일 수 없다고 했다. 이에 時制는 사건이나 사태의 시간적인 위치를 표시하는 것으로 過去 '-었-'과 非過去 '-Ø-'의 대립으로 파악했다, 그리고 相은 사건이나 사태가 動作이나 상태의 국면 속으로 진입해서 全局面을 보이는 쪽으로 가면 未完了相(-고), 動作이나 狀態의 전체 국면을 보이고 있으면 完了相(-어)이라 했다.

고등학교 문법(1996:89-92, 2002:182)에서는 발화시를 기준으로 사건시의 앞뒤를 제한하는 문법 기능을 時制라 하고, 발화시를 기준으로 動作이 일어나는 모습을 나타내는 문법 기능을 動作相이라 하여 動作이 계속 이어가면 進行相(-고 있-), 動作이 막 끝난 모습이면 完了相(-어 있-)이라 했다.

Traugott(1972:44)는 相과 時制가 모두 시간과 관련되어 있다는 것은 틀림없는 사실이며, 時制가 발화시간과 관련된 명제를 시간선상에 놓는 문법범주인 반면에 相은 시간의 틀 속에 명제를 놓는 방법이라고 했다.

Comrie(1976:5)는 相을 지시적인 것이 아니라 어떤 장면의 내적인 시간 구성에 관련된다고 하였다. 반면에 時制는 발화의 場面과의 관계에 있어서 장면의 시간의 위치를 정하는 것이기 때문에 지시적(deictic)인 것이라 했다. 그리고 기술된 장면의 시간이 현재의 순간에 관계되는 것이면 絶對時制(absolute tense)라 했고, 장면의 시간이 현재의 순간과의 관계에 위치하는 것이 아니라 어느 다른 장면의 시간에 관계되는 것이면 相對時制(relative tense)라 했다.49)

지금까지의 이론을 정리해 보면, 相은 어떤 상황의 시간을 일정한 시간적인 위치에 관련시키는 것이 아니라 상황의 내부적인 시간 구조에 초점이 맞추어진다. 다시 말해 相이 상황의 내적 시간이라면 시제는 상황의 외적 시간이라 할 수 있다.

   (3) 가. 혜인이는 어제 여성문화회관에 갔다.
       나. 발레를 하고 있을 때, 영희는 자주 지인이를 만난다.
       다. 발레를 하고 있을 때, 영희는 자주 지인이를 만났다.
       라. 내가 방에 들어갔을 때, 혜인이는 책을 읽고 있었다.

위에서 (가)는 '어제 -- 갔다'의 時制 一致로 絕對時制를 의미한다. 그러나 (나)는 주절의 동사가 현재이기에 현재로, (다)에서는 주절의 동사가 과거이기에 과거로 해석된다. (라)에서 '들어갔다'는 것은 장면이 분해되지 않는 하나의 전체적인 것으로 내적인 시간 구성을 갖지 않는다. 반면에 '책을 읽고 있다'는 場面의 내적 시간 구성을 만들고 있다. 혜인이가 책을 읽고 있는 動作은 내가 들어가기 전부터 이루어졌으며, 그후에도 계속되었다는 의미를 지니고 있어 相으로 보아야 한다.

이제 과거시제인 '-었-'과 相的 意味를 갖는 '-어 있-', '-고 있-'에 대해 살펴보자.

   (4) 가. 영수는 부산에 갔다.
       나. 영수는 부산에 가고 있다.

위의 (가)는 현재 순간 이전에 일어난 狀態를 의미하고, (나)는 현재 가고 있는 중임을 나타낸다. 따라서 (가)는 '-았-'의 形態的 표기로 알 수 있듯이 단순 과거를 의미하며, (나)는 '-고 있-'으로 場面의 내적인 시간구성을 지니고 있어 현재 진행 중인 相인 것이다. 나머지의 相概念

---

49) 절대시제와 상대시제에 대해서는 李翊燮(1978: 368-369), 李喆洙(1992: 273-274) 참고.

은 동사 자체가 갖고 있는 의미나 文脈的 狀況에 관련되어 있다. 그런
데 意味면에서 相과 時制가 중복되는 경우가 문제이다. 그것은 다음과
같은 예에서 살펴볼 수 있다.

(5) 가. 영희는 삼국지를 읽었다.
　　 나. 영희는 삼국지를 읽어 왔다.

위의 두 문장은 모두 현재 순간 이전에 일어난 事件의 狀態를 의미
한다. 단순과거인 (가)는 사는 기간이 끝났음을 알려주어 과거시제인
반면에, (나)는 과거시에서 현재 순간 직전까지 읽어온 現在完了인 경
우로 읽기가 현재시까지 계속되고 있음을 제시한다. 즉, 과거(이전의
시간)의 시간적 의미가 현재에 행해지고 있는 것에 관련된다. 이에 대
해 Quirk(1985:190)는 현재완료를 과거로부터 현재시점까지 행해진 사
건에 관련된 과거시간으로 보아 完了相으로 취급하고 다음과 같이 제
시했다.

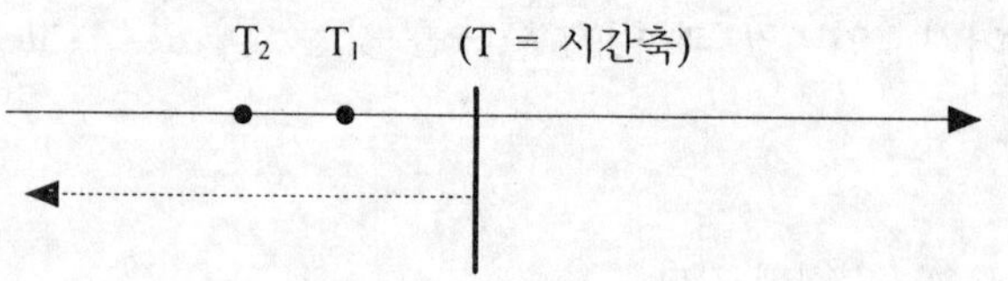

그는 여기서 T의 의미를 現在完了인 경우에는 T1(현재 순간)이 되고,
過去完了인 경우에는 T2(과거 행위의 특별한 시간)로 파악했다.
　Givón(1984:277)은 사건이 시간축을 기점으로 完了, 終了, 完成되었으
면 완료상으로, 시간축에 어떤 최종점도 제시되지 않으면 미완료상으
로 파악하고 다음과 같이 제시했다.

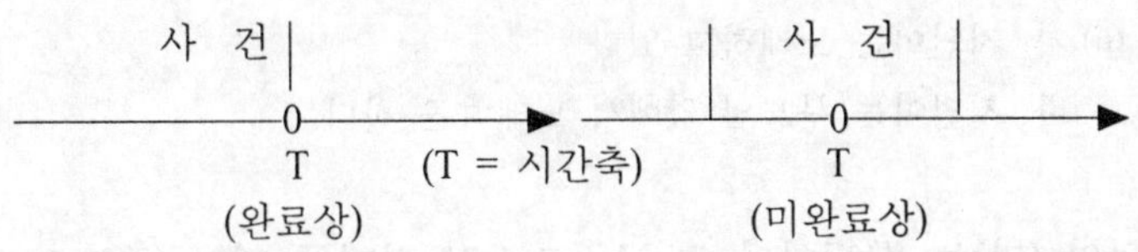

위의 그림에서 보듯이 완료상은 시간축인 T를 기준으로 하여 사건이 완료된 상황이며, 미완료상은 T를 기준으로 사건이 완료되지 않은 상황임을 나타낸다.

Comrie(1976:6)는 전통적으로 完了를 相에 포함시켰던 것을 부정했다. 그리고 그는 完了는 時制의 여러 가지 형식으로부터 의미에 있어서 다르기 때문에 時制도 아니라고 했다. 또한 Comrie(1976:52-64)는 相과 完了의 차이의 하나로 완료는 두 개의 시점 사이의 관계를 표현하고 있다고 했다. 즉, 한 쪽에는 선행하는 場面으로부터 결과로서 발생되는 상태의 시간이 있고, 다른 쪽에는 선행하는 場面의 시간이 있어 完了는 이들 두 개의 시점 사이의 관계를 표현하는 것이므로 현재완료를 現在와 過去의 양쪽을 겸비하고 있는 것으로 보았다. 그는 現在完了는 현재의 상태와 과거의 장면과의 사이의 관계를 표현하는 것으로 完了相으로 취할 수도 있지만 그것은 가능한 한 시제범주의 하나로 파악했다. 그러나 앞에서도 살펴보았듯이 相은 場面의 내적인 시간 구성을 제시하고 여러 방식으로 관계되어 있는데 반해서 完了는 장면에 대해 직접적인 관련이 있는 것이 아니라 그것에 선행하는 앞선 시간에 관련된 場面과 관계 있는 것이다. 따라서 단순 과거 시제와 완료를 혼동해서는 안 된다.

한편 未完了相은 動作이 발화시 이전부터 시작해서 완료되지 않고 지속적으로 진행되고 있는 것이다. 따라서 꼭 형태론적 범주가 결정된 것은 아니며 대체로 진행, 반복 등에 의해 나타난다. 예를 들면 다음과 같다.

(6) 가. 지인이는 노래하고 있다.

　　나. 지인이는 부모님 앞에서 노래하곤 한다.

위의 (가)는 進行이며, (나)는 습관적 의미를 띤 反復으로 모두 未完了相이다.

지금까지 살펴본 결과 문법범주로서의 相은 完了와 未完了로 나눌 수 있으며, 完了는 '-어(아)', 未完了는 '-고'로 영어의 'have+-en'과 'be+-ing'로 대응시킬 수 있다. 그리고 다른 相的인 개념들은 동사 자체만을 가지고 따지기보다는 문맥 상황에서 이해해야 하는 語彙範疇로 확대 해석해야 구체적이고도 분명하게 파악할 수 있다. 또한 相은 어떠한 의미로든지 시간과 밀접한 관계를 갖고 있음이 Comrie, Quirk, Givón 등에 의해 제시되었다. 이에 이경남(1988:397-404)은 시제는 어떤 문장의 상황 속에서의 시간의 위치를 결정짓는 역할을 할 뿐만 아니라 相과 같은 다른 개념들과 복합적으로 작용하면서 표면구조에서 구체적인 형식을 취한다고 하였다. 즉 그는 1차적으로 어떤 문장의 狀況 外的인 시간을 결정짓는 시제라는 문법형식 속에서 相은 의미 요소로 작용하면서 狀況의 內的인 시간 구조를 구체적으로 세분화시켜 주는 역할을 맡고 있음이 타당하다고 밝혔다.

이에 우리는 時制體系 속에서 相이 의미 요소로 작용하는 것이 아니라 相은 하나의 문법범주로 어휘범주에까지 해석되어야 올바르게 이해할 수 있음은 이미 앞에서 밝혔다. 따라서 시제에 종속적인 것이 아니라 대등적 위치에서 서로 相補的 관계에 있다 할 것이다. 물론 時制나 相 모두 시간선상에서 각기 장면의 외적 구성과 내적 구성을 갖기에 시간표현 속에서 時制와 相을 이해해야 한다. 요컨대 相은 기본적인 형태의 문법 범주면에서 '-어'의 完了相과 '-고'의 未完了相으로 실현된다. 특히 '-었-'인 과거시제와 相은 분명히 다르다는 것을 밝혔다. 이에 過去時制와 完了相 그리고 未完了相을 그림으로 나타내면 다음과 같다.

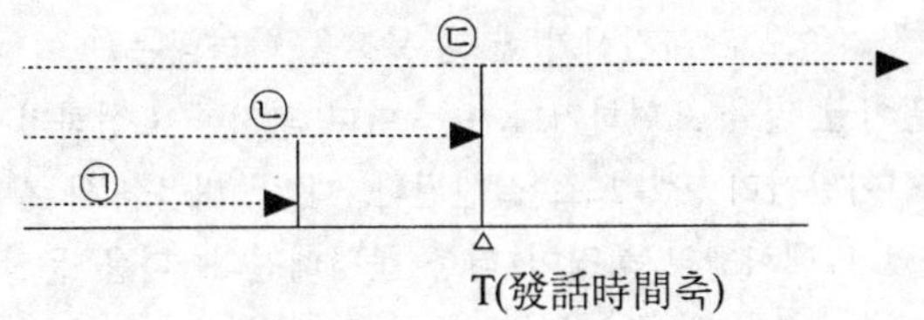

T(發話時間축)

위의 그림에서 ㉠은 현재 시점인 시간축과는 일정한 거리가 있기에 過去時制이다. 그리고 ㉡은 사건시가 현재시점인 발화시간축까지 이어져 그 간격이 없기에 完了相이며, ㉢은 발화시간축을 기준으로 동작이 계속 진행되고 있기에 未完了相이다.

時制는 우선 발화시간과 관련된 場面의 시간적 위치를 결정하는 것으로 하나의 문법범주로 파악할 수 있다. 따라서 시제는 지시적인 것으로 장면(상황)의 외적 구성이며 주로 形態的 실현에 초점을 둔다. 그리고 現在와 未來를 나타내는 굴절형태소가 미분화되었기에 過去(-었/았-)와 非過去의 2가지로 나눈다. 相은 단순히 발화시간과 관련된 場面의 위치를 결정하는 것이 아니라 動作이 그 장면에 어떻게 펼쳐져 있는가에 있다. 따라서 時制가 場面의 외적 상황이라면 相은 場面의 내적 상황이다. 그리고 시제가 주로 形態的 실현이라면 相은 統辭的 실현에 있다. 相의 문법 범주로 完了相(-어/아-)과 未完了相(-고-)의 대립이 있다. 未完了相은 다시 進行相, 反復相으로 세분되며, 그리고 앞으로 일어날 豫定相이 있다.

4.3.2 時制와 敍法

우리는 時制 중 敍法과 혼동을 불러일으키는 未來時制를 중심으로 敍法과의 차이를 보일 것이다. 중학교 국어교과서(3-1:51-52)와 고등학교 문법교과서(1996:91, 2002:180)에서는 敍法에 대해서는 언급이 없고 미래시제에 대해서만 설명하고 있다. 문법교과서에 수록된 내용을 보이면 다음과 같다.

　　발화시를 기준으로 사건시가 뒤선 시점을 나타내는 것이 미래시제이
다. 장차 일어날 일을 표현하거나, 추측이나 의지를 표현하기도 한다. 미
래시제는 선어말어미 '-겠-'으로 실현된다. '내일, 다음에'와 같은 말과 함
께 나타나면 미래시제의 특징이 더욱 분명해진다. 다음 문장에서 '-겠-'
은 미래시제를 나타내는데, 사건시가 모두 발화시보다 뒤에 있다. 그러
나 '-겠-'은 단순히 미래시제만 나타내는 것이 아니라, 추측과 의지를 나
타내기도 한다. 부사 '아마, 틀림없이' 등과 함께 쓰이면 추측의 뜻이,
'꼭, 반드시' 등과 함께 쓰이면 의지의 뜻이 분명해진다. 그리고 미래시
제는 '-겠-' 대신 '-(으)리-'로 실현되기도 하며, 또한 관형사형 어미와 의
존명사가 합쳐진 '-ㄹ(을) 것이-'로도 실현된다.

　　가. 내일은 비가 오겠다. (단순한 미래)
　　나. 중학생도 아마 그 정도의 문제는 풀겠다. (추측)
　　다. 그 일은 제가 꼭 하겠습니다. (의지)

　학교문법에서는 (가)를 단순한 미래를 나타내는 미래시제라고 하였
다. 그러나 이는 '내일'이라는 미래를 나타내는 시간 부사와 함께 쓰였
기 때문이지, '-겠-' 자체에 의한 것이 아니다. 따라서 '-겠-'이 과거나 현
재에 쓰일 경우에는 (나, 다)처럼 추측이나 의지의 뜻만을 갖는다. 따라
서 '-겠-'이나 '-ㄹ(을) 것-' '-리-'를 미래시제로 볼 수 없다. 이는 미래를
나타내는 시간 부사와 함께 쓰일 때만이 가능하고 그렇지 않은 경우에
는 추측이나 가능, 의지를 나타내는 것이므로 敍法(mood)으로 보아야
할 것이다. 상은 이동의 전개 과정에서 동적 상황이 나타내는 움직임의
모습이므로 시제나 서법과는 다른 범주로 파악되어야 한다.50) 敍法51)

---

50) 이에 대해서는 羅鎭錫(1964, 1972), 閔賢植(1990), 조오현(1995), 최동주(1995)가 있
　　지만 이들은 상을 시제와 서법과 구별된 패러다임으로 보지 않고 한 형태소의 문
　　법적 범주에 뒤섞여 나타난다고 했다. 그러나 상을 시제나 서법과 다른 형태소의
　　독립된 범주로 파악한 Traugott(1972), Givón(1984), Quirk(1985), 이경남(1988), 김차
　　균(1990), 김성화(1990) 등이 있으며, 특히 李南淳(1995)에서 이를 잘 보여주고 있
　　다.
51) 국어에서는 李崇寧(1961)에서 처음으로 언급된 바 크게 직접법, 의도법, 명령법으

은 학자에 따라 樣態[52], 樣相[53], 法 등 다양하게 사용되고 있다. 事象 그 자체의 樣相에 관한 언어적 표현이 상이라면 우리의 主觀的인 心理 作用의 樣相에 관한 言語的 표현이 敍法이다. 종래 國語硏究에서는 주로 語末語尾에 대한 硏究가 주류를 이루었는데 國語의 敍法은 일반적으로 先語末語尾와 語末語尾 모두에 實現된다고 보아 兩者를 모두 敍法體系 樹立의 對象으로 삼아 왔다.[54]

로 나누어 고찰했다. 高永根(1981)은 기본서법과 부차서법으로 이분하고 전자의 하위로 不定法, 直說法, 回想法, 推測法, 推測回想法으로, 후자는 原則法, 確認法, 感動法으로 세분했다. 閔賢植(1990)은 직설법과 회상법으로 나누고 전자를 확정법, 현실법, 추측법으로 세분했다.

52) 張京姬(1985: 13-14)는 '樣態'를 '양상소' 또는 '양태소'라고도 하는 것으로 단어가 아니라 문법적인 형태소라는 형태적인 특징을 지닌다고 하고 樣態는 서법범주로 기타 어휘적 수단에 의해 나타나는 부수적 의미 그 자체를 가리키는 의미범주라고 했다. 또한 그는 서법 대신 양태라는 용어를 사용한 이유에 대해 敍法이 서술적인 태도를 부각시키는 홈이 있으므로 문법범주에 해당하는 것으로는 서법보다 '樣態'가 좋다고 했다.

53) 安明哲(1983)은 '樣相'은 어떤 명제가 참일 가능성이나 필연성을 의미하는 용어라 하고 이는 문장이 뜻하는 사건에 대한 화자의 믿음이나 앎, 희망, 의도, 당위 등을 의미하는 것으로 문장의 내용에 대한 화자의 태도라 하였으며 서법은 이런 화자의 태도가 문법범주로 실현된 것으로 보아 양상과 서법은 화자의 태도의 문법적 실현여부를 문제로 하는 표리관계에 있다고 했다.

54) 먼저 語末語尾를 對象으로 樹立된 敍法體系에는 說明法, 疑問法, 感歎法, 命令法, 請誘法, 許諾法, 約束法, 警戒法 등이 있다.
   (1) 가. 說明法 : 영수는 착한 어린이다.
      나. 約束法 : 내가 내일 빌려주마.
      다. 許諾法 : 마음에 든다면 그것을 사용해도 좋네.
      라. 警戒法 : 조심해라 넘어질라.
      마. 命令法 : 어서 빨리 공부해라.
      바. 請誘法 : 내일 함께 가자.
      사. 感歎法 : 아, 날씨가 좋구나.

   그리고 先語末語尾를 對象으로 推測法, 原則法, 可能法, 回想法, 確認法, 直說法 등이 있다.

   (2) 가. 意圖法 [-겠-] : 제가 오늘 그것을 하겠습니다.
      나. 推測法 [-겠-] : 영수는 시험을 잘 쳐서 기분이 좋았겠다.
              [-ㄹ 것-] : 영수는 밥을 먹을 것이다.
      다. 可能法 [-겠-] : 영수가 해냈다면 순희도 하겠다.
      라. 直說法 [-느-] : 요즈음은 어디에 모여 토론을 하느냐?

'-겠-'은 주시경(1910)에서 시제범주 속에서 다루어 '올 때'로 보았으며, 따라서 미래시제로 다루어 왔다. 그러다가 남기심(1972, 1978)을 기점으로 미래시제 의미가 부정되었다. 그 후 이정민(1975), 申昌淳(1972), 서정수(1977b), 이기용(1978), 이남순(1981), 김차균(1981), 李翊燮·任洪彬(1983), 安明哲(1983), 성광수(1984), 張京姬(1985), 이선경(1986), 정회자(1994) 등에서 미래의 의미는 본질적인 의미가 되지 못한다고 했다.

'-ㄹ 것-55)'은 대체로 '-겠-'과 같은 心的 態度를 나타내는 敍法으로 '추측, 추정, 짐작'을 나타내는 것으로 그 차이를 제시한 것은 이정민(1975)에서부터이다. 그는 '-겠-'은 가까운 미래를, '-ㄹ 것-'은 먼 미래라 하여 구별했다. 이에 이기용(1978)은 '-겠-'은 강한 짐작으로 객관적 근거가 필요하며, '-ㄹ 것-'은 약한 짐작으로 객관적 근거가 불필요하다고 했다. 이에 반해 서정수(1978)는 그 반대 입장으로 설명했다. 즉, '-겠-'은 주관성으로 객관적 근거가 불필요하며 '-ㄹ 것-'은 객관성으로 객관적 근거가 필요하다고 보았다. 성광수(1984)는 '-겠-'을 주관적 판단의 직접표현으로 보았고, '-ㄹ 것-'을 객관적 판단의 간접표현으로 보았다. 이외에도 成耆徹(1979)은 '-겠-'을 현재경험으로, '-ㄹ 것-'을 과거경험으로 보았으며, 김차균(1981)은 '-겠-'을 발화시 상황판단으로, '-ㄹ 것-'을 발화 이전의 상황판단으로 보았다. 한편 李南淳(1981), 安明哲(1983), 張京姬(1985) 등은 객관·주관적인 것에 의해 구분되지 않는다고 했다. 특히 安明哲(1983)은 '-겠-'은 현재의 상황근거로, '-ㄹ 것-'은 추정사건 자체라고 했다.

이렇듯이 '-겠-'과 '-ㄹ 것-'에 대한 견해는 학자마다 제각기 다르다.

       [-는-] : 영수는 밥을 먹는다.
  마. 回想法 [-더-] : 누가 그것을 깼더냐?
  바. 確認法 [-렷-] : 저 놈이 바로 범인이렷다.
  사. 原則法 [-니-] : 사람이 늙으면 다 죽게 되느니라.

55) 成耆徹(1979)은 '-을 것이-'로, 이기용(1978)은 '-을 것-'으로, 서정수(1978)는 '-ㄹ 것-'으로 표기했다. 중학교 국어교과서(3-1)에서는 '-ㄹ 것이-'로, 고등학교 문법교과서(1996, 2002)에서는 '-(으)ㄹ 것이-'로 표기했다. 본고에서는 'ㄹ 것-'의 표기를 따른다.

이들의 견해는 약간의 차이는 있지만 정리하면 대체로 '추측, 가능, 의
도'로 나타난다.

    (7) 가. 2008년에 중국에서 올림픽 대회가 열리겠다.
       나. 영수는 지금 밥을 먹겠다.
       다. 어젯밤에 비가 왔겠다.

   예문 (7가)는 확정적 사건인 미래의 일이지만 '-겠-'이 사용됨으로써
오히려 어색하다. 그리고 (7나) 역시 미래를 나타내는 것이 아니라 주
어진 상황에 대한 화자의 추측을 나타낸 것이다. (7다)는 아침에 일어
나 땅이 축축한 것을 보고 지난밤에 비가 왔음을 추측하는 것으로 발
화시 이전인 과거의 사건에도 '-겠-'이 사용된다. 이는 모두 (8)처럼 '-ㄹ
것-'으로 대체하면 자연스럽다. 이는 시간을 나타내는 부사어 '2008년',
'지금', '어젯밤'과 함께 쓰였기 때문이다.

    (8) 가. 2008년에 중국에서 올림픽 대회가 열릴 것이다.
       나. 영수는 지금 밥을 먹을 것이다.
       다. 어젯밤에 비가 왔을 것이다.

   시간을 나타내는 부사어 없이 사용된 다음 (9)의 예문은 '-겠-'을 사용
해도 미래를 나타내지 않는다.

    (9) 가. 제가 그것을 하겠습니다.
       나. 영수는 시험을 잘 쳐서 기분이 좋았겠다.
       다. 영수가 해냈다면 순희도 하겠다.

   (9가)는 화자의 '의도'를, (9나)는 화자의 '추측'을, 그리고 (9다)는 '가
능'을 나타낸다. 모두 화자의 심적 태도를 표현한 것이다. 따라서 학교
문법에서 제시하고 있는 시제 三分法은 재고찰되어야 한다.

4.3.3 相과 敍法

相에서 敍法과의 혼동을 초래할 수 있는 것은 앞으로 일어날 동작의 장면인 豫定相이다. 이에 豫定相을 중심으로 敍法과의 차이를 다음 예문을 통해서 살펴보자.

(10) 가. 이맘 때쯤이면 지인이는 피아노를 치겠다.
　　　나. 지금, 지인이는 피아노를 치려고 한다.

(10가)는 단지 화자의 심적 표현인 '추측'일 뿐이지 실제로 지인이가 피아노를 치는지 안 치는지는 알 수 없다. 이는 객관적으로 관찰될 수 있는 동작을 나타내는 것이 아니므로 이 문장으로는 그 행위가 일어날 것을 확신할 수 없다. 따라서 상이 아니라 서법인 것이다. 반면에 (10나)는 지인이가 피아노를 칠 것을 예정하는 것으로 이는 화자의 심적 태도에서 나온 것이 아니라, 객관적 관찰에 의해 지인이가 곧 피아노를 칠 것을 기대하는 예정상이다. 다음 예문을 통해 보다 구체적으로 살펴보자.

(11) 가. 영수는 인천을 떠날 것이다.
　　　나. 영수는 인천을 떠나겠다.
　　　다. 영수는 인천을 떠나려고 한다.

(11가)는 바로 떠날 수도 있지만 언젠가는 떠날 것이라는 막연한 표현이다. 그러기에 곧바로 어떤 동작이 펼쳐질 것을 기대할 수 없다. (11나)는 영수가 인천을 떠날 것이라는 화자의 추측이나 의도가 있을 뿐이지, 정작 동작주의 행위와는 빗나갈 수 있다. 왜냐하면 영수는 인천을 떠나지 않을 수도 있기 때문이다. 반면에 (11다)는 발화순간에는 아직 어떤 동작이 없지만 곧 떠나게 되는 행위가 펼쳐질 것이므로 예정상으로 볼 수 있다. 따라서 예정상은 화자의 추측이나 의도에 의해 이루어

지는 주관적인 것이 아니라, 관찰자에 의해서 보여지는 객관적인 장면이다.

영어에는 이런 예정상을 나타내는 전형적인 형식이 있다. 'be going to, be about to, be on the point of' 등이다. 이런 예정상의 표현은 개별적인 언어에 많은 제약 현상이 일어난다. 相이 발달한 러시아어에서도 단순히 미래시제로밖에 기술되지 않는다.56) 그러나 한국어에는 미래시제는 없지만, 미래에 나타날 주관적인 판단의 서법과 객관적 관찰에 의한 예정상이 있다고 해석해야 할 것이다. 결국 '-겠-'과 '-ㄹ 것-'은 미래시제가 아니라 화자의 주관적인 추측, 가능, 의도를 나타내는 敍法이며, '-려고 하-', '-게 되-'는 객관적 관찰에 의해 행위가 펼쳐질 것을 기대하는 예정상이다. 이러한 예정상 '-려고 하-', '-게 되-'는 (13) 예문처럼 '-하기로 되어 있다'의 표현으로 대체될 수 있다.

(12) 가. 지인이는 피아노를 치려고 한다.
　　 나. 민수는 며칠 후 미국으로 떠나게 된다.
(13) 가. 지인이는 피아노를 치기로 되어 있다.
　　 나. 민수는 며칠 후 미국으로 떠나기로 되어 있다.

그리고 '-려고 하-'는 가까운 미래의 행위를, '-게 되-'는 먼 미래의 행위를 나타낸다.

---

56) Comrie(1976:65)는 이에 대해 다음 예문을 들어 설명하고 있다.
　(1) 가. I am going to kill you. (나는 너를 죽일 것이다)
　　 나. ja sobirajus' ubit' tebja (I intend to kill you). (나는 너를 죽일 작정이다)
　(2) 가. There are going to be apples for pudding. (디저트로 사과가 나오기로 되어 있다)
　　 나. budut jabloki na tret'e (there will be apples for pudding). (디저트로 사과가 나올 것이다)
　(1나)에서는 '의도'적인 요소가 들어갔으며, (2나)에서는 일반적인 미래시제로 사용되어 相的인 意味와는 거리가 있다.

(14) 가. 혜인이는 곧 노래하려고 한다.

　　　나. 혜인이는 일 주일 후 유치원에서 노래하게 된다.

　일부 학자들이 예정상으로 주장하는 '-고자'와 '-게 하-'를 검토해 보자. 우선 '-고자'의 경우, 예문을 통해 살펴보면 다음과 같다.

(15) 가. *미영이는 음악회에 가려고 원한다.

　　　나. 미영이는 음악회에 가고자 원한다.

(16) 가. 비가 오려고 한다.

　　　나. *비가 오고자 한다.

　(15가)가 非文이고 (15나)가 正文인 이유는 '-고자'는 화자의 바람이나 의도가 강하게 들어 있으므로 객관적인 의미의 기능이 없기 때문이다. 또한 (16나)가 비문인 것은 '-고자'는 심적 태도를 갖는 주관적인 것이기에 동작주가 [+유정물]이어야 하는데 무정물이기 때문이다. 따라서 '-고자'는 예정상으로 사용할 수 없다.

　다음으로 '-게 하-'를 살펴보자.

(17) 가. 영수는 회의에 참가하려고 한다.

　　　나. 영수는 회의에 참가하게 된다.

　　　다. 영수를 회의에 참가하게 한다.

　예문 (17가)와 (17나)의 의미는 같다. 즉 動作主가 곧 회의에 참석할 것임을 나타내는 상황이다. 그러나 (17다)는 동작주의 의지에 상관없이 누군가의 강제적 압력이 있음을 나타낸다. 따라서 (17다)는 豫定相이 아니다. 進行相인 '-고1 있-'을 확인하기 위해 '-중이다'로 대체하는 것처럼 예정상 역시 '-려고 하-', '-게 되-'는 '-하기로 되어 있다'의 표현으로 대체될 수 있다. 그러나 '-게 하-'는 대체되지 않는다.

(18) 가. 영수는 회의에 참가하기로 되어 있다.

나. 영수는 회의에 참가하기로 되어 있다.

다. *영수를 회의에 참가하기로 되어 있다.

(17)의 예문을 대치시켜 보면 (18)의 예문처럼 (다)가 비문임을 알 수
있다.

4.4 相의 本質的 意味를 배제시킨 점

학교문법에서는 동사의 자질에 의한 상의 본질적 의미를 배제시키고
무조건 보조적 연결어미 '-어'와 '-고'에 보조용언 '있-'이 이어져 '-어 있
-'이 결합하면 완료상이요, '-고 있-'이 결합하면 진행상이라고 했다. 그
러나 어휘적 의미인 본용언의 동사부류가 무엇이냐에 따라 그 결합은
달리 나타난다.

(19) 가. 지인이는 노래를 부르고1 있다.

나. *지인이는 노래를 부르고2 있다.

(20) 가. 혜인이는 옷을 입고1 있다.

나. 혜인이는 옷을 입고2 있다.

(21) 가. *나는 그 이야기를 믿고1 있다.

나. 나는 그 이야기를 믿고2 있다.

(19가)에서 동사 '부르다'는 '-고1 있-'인 상적 의미의 결합으로 進行
相이다. 그러나 (19나)처럼 완료 후 결과의 상태 지속인 '-고2 있-'과는
결합하지 않는다.57) 그리고 (20)의 '입다' 동사는 진행인 '-고1 있-', 완료

---

57) '-어 있-', '고2 있-' 모두 완료상을 나타내는 상의 형식이지만, 특수한 어휘적 의미를
제외하고는 대체로 '-어 있-'은 (가)처럼 목적어를 취하지 않은 자동사를 수반할 경
우에 사용되고, '-고2 있-'은 (나)처럼 목적어인 타동사를 수반한 경우에 사용된다.

인 '-고2 있-'과 모두 결합한다. 또한 (21)에서처럼 '믿다' 동사는 진행인 '-고1 있-'과는 결합하지 않으나, 완료인 '-고2 있-'과는 결합한다. 이것은 (19가)의 '부르다'는 행위동사로 相 資質이 [+동적, −완성성, −순간성]이므로 진행인 '-고1 있-'과는 결합할 수 있으나 완료인 '-고2 있-'과는 결합할 수 없는 것이다. (20)의 '입다'는 완성동사로 [+동적, +완성성, −순간성]의 자질이므로 진행인 '-고1 있-', 완료인 '-고2 있-'과의 결합이 모두 가능하다. 이는 상 자질에 의한 동사부류에 문법상의 형식을 적용시킨 것이다. 이렇게 동사 자질에 의한 상 분류의 접근 해석은 (21)에서 더욱 복잡해진다. '믿다'의 동사는 [−동적]이지만 상적 의미가 없는 상태동사와는 다르다. 따라서 이는 심리동사로 파악해야 할 것이다. 심리동사는 내적 시간이 존재하는 心的인 태도로 발화자만이 지각하고 인식하는 행위이므로 상적 의미를 갖는다.[58] 그러므로 심리동사는 '-고1 있-'과 결합이 가능하지만, '믿다'류 동사는 '-고1 있-'과 결합하지 않는다.[59] 그리고 [+완성성] 자질을 가지므로 완료인 '-고2 있-'과 결합한다.

가. 영희는 부산에 가 있다.　　　　　나. 영수는 모자를 쓰고2 있다.

[58] 심리동사는 상태동사와 구별되어야 한다. 따라서 심리동사는 발화자만이 인식할 수 있는 정신적 지적 행위로 인식동사 외에도 지각동사(보다, 듣다, 맛보다, 맡다 등)와 감각동사(쑤시다, 아파하다, 결리다, 가려워하다 등)를 내포한다. 심리동사는 [−동태성, +완결성]의 자질을 가지므로 인식동사를 제외하고는 대체로 '-고1 있-'과 결합한다.

가. 나는 바다를 보고1 있다.
나. 영수는 음악을 듣고1 있다.
다. 나는 팔이 쑤시고1 있다.
라. 나는 등이 결리고1 있다.

[59] 이는 사물을 분별하고 판단하여 바르게 알고 이해하는 의식의 작용으로 정서, 기억, 상상, 추리를 포함하는 지적 작용 동사로 인식동사라 할 수 있다. 이런 인식동사로는 '믿다, 좋아하다, 기억하다, 짐작하다, 계획하다, 상상하다, 사랑하다, 동정하다, 의미하다, 가정하다'로 진행인 '-고1 있-'과는 결합하지 않고, 완료인 '-고2 있-'과는 결합한다.

(1) 가. *민영이는 경석이를 좋아하고1 있다.
　　나. 민영이는 경석이를 좋아하고2 있다.
(2) 가. *경호는 어릴 때의 사건을 기억하고1 있다.
　　나. 경호는 어릴 때의 사건을 기억하고2 있다.

앞에서 살펴본 것처럼 상의 의미를 문법상에만 의존하면 내적 구성을 나타내는 주관적인 관점으로 파악되므로 자의적일 수도 있다. 즉 상 자질에 의한 동사부류의 특성에 따라 문법상의 결합은 달리 나타나게 된다. 따라서 상을 보다 체계적이고 올바르게 이해하기 위해서는 동사의 어휘적 의미에 따른 相 자질에 의한 개념을 무시해서는 안 될 것이다. 이러한 어휘상을 나타내는 상의 주요 자질은 [±동적], [±완성성], [±순간성]을 들 수 있으며, 이 자질에 의한 동사를 분류하면 상태동사, 심리동사, 행위동사, 변화동사, 완결동사, 순간동사로 나눌 수 있다.[60]

결국, 상은 형태론적인 틀의 문법상으로만 해석할 것이 아니라, 동사의 어휘적 의미가 결합된 통사적 구성에 따른 방법론이 모색되어야 할 것이다. 따라서 대표적 상형식인 완료상('-어 있-, -고2 있-'), 진행상('-고1 있-'), 반복상('-곤 하-'), 예정상('-려고 하-')의 형식을 동사의 자질에 의해 분류된 동사부류와의 결합으로 나타내야 한다. 이는 다음의 상의 본질적 의미에서 자세히 제시될 것이다.

4.5 相의 本質的 意味에 따른 해결방안

상을 올바르게 해석하려면 상의 본질적 의미를 동사의 자질과 관련시켜 파악함으로써 그 동사부류를 문법상과 결합시켜 고찰해야 할 것이다. 따라서 상의 본질적 의미의 설정은 상의 주요 기준이 되는 동사의 자질과 밀접한 관련이 있다. 그간 이 자질에 대한 연구로는 Garey(1957), Vendler(1967)를 거쳐 Comrie(1976)에 와서 어느 정도 체계화되었다. 그리고 국어의 상 자질에 관련된 연구로는 油谷幸利(1978), 李南

이렇게 자질에 따라 분류한 경우에 예외가 생기는 경우는 상의 의미가 단지 용언의 활용형에 의해 전개되는 동작의 양상만을 나타내는 것이 아니라, 동사 자체의 어휘적 의미에 따른 동적 과정까지를 고찰해야 하기 때문이다.

60) 이에 대한 자세한 논의는 朴德裕(1998c) 참조.

淳(1981), 李智涼(1982), 정문수(1984), 황병순(1986), 정회자(1994), 朴德裕(1997)를 들 수 있다. 본고에서는 상의 본질적 의미를 상태성과 동태성, 완결성과 비완결성, 순간성과 지속성으로 설정하여 이에 따른 자질을 [±동적], [±완성성], [±순간성]으로 파악하여 동사의 자질과 특성을 고찰함으로써 상의 올바른 해석방안을 제시할 것이다.

4.5.1 狀態性과 動態性

어떤 행위의 움직임이 없으면 상태성, 움직임이 있으면 동태성으로 구분된다. 상태성은 [−동적] 자질을, 동태성은 [+동적] 자질을 갖는다.

(22) 가. 영수가 사는 아파트는 낮다.
　　　나. *영수가 사는 아파트는 낮고1 있다.
　　　다. *영수가 사는 아파트는 낮아 있다.
(23) 가. 혜인이는 그림을 그리고1 있다.
　　　나. 지인이는 의자에 앉아 있다.

(22가)의 '낮다'는 상태성 부류의 동사인 형용사로 동작의 변화가 없이 항상 일정한 상태의 지속일 뿐 어떤 내적인 변화도 없는 경우이다. 따라서 (22나)처럼 동작의 진행형을 나타내는 '-고1 있-'과의 결합은 성립되지 않는다. 또한, (22다)처럼 동작의 완료형인 '-어 있-'과도 결합하지 않는다. 그러나 (23)의 동태성 부류의 동사는 그렇지가 않다. 우선 (23가)의 경우, 어떤 순간에는 붓을 도화지에다 대고 그릴 수도 있으며, 어느 순간에는 붓으로 팔레트에 있는 물감을 배합할 수도 있다. 곧 '그리다'의 동사는 필수적으로 어떤 변화를 내포하게 된다. (23나) 역시 지인이가 의자에 앉아 있어 동작이 완료된 국면을 갖는다.

[−동적] 자질을 갖는 동사로는 '길다, 짧다, 희다, 검다, 붉다, 높다, 낮다, 작다, 많다, 적다, 어둡다, 밝다, 있다, 없다, 크다, 작다, 맑다, 흐리다' 등을 들 수 있다. [−동적] 자질이 지시하는 장면은 내적 시간을

갖지 않아 출발점이나 완성점을 갖지 않으므로 어떤 사건의 전개 행위나 과정도 없다. 그러므로 장면의 어느 한 부분을 일시적으로 나타내는 진행의 '-고1 있-'과도 결합하지 않으며, 완료성도 갖지 않기에 타동사와 결합하는 '-고2 있-'이나 자동사와 결합하는 '-어 있-'과도 결합하지 않는다. 또한 반복적 의미의 '-곤 하-'와도 결합하지 않으며, 앞으로 일어날 예정상의 형태인 '-려고 하-'와도 결합하지 않는다. 이에 예문을 보이면 다음과 같다.

(24) 가. *저 담은 높고1 있다.
    나. *하늘이 높고2 있다.
    다. *지붕이 낮아 있다.
    라. *하늘이 높곤 했다.
    마. *담이 높으려고 한다.

이에 상태성 자질의 특성을 통사적 구성으로 정리하면 다음과 같다.

	-고1 있-	-고2 있-	-어 있-	-곤 하-	-려고 하-	예
상태성	−	−	−	−	−	길다, 낮다, 있다, 많다, 밝다, 크다, 작다

(+ : 결합 가능, − : 결합 불가능)

[+동적] 자질은 [−동적] 자질과 대립되는 것으로 이는 동작이 펼쳐지는 장면이 있으므로 상의 본질적 의미의 주를 이룬다. 따라서 [+동적]의 하위 자질로 [±완성성], [±순간성]을 들 수 있다. 이에 대한 자제한 자질 특성은 다음 항들에서 제시될 것이다.

4.5.2 完結性과 非完結性

완결성과 비완결성을 구별하는 상 자질은 [±완성성]으로 [+완성성]

은 어떤 행위나 사건의 장면이 완성점에 이르기까지 중간에 행위가 중단되면 완결된 행위로 보지 않는 경우이며, 반면에 [−완성성]은 어느 특정한 완성점이 없이 중간에 그만 두어도 그 행위나 사건을 취한 경우이다.

    (25) 가. 미영이는 피아노를 치고1 있다.
        나. 민구는 의자를 만들고1 있다.

   (25)의 두 예인 '피아노를 치고1 있다'와 '의자를 만들고 있다'는 어떤 일정한 시간 동안 지속적인 것으로 인지될 수 있다. 따라서 그 행위는 긴 시간이거나 혹은 짧은 시간이거나 일정한 행위가 있는 것으로 파악된다. 그러나 여기에는 중요한 차이가 있다. (25나)는 민구가 의자를 만드는 상황에서 의자를 만드는 행위는 의자가 완성되어야 비로소 그 행위는 完了된다. 따라서 '의자를 만들고 있다'의 진행 과정은 '의자를 만들었다'는 행위의 완결점을 함의할 수 없다. 즉, 의자를 만드는 과정에서 그 행위를 중단하면 완성된 의자를 만든 것이 아니기 때문에 '의자를 만드는 행위가 끝났다'고 할 수 없는 것이다.

   그러나 (25가)의 '미영이는 피아노를 치고 있다'는 달리 설명된다. 미영이는 어떤 부분에서 피아노를 치다가 중단할 수 있다. 그런데도 미영이가 '피아노를 치고 있다'의 행위는 피아노를 끝마친 완결점에 이르지 않아도 '피아노를 쳤다'고 말 할 수 있는 것이다. 즉, 진행의 상황이지만 '피아노를 쳤다'는 완료의 상황을 함의한다. 이는 미영이가 피아노를 치기 시작하다가 어떤 순간에 피아노 치기를 그만 두어도 미영이는 '피아노를 쳐 왔다'는 것이 사실로 인정되기 때문이다. 그러므로 (25가)처럼 기술되는 상황을 [−완성성]의 비완결성이라 하고, (25나)처럼 기술되는 상황을 [+완성성]의 완결성이라 한다.

   [+완성성]의 자질을 갖는 완결성 부류의 동사로 '입다, 벗다, 신다, 매다, 쓰다, 끼다, 닫다, 열다, 만들다, 짓다(밥을), 달다, 쥐다, 감다, 물

다, 덮다, 들다, 세차하다’ 등을 들 수 있다. 이런 완결성 동사들은 어떤 과정을 거쳐 완전한 상황이 이루어지는 끝점인 완결점이 있어야 한다. 그러나 이 중 일부 동사인 ‘만들다, 짓다, 세차하다’ 동사는 완결성 동사이지만 ‘-고2 있-’과는 결합할 수 없다.

(26) 가. 지인이는 옷을 입고2 있다.
　　 나. 혜인이는 모자를 벗고2 있다.
　　 다. 민수는 신발을 신고2 있다.
(27) 가. *아저씨는 의자를 만들고2 있다.
　　 나. *어머니는 밥을 짓고2 있다.
　　 다. *민호는 차를 세차하고2 있다.

(26)의 예에서 보듯이 ‘입다, 벗다, 신다’의 동사는 모두 ‘-고2 있-’과 결합함으로써 완료의 상태를 의미하지만, (27)의 ‘만들다, 짓다, 세차하다’ 동사는 완결성 동사로 ‘-고2 있-’과는 결합할 수 없다. 이는 (26)의 동사들이 비교적 짧은 시간의 행위에 따른 것이지만, (27)의 동사들은 어휘적 의미 자체가 보다 긴 시간의 행위를 요하는 특별한 것으로 어느 정도 노력이 뒤따라야 하는 것이다.
　　이외에는 모든 문법상의 형식과 결합한다.

(28) 가. 민수는 신발을 신고1 있다.
　　 나. 정수는 검은 장갑을 끼고2 있다.
　　 다. 영숙이의 손에 물건이 쥐어 있다.
　　 라. 순이는 창문을 열곤 한다.
　　 마. 혜인이는 모자를 쓰려고 한다.

　　이에 완결성의 특성을 통사적 구성으로 나타내면 다음과 같다.

	-고1 있-	-고2 있-	-어 있-	-곤 하-	-려고 하-	예
완결성	+	+	+	+	+	신다, 끼다, 쥐다, 열다, 쓰다, 입다…

[−완성성]의 자질을 갖는 비완결성 동사로는 '주다, 걷다, 읽다, 일하다, 마시다, 먹다, 놀다, 돌다(운동장), 돕다, 쓰다(글), 오다(비/눈), 날다, 달리다, 뛰다' 등을 들 수 있다. 이런 비완결성에 대한 자질의 특성을 나타내는 부류의 동사는 [+동적] 자질을 함의하므로 진행인 '-고1 있-'과 결합한다. 그리고 [−완성성]이므로 '-고2 있-'이나, '-어 있-'과는 결합하지 않으며, '-곤 하-', '-려고 하-'와는 결합한다.

(29) 가. 순이는 사과를 먹고1 있다.
　　 나. *순이는 사과를 먹고2 있다.
　　 다. *순이는 사과를 먹어 있다.
　　 라. 철수는 술을 마시곤 한다.
　　 마. 철민이는 노래를 부르려고 한다.

이에 비완결성의 특성을 통사적 구성으로 정리하면 다음과 같다.

	-고1 있-	-고2 있-	-어 있-	-곤 하-	-려고 하-	예
비완결성	+	−	−	+	+	읽다, 부르다, 놀다, 마시다, 먹다…

4.5.3 瞬間性과 持續性

순간성은 아주 짧은 시간에 관련된 일련의 순간적 사건으로 시간적인 지속이 없으나, 지속성은 어느 일정기간 동안 시간이 지속되는 상황이므로 이는 자질 [±순간성]으로 설명될 수 있다. 즉 [+순간성] 자질은 [−순간성]인 지속성에 대립되는 특성이다. 그런데 지속성은 단순히 주어진 상황의 어떤 시간을 일정기간 동안 존속하는 사실에 관련되므로 장면을 내부구조의 관점에서 취하는 미완료성과는 구별된다. 결국 지속성은 동작이 완료된 동일한 상황에서 일정한 기간 동안 상태가 지속되는 특성을 의미한다. 따라서 [−순간성]은 짧은 시간의 순간적인 발생이 아니라, 주어진 어떤 상황의 일정 기간이 상태성으로 지속되는 것이므로 동작이나 과정이 계속되는 진행과는 다른 성격을 갖는다.

　　(30) 가. 명호는 한 시간 동안 벌을 받는다.
　　　　　나. 명호는 한 시간 동안 벌을 받고1 있다.
　　　　　다. 명호는 요즈음 벌을 받는다.

　(30가)는 명호가 한 시간 동안 벌을 받고 있는 미완료의 의미로 이는 '-고1 있-'과 결합한 (30나)의 진행상과 동일한 의미다. 그러나 (30다)는 벌을 받는 행위가 중단됨이 없이 계속 진행되는 것이 아니라, 요즘에 주기적으로 벌을 지속적으로 받는다는 의미이다. 따라서 지속은 주로 한 상태가 일정기간 동안 계속됨을 뜻하는 반면에, 진행은 동작이나 과정이 주어진 시간 동안 끊이지 않고 계속됨을 뜻한다. 따라서 일반적으로 진행에 소요되는 시간의 길이는 비교적 짧으나 지속의 경우는 긴 때가 많다.
　이에 반해 [+순간성]은 어떤 지속됨이 없이 순간적으로 발생한다. 이런 순간성 자질을 갖는 부류의 동사로는 '뛰어오르다, 때리다, 꼬집다, 차다(공), 끄떡거리다, 깜박이다, 쏘다, 두드리다, 딸꾹질하다' 등을 들 수 있다. 따라서 [+순간성]은 아주 짧은 시간인 순간적인 사건의 반복이나 일련의 순간적 사건으로 내부구조를 갖지 않으며 시간적으로 지속되지도 않는다. 그러므로 지속을 나타내는 부사어와도 결합하지 않는다. 이에 상 자질의 특성을 갖는 형식과의 결합을 살펴보면 우선, 'V-고1 있-'은 진행상의 의미가 아니라, 행위의 반복됨을 의미한다.61)

---

61) 이 경우 반복적인 의미는 두 가지가 있다. 하나는 일회적인 반복의 의미이며, 또

(31) 가. 영수는 기침을 하고1 있다.
　　　 나. 영수는 기침을 하곤 한다.

(31가)에서 영수는 지금 일회적인 기침을 하고 있는 반복상의 의미이면서, 이는 일련의 기침을 하고 있는 연속적인 상황으로도 파악된다. 또한 (31나)처럼 '-곤 하-'와의 결합은 일정 기간 주기적으로 일어나는 습관적인 반복상의 의미가 된다.

이러한 순간성 동사는 시작점과 끝점 사이에 시간적 간격이 거의 없이 동시적인 발생이므로 예정상의 '-려고 하-'와는 결합하나, 행위의 완료를 갖는 '-고2 있-', '-어 있-'과는 결합하지 않는다.

(32) 가. 지혜는 기침을 하려고 한다.
　　　 나. *영수는 철호를 때리고2 있다.
　　　 다. *미영이는 딸꾹질해 있다.

이에 순간성 자질의 특성을 통사적 구성으로 정리하면 다음과 같다.

	-고1 있-	-고2 있-	-어 있-	-곤 하-	-려고 하-	예
순간성	의미변이 (반복상)	－	－	＋	＋	두드리다, 때리다, 딸꾹질하다, 쏘다…

4.6 요약

지금까지 학교문법에서 제시한 상에 대해서 그 문제점을 고찰함으로써 상의 올바른 교육적 방향을 제시하였다. 특히 상의 본질적 의미를 살펴봄으로써 상을 합리적으로 해석하는 해결방안을 보였다. 서구문법

다른 의미는 연속적인 반복의 의미이다.

에서는 상을 aspect와 aktionsart로 나누었다. 전자는 文法相으로 본용언과 보조용언의 통합 구성으로 실현되며, 후자는 語彙相으로 동사의 어휘적 의미에 의해 실현된다. 본고는 이 두 가지를 포괄하는 의미에서 상의 용어를 動詞相이라 했다. 상은 단순히 용언의 활용형에 의해 전개되는 동작의 양상만을 보이는 것이 아니라 동사 자체의 어휘적 의미에 따른 동사의 동적 과정까지를 고찰하는 것이 상을 올바르게 해석할 수 있기 때문이다. 그리고 상은 '-어 있-'의 완료상과 '-고 있-'의 진행상만 있는 것이 아니라, '-려고 하-'의 예정상이나 '-곤 하-'의 반복상이 있음을 제시하였다. 또한 시제(과거시제)와 상(완료상, 미완료상)의 구별을 분명하게 제시하였다.

그리고 상의 본질적 의미를 배제시켜 마치 모든 동사에 '-어 있-', '-고 있-'의 결합이 가능한 것으로 설명하고 있음이 너무 제한적이라는 사실을 보였다. 즉, 상의 본질적 의미인 상태성과 동태성, 완결성과 비완결성, 순간성과 지속성에 따른 자질로 [±동적], [±완성성], [±순간성]의 자질에 따라 동사를 분류하여 '본용언＋보조용언'의 형식으로 그 통사적 구성을 보였다. 따라서 국어의 상을 올바르게 해석하기 위해서는 무엇보다도 상의 본질적 의미와 동사의 자질 설정이 선행되어야 할 것이다. 이에 상의 기본적인 특성과 자질에 따른 동사부류로 고찰했지만, 예외적인 요인이나 더 광범위한 실례를 들지는 않았다. 따라서 담화상에서까지 나타나는 보다 폭넓은 상의 교육적 연구에 대해서는 차기 과제로 남긴다.

제5장 隱語와 俗語論

5.1 도입

은어와 속어는 사회 특수집단의 언어로, 그 집단 구성원들 사이에서 통용되는 언어라 할 수 있다.[62] 이는 하나의 사회적 방언으로 동일한 환경이 아닌 다른 사회적 환경과의 대립이나 갈등을 통해 발생한다. 이렇게 특별한 집단의 구성원들은 동질감 속에 귀속의식을 고취시키고자 공통의식을 갖는 언어를 사용한다.

이들 特殊語 연구는 대체로 隱語(cant)와 俗語(slang)로 나누어 지금까지는 언어학적인 관점에서 연구되어 왔다. 그러나 이에 대한 연구는 오히려 사회학적인 관념(sociological idea)에 더 가깝다. 왜냐하면 이 특수어는 현대사회와 문화적 원리를 이해하는데 가장 좋은 방안이기 때문이다.

그러기 위해서는 은어와 속어의 개념을 우선적으로 고찰할 필요가 있다. 현재 국어에서의 은어와 속어는 개념상으로는 구분이 되지만, 실제로 사용되는 어휘나 句 등 용례를 통해 구분지은 논문은 아직 없다. 은어는 특정한 집단의 구성원들 사이에서 隱秘性을 목적으로 사용되지만, 그 은폐성은 곧 상실되며, 나아가 諷刺性, 娛樂性, 隱喩性, 反語性, 新奇性 등 속어의 성격을 띠고 있는 것이 상당수이므로 넓은 의미에서

---

62) '특수어'란 말은 국어국문학사전(1974), 대백과사전(1983), 동아 새국어사전(1989) 등 이미 70, 80년대에 사용하였으며, 이를 은어와 속어로 나누어 고찰하였다. 본고에서는 특수어를 속어(slang)의 개념으로 보고, 은어를 속어에 내포시켜 고찰하고자 한다.

의 속어라 할 수 있다.

사전상으로 속어는 사회 안의 어느 특정한 하위집단에서 사용되는
언어로 하위문화의 속성을 갖는다. 그것은 일반적인 용법보다는 매우
비형식적이며 비습관적인 어휘들이 대부분을 차지한다. 그러나 이렇게
특정 부류의 제한된 용법으로서의 속어가 하위집단의 경계만이 아니
라, 그 이상의 사회적 목적으로 사용되었기에, 이에 대한 사회학적 속
성을 통한 기능을 살펴볼 필요가 있다. 이에 우리는 여러 가지 집단 중
에서 대학생의 특수어를 통해 대학생 언어(slang)의 기능을 살펴보고자
한다.

5.2 隱語와 俗語의 개념과 기원

5.2.1 은어의 개념

은어에 대해 국어국문학사전(1974)과 김민수(1979)에서 '변', 또는 '변
말'이라 하여 영어의 cant, 불어의 argot에 해당된다고 하였다. 그리고
김민수 선생은 한 걸음 더 나아가 jargon은 학자들 사이의 전문어라고
하였다.63)

Webster Dictionary(1981)는 "dialect, lingo, jargon, slang mean language
not recognized as standard."라고 하여 방언이나, 은어(변말), 속어를 모두
비표준용법의 언어라고 하였다.

영어학 사전(1990)에서는 이에 대해 보다 구체적으로 제시하고 있다.
같은 복장을 하고 자기들끼리 통하는 용어를 가지고서 자기 집단의 특

---

63) Webster Dictionary(1981)에서는 'cant'를 'argot', 'jargon'과 같은 용어로 보고, 'argot'를
   "a more or less secret vocabulary used by a particular class or group"(특수 계층이나
   집단에서 사용되는 비밀어)라 했으며, 'jargon'은 "The technical or specialized vocab-
   ulary of a particular profession or group."(특별한 직업이나 집단의 전문 어휘)라 하
   여 구별했다.

수성을 주장하는 것을 은어(cant, flash, argot, jargon)라 하고, 속어는 보통 이 은어의 명칭을 총칭함으로써 어느 것을 지적하는지 명확하지 않다고 했다. 즉, cant는 특정의 계급과 직업에 통용되는 말로 본래 거지의 처량한 구걸 소리를 의미하는 것이었는데 그로부터 걸식자, 부랑자, 도적 등의 은어를 가리키게 되었으며, flash도 악한, 도둑패거리의 은어와 암호말을 뜻하는 것으로 cant와 같은 말로 보았다. argot는 본래 도둑의 은어를 뜻했는데 그로부터 동료들 사이에서만의 통용어, 전문어를 가리키는 말로 사용되었고 jargon은 직업은어, 전문어로 예술가, 과학자, 철학자, 종교가, 법률가 등 특정집단의 동료들 사이에서 사용되는 통용어, 전문어라고 하였다. 그리고 속어의 언어현상은 복잡한 것으로 이는 어느 사회 특유의 통용어, 술어(terminology), 전문어, 도둑 등의 은어, 암호의 총칭으로 널리 사용된다고 언급하였다.

5.2.2 속어의 개념

속어는 20세기 도시화로 인해 대중언어의 한 부분으로 자리잡았기 때문에 더 이상 하위집단의 경계를 정할 수 있는 어휘항목으로 제한시켜서는 안 된다. 하위 문화적 어휘의 한 종류로서 속어를 규정짓기 위한 모든 연구는 여러 면에서 실패해온 것이 사실이다. 일반적인 사전이나 속어에 관련된 특수 사전에서 속어를 하나의 어휘항목으로 설정하여 분류시키는 일은 이제 별 의미가 없게 되었다. 그럼에도 불구하고 사전들은 비공식성, 비관습성, 짧은 수명, 생략, 색다른 은유, 농담(playfulness) 등에 의해 속어를 규정시키는 작업을 하고 있다. 그러나 속어는 진부적인 표현에서 벗어나 유희성과 신기성을 줌은 물론이요, 때로는 날카로운 풍자와 반어적인 표현으로 사회의 일반적 어휘의 속성을 갖고 있음을 인지해야 한다. 특히 대학생의 언어는 더욱 그러하다.

Flexner(1974)에 의하면, slang은 'place'로 어떤 길의 정류장 역할을 한

다. 활력적으로 새로운 단어와 句에 기초를 두고 있으며, 용법의 단계
를 지시해야만 하는 사전 편찬자들에게 이 slang의 단계는 반드시 필요
한 것이라고 했다. 속어는 표준용법으로 보면 '하위적'이라고 하겠지만,
비공식적인 용법으로 보면 정확하다. 물론, 속어가 사회적으로 공식적
인 담화에서 수용하기는 어렵다. 그러나 속어는 지역적이며 사회적인
방언으로, 은어의 속성인 argot, cant, jargon보다 폭넓게 사용되고 있으
며, 제한된 하위집단의 언어지만 보다 폭넓게 이해되어 왔다. 이러한
의미에서 속어는 하위문화 언어에서 상위문화 언어로 상승 효과를 가
지며, 점차 외부의 영역으로 확대되어 일반적인 용법이 되어 온 것이
다.

　여기서 국내 제학자들이 구분 짓고 있는 은어와 속어에 대해 좀더
살펴보기로 하겠다. 속어는 시대와 지역, 계층에 관계없이 성행하므로
자기집단의 이익과 비밀을 유지하고 보호하려는 목적으로 사용되는 은
어보다 훨씬 더 복잡하고 다양하다. 은어의 특성은 은비성만 있는 것이
아니라, 속어의 속성인 풍자성, 상징성, 신성성, 오락성, 유희성의 특성
을 갖는다. 특히 도시화되면서 상호작용으로 인해 은폐성이 상실되면
서 은어는 속어의 일종이 된 것이다. 더욱이 학생의 은어는 반정부적
저항의식의 행동으로 나타난 극히 일부의 시사적 어휘를 제외하고는
생생한 현실생활의 기발하고 재치 있는 표현이라 할 수 있다.

　속어(slang)는 아주 소탈한 구어에는 사용되나 표준어에는 끼일 수
없는 것이다. 즉, 문어체나 격식을 차리는 표현에서는 피해야 하는 성
질이다. 그러나 속어는 진부한 생활에서 벗어나 신선미와 친근한 맛이
있고, 생동적이고 유희가 있으며, 풍자와 역설, 그리고 기지(wit)가 있어
현대사회와 문화를 이해할 수 있다. 이는 20세기말의 용어에 대한 개념
으로 이제 속어를 더 이상의 비천한 하위집단의 특정한 언어라고 정의
해서는 안 될 것이다.[64) 속어의 특징 중 하나는 수명이 짧다는 것이다.

---

64) 우리말큰사전(1992)에서는 속어를 '속된 말', '낮은 말'이라 하였고, 동아 새국어사
　　전(1989)에서는 '민간에서 통속적으로 사용되는 속된 말, 상말'이라 하였다.

이는 새로운 어휘를 만드는 요구의 원천이 될 수 있지만, 사라진 어휘의 재생 방안도 생각해 볼 수 있다. Maurer and High(1980)은 slang의 사라지는 현상을 안타깝게 생각하며, 이에 대해 최소한도 4가지 해결안이 있다고 했다.

① 만일 slang의 한 항목이 일반 대중사회의 용법에서 영속적이며 고결하다는 것을 입증한다면, 그것은 표준 용법이 될 것이다. (예, 영화)
② 아니면 몇 년이나 몇 십 년 동안 slang으로 남아 있을지도 모른다. (예, very good)
③ 심지어 몇 세기가 될지도 모른다. (예, to inform)
④ 혹은 그것을 잘 살펴보게 될지도 모르는데, 모자라거나 과다하거나 혹은 따분한 것을 발견하게 될 것이며 세계적으로 하위문화의 근원지로 돌아가게 될 것이다.

물론, 속어는 천하고 상스러운 표현으로 타락하는 수가 있으므로 오히려 속어의 범람을 우려해 왔기에 많은 속어들이 사라졌다. 그러나 속어는 현대 대중사회에 매우 필요한 관념이므로 신어 창조가 지속적으로 이루어지도록 노력을 기울여야 할 것이다. 더욱이 속어는 당시 사회적·문화적인 특성을 이해하는 데 많은 도움이 되므로 이들 어휘의 재생을 위한 언어학적 관심이 있어야 한다.[65]

5.2.3 속어의 기원

속어(slang)는 고대 시장도시의 문화적인 정소에서 만난 다양한 사람들의 대화 중에서 나타났으며, 이렇게 사용된 어휘는 더욱 다양하게 퍼져 나갔다. 그 후, 중세도시에서 더욱 번창하였다. 이는 중세도시가 상호의존적인 직업관을 갖기 시작했기 때문이다. 그러다가 19세기에 더욱 복잡 다양해진 속어는 오늘날 현대 도시사회 생활의 한 부분으로

---

[65] 1840년에 'a policeman'은 한 세기 이상이 지난 후인 1960년대에 재생되었다.

자리잡기 시작하여 점차 일반적인 어휘로 사용되었다.[66] 이러한 속어의 어휘는 특정 사회를 중심으로 사용되다가 그 사용빈도가 증가하게 되어 사회의 일반적 어휘로 바뀌게 되었다. 특히 20세기 말에는 대중매체에 의해 더욱 활성화되었다. 그러나 영속성이 없고 생명력이 짧은 특성을 지니기에 또 다른 신어(new word) 창조를 요구하게 된다.

속어는 사회적인 구조의 유지와 변화 모두에 영향을 미쳤으며, 또한, 사회 집단들 사이의 강력한 관계의 결속을 가져오기도 했다. 더욱이 속어는 불가피한 문화적 생산으로 복잡하고 역동적이며, 특히 현대사회에서 고도로 상호의존적이다. 사회학적으로 말하면, 속어는 다양한 도시의 배경 안에서 제시되어 이제는 대중언어의 한 부분을 차지하게 되었다.

5.3 俗語의 社會學的 기능

속어의 의미는 인종(민족), 계층, 혹은 다른 사회적 형태의 사람들의 대립구조에서 나타났으며, 특히 '우리'와 '그들'이라는 구별에서 표현되었다고 볼 수 있다. 따라서 속어는 사회적 영역에서 표현하는 것으로 이는 매우 새롭고 특이하다.

Fischer(1975)는 속어가 도시(현대사회라고 말하는)의 복합적인 하위문화로부터 상위층으로 이끌어 낼 수 있다고 했다. 또한, 속어는 무수히 교차되는 사회적 순환으로부터 폭넓게 사용되고 발산되어 왔으며 회복되어 왔다고 했다. 이는 도시주의에 대한 신고전주의나 하위문화

---

66) Slang이란 단어의 기원은 불확실하지만 약 1750년경으로 생각해볼 수 있다. 이는 '거리 언어(street language)'로 불려지기도 했으며 근본적으로는 cant를 의미하는 것으로 제한된 점잖지 못한 언어(low speech)로, 가끔은 사회 범죄층의 언어로 나타났다. 1890년까지 slang은 표준 이하의 단계 언어로 취급되었다. 그러나 slang의 개념은 점차적으로 다른 하위문화의 언어와 상류사회에까지 번져갔다. 처음에는 제한적이고 비관습적인 언어였지만 점차 일반적인 언어로 확대되어 나갔다.

주의 이론으로 하위집단과 하위문화의 다양성을 인구 규모로 변화되는 도시가 어떻게 만드는가를 설명했다.

산업화로 인한 거대한 도시는 서로 다른 다양한 종류의 수많은 사람들의 이주를 이끌어낸다. 이들은 이미 도시에서 집단의 다양성을 결합하고 확대해온 사람들이다. 20세기의 대중문화에 관심을 갖는 대다수의 국민들은 속어를 출현시킨 하위문화를 유지하고 보다 확대될 수 있도록 관심을 갖고 동화되기도 하며, 때로는 비판적인 입장에서 이를 지지하게도 된다.

도시사회의 밀집된 대부분의 하위집단 사이에서의 접촉과 의사소통은 시장도시에 매우 강렬하게 영향을 미친다. 심지어 어떤 경우에는 동화되거나 하나로 합병되기도 한다. 문화충돌로부터 반동된 다른 집단은 결과적으로 그들의 기본적인 주체성을 확립하기도 한다. 도시는 거대한 규모와 밀집도, 그리고 사회적인 다양성으로 인해서 유지되고 강화되는 지속적인 과정을 만들게 되고, 인종적인 집단, 사회적 계층, 생활양식, 그리고 모든 것을 상상할 수 있는 하위문화를 만들어 낸다. 이러한 과정에서 많은 의미들이 교체되고, 그것을 배우고 수용함으로써 특수집단에 의해 나타난 단어와 구의 전파가 따르게 되어 일반적인 어휘가 된다. 이러한 효과는 무엇보다도 대중매체에 의한 확대와 증가임을 부정할 수 없다.

특히 이러한 특수집단의 어휘들이 새로운 사회적 배경에서 유용함이나 즐거움을 주는 것이 입증된다면, 그것은 광범위하게 계속해서 순환됨으로써 일반적인 속어와 일반적인 문화의 한 부분이 될 것이다.[67]

공통의 관심에 의해 이루어진 특수집단의 문화가 전에는 일반적인 문화의 아래거나 사회의 가장자리로, 그 안에서 고립된 문화라고 생각

---

67) Flexner(1960)에 의하면, 역사적으로 미국인 slang의 반 이상이 주로 남성의 하위문화의 언어에서 나왔는데, 벌목하는 사람들, 철도원들, 음악가들, 부랑자들, 운동하는 사람들, 연애가들, 십대들, 대학생들, 소수민족, 군대, 그리고 범죄집단과 마약 사용자들처럼 정상이 아닌 특수 집단의 다양한 문화에서 나온 것이라 하였다.

하였다. 그러나 이제 이들의 문화가 더 이상의 하위문화일 수는 없다. 이는 전통적으로 하위문화로 기술되는 모든 집단들뿐만 아니라, 모든 다수파와 소수파의 인종집단, 종교적인 집단, 연령집단, 직업에 따른 집단, 생활양식, 소비문화 등을 포함한다. 이러한 집단들은 자의식의 정도와 조직의 단계에서 사회적으로 크고 다양하게 작용한다. 따라서 현대 도시 사회의 일반적인 문화는 하위문화로 구별되던 특수집단 대부분이 공통적으로 가지고 있는 의미와 가치를 수반하게 됨으로써 이제 일반적인 언어 역시 속어를 내포하게 된 것이다.68)

이전에는 이들의 하위문화가 구조적으로 훨씬 더 결속력이 있거나 더욱 고립적이었지만, 그들의 단어는 천천히 일반인들에게 입에서 입으로 알려지기 시작했으며, 특히 대중매체에 의해 그들의 언어는 놀랄 정도로 확산되었다. 그러므로 1990년대에 들어와 속어의 표현은 일반화되었으며, 이러한 속어는 현대사회에서 상호작용의 다양성을 촉진시킴으로써 복합적인 언어의 의미를 갖는다. 따라서 때로는 반어적으로, 풍자적으로 사용되기도 하고, 때로는 유희적으로 사용되기도 한다.69)

5.4 大學生 隱語, 俗語의 특성과 기능

국어학에서 특수어에 대한 연구는 小倉進平(1927, 1930)의 山蔘採取業者의 隱語 연구로 시작되었다. 이어서 이은상(1933), 金敏洙(1953), 李

---

68) Maurer and High(1980)에 의하면, 일반적 어휘와 구별되는 아주 특별한 의미로 사용되거나, 심지어는 문법적인 차이까지 수반하는 남성 동성애, 마약 사용자, 아주 낮은 층의 흑인들의 하위문화는 1960년대와 70년대에 그들의 특별한 어휘를 일반 문화에 퍼뜨리게 되었다.

69) 현대사회의 익명의 생활과 공적인 생활은 특히 상호작용의 전략과 속임에 많은 기회를 제공한다. 빈민가나 도둑의 무리에서 사용되던 하위 문화의 속성으로 출발한 속어는 이제 대학사회나 전문 직업인들 등 사회의 특수 집단의 언어로 사용되기도 하지만 사회적인 상승으로 일반 언어로 사용되고 있다.

崇寧(1957), 姜信沆(1957), 徐廷範(1960)[70], 張泰鎭(1965), 李種奭(1966), 沈雨晟(1969)[71] 등 주로 하층민의 은어연구가 활발하였다.[72] 대학생들의 특수어인 은어와 속어에 대한 연구는 1960년대부터이다. 20세기 말의 현대 도시사회에서 대부분의 대학생 언어는 특별한 경우의 은비성을 제외하고는 속어의 성격을 갖는다. 특히 대학생들의 특수어는 현대 도시생활의 복합적인 상호작용으로 나타나 사회에 대한 불만이나 반사회적 의식 및 저항의식을 통해 나타나는 풍자적·반어적인 기능이 강하고, 이외에 오락성으로 재치와 기지가 돋보이는 은유적인 특성과 진부한 생활을 탈피하고 싶은 욕구의 유희적 특성을 잘 드러내고 있다. 우리는 대학생의 특수어에 대한 기존 연구를 시대별로 고찰하고, 보다 복잡 다양해진 1990년대 특수어의 사회학적 기능을 살펴볼 것이다.[73]

5.4.1 은어, 속어의 시대적 특성

대학생의 특수어에 대한 기존 연구는 1960년대부터로 시간이 지나면서 특수어는 더 많아지고 다양하게 되었다. 이에 국내 대학생의 특수어에 대한 기존 연구를 1960년대, 1970년대, 1980년대 등 시대별로 고찰함으로써 특수어의 사회학적 기능에 따른 당시 시대적 상황을 살펴볼 것이다.

---

70) 뒷골목 그룹들은 그들의 행동을 은폐하고 권익을 옹호하기 위해 극비리에 암호를 사용하고 있는데, 이러한 비밀부호에 대하여 고찰하였다.
71) 걸립패란 떠돌이 告祀꾼 집단의 통칭으로, 한 패거리가 10여 명이 되어 자본주인 '化主' 밑에 告祀文을 외는 '비나리'와 악사인 '풍물잽이'(6, 7명), 그 외에 '중, 보살, 탁자(짐꾼)' 등이 구성원이 된다.
72) 1927년부터 1957년까지는 주로 採蔘人에 대한 은어연구가 많았고, 1960년대에는 범죄인, 기생, 걸립패 등의 은어를 연구함으로써 언어는 결코 개인이 아닌 사회의 소산이라는 언어사회학적 설명이 대두되었다.
73) 특수어의 사회학적 기능은 현대 대중사회에 매우 필요한 관념이므로 신어 창조가 지속적으로 이루어지도록 노력을 기울여야 할 것이다. 특히 대학생의 속어는 당시 사회적·문화적인 특성을 이해하는데 많은 도움이 되므로 이들 어휘의 재생을 위한 언어학적 관심이 있어야 한다.

1) 1960년대

金恩雨(1963)는 이화여대생을 통해 정치와 시국에 관계(5개), 이성에 관계(23개), 일상 자질구레한 생활과 관계(11개) 등 39개를 조사하였고, 金海星(1969)은 사회생활의 변화에 관계되는 여대생의 은어와 속어 31개를 조사하였다. 이에 그 특성을 보이면 다음과 같다.

① 당시 박정희 집권 당시의 정치와 시대적 상황을 나타냈다. 그리고 이 당시 '데모'는 지금의 반사회적 시위가 아니라, 부모님께 용돈을 달래기 위해 사용된 은어였다.
<再建데이트 : 걸어 다니는(가난) 데이트(←박정희 혁명 이후에 많이 사용), 미스터 박 : 그 사람 최고야(박정희 최고회의장), 토지개혁 : 코에 안경을 건 할아버지 대머리(황폐한 산을 전제)>
② 사회생활의 변화와 관계되는 은어로 풍자성, 은유성을 드러냈다.
<트랜지스터 걸(애인은 아니고 쉽게 데리고 다닐 수 있는 여자), 트위스트(몸을 흔드는 사람), 미쓰 무르팍(치마를 짧게 입은 아가씨), 노란 샤쓰 입은 사나이(말이 적은 사람 ← 말없는 그 사람은), 도로포장공사(몸치장), 목사(안경 쓴 남자) 등>
③ 서구어와 학생 생활에 관계되는 은어를 이용한 재치와 기지를 보여주었다.
<룸 나인(room nine, 방귀), 독 테이블(dog table, 개판), 휘발유(돈), 호반의 벤치(남녀의 만남 장소 빵집), 금강석 · 청춘의 꽃 · 화산 · 도로공사(여드름), 공동식당(기숙사 생활), 오촌오빠(애인), 목도장(키스) 등>

2) 1970년대

1970년대 대학생의 은어와 속어에 대한 주요 연구로 金永泰(1976)는 신체나 외모(62개), 해학적 표현(46개), 남녀간 사랑(38개), 학점, 공부(27개), 性的 표현(27개), 술(19개), 싸움(16개), 사회상(8개), 음식(11개), 영자 · 숫자(7개) 등 모두 261개의 특수어를 고찰하였고, 金海星(1977)은 남녀 대학생 1,270명을 대상으로 미팅(326개), 외래어(117개), 돈, 학비 (26개), 학구, 학점(62개), 술(23개), 저속한 은어(121개), 애인(23개) 등 모두 409개를 조사 분류하였으며, 徐炳國·柳基龍(1979)은 대학생 120 명을 동원하여 어휘 형성과 방식, 국어의 표현기교에 초점을 맞추어 조 사하였다.

① 당시 유행하던 광고를 이용하거나 외래어 및 외래어와 혼합함으로써 재치와 유희적 특성을 보여주었다.
  <코카콜라 사랑(오직 그것뿐), 퍼모스트 사랑(주고 싶고 받고 싶은 사 랑), 알프스 드링크(A학점), 박탄 디(D학점), 환타(F학점), 소콜주(소주 와 콜라), 환탁주(환타에 탁주), 소맥(소주와 맥주), 일본어의의 전의로 된 아다라시(숫처녀), 하꼬비(신입생), 데끼리다(기분 좋다), 서구어의 전의인 밀크박스(여자 유방), 비루스(작은 사람), 인스턴트(하루살이 파트너), 바블껌(하루살이 파트너), 마돈나(마시고 돈 내고 나가자), 일 본어와 혼합된 고삐리(고등학생), 가네 꿀린다(돈이 없다), 히야시 먹 다(바짝 긴장하다), 서구어와 혼합된 개껌(뼈다귀), 라면보이(고수머 리), 사이즈 재다(키스하다), 막사이(막걸리와 사이다) 등>
② 60년대의 순수한 性的 표현보다는 훨씬 더 노골적인 性的 표현이 많 았다.74) 이는 당시 서구풍조의 영향과 일반사회인의 비윤리적 생활태 도를 반영한다고 볼 수 있다.
  <방망이·총알·냄비(성기), 개구리워밍업·총알 닦다(성교), 가겡까 도리(한 여자가 여러 남자 상대), 장화(콘돔), 지우개(피임약) 등>
③ 당시 사회상을 반영하는 은어와 속어가 많았다.
  <주식회사(대학교), 주주(대학생), 새마을 산수공부(화투), 새마을데이 트(돈 안들이고 하는 데이트), 까만물(커피), 칸트(고민), 고래잡이(포 경수술), 판돌이·판순이(다방 DJ), 칼질(양식집), 솥뚜껑 운전수(식

---

74) 1960년대 性的 표현은 순수한 면이 많았다. 예를 들면, 신장개업(처녀가 아닌 여자 가 처녀인 척 꾸밈), 속도위반(결혼하고 10달이 못되어 아기를 낳는 경우), 바지씨 (사랑하는 애인), 목도장(발을 높이 추켜 올리면서 키스하는 장면) 등을 들 수 있 는데, 시간이 지나면서 더욱 노골적인 표현들이 나타난다. 자세한 性的 특수어는 박덕유(2001) 참조.

모), 새마을 머리 · 유신머리(짧게 깎은 머리) 등>

④ 普通語의 轉意로 반어적이거나 부정적인 의미의 은어와 속어가 많았
다.

<산업예비군 · 꺾었니? · D학년 · 벽돌부대·재돌이(재수생), 개구멍받
이·벽돌생·14케(청강생), 반짝교수(늦게 들어와서 일찍 나가는 교수),
국립호텔(교도소), 공생공사(시험답안지 바꾸기), 명강(휴강), 단백질
(밥에 떨어진 머리카락), 발표향수(발의 땀 냄새) 등>

⑤ 가장 많이 사용한 것은 미팅에 관계된 특수어로 당시에 대학생들이
입시 준비에만 열중하다가 대학에 와서 이성에 관심이 많았음을 보
여준다.

<교양필수과목(미팅), 고팅(고고장 미팅), 바보들의 행진(단체 미팅),
피보기팅(한쪽 편에서 나오지 않는 미팅), 메인팅(돈을 부담하는 미
팅) 등>

3) 1980년대

林萬榮(1982)은 서울교대생 160여명을 대상으로 197개를 조사하여
인물 용모(87개), 동작 상태(45개), 처소 물건(26개), 학업(20개), 미팅(19
개) 순으로, 柳敏榮(1982)은 500개의 단어를 일반생활, 異性, 수업, 교수
의 순으로 분류하였다. 윤태수(1985)는 470명을 대상으로 349개를 조사
하여 약어형(167개), 은유형(144개), 음운변화(15개), 숫자(17개), 속담형
(6개)으로, 유구상(1987)은 모두 191개의 단어를 술(39개), 사람(38개),
공부(36개), 외모(26개), 미팅과 데이트(19개), 性(18개), 담배(15개) 순으
로 분류하였다. 허영자(1987)는 630명을 대상으로 학교나 학생생활(학
점, 학생, 선생, 학자금, 학과, 학생부업, 시위), 여자와 남자, 신체와 용
모, 인간관계, 배변, 性, 식생활, 미용, 오락, 모임, 빈부, 상거래, 수화 등
으로 분석하였으며, 김은실(1990)은 대학사회의 주관심에 따라 미팅 및
이성관련(52개), 학업관련(8개), 시국관련(38개)으로 나누어 정리하였
다.75)

① 당시의 시대적 상황이나 권위주의를 배격하고 불만을 발산하는 풍자
가 돋보인다.

<스케이트(구두쇠), 십자군(농촌 봉사대원), 시베리아이발사(순경), 아
기엄마(졸리게 강의하는 교수), 짭새·짭시·짱부(형사), 테레교수(텔
레비전에 나오는 것을 일삼는 교수), 폴리교수(정치에 적극 참여하는
교수), 장국밥 선거(부패선거), 국제호텔(형무소), 무광화호텔(경찰서),
삼수갑산(파출소), 파쇼팅(주최측이 마음대로 마음에 드는 파트너를
정하는 독자적 미팅), 전두환팅(일방적으로 한 사람이 마음에 드는 파
트너를 마음대로 택하는 미팅으로 봉건시대 궁정에서 행해지던 간택
을 방불케 함), 새마을 출석(대리대답), 서당개(학교생활이 충실치 못
한 학생), 수필 쓰다(시험 치르다), 인터뷰학점(교수 면담후의 애교학
점), 멸종동물(숫총각), 희귀동물(숫처녀), 천연기념물(숫총각과 숫처
녀 사이에 탄생한 2세), 유부남(유사시 부부가 될 수 있는 남자), 방
걸레(지조 없는 여자), 대일밴드·인스턴트(1회용 파트너) 등>

② 기존관념을 깨뜨리며, 기성세대를 비판하는 반어적인 의식이 담겨 있
다.

<선녀(선천적으로 여우 기질을 타고난 여자), 공주(공포의 주둥이), 제
자(제멋대로 자란 놈), 저능아(저력 있고 능력 있는 아이), 천치(하늘
을 다스리는 사람), 영세민(영리하고 세련된 민주시민), 미녀(미친 여
자), 천재(천하에 재수 없는 사람), 장학생(장차 학업을 포기할 학생),
경노석(경박하고 노련한 사람이 앉는 자리), 노약자석(노련하고 약삭
빠른 사람이 앉는 자리), 원앙부부(원한과 앙심으로 맺은 부부), 치약
(치사하고 약삭빠름), 추녀(추상적으로 생긴 여자), 신사(신이 포기한
사기꾼), 비호(비행기에서 떨어진 호박), 링컨(컨닝) 등>

③ 유희성으로 흥미와 쾌감을 줄 뿐 아니라, 기지와 재치가 보인다.

<옥떨메(옥상에서 떨어진 메주), 조포날(조물주가 포기한 날라리), 라
파게티(라면, 파, 계란을 넣고 튀긴 것/짜파게티), 딸팅(딸기밭 미팅),
담식이(담임선생님), 수소탄(소주), 원자탄(막걸리), 보리차(맥주), 차
이코프스키(백조), 소월(금잔디), 정거장(신탄진), 통닭(비둘기), 항아

---

75) 김은실의 은어연구는 1990년도이지만, 이를 조사 수집한 것은 1980년대이다.

리(청자), 丁口竹天(可笑롭다), 日月洞(明洞), 8.15(모자라는 사람),
4.8작전(컨닝), 18금(데이트 자금을 공동 부담하자는 남자), 24금(데이
트 자금을 전혀 안내는 남자) 방정식(애인이 여러 사람 있는 것), 욻
소법칙(조는 학생), 오징어 땅콩팅(심심풀이) 등>

④ 은유형은 모양, 성격, 행위 등의 유사성으로 인해 성립되었으며, 시험,
학점, 교수, 미팅, 파트너, 술, 담배 등 주로 학생들의 생활에 관계된
것으로 욕구불만이나 억제된 의식을 표현하는 배출구로 풍자적, 반어
적, 유희적인 특성을 나타낸다.
<홍당무(붉은 스타킹을 신은 여자), 왕십리(엉덩이가 큰 사람), 해골표
조미료(비듬), 비포장도로(여드름), 자갈공사(여드름 짜기), 빨래집게
(A학점), 눈운동(눈만 돌려 남의 시험지를 훔쳐봄), 엉덩이뿔(D학점),
녹음기(매년 똑같은 강의를 하는 교수), 소태(학점이 짠 교수), 수면제
(강의를 지루하게 이끌어 주의를 산만하게 하는 교수), 빠다형교수(영
어를 많이 사용하는 교수), 팽귄(지도교수), 아기엄마(졸리게 강의하
는 교수), 식물성(솔담배), 동물성(거북선) 등>

⑤ 산업사회의 영향과 광고, 선전 등을 통하여 당시 사회적 구조와 상황
을 이해할 수 있다.
<까시(여자 재수생), 청강생(개구멍받이), 뿅뿅팅(전자오락 게임 성적
결과에 따른 만남), 골드핑거(학점이 후한 교수), 비실비실(B, C), 시들
시들(C, D), 권총(F), 바캉스용 학점(여름학기 학점), 두꺼비(진로), 로
찐(진로), 몸살약(소주), 새마을 소주(냉수), 용비어천가(막걸리), 인생
강의실(술집), 인생공부(술 마시기), 하이타이(맥주), 구름과자(담배),
부시기 · 소마초(꽁초), 불꽃놀이(흡연) 등>

⑦ 기존 사회질서나 사회구조에 대한 반심리적인 것으로 당시의 사회적
비판의식이나 시위적 행동에 관련된 것이 많았다.
<학쟁추위(학점쟁취추진위원회), 지랄탄 · 구름과자 · 안개(최루탄),
블랙박스(페퍼포그차), 닭장차(전경버스), 백골단(사복경찰관), 녹골단
(말없이 명령을 수행하는 녹색화이바를 착용한 시위진압부대), 야사
(야전사령관, 시위주동자), 꽃병(화염병), 떡(돌멩이), 풀잎(시위에 참
가한 남자 대학생), 꽃잎(시위에 참가한 여자 대학생), 로마군단(진압
경찰대), 수학여행(시위에 관련하여 경찰서로 연행되는 학생들), 똥물

튄다(생각지도 않은 엉뚱한 사건으로 붙잡혀 갈 경우), 빵동지(빵간에
서 알게 된 동지나 친구), 학삐리(노동운동을 벌이는 학생), 신문팔이
(유인물을 거리에 배포하는 것), 피아노치다(경찰서에서 지문 찍는
것), 행붙다(경찰에게 미행 당하다), 비행기(기습시위), 독사(학원담당
기관원), DJB(대자보) 등>

5.4.2 은어, 속어의 사회학적 기능

산업화에 따른 도시화, 그리고 대중매체에 의해 파급된 속어는 1990
년대에 들어와 현대사회의 상호작용의 다양성을 촉진시킴으로써 복합
적인 언어의 의미를 갖게 되었다. 특히, 대학생활은 학구적이고 창조적
이기 때문에 발랄한 자기표현이 강하게 지배함으로써 자유롭게 풍자
적, 반어적, 해학적 그리고 유희적인 기능의 언어 표현을 하게 되었다.
그러나 1990년대에 들어와 국내의 속어 연구는 오히려 미진하였으며,
특히 대학생들의 은어와 속어에 대한 연구는 거의 없는 편이다. 다만,
성낙수(1993)와 장태진(1998)의 은어에 대한 연구가 있으나, 이는 기존
의 모든 은어와 속어를 총망라한 것으로 시대별로 사회적 특성을 설명
하기가 어렵다.

본서에 사용된 어휘나 구, 또는 문장은 본인이 1995년부터 1999년까
지 5년 간 대학에서 ‘언어학의 이해’라는 강의를 하면서 학생들이 사용
하는 은어와 속어를 직접 조사하여 분류한 것이다.76)

1) 풍자적 기능

속어는 당시의 사회문화를 반영하는 것으로 그 일부는 사회적 대립
어로 사용되면서 사회에 대한 불만을 토로하기도 한다. 이는 반사회적
의식이 담긴 것으로 풍자와 상징적인 용어가 상당히 많다. Charles

---

76) 5년 간 1990년대의 어휘, 문장 등 모두 400개를 조사했다. 이에 대한 형태적·내용
   적 분류는 다음으로 미루고, 본서에서는 속어의 사회학적 기능에 해당되는 어휘
   및 문장 등 200개를 대상으로 사회학적 기능에 따라 분석하였다.

Mackay(1980)는 그의 평론에서 'The popular follies of great cities'(거대한 도시의 인기 있는 시사풍자극)라고 했다.

　우리나라는 1980년대 정치적 어려움을 겪으며, 그 상황에 대한 비판의식이 두드러지게 나타나 시국과 관련된 특수어가 80년대 크게 늘어났지만, 1990년대 문민정부가 들어서면서 반정부적인 시사적 어휘는 급격히 줄어들었다.[77] 대신 입시부정, 고액과외, 실업자, 따돌림, 性 문제 등 사회문제에 대한 풍자가 주를 이루었다.

　① 시사성[78]
　　* 강남 : 서울역 앞
　　* 닭집 : 대학로
　　* 락카페 : 신촌로터리
　　* 로터리 : 종로
　　* 미아리 : 청량리
　　* 병원 : 화양리
　　* 부두 : 뚝섬
　　* 부잣집 : 신세계백화점
　　* 비디오방 : 대한극장
　　* 옷가게 : 동대문
　　* 잠실야구장 : 동대문운동장
　　* 똥파리 : 음주운전이나 과속을 단속하는 경찰
　　* 씨방새 : 경멸감이나 인간적인 취급을 하지 않을 때
　　* DJ : 더럽게 지랄한다.
　　* DDD : 두환이 대가리 돌대가리야

---

77) 1980년대는 독재정권에 대한 대학가의 시위문화를 그대로 반영하고 있는 반면, 1990년대는 정부에 대한 시위문화가 많이 줄어들면서 그 어휘 역시 시위 장소에 국한되는 일부에 지나지 않았다. 이는 1990년대 대학문화가 이전 시대와 다르다는 것을 보여주는 예라 할 수 있다.
78) 1990년대 대학생의 시사적 언어의 일부는 1997년 6월 '한총련' 사건 때 시위장소를 은폐시키려는 목적으로 사용되었다.

② 입시
  * 돌격대 : 점수가 안 좋아 미달학과에 들어온 사람
  * 문 닫고 들어오다 : 꼴찌로 입학하다
  * 잔디 깔고 들어온 사람 : 뒷구멍으로 들어온 사람
③ 과외
  * 돼지 키우기 : 부유한 학생만 골라하는 고액 과외
  * 슈퍼돼지 : 초고액 과외
  * 배꼽 누르기 : 초인종을 눌러서 하는 방문 과외
④ 백수
  * 주택관리사 · 비디오 평론가 · 장판연구가 : 백수
  * 백조 : 여자 백수
  * 장판연구가 · Free Lancer(백수)
  * 흰손 라이온킹 : 백수의 왕
⑤ 따돌림
  * 빙빙따조 : 돌아가면서 따돌림시키는 것
  * 매직따조 : 어떤 날은 따돌리고, 어떤 날은 그렇지 않음
⑥ 性
  * 호두 : 1학년
  * 귤 : 2학년
  * 석류 : 3학년
  * 토마토 : 4학년
  * 모범생 : 숫처녀
  * 우등생 : 기혼녀
  * 전학생 : 재혼녀
  * 낙제생 : 이혼녀
  * 천연기념물 : 숫총각과 숫처녀 사이에 난 아기
  * 희귀동물 : 숫처녀
⑦ 학생
  * 교양 없는 사람 : 전공과목만 듣는 학생
  * 온돌왕자 : 방안에 처박혀서 공부만 하는 학생
  * 항아리 : 얼굴이 하얗고, 몸은 뚱뚱하며 공부만 하는 학생

　　* 휴먼제록스 : 남의 보고서를 그대로 복사하는 학생
⑧ 교수
　　* 나 홀로 50분 : 교수가 학생들의 반응은 상관없이 수업을 하는 것
　　* 수면제 : 졸리게 수업하는 교수
　　* 의지의 한국인 : 학생들의 반응은 상관없이 수업을 끝까지 하는 교수
　　* 교수에게 강간당하다 : 시험을 망쳤을 때—시험이 너무 쉬웠거나,
　　　　너무 어려웠을 경우

2) 반어적 기능

　특수 집단에서 사용되는 어휘는 일종의 하위문화의 속성을 갖는다.
특히 이는 표준적이고 격조 높은 문장이나 격식 있는 일반적 언어 의
미에 대하여 당시 사회적 모순에 의한 저항적인 표현으로 적의 있는
언어적 공격으로 나타난 것이다. 주로 기존 어휘의 의미를 어두문자의
결합으로 재해석하여 반어적으로 표현한 것이다.

　　* 공자 : 공장에 다니는 사람
　　* 군자 : 군고구마집 아들
　　* 귀공자 : 귀한 공부 시간에 잠만 자는 학생
　　* 노약자석 : 노련하고 약삭빠른 자가 앉는 자리
　　* 단무지 : 단정, 무드, 지성/ 단식, 무식, 지저분
　　* 따라도라 : 따라서 돌며 감시하는 교감선생님
　　* 문제아 : 문제를 잘 해결하(푸)는 아이
　　* 무능력자 : 무한한 능력이 있는 사람
　　* 미친놈 : 아름답고 친한 놈/ 미치도록 친한 놈
　　* 미인 : 미친 인간
　　* 바보 : 바다의 보배, 바라볼수록 보고 싶은 사람, 바라보고 있어도 보고
　　　　싶은 그대
　　* 석학 : 돌대가리
　　* 선구자 : 선천성 구제불능 자기도취자
　　* 선녀 : 선천적으로 여우기질을 가진 여자

* 선비 : 선천적 비정상인
* 스타 : 스스로 타락한 사람
* 여걸 : 여관에 자주 드나드는 걸레
* 여성미 : 여우같은 성미
* 영세민 : 영리하고 세련된 민주시민
* 우등생 : 우주에서 떨어진 등신 같은 생물
* 이사도라 : 24시간 돌아다니며 학생 감시하는 교장선생님
* 장학생 : 장차 학업을 포기할 의사가 있는 사람
* 재벌 : 재수 없는 벌레
* 저능아 : 저력 있고 능력 있는 아이
* 전대협 : 전국 대머리 협회
* 절세미녀 : 절 가에 세 들어 사는 미친 여자
* 졸업 : 졸지에 실업자 된 사람
* 지성미 : 지랄 같은 성미
* 진담 : 진한 농담
* 천재 : 천하에 재수 없는 사람
* 추녀 : 가을여자
* 특공대 : 특별히 공부는 못하면서 머리만 큰 사람
* 형사 : 형편없는 사기꾼

3) 유희적 기능

속어는 오락성의 특성을 가지기도 한다. 따라서 진부한 생활을 탈피
하고 싶은 욕구의 유희적 기능은 재치와 기지가 돋보인다.

* 고래사냥 : 포경수술
* 국보손실 : 내가 죽는 경우
* 다이아몬드 : 여드름
* 링컨 : 컨닝
* 설상가상(雪上加霜) : 립스틱의 접촉
* 설왕설래(說往說來) : 키스

* 수학여행 : 가출했다가 돌아오다

* 숲 속의 빈터 : 대머리

* 시들시들 : C, D학점

* 씨받이 : 학점이 모두 C

* 우유학점 : 3.4

* 위대하다 : 많이 먹다

* 자체 휴강 : 혼자 수업 빼먹기

* 조미료학점 : 2.5

* 환경정리 : 남이 죽은 경우

* 후들후들 : F, D학점

* 가장 계급이 높은 균 : 대장균

* 가장 큰 개[犬] : 번개

* 가장 큰 새[鳥] : 하늘과 땅 새

* 고고나 디스코보다 더 황홀하고 기분 좋은 춤[舞] : 입맞춤

* 공은 공인데 사람들이 가장 좋아하는 공[球] : 성공(成功)

* 궁색한 사람이 많이 찾는 책(冊) : 궁여지책(窮餘之策)

* 깡통을 찬[蹴] 사람 : 거지

* 꽃들이 가장 좋아하는 벌[蜂] : 재벌

* 나무가 옥에 갇혀 있는 글자 : 곤할 곤(困)

* 나무 위에 서서 보는 글자 : 어버이 친(親)

* 날마다 우는 소리가 들리는 마을 : 전남 곡성

* 남 때리기를 좋아하는 글자 : 또 차(且)

* 남의 말에 맞장구치기를 좋아하는 글자 : 암 암(癌)

* 닭의 나이 : 구구(81세)

* 담배를 입에 물고 성냥이 없는 사람 : 불필요(不必要)한 사람

* 목, 허리, 손도 없이 입 아래 발이 달린 글자 : 다만 지(只)

* 문 중에 제일 큰 문(門) : 소문(所聞)

* 물은 물인데 누구나 좋아하는 물[水] : 선물(膳物)

* 미소[微笑]의 반대말 : 당기소

* 미역장수가 제일 좋아하는 산(山) : 출산(出産)

* 박사(博士)와 학사(學士)는 밥을 많이 먹는다 : 박학다식(博學多識)

* 반쯤 앉고 반쯤 서서 추는 춤[舞] : 엉거주춤
* 부자(富者)되기 틀린 집 : 딸만 낳은 집
* 사람이 입안에 들어가 있는 한자 : 갇힐 수(囚)
* 상은 상인데 못 받는 상(賞) : 울상
* 성냥은 있는데 담배가 없는 사람 : 불만(不滿) 있는 사람
* 세계에서 가장 큰 콩[豆] : 홍콩
* 세계에서 입시 경쟁률이 가장 센 대학 : 와세대 대학
* 세상에서 제일 아름다운 개[犬] : 무지개
* 손님이 올 때마다 사기치는 사람 : 사기그릇 장수
* 술과 술이 맞닿아 있는 것 : 입술
* 실컷 하고도 염치 좋게 물어 보는 글자 : 더할 가(加)
* 아이 추워의 반대말 : 어른 더워
* 안 미치면 미치는 사람 : 정신과 의사
* 어렵게 지은 절 : 우여곡절(迂餘曲折)
* 열 명이 있어도 한 사람이라고 하는 것은 : 한의사(韓醫師)
* 올 것인지 말 것인지 늘 물어보는 글자 : 올 래(來)
* 우리나라에서 가장 오래된 소문(所聞) : 연개소문(淵蓋蘇文)
* 우리나라에서 활을 제일 잘 쏘는 사람 : 활명수(活命水)
* 택시운전사가 가장 싫어하는 춤 : 우선 멈춤
* 일을 저지르고 쩔쩔 매는 글자 : 어찌 해(奚)
* 차도(車道)가 없는 나라 : 인도(印度)
* 채소류만 먹고사는 사람 : 식물인간(植物人間)
* 추운 겨울에도 짧은 치마만 입고 다니는 여자 : 철없는 여자
* 코 중에서 제일 큰 코[鼻] : 멕시코
* 팔구 사구하면 어떻게 되나 : 108(72＋36)
* 폭풍우보다 더 무서운 비[雨] : 낭비(浪費)
* 프랑스에서 가장 불효자 : 에밀졸라
* 해가 원수인 사람 : 눈사람
* 헌병이 가장 무서워하는 것 : 엿장수
* 홍부가 가장 좋아하는 성씨(姓氏) : 박씨

4) 은유적 기능

은유는 유사한 공통 자질에 의해 원관념을 숨기고, 다른 보조관념으로 빗대어 표현하는 방법이다. 이는 어휘의 의미에 대하여 유사성에 관련된 것으로 모양의 유사성, 빛깔의 유사성, 기능의 유사성으로 나눌 수 있다. 이는 풍자적·반어적·유희적 특성을 갖는다.

  ① 모양의 유사
    * 각설탕 : 하얀 색 티코
    * 곰치 : 남자
    * 깻잎 : 앞머리를 이마에 바짝 붙임
    * 닭장 : 창녀촌
    * 도시락 : 얼굴이 네모난 사람
    * 만두 : 여학생 머리 말아 올린 것
    * 모여라 꿈동산 : 눈, 코, 입이 가운데 모인 사람
    * 식빵 : 네모난 얼굴
    * 천사 : 담배 피는 여자
    * 클리프 행어 : 가슴이 작은 여자
    * 탱크 : 큰 호출기
    * 텔레토비 : 얼굴이 크고 배가 나오고 다리가 짧은 사람
    * 폭탄 : 못생긴 사람
    * 피조개 : 영계
    * 빈대떡 부치다 : 토하다
    * 아스팔트 위의 껌딱지 : 가슴이 작은 여자
    * 화엄경 48권 보기 : 고스톱 치기
  ② 빛깔의 유사
    * 깍두기 국물 : 피
    * 떡볶이 : 생리 중인 여자와 관계를 갖는 경우
    * 드라큘라 : 생리일
    * 불법체류자 : 얼굴이 검고 지저분한 사람
    * 빨간 색 풍뎅이 : 빨간 색 프라이드

* 썰다만 깍두기 : 빨간 색 티코
* green field : 채소밥상
③ 기능의 유사
* 금메달 : 취업과 애인 모두 구함.
* 은메달 : 취업만 됨.
* 동메달 : 애인만 구함.
* 목메달 : 취업도 애인도 모두 못 구함.
* 새내기 : 1학년
* 헌내기 : 2학년
* 쓰레기 : 3학년
* 재활용 : 4학년
* 발발이 : 1학년
* 스피츠 : 2학년
* 포인터 : 3학년
* 미친개 : 4학년 여학생
* 늑대허리띠 : 남자친구
* 걸레 : 몸 버린 여자
* 성냥개비 : 10대
* 라이터 : 20대
* 장작불 : 30대
* 숯불 : 40대
* 담뱃불 : 50대
* 반딧불 : 60대
* 정부미 : 공무원
* 일반미 : 회사원
* 햅쌀 : 대학생
* 고가시계 : 전화는 오지 않고 시계의 기능만 하는 휴대전화
* 기생충 : 점심을 매일 얻어먹는 사람
* 늑대허리띠 : 남자친구
* 당구 : 수학공부
* 대일밴드 : 1일 데이트 상대

* 땜방강사 : 보조강사
* 락카페 : 신촌로터리
* 벽다방 : 자판기
* 병원 : 화양리
* 부탄가스 : 사고뭉치
* 삼각함수(당구장)
* 삼수갑산 : 파출소
* 술 : 화학공부
* 신의 딸 : 수업 빠질 때만 출석을 부르지 않는 행운아
* 여우목도리 : 여자친구
* 옷가게 : 동대문
* 일방통행 : 짝사랑
* 재봉틀 : 여자 앞에서 떠는 남자
* 펭귄 : 썰렁맨
* 피자자판기 : 연속으로 오바이트 하는 사람
* 호떡 : 등을 방바닥에 대고 잠만 자는 학생
* 흔들바위 : 머리가 나쁜 아이
* 허공에 삽질하다 : 닳고닳은 여자와 성관계를 가졌을 경우

5) 의미의 전이적 기능

두 의미 사이에는 인접 관계가 있지만, 본래의 의미에서 벗어나 연상의 관계로 해석하여 다른 의미로 사용하는 것이다. 이는 주로 시간적, 공간적, 결과적인 관계에 의해서 나타나는 것으로 재치와 유머를 보인다.

* 무기고 : F학점이 많은 것
* 삐삐 얼다 : 연락이 안 오다
* 설거지 : 한 여자가 여러 남자와 성관계를 가질 경우, 맨 나중에 관계
    를 갖는 남자
* 아이쇼핑 : 돈 없이 창녀촌을 다니는 것

* 오마담 보러 가다 : 소변보러 가다
* 원고 : 1차 학사경고
* 인생강의실 : 술집
* 지뢰 밟다 : 못생긴 사람을 파트너로 하다
* 캔디 : 삐삐가 안 오는 사람
* 투고 : 2차 학사경고
* 폭탄제거반 : 못생긴 사람을 의도적으로 선택하는 사람
* 허위자백서 : 엉터리 답안지
* 환경공해 : 못생긴 여자와 남자가 돌아다니는 것
* 황혼 elegy : 노인 잔소리
* 2호선 타다 : 명문대에 가다
* AIDS : 걸리면 죽는다, 무서운 선생님
* ameba : 못생긴 사람
* bargain sale : 지조 없는 여자
* dog table : 개판
* down club : 열등생 모임
* G선상의 아리아 : F학점도 주기 아까운 학점
* gold time first door : 금시초문
* go go mountain : 갈수록 태산
* hot dog : 보신탕
* Ice Man : 아이스 맨, 썰렁한 사람
* international yellow : 국제 노랭이
* light skirt : 헤픈 여자
* vip : very intersting porno
* yellow sky ways : 황천길

5.5 요약

특수어는 특수집단 구성원들 사이에서 통용되는 언어로 은어와 속어

를 의미한다. 국내 기존 연구에서는 '은어'의 명칭 속에 속어를 내포시켜 연구한 것이 대다수이다. 그러나 20세기 말의 현대 도시사회에서 대학생 언어는 특별한 경우의 은비성을 제외하고는 대체로 속어의 성격을 갖는다. 은어는 특정한 집단의 구성원들 사이에서 은비성을 목적으로 사용되지만, 그 은폐성은 곧 상실되며, 나아가 풍자성, 반어성, 유희성, 은유성, 신기성 등 속어의 성격을 띠고 있는 것이 상당수이므로 대학생의 은어는 넓은 의미에서의 속어라 할 수 있다.

특히, 1990년대에 들어와서는 표준적인 언어의 부분과 표준에서 벗어난 하위집단 언어의 유용한 부분이 사회학적 기능에 의해서 동화되어 오면서 대학생의 속어는 당시 사회적 상황을 이해할 수 있는 좋은 수단이 되었다. 따라서 속어는 산업화와 도시화로 인해 대중언어의 한 부분으로 자리잡았기 때문에 더 이상 하위집단의 어휘항목으로 제한시켜서는 안 된다. 이러한 대학생의 특수어는 당시 시회상을 시대적으로 고찰할 수 있었다. 1960년대에는 박정희 정권의 시대적 상황과 서구어를 이용한 풍자적 유희와 재치를 보여주었고, 1970년대는 정치, 경제, 사회, 문화 등 전반적으로 광범위하게 나타나 諷刺性, 新奇性, 破型性, 諧謔性 등 당시의 사회적 특성을 나타냈다. 또한, 性에 관련된 표현이나 射倖性에 관련된 것이 많아 불건전한 생활의 일면을 보여주었다. 그러다가 1980년대에는 기존사회에 대한 반감과 기성세대에 대한 부정적인 영향으로 시국과 관련되거나, 무미건조한 생활에서 벗어나 새로운 것을 찾는 욕구불만의 해소책으로 나온 속어가 많았다.

1990년대 대학생들의 특수어는 대중매체에 의해 더욱 활성화되어 현대 도시생활의 복합적인 상호작용으로 나타나 사회에 대한 불만이나 반사회적 의식 및 저항의식을 통해 나타나는 풍자적·반어적인 기능이 강하고, 이외에 오락성으로 재치와 기지가 돋보이는 은유적인 특성과 진부한 생활을 탈피하고 싶은 욕구의 유희적 특성을 잘 드러내고 있어 20세기 말의 현대사회와 문화를 이해할 수 있는 하나의 척도가 되고 있다.

제6장 談話論

6.1 談話의 구성과 기능

　의사소통의 과정을 중심으로 실제 사용된 언어에 대해서 더 정확히 이해하려면, 말소리, 단어, 문장 등의 단위보다 더 큰 단위, 즉 문장들이 모여서 이루는 언어가 사용되는 狀況이라든가 場面까지도 고려해야 한다. 이렇게 실제 언어의 사용에서 문장들이 이루어지는 단위를 이야기, 곧 談話(discourse)라 이른다.

　제6차와 제7차 교육과정의 문법서가 종래의 교과서와 다른 또 하나의 특징은 이야기, 즉 談話(discourse)의 개념을 도입한 점이다. 한 문장을 그것만 독립해서 보면 그 의미가 분명치 않은 경우가 많다. 이런 경우 한 문장이 실현되는 구체적 脈絡, 즉 장면을 고려해야 한다. 이러한 맥락의 단위가 '이야기'(談話)이다. 이야기 개념의 도입으로 성분의 생략이나 보조사·지시어의 의미와 기능에 대한 설명이 분명해질 수 있고, 우리말의 물음과 대답의 특징도 쉽게 알 수 있다.

　談話(이야기)는 말하는 이와 말듣는 이를 중심으로 문장이 실현되는 구체적인 脈絡의 단위로서 실질적 의미나 기능을 파악하는 데 필요한 談話의 단위다. 사물을 말이나 글로 나타내는 행위가 둘 이상의 연속된 문장으로 이어졌을 때, 이 連續體를 談話라 하고, 담화의 구조분석을 談話分析(discourse analysis)이라 한다.

　談話의 문법상의 특징은 앞에 오는 문장과 관련시켜야만 기능과 의미가 분명해지며, 그 문장이 나타나는 장면이나 그 문장을 말하는 사람의 생각에 따라 의미가 달라지기도 한다. 예를 들어 '나는 영길이와 복동이를 때려주었다.' (① 나 혼자서 두 사람 모두 때렸다. ② 내가 영길이와 힘을 합쳐서 복동이를 때렸다.)는 중의적 의미가 된다. 또한, 주어·목적어가 자주 생략된다. 이는 우리말 문장구조의 중요한 특징이기도 하다.

6.1.1 談話와 場面

이야기의 場面 : 말하는 이와 듣는 이를 중심으로 이루어지는 이야기의 場面에는, 話者와 聽者 이외에 이들이 존재하기 위한 시간적, 공간적인 조건이 필요하다. 이를 이야기의 場面이라고 한다.

이야기 장면의 狀況 : 다양한 현실 세계를 장면으로 하여 성립된다.

〈말하기의 경우〉
① 화자와 청자가 한 공간에서 마주보며 이야기하는 狀況
② 화자는 존재하지만 청자는 존재하지 않는 獨白의 狀況
③ 화자와 청자가 모두 참여하면서도 전화 통화의 경우처럼 동일 공간에
　존재하지 않는 狀況

〈글의 경우〉
① 글쓴이는 결정되어 있지만, 독자는 누구라고 결정되지 않은 경우의
　狀況
② 글쓴이와 독자가 위치하는 공간이 서로 다른 것이 일반적인 狀況

6.1.2 談話의 구조

發話 : 한 덩어리의 이야기를 구성하는 단위로서, 이는 '문장'과 대개 일치한다. 이야기는 發話들이 연결되어 이루어진다.

이야기의 구조 : 이야기는 여러 개의 發話들이 연결되어 이루어지지만, 발화가 이어졌다고 하여 이야기가 되는 것은 아니다. 發話의 연속

체가 이야기로 되려면 아래와 같이 일정한 構造를 가지고 있어야 한다.

① 내용면에서 하나의 주제로 통일되어야 하며,
② 형식면에서 발화의 내용들을 연결시킬 수 있는 언어형식을 갖추어야
   한다. 발화내용의 연결형식 :
   ㉠ '그것은, 그리고'와 같은 연결사를 적절히 사용하여 발화의 내용을
      자연스럽게 연결해주는 일
   ㉡ '이, 그' 와 같은 指示語의 적절한 사용
   ㉢ '그래서, 그리고' 등의 접속부사는 이야기의 내용을 연결시킬 뿐만
      아니라, 내용 사이의 관계를 형성하는 데도 중요하게 사용된다.

6.2 場面에 따른 표현과 이해

6.2.1 장면에 따른 표현

1) 遠近에 따른 표현

가. 언어에는 화자와 청자로부터의 거리에 따라 사물, 장소, 동작, 상
    태 등을 지시하는 다양한 표현법이 존재한다.
나. 국어에는 이러한 遠近에 따른 표현법으로 指示語 '이, 그, 저'의
    용법이 있다.

   '이' : '이것, 이이, 여기, 이렇다, 이 책' (화자 가까이에 있는 사물에는
        지시어 '이')
   '그' : '그것, 그이, 거기, 그렇다, 그 책' (청자 가까이에 있는 사물에는
        지시어 '그')
   '저' : '저것, 저이, 저기, 저렇다, 저 책' (장면 내에 있으면서 화자와 청
        자로부터 멀리 있는 사물을 나타내는 지시어 '저')

다. 指示語 '이, 그, 저'가 사용되는 指示표현들은 화자와 청자와의 물
　　리적 거리를 원근에 따라 지시한 표현이기 때문에, 하나의 표현
　　으로 다양한 범주의 사물을 나타낼 수 있다.
라. 指示語가 가리키는 내용은 적절한 脈絡의 이해를 통하여 정확히
　　알 수 있다.

　　명희 : '내가 이것 좀 잡고 있으라는데, 쟤는 왜 저러니?'
　　　　　'이것'('사과, 사진, 공책, 가방, 옷' 등), '저러니'('졸고 있는 상태,
　　　　　화를 내는 모습' 등)

마. 指示語 '이, 그, 저'가 결합된 언어 표현은 주로 이야기의 장면에
　　서 실재로 존재하는 사물을 가리키는 데에 사용되며, 실제로 사
　　물이 존재하지 않는 이야기 속의 사물을 가리키는 데에 사용되
　　는 경우도 있다.

　　순이 : '나는 어제 장난감 차를 하나 샀어. 그것을 조카에게 주었더니,
　　　　　조카는 펄쩍펄쩍 뛰면서 기뻐했어. 그 아이는 선물을 줄 때마다
　　　　　늘 그렇게 기뻐해.'

　순이의 말에 사용된 '그것, 그 아이, 그렇게'는 발화의 현장에 존재하
는 사물이나 상태를 가리키는 것이 아니고, 이야기 속의 사물과 인물,
상태를 가리키고 있다.

〈참고〉 指示語의 쓰임
　① 이야기의 현장에 존재하는 사상이나 상태를 말하는 이(화자) 말듣는
　　이(청자)와의 거리의 멀고 가까움에 따라 가리킬 때 사용됨.
　② '이, 그'는 앞선 문장의 내용을 언급하는 기능도 지님.
　③ 상대방의 이야기에 언급된 내용을 지시할 때는 '그'만이 쓰이고 '이'는
　　쓰이지 못함.

○ 甲 : '어머닌 나를 조금도 귀여워하지 않으시면서'
○ 乙 : '순이야, 그런 말을 하면 못 쓴다'
　　　*'순이야, 이런 말을 하면 못 쓴다'
④ 말하는 이 자신의 이야기에 나오는 내용을 가리킬 때는 '이'와 '그'가 모두 가능하다.
'영희가 이번에 일등을 했어' '(그/이) 말을 오해하지 마'
⑤ 말하는 이 자신의 말이라도 말하는 이만이 알고 있는 내용을 가리킬 때는 '이'만 쓰임.
'넌 이걸 알고 있어야 해, 영희는 성실한 아이야'
⑥ '저'는 앞의 문장에 나타나는 내용을 언급하는 데는 쓰이지 않음.
*'영희는 착한 아이야, 너는 저걸 알아야 해'

2) 높임 관계에 따른 표현

(1) 높임관계 표현

가. 이야기 장면과 관련되는 표현의 하나로서, 높임 관계에 따라 적절한 표현을 사용하는 일이 매우 중요하다.

나. 국어에서는 높임 관계가 사물의 이름이나 가리키는 말 이외에도, 동작이나 상태의 표현에도 나타난다. 다음은 사람과 사물을 가리킬 때 높임 관계에 따라 표현이 달라지는 예다. 별개의 단어나 접미사 등을 통하여 표현됨.

말하는 이(話者) ┌ 독립적인 표현 : 나, 우리, …
　　　　　　　　└ 낮춤 표현 : 저, 저희, …

듣는 이(聽者) ┌ 높임 표현 : 어르신, 당신, 그대, 선생님, …
　　　　　　　└ 낮춤 표현 : 이 놈, 저 놈, …

　　　　　　┌ 독립적인 표현 : 그 사람, 그 아이, …
제삼자 　　├ 높임 표현 : 그 이, 그 분, -님, -씨, …
　　　　　　└ 낮춤 표현 : 이 놈, 저 놈, …

사 물

┌ 중립적 표현 : 말, 밥, 병, 이, 집, …
├ 높임 표현 : 말씀, 진지, 병환, 치아, 댁, …
└ 낮춤 표현 : 이빨, 낯짝, 주둥이, …

다. 높임의 표현은 용언의 활용형에도 필수적으로 반영된다. 主體높임을 나타내는 선어말어미 '-시-'와 相對높임을 나타내는 종결어미가 사용된다. 용언의 활용형에도 필수적으로 반영된다.

라. 선어말어미 '-시-'로 표현되는 主體높임과 종결어미로 실현되는 相對높임은 모두 이야기의 場面을 고려하여 선택된다.

바. 국어의 平敍文, 疑問文, 命令文, 請誘文 등의 문장 형식은 다시 높임의 수준에 '해라체, 하게체, 하오체, 합쇼체, 해체, 해요체' 등으로 갈라져 매우 다양하게 실현된다.

〈참고〉 상대높임의 待遇等分

格式體(의례적)	非格式體(비의례적)
해라체(아주낮춤)	해체(두루낮춤)
하게체(예사낮춤)	
하오체(예사높임)	해요체(두루높임)
합쇼체(아주높임)	

○ 恭遜法 : 말하는이(화자)가 특별히 공손한 뜻을 나타냄으로써 말 듣는이(청자)를 높이는 방법.

○ 恭遜표시의 형태 : 선어말어미 '-오-, -옵-; -삽-, -사옵-, -사오-; -잡-, -자오-, -자옵-' 등이다.

○ '변변치 못한 물건이오나 정으로 보내드리오니 받아 주시옵소서'

사. 높임 관계의 표현이라는 언어 요소는 국어에서 매우 중요한 문법 범주를 이루고 있다는 사실을 알 수 있다.

3) 심리적 태도를 나타내는 표현

이야기의 場面에 의해 결정되는 표현법으로 話者의 '심리적 태도를 나타내는 표현법'도 있다.

가. 사건의 사실 여부에 대한 화자의 심리적 태도가 반영된 표현들

① '순이 지금 집에 있어.' ('순이가 집에 있다'는 사실을 명확히 알고 있기 때문에 사용한 것으로, 특별한 태도를 발견하기 어렵다.)
② '순이는 집에 있지.' ('-지'가 사용된 발화는 화자가 그 사실을 분명히 알고 있거나, 혹은 확실히 알지는 못해도 그 말이 사실이라는 확신이 있을 때 사용)
③ '순이가 지금도 집에 있네.' ('-네'가 사용된 발화는 화자가 직접 관찰을 통하여 처음으로 알게 된 사실을 표현하는 데 사용됨.)
④ '순이가 집에 있구나.' ('-구나'는 직접적인 관찰이 없이 깨닫게 된 사실에도 쓰일 수가 있다.)
⑤ '순이는 지금 집에 있겠어.' (사실이 확인되지 않은 불확실한 推測표현으로 시간표현인 '-겠-'을 비롯하여 '-ㄹ 것이다', '-ㄴ모양이다', '-ㄴ 것 같다' 등이 사용된다.)
⑥ '순이는 집에 있는 모양이야.' (추측 표현)
⑦ '순이는 집에 있는 것 같아.' (추측 표현)
⑧ '순이는 집에 있을 거야.' (추측 표현)

나. 다음의 예는 화자가 각각 정확한 사실을 모르고 있기 때문에 추측을 나타내는 표현을 사용하고 있는데, 밑줄 그은 부분은 각각 말하는 이의 추측을 나타낸 것이다.

'철호는 지금쯤 도착했겠다.'
'아니야, 철호가 어제 10시에 출발했으니까, 쉬지 않고 갔어도 저녁 9시에나 도착할 거야. 도착하면 전화한다고 했어. 아, 전화가 왔다.'
'아, 이제 막 도착한 모양이다.'

다. 사건에 대하여 가지는 심리적 태도는 결국 화자의 판단과 깊은
   연관을 맺고 있으며, 그 판단에 따라 종결어미가 선택된다. 이를
   보더라도, 말하는 이(화자)야말로 이야기의 장면에서 가장 중요
   한 요소임을 알 수 있다.

4) 질문과 대답

이야기의 場面에 의해 결정되는 표현법으로 '질문과 대답'의 형식이
있다.

〈질문〉
화자가 청자로부터 정보를 얻고자 할 때에 이루어지는 표현법

〈질문의 형식〉
가. 사실 확인을 위한 질문

① 긍정문으로 묻는 방식 : '주희, 숙제 다 했니?'
② 부정문으로 묻는 방식 : '주희, 숙제 다 안 했니?'
③ 긍정과 부정이 모두 사용되는 방식 : '주희, 숙제했니, 안 했니?'
                                    '너 학교에 갈거니 안 갈거니?'

나. 이야기 場面에서는 질문을 할 때에 긍정이나 부정의 어느 한 질
   문만이 사용될 수 있다. 아래의 질문에서 지숙이는 현재 공부를
   하고 있으며, 또 민선이도 그것을 보고 있기 때문에 민선이는 긍
   정의 질문을 해야 상황에 맞는 발화가 된다.

   지숙 : (공부하고 있음)
   민선 : '아직까지 공부하니?'
          *'너 공부 안 하니?'

〈참고〉 물음과 대답

우리말의 물음과 대답의 유형은 다음과 같다.

① 肯定 물음 : '영희 왔니?'
　 否定 답변 : '아니오, 오지 않았어요'
② 否定 물음 : '영희 안 왔니?'
　 否定 찬동 : '예, 안 왔어요'
　 肯定 반대 : '아니오, 왔어요'

肯定의 가정을 하고 있는 물음에 대한 대답은 또 다르다.

'이 소나무 꼭 산호 같지 않니?'(꼭 산호 같다는 가정에서 물음)
肯定 답변 : '예, 정말 산호 같아요'
否定 답변 : '아니오, 산호 같지 않은데요'

이야기의 장면에 따라 긍정 의문문이 사용될 경우와 부정 의문문이
사용될 경우가 있다.

갑 : (식사를 하고 있음)
을 : '식사하셔요?'(○)　　　　　'식사 안 하세요?'(×)
갑 : (식사를 하지 않고 있음)
을 : '식사하셔요?'(×)　　　　　'식사 안 하세요?'(○)

5) 성분 생략 표현

문장의 성분에는 必須성분(주어, 서술어, 목적어, 보어)과 附屬성분
(관형어, 부사어 등)으로 이루어진다. 필수 성분은 생략될 수 없는 성분
이지만, 실제의 이야기 場面에서는 생략되는 일이 많다. 성분 생략의
표현형식은 이야기에 나타나는 현저한 특징의 하나다.

가. 이야기에서는 주어나 목적어 등을 표시해 주는 격조사가 흔히 생
   략될 뿐만 아니라 주어와 서술어까지도 생략될 수 있다.

   영숙 : '순이 어디 갔어요?' (주격 조사와 부사격 조사의 생략)
   민지 : '학교.' (주어와 서술어까지 생략)

나. 말하는 이(화자)나 듣는 이(청자)를 가리키는 표현도 흔히 생략되
   는데, 이는 주어로서 필수 성분에 해당되는 것이다.

   순호 : '어디 가세요?' (주어 '민호'의 생략)
   민호 : '실험실에 갑니다.' (주어 '나'의 생략)

다. 국어의 發話에는 관용적으로 주어가 생략된 표현으로 굳어졌거
   나 주어가 무엇인지 알기 어려운 발화들이 있다.

   ① '처음 뵙겠습니다.'   '다음 물음에 답하시오.'
   ② '불이야.'   '아무것도 아니야.'
   '천만의 말씀입니다.'   '이상입니다.'
   '오랜만입니다.'

라. 이야기에 생략 형식이 많은 것은, 이야기가 場面이나 脈絡 속에
   서 존재하기 때문이다. 이야기에서는 표현하려고 하는 정보가 場
   面이나 脈絡의 도움을 받아 전달될 수 있거나 보충될 수 있기 때
   문에 불필요한 생략이 가능하다.

〈참고〉
① 주어와 목적어의 생략
   ㉠ 앞의 문장이나 말에 정보가 주어질 때 :
      '인수가 어제 퇴원했나요?'

　　　‘예, 어제 퇴원했답니다’(주어 ‘인수가’의 생략)
　　　‘점심 빨리 먹지 않니?’
　　　‘그래, 먹을게’(목적어 ‘점심을’의 생략)
　　ⓛ 주어를 찾기 어려운 無主語 문장일 때 : 관용적 표현
　　　‘불이야!’ ‘고생 끝에 낙이 온다’ ‘둘에 둘을 더하면 넷이다’
　② 주어와 목적어가 생략될 수 없는 경우 :
　　새로운 정보를 요구하는 물음에 대한 대답의 경우로
　　‘무슨 일이 일어났니?’ ‘길동이가 교통 사고를 당했어’

6.2.2 장면에 따른 이해

　실제 發話의 장면에서, 발화는 주어지는 여러 가지 정보에 따라 끊임
없이 再解釋된다. 말하는 장면에 관한 지식을 포함하여 발화의 내용에
관련된 모든 지식이 이 解釋에 관여한다.

가. 대명사가 사용된 發話는 場面이 주어지지 않으면 發話 그 자체만
　　을 가지고는 정확한 해석을 내릴 수 없다. 다음의 예문에서 ‘나’
　　는 ‘말을 한 사람’이라는 해석까지는 가능하지만 구체적으로 누
　　구인지를 알 수 없다. ‘이것’은 화자 가까이에 있는 사물이라는
　　해석까지는 가능하지만 그 이상은 알 수 없다. 이 發話는 이야기
　　의 장면에 대한 지식을 가지고 해석할 때에 비로소 말한 사람이
　　누구인지, ‘이것’이 가리키는 것이 무엇인지 알게 된다.

　　　길수 : ‘내가 이것을 만들었어.’

나. 다음의 문장에서는 대명사가 무엇을 가리키는지 쉽게 알 수 있
　　다. 민희의 발화에 사용된 ‘거기’라는 대명사의 구체적 대상은 수
　　희의 발화의 내용에 의해서 ‘학교 교문 앞에 있는 식당’으로 해석
　　된다. 이 장면에서 수희의 發話는 민희의 발화를 해석하기 위한

언어적 脈絡이 되고 있다.

> 수희 : '나는 어제 학교 교문 앞에 있는 식당에서 순이하고 점심을
>   먹었어.'
> 민희 : '거기서 영옥이를 만났니?'

다. 場面뿐만 아니라, 이미 알고 있는 知識에 의해 發話의 해석이 결
   정되는 경우도 있다. 발화의 해석은 이처럼 듣는 사람이 지니고
   있는 정보를 바탕으로 하여 이루어지기 때문에, 매우 다양하게
   확대되어 말하는 사람이 의도하지도 않았던 해석을 내리게 되는
   경우도 있다. 그래서 話者가 의도했던 내용과 聽者가 해석한 내
   용이 일치하지 않게 되는 경우도 흔히 있다. 이러한 문제는 인간
   의 意思疏通 과정에서 발생되는 근본적인 어려움의 하나이기도
   하다.

> 기영 : '너, 오전에 어디 있었니?'
> 민수 : '도서관에 있었어.'
> 기영 : '그럼 어제 들어온 책은 정리했겠구나.'
> 민수 : '다른 회의가 있어서 정리 못했어.'

〈참고〉
(1) 결속작용 : 지시어, 접속어
(2) 일관성 : 관습적 행위(상대방이 의도하고 있는 것을 예상)
   민순 : '전화요?'
   철민 : '욕실에 있어.'
   민순 : '알았어요.'
(3) 회화의 상호작용 : 발언권을 독점한다든지, 화자의 이야기가 끝나지
   않았는데 가로채는 경우를 지양
(4) 협조의 원리 : 필요한 양의 정보 제시, 확실한 것만 언급, 화제와 관련

된 내용만 언급

　민수 : '오늘밤 파티에 가니?'

　순이 : '내일 시험이 있어.'

(5) 사전 지식

　① A는 지난 주 금요일 학교에 가는 길이었다.

　② 그는 수학수업에 대해 매우 걱정하였다.

　③ 지난 주, 그 반을 통제할 수 없었다.

　④ 수학선생이 그에게 수업을 맡긴 것은 부당한 일이다.

　⑤ 결국, 그것은 서무과 직원의 통상임무는 아닌 것이다.

6.3 談話分析

6.3.1 도입

談話(discourse)에 대한 연구는 우리 국어에서는 많은 사람들에게 아직 생소하고, 대부분의 사람들이 텍스트(text)와 혼동하고 있는 실정이다. 대체로 텍스트는 文字에 의한 것이고, 담화는 發話에 의한 것으로 보는 것이 일반적 개념이다. 그러나 이렇게 간단하게 보기에는 보다 복잡하고 간접적인 그 무엇이 내재되어 있다. 따라서 용어 설정에서부터 논란이 되고 있는 것이 사실이다. 독일을 기점으로 시작된 텍스트 연구는 영국, 미국 등에서 활발하게 전개되었지만 국어에서 이 분야에 관심을 갖게 된 것은 최근의 일이며, 따라서 국어 담화에 대한 연구가 매우 빈약한 상태이다. 다행히 제6차와 제7차 교육과정에서 학교문법에 '이야기'를 제시하고 있기는 하지만, 용어 문제나 이론적 근거 등 여러 가지로 부족하여 학교 현장에서 담화분석을 적용하기가 어렵다.

우리는 담화란 무엇인가? 그리고 의사소통하는데 어떻게 언어를 사용하는가? 등을 연구하여 언어의 기능을 통한 談話 分析을 고찰하고자 한다. 다음으로 담화분석의 영역과 연구부문을 살펴봄으로써 담화와 텍스트의 구별을 제시하여 애매성으로 일환되어 가고 있는 담화분석에 대해 보다 명확하고 구체적인 제시를 하여 최근까지 언급된 담화론에 대한 국내외 전반적인 논의를 개략적으로 제시하여 담화분석 연구사 개관을 고찰할 것이다. 그리고 담화분석 연구의 중요성과 교육방향을 제시하고자 한다.

6.3.2 談話分析의 槪念

1) 談話分析의 명칭과 연구서

담화분석은 상용면에서 언어의 분석이다. 이러한 언어의 분석으로는 크게 담화분석(discourse analysis)과 텍스트분석(text analysis)으로 나눌 수 있다. 담화분석의 용어는 주로 音聲言語(spoken language)에, 텍스트 분석은 文字言語(written language)에 적용된다. 그러나 그 발화에 의한 구조에 어떤 일정한 한계선이 있는 것이 아니라, 문자에 의한 구조에까지 넘나듦이 있어서 애매모호성을 지닌 용어상의 문제가 있다. 따라서 '담화분석'이라는 명칭을 음성언어의 제한적인 틀에 맞추어서는 안 될 것이다.

음성언어에 의한 담화연구에 역점을 둔 입문서로 Coulthard(1977)와 Stubbs(1983), 표준적 교과서로는 Brown & Yule(1983a), 결속에 관한 것으로는 Halliday & Hasan(1976), 발화종목에 관한 것으로 Hymes(1964), 含意에 관한 것으로는 Levinson(1983), 회화의 양식에 관한 것으로는 Tannen(1984)이 있다. 그리고 전문화된 연구법에 관해서는 Sinclair & Coulthard(1975), de Beaugrande Dressler(1981), Sanford & Garrod(1981), Gumperz(1982)가 있다.

2) 談話分析의 정의

아직도 담화분석 용어의 설정과 그 개념에 대한 정의가 뚜렷하게 제 시되고 있지 못한 실정이다. 인간의 언어전달은 대체로 직접 주고받는 의사소통의 전달과 문자로 인한 독백적 전달이 있다. 따라서 자연스럽게 발생하는 음성언어와 어느 정도 의도성이 가미되는 문자언어에 대한 분석이 있는데, 일반적으로 전자를 담화에 연결시켜 Spoken discourse라 하고, 후자를 텍스트에 접맥시켜 Written text라 하는데 이의가 없다. Michael Stubbs(1983)는 담화는 節, 文章 이상의 언어구조를 연구하는 것으로 담화분석은 사회적 문맥에서의 언어 사용, 특히 화자간의 상호작용이나 대화를 다루게 되는 것이라고 언급했다.79) Morgan & Sellner(1980)는 담화의 속성으로 세 가지를 들었는데, 언어적 형식으로 담화의 통사적 구조를 이루는 언어적 요소와 그들의 관계로 이루어져야 함을 제시하였다. 따라서 담화는 문장보다 큰 단위로 언어의 최고 단위이며 音聲化된 것으로 상호 의사 소통 체계인 작용의 언어이다.80) 다시 말해서 담화는 하나의 이야기가 되는 셈이다. 즉, '이야기'는 學校文法에 새로 들어온 개념으로서 한 문장이 실현되는 구체적인 場面으로 앞뒤 문장의 덩어리를 말한다. 이른바 담화가 되는 것이다. 사물을 말이나 글로 나타내는 행위가 둘 이상의 연속된 문장으로 이어졌을 때, 이 연속체를 담화라 하고 담화의 구조분석을 담화분석이라 할 수 있다.81) 결국 담화분석이란 화자와 청자간에 주고받는 의사소통의 언어구조라 말할 수 있다. 따라서 節이나 문장 등 문법상이나 구조상의 단위는 이제 언어연구에 있어 절대적이거나 최고의 단위가 아니기에 실질적 脈絡만 가지고는 안 된다. 예를 들어 철수가 영희에게 도움을 청하기 위해서 접근하여 "당신은 참 아름답습니다."라고 발화했을 때에, 문맥에 나타난 문장의 의미만으로 해석할 수는 없다. 때로는 선행의 담

---

79) 담화분석은 언어, 행위 그리고 지식과 장면이 함께 나타나는 것이다. 즉, 언어가 사회적 상호작용에서 서로 의사가 소통되려면 화자와 청자 사이에 지식과 推定이 있어야 하며 언어와 상황과의 관계도 또한 긴밀한 관계이어야 한다.
80) Holliday(1978:130)는 텍스트를 작용의 언어로 규정하였다. 그것은 발화나 문자에 의해서 실현된다. 또한, 참가자들의 어떤 수효를 내포할지 모른다. 심지어 어떤 公的인 논쟁은 어느 통합체 단위와 규칙의 종류를 갖는다고 제시하였다.
81) '이야기'를 문장이 쓰이는 실질적 맥락, 즉 '말하는 이+[문장(주어+서술어)]+말듣는 이'의 관계로 파악했다.

화나 수행되는 행위의 담화나 나아가 사회적 문맥과 발화자의 심리적인 것까지도 생각해야 하는 것이다.

이제 지금까지의 내용을 바탕으로 담화분석의 개념을 정리해 보면, 담화분석이란 청자와 화자간의 주고받는 상호 의사 소통 체계의 언어 구조로 단순한 회화뿐만 아니라 스피치, 강의 등을 수반하는 상호 의사 소통 체계인 음성언어(Spoken language)를 담화라 하고 이 담화의 구조를 담화분석이라 한다.

3) 談話分析과 유사 용어

담화와 텍스트의 용어 사용에 있어서 매우 애매하고도 복잡다단한 언어적 성질이 있는 것 또한 사실이다. 보다 구체적인 것은 뒤에 언어의 기능에서 논하겠지만 Van Dijk(1977)는 텍스트를 담화 속에서 실현되는 抽象的 이론의 구조라고 하였다. 환언하면 談話에 대한 텍스트에의 관계는 발화에 대한 문장에의 관계와 같다. Holliday(1978)는 이와 같은 구별을 지적하여 텍스트라는 용어를 사용하고 있으며, 언어에서 말하고 있는 것은 텍스트에서 실현된다고 했다.

Michael Stubbs(1983)는 담화분석이라는 용어를 중요한 이론적 이유보다도 편의상 이유에서 다른 용어보다 좋다고 생각했다. 텍스트 분석이라는 용어도 나쁘지는 않으나, 이것은 Van Dijk의 연구에서 잘 표현되는데, 특정 유럽의 전통적인 것에서 행해지는 연구이기에 적절하지 않다고 생각했다. 또한, 유사한 용어로 會話分析(conversational analysis)은 Sacks의 연구에서 유래되는 民族社會學的 연구의 의미를 지니고 있다. 會話는 가장 기본적인 것으로 언어의 가장 일반적인 용법이며, 이 이유만으로도 체계적인 연구를 할 만한 가지가 있는 일상생활의 보편 현상이다. 그러나 회화분석의 용어도 보다 형식적인 음성(Spoken) 언어와 문자(Written)언어의 연구를 생략하는 것으로 나타내기에는 너무 편협적일 수 있다. 특히, 담화와 텍스트의 용어 사용과 의미 문제도 보다 구체적으로 다룰 필요성이 있기에 다음 항인 담화분석의 영역과 연구

부문에서 자세히 살펴볼 것이다.

6.3.3 談話分析의 領域과 研究部門

담화의 연구가 무제한적인 영역으로 시작해 다른 분야에까지 침투하기 때문에 우리는 그것에 대해 논의해야 할 필요성을 가져야만 한다. 그것은 담화분석을 해석하기 위한 독자에게 직접적인 흥미를 가질 수 있도록 하며, 統辭論과 音韻論의 특징을 이해시키기 위해서도 그렇다.

우선, 담화분석은 기술적인 구조주의 언어학자들에 의해 방법론적인 것으로 출발했다. 즉, 그들은 언어학의 기본적이고도 입문적인 지식을 명백히 推定해 왔고, 가능한 공식적인 논쟁의 세부적인 항목을 피하려고 했으며, 일반적으로 받아들일 수 있는 形式主義에 의해 主唱된 문제에 대한 선호함을 강조했다. 따라서 意思疏通 과정의 중심적인 화자와 필자의 견해에 관심이 있음을 주장해 왔다. 여기서 화자와 필자는 主題와 前提를 지닌 사람이며 언급하는 사람이다. 이에 반해 청자와 독자는 해석하고 추론을 끌어내는 사람이다. 담화분석 연구는 가급적 그 해석에 대한 각자의 개인적인 연구를 피하도록 노력해 왔다. 그리고 담화분석은 한편으로는 언어학 형태의 연구와 그것들의 분배의 規則性을 내포하고, 또 다른 한편으로는 사람들이 정상적으로 듣고 읽는 것의 감각을 만들므로 거기에서 추출되는 해석의 일반적인 原理思考를 내포한다. 따라서 담화분석에 대한 언어학적인 연구를 통해서 사람들이 의사소통하는데 어떻게 언어를 사용하는지 조사하고, 특별히 연설자가 그의 연설에 어떻게 언어학적인 메시지를 구성하는가, 그리고 연설이 그것들을 해석하기 위해 언어학적인 메시지에 어떻게 작용하는가를 조사해야 한다.

그러나 일차적인 관심은 언어의 형태들이 의사소통하는데 어떻게 사용하는가를 설명하는가에 있다. 이것은 바로 기술적인 언어학자들의 전통적인 관심이기도 하다. 따라서 담화분석은 언어의 분석으로 담화분석자들이 공식적인 연구로 오랜 전통을 갖는 동안 헤아릴 수 없는 많은 문법을 명시화했다. 또 다른 부문으로 기능적인 연구인 傳達作用(tranactional)의 기능과 相互作用(interactional)의 기능이 있다. 이에 Brown & Yule(1983)을 참고로 다음 하위 항에서 제시하고자 한다.

1) 전달작용의 기능(The tranactional view)

언어가 實際的이거나 提案的인 정보로 전달되어 온 것으로 '전달적인 언어'라 부른다. 그리고 우선적으로 이 기능적인 언어에서 추정하는 것을 화자 혹은 필자가 먼저 충분한 정보전달을 한다. 이러한 상황에서 언어는 1차적으로 메시지 지향의 목적으로 사용된다. 즉, 일반적으로 문자언어가 일차적인 전달작용의 목적으로 사용되며 그것의 목적은 정보전달의 기능에 있다. 그리고 이러한 정보전달의 사용가치는 다음과 같다.

첫째, 문화적 신화적 이야기에서 잘 나타나며

둘째, 언어의 능력이 다른 종류의 문화를 발전시킬 수 있다고 믿으며

셋째, 문자언어가 철학, 과학, 문학과 같은 문화들의 어떤 범위 내에서 발전하며

넷째, 이러한 발전은 언어사용을 통한 정보전달에 대한 능력에 의해 가능성을 만들며

다섯째, 언어학자, 언어철학자 그리고 정신분석 언어학자 등에 의해 주로 전개된다.

2) 相互作用의 기능(The interactional view)

음성으로 발화되는 표현의 기능으로 상호 의사소통에 의해 특징 되는 이야기에 해당된다. 이러한 기능은 사회적 관련과 개인적인 태도를 표현하며, 정보전달의 기능이 아닌 하나의 사회적 관계를 야기시키는 친교적 기능이라고도 할 수 있다. 담화분석자는 화자와 청자의 역할관

계 및 대화에서의 성질상 변화와 특성 등 모든 국면의 축적된 연구를
내포한다. 사회논리학자, 사회언어학자는 사회적인 관련을 성립시키고
유지하기 위해 관심을 갖는다.

3) 談話와 텍스트

담화분석의 영역과 연구부문을 제한시켜서 나타내면 음성과 문자로
나눌 수 있다. 그리고 이 둘 모두는 일종의 텍스트적 양식이라 할 수
있다. 여기서 우리는 담화와 텍스트라는 용어의 혼란이 있으므로 어떤
설명이 필요하다.

텍스트는 作用의 언어로서 발화나 문자에 의해 실현될 수 있다. 물
론, 여기에는 일련의 단순한 文章連鎖로서의 텍스트가 아닌, 통합적,
유의적 총체로서의 성격을 지니고 있어야 한다. 그리고 그것은 인간의
의사소통을 목적으로 하는 기본체계를 유지하는 것으로 결국 담화 속
에서 구체화되는 抽象的 이론의 구조물이기에 담화(spoken text)와 텍스
트(written text)라 명명할 수 있는 것이다. 사실 담화와 텍스트라는 용어
사이에 어떤 뚜렷한 경계선을 그을 수는 없다. 그러나 구별을 한다면
음성언어에 의한 대화 대 문자언어에 의한 텍스트의 차이로 제시할 수
있다. 다시 말해 텍스트가 비상호적 獨白, 즉 音聲發話된 말을 문자화
시킨 표현양식이라면, 담화는 음성으로 발화된 말로 상호작용의 의사
소통 기능의 양식이라 할 수 있다.82)

Widdowson(1979)은 表層語彙(surface lexis), 문법, 명제전개(propositio-
nal development)로 인지될 수 있는 '텍스트의 結合構造'(textual cohesion)
와 발화행위의 구조 사이에서 작용하는 '담화의 통합성'(discourse coher-

---

82) Stubbs(1983:9-10)는 텍스트와 담화의 이와 같은 모호성은 매일 사용하는 일상적인
　　담화에서도 나타난다고 했다. 예를 들어 강의는 하나의 전체적인 사회적 활동으로
　　관련시킬 수 있거나 또는 단지 주된 음성 텍스트나 그것의 문자화로 관련시킬 수
　　도 있다는 것이다. 학술논문도 마찬가지로 청중을 위해 어떤 의미를 음성으로 읽
　　어서 전달하는 의미이기도 하지만 그것을 인쇄화해서 전달할 수도 있는 애매성을
　　지니고 있다는 것이다.

ence)을 구별했다. 그러나 여기서 언어적 형태와 명제 사이의 표층 결합구조와 기능적인 결합성 구조 사이의 구별이 물론 중요하지만 텍스트나 談話 둘 모두 작용될 수 있음은 명백하다.[83] 이외에 Van Dijk(1977)는 '담화에 대한 텍스트'는 '발화에 대한 문장'과 같은 관계로 보았으며, Halliday(1978)는 언어의 이야기가 텍스트에서 실현되는 것으로 보아 각각 텍스트와 담화의 구별을 제시하였다. 고영근(1990)은 양자를 대립적인 것으로 보지 않고 관찰적인 담화가 추상적인 텍스트에 포함될 수 있다고 보았다. 결국 텍스트와 담화는 그 개념에 대한 차이가 없다. 유파와 학자에 따라 텍스트를 사용하거나 담화를 사용한다. 아니면 둘 모두를 사용하기도 하는데 같은 뜻으로 사용하는 경우가 많다.

따라서 우리는 'discourse'가 우리말로 '이야기'에 해당하는 것으로 '談話'라는 용어에 초점을 맞추었으며, 텍스트는 이러한 담화 속에서 실현되는 추상적 이론의 구조로 파악했다. 이상 담화와 텍스트의 용어설정의 차이점을 기초로 하여 보다 구체적으로 그 차이점과 특성을 Brown & Yule(1983)을 참고로 정리하면 다음과 같다.

*** Spoken texts and Written texts**

(1) Spoken texts(discourse)

　① 의사소통 행위의 테이프 녹음으로서의 텍스트를 보존(기침소리, 의자 부서지는 소리 등은 텍스트의 부분이 아님)한다.

　② 일반적 정상적인 철자법 협회에서 규정하는 스피치를 사용한다.

　③ 듣는 것의 형태와 철자법의 관계도 문제된다.

　　예를 들면, /g n/으로 들었다면 'gonna', 'gointuh', 'going to'로 표현한다.

　④ 담화분석자들에 의한 轉寫에서 말하는 사람의 성별, 나이 등에 대한 특성과 관계되는 어떤 세부적인 항목을 찾는 습관이 없다.

　⑤ 스피치의 리듬 등 일시적인 특성도 전사에서 무시된다.

---

83) 기본적인 문제는 언어의 흐름을 認知할 수 있는 통합체나 연결체를—이것이 구조적이든 의미론적이든 기능적이든—설명하는 일이다.

⑥ 정상적인 상황 하에서 속도를 내거나 천천히 하는 것은 복잡한 可
   變性을 지님으로 스피치에서 어떻게 개발하고 어떤 효과를 가져
   오는지 거의 생각을 못한다.
⑦ 스피치의 휴지, 억양 등 가변성은 written 언어의 구두법, 대문자화,
   이탤릭체의 인쇄, 절로 나누기 등에 해당하는 기능을 수행한다.
⑧ 담화분석은 때로는 지나친 분석을 하기 쉽다.
⑨ 상호 의사소통 행위의 동사적인 기록이다.
⑩ 음성화된 것이며, 상호작용의 대화로 이루어진 담화이다.
⑪ 길이가 비교적 길다.
⑫ 담화의 긴밀성으로 의미상의 결속성이라고도 하는데 발화행위의
   기저 사이에서 작용한다.

(2) Written texts(text)

① 인쇄된(문자) 기록으로서의 텍스트로 문학연구에 가깝다.
② 테스트는 인쇄종류, 크기 등 다양하다.
③ 단어들은 단순히 정확한 문서에 의해서 재생산하는 것 그 이상이
   다.
④ 텍스트의 표현은 정확히 누가 스피치하는가를 알고 문장, 문단, 장
   을 지정하며 저자의 조직과 업무단계를 보존하다.
⑤ 인쇄상의 다양성 — 몇 가지 활자체, 형의 사이즈, 그리고 형세
   (lay-out)의 특별한 모양 (신문) 등 — 을 갖는다.
⑥ 출판자들은 필자의 어떤 부분에 대하여 의식적인 처리로 재생산
   한다. (轉寫, 이탤릭체 등)
⑦ 텍스트의 인쇄된 번역은 해석되는 것이 명백하다. 5살짜리 쓰기는
   다음과 같이 전사될지 모른다.
   예) ㉠ the lion wos the fish to titi.
       ㉡ the cat wants to get down the steis.
       ㉢ with qwt to dsthhb the lion.
       <가능한 텍스트 해석>
       ㉠ The lion wants the fish, to eat it.
       ㉡ The cat wants to get down the stairs.

ⓒ Without to disturb the lion.

⑧ 문자화한 것이며 비-상호적 독백이다.

⑨ 길이가 짧다.

　예) Exit, No smoking.

⑩ 텍스트의 결합성으로 표층의 어휘, 문법, 명제의 전개 등을 다룬다.

⑪ 담화 속에서 실현되는 추상적 이론의 구조이다.

⑫ 논의를 나타내고 있는 텍스트 표현은 주장의 일부일지 모른다. 특히 spoken 텍스트에 written 텍스트가 내포하고 있는 동안 담화의 부분에 있어 보다 중요한 분석으로 구성된다.

6.3.4 談話分析 研究史 槪觀

1) 言語硏究의 接近 方法

담화분석이 언어학의 하위 부분은 아니지만 언어학이 담화분석 그 자체라든가, 언어가 연속한 담화 속에서 발생하고 있다는 점에서 그 언어연구 방법을 살펴보고자 한다. 크게 두 가지 접근 방법이 있는데, 하나는 원어 사용자의 지식을 기술하는 방법이고, 다른 하나는 언어자료를 연구 대상으로 하는 방법이다. 전자는 언어학자가 자신의 모국어에 대해 가진 지식이나 능력을 바탕으로 해서 그 언어를 기술하는 방법이다. 특히 심리적 지향에서 Chomsky(1957)의 언어이론처럼 추상적 언어능력의 형식모델을 추구하는 것으로 변형문법 이론가들에 의해 주도된다. 둘째로 언어자료를 연구대상으로 하는 방법이 있는데, 사용된 언어데이터를 대상으로 하여 언어의 다양한 실상을 밝히는 일이다. 그리고 이것은 Halliday(1970)를 중심으로 언어가 수행하는 역할, 언어의 기능 등 언어가 사회에서 수행하는 기능을 밝혀 이들 기능이 언어구조에 어떻게 반영되고 있는가를 설명하는 데에 초점을 두었다. 또한, 프라그학파와 Weinreich(1976)의 언어관의 접촉도 들 수 있다. 결국 담화를 중심으로 하는 문법기술이 여기에 속하게 된다.84)

담화분석은 인간이 의사소통을 목적으로 활용하는 자연언어의 구성

체인 일종의 텍스트 과학인 셈이다. 일련의 단순한 문장연쇄로서의 텍스트가 아닌 하나의 통합적, 유의적 총체로서의 텍스트적 성격이다. 이러한 텍스트는 수사학, 문체론, 인류학(신화, 민담 등), 문법소론(tagmemics ―예컨대 축구시합이나 교회의 예배와 같은 인간 상호작용의 큰 복합체), 문헌학, 기술적(구조주의적) 방법 등을 거쳐 전개해 왔다.[85]

2) 社會言語學者 입장

대화에서 명백해지는 사회적인 상호작용 구조에 관심을 가지며, 사회적 文脈 특성인 사회논리학적인 분류에 적용한다. 그리고 사용 면에서 언어의 실제적인 예를 개괄적으로 교차하는데 관심을 가지며 상징적으로 음성 데이터를 전사하는 연구를 한다. 또한 언어적 특징과 대규모의 사회경제적 변수와 상호관계를 연구하는 일, 그리고 되도록 광범위하게 미치는 장면, 문화에 있어서의 발화태도에 관한 문화적 기준을 일반 民族誌學的 입장에서 기술하는 일이다. 또한 개개의 음성적, 문법적 변수는 사회계급의 계층, 성별, 인종과 상관적인 것일 수도 있는데, 이는 대화의 문맥인 담화에서 추출되는 것이다.

사회적 역할이 인식되고 유지되는 것은 주로 대화에서의 상호작용이나 일상생활에서 많은 사람들이 주고받는 담화를 통해서이다. 즉 사람들 간에 주고 받는 말은 어떻게 구성되어 있는가, 그것을 긴밀성이 있

---

84) 박근우(1991:13-14)는 그의 저서 『영어 담화 문법』에서 담화의 기술은 고립된 단일문을 벗어나 담화문맥을 통하여 사회적 행위로서의 언어행위를 구체적으로 밝히는데 있어서 文 段階의 문법보다 더 유익한 성과를 낳는다고 했다.

85) De Beaugrande, R. & W. Dressler(1981:19)는 대화연구를 담화분석으로 보고 텍스트과학에 대단히 중요한 의미를 지닌 것으로 파악하였다. 즉, 각각의 텍스트가 동일한 貢獻요소로서 서로를 지향하며 상호 적합한 텍스트로서 결합하여 담화를 구성해 나간다. 결속구조(cohesion)는 별개의 텍스트들의 표층구조와 함께 하거나 빌려올 때에 영향을 받게 된다. 결속성(coherence)은 그 텍스트가 구성하는 담화 전체의 관점에서 볼 때에 분명해진다. 意圖性(intentionality)은 대화의 목표 지향적인 사용에서 드러나고 容認性(acceptability)은 수용자의 즉각적인 반응에서 나타난다. 담화 전체의 구성은 상호 텍스트성의 작용을 나타내며, 대화에 공헌하는 요인들을 선택하는 것은 정보성에 따른다.

게 하고 이해 가능하게 하는 것은 무엇인가, 사람들은 화제를 어떻게 도입하고 어떻게 방해되는가? 등의 연구를 기초로 삼는다.

이외에도 Stubbs(1983:7-8)는 언어적 특징과 대규모의 사회경제적 변수와의 상호관계의 연구, 보다 광범위하게 미치는 장면, 문화에 있어서의 발화태도에 관한 문화적 기준을 일반 민족지학적 입장에서 기술하는 일 등의 담화분석의 필요성을 제시했다.

3) 心理言語學者 입장

언어의 이해에 관련된 문제에 관심을 가진다. 그리고 경험적인 심리학으로부터 끌어내는 치밀한 방법론에 종사해 왔으며, 간단하게 구성된 텍스트나 문자로 된 문장의 연속을 이해하는 문제에 연구를 해왔다.

4) 哲學言語學者 입장

구성된 문장들의 쌍들과 그것들의 통사론적인 이해를 지닌 사이의 의미론적인 관계에 관심을 갖는다. 또한 문장들 사이에서 그 용어내의 전반적인 것에 관심을 갖는다. 이들이 사용하는 문장은 진리, 가치를 할당할 수 있는 진술로 사용되며 언어 본질에 관한 상호관계를 연구한다.

5) 컴퓨터언어학자의 입장

담화과정의 모델을 산출하는 데 관심을 가지며 고도로 제한적인 내용에서 구성된 짧은 텍스트를 연구한다. 그러나 무엇보다도 흥미로운 것은 컴퓨터에 의한 자연언어 처리의 결과인 것이다. 다시 말해서 이미 인공언어가 아닌 것이다.

6) 國內 言語學者 研究

국내에서 담화분석에 대한 연구는 아주 미흡하지만 몇몇 학자들의 연구가 있다. 담화상황이나 문장의 기능을 고려하지 않고, 문장 구성요소 사이의 문법적인 관계만을 중요시 다룬 형식문법적 접근으로 문장의 통합체적인 성격에서 벗어나 개개의 문장만을 대상으로 연구했다는 점에서 빈약하다는 평을 듣고 있다. 따라서 앞으로 문장의 통합체적인 성격을 지닌 담화를 대상으로 연구해야 하는 것이 우리 국어학계의 과제라 할 수 있다. 1960년대 독일을 기점으로 유럽에서 시작된 텍스트 및 담화의 연구가 국내에서는 1980년대 초반에 몇 명의 학자들에 의해 소개되었지만 매우 불분명하고 미세한 상황이었다. 그러다가 1980년대 중반에 이르러 보다 체계적이고 구체적인 언급들이 나타나기 시작했고 후반에 김일웅(1989)에 가서야 담화에 대한 전반적인 체계적 이론이 제시되기 시작했다. 이제 지금까지 담화론에 대해 언급한 여러 학자들의 논의를 총망라하여 그 개요를 전개하고자 한다.

노석기(1984)는 기존의 학자들이 담화와 문장을 동일시하여 담화연구가 겨우 문장을 음성화하는 것에 안주했음을 비판하고 담화와 문장에 대한 개념, 특성, 쓰임이 다르다는 것을 밝혔다. 즉, 전달과정에서 담화가 상호적인 것이라면 문장은 일방적인 것으로 구별했다. 또한 담화와 문장의 구성요소는 대체로 주체, 장면, 소재로 되어 있는데 형태적인 전달 기능면에서 각기 그 특성과 차이점을 제시했다.

구도희(1987)는 발화의 연속이 의미 있는 언어행위가 되도록 화자는 이야기하면서 끊임없이 청자의 지식을 점검하고, 청자는 화자의 그러한 활동을 예상하면서 화자가 요구하는 정보가 무엇인지를 분석하고 추리함을 제시했다. 따라서 상호간에 적극적인 의미에서의 상호협력이 요구됨으로써 담화가 생성한다고 보았다. 즉, 화자가 청자를 선택하고 동시에 청자가 역할을 기꺼이 수락한 그 순간부터 대화의 원리인 상호작용으로 담화는 성립되는 것으로 보았다. 이 때에 화자는 자신이 전달하고자 하는 의미를 파괴하지 않는 적정선에서 중복되는 정보나 표현을 줄이게 되고, 어떤 언어의 표현이 일정한 조건을 충족시킬 때에 줄어지는 현상을 '생략'이라 보았다. 그리고, 생략은 삭제를 포함하는 넓고 초이론적인 개념으로 파악했다.

노명완(1988)은 우리가 사용하는 언어는 문장의 단순한 집합체가 아니라 각 문장 사이에 질서정연한 내적 연계성을 가진 구조체의 담화로 설정하였다. 따라서 문장 단위를 넘어선 담화를 분석의 대상으로 그 구성원리를 모색해야 할 것으로 파악하고 그 필요성을 고찰했다.

宋寅秀(1988)는 텍스트의 구조분석이 학습에 미치는 영향이 크다고 보았다. 구체적으로 제시하면 텍스트의 구조를 분석하는 학습전략으로 교육환경 속에서 지식 자체를 가르치는 주입식 암기 위주의 학습에서 탈피시키기 위한 두 가지 방안을 제시했다. 첫째, 학생들로 하여금 지식을 생산해 내는 과정을 학습하게 함으로써 논리적이고 합리적인 방법으로 학문할 수 있는 태도를 길러준다고 했다. 둘째, 텍스트의 의미구조와 논리구조를 살피는 전략의 응용을 통하여 텍스트의 독해 능력을 향상시키고 논리적인 사고력을 신장시키고자 했다. 따라서 문장과 문장 사이의 논리관계를 살피는데 있어서 접속부사 역할의 중요성으로 텍스트를 설명하고 있어 보다 구체적이고도 체계적인 텍스트 분석적 모형 제시의 아쉬움을 드러냈다.

尹載遠(1988)은 하나의 문장 크기의 분절을 담화의 최소 단위로 볼 경우, 발화와 혼동될 가능성이 있으므로 담화를 상호 의미론적 긴밀성을 유지하고 있는 발화의 집합으로 보았으며 발화는 문장이 구체적인 맥락 속에서 실현된 것으로 파악했다. 그리고 국어 보조 조사에 대한 대부분의 선행 연구는 의미 기능 상호간의 체계적 관련성의 문제를 별로 다루지 않았다. 따라서 기능주의적 방법으로 의미 분절을 파악하여 의사소통되는 과정의 담화구조가 그 자체의 특성과 기능을 어떤 방법으로 수용, 해석하는가 하는 점을 밝힘으로써 국어 보조 조사의 다양한 의미 기능 상호간의 체계적 관련성을 고찰했다.

김일웅(1989)은 담화를 일정한 과제를 중심으로 긴밀하게 엮어 짜여진 것으로 문장보다 상위의 언어적 단위로 파악했다. 따라서 말할 이와 들을 이가 어떤 상황에서 의미 있는 내용을 文으로써 표현하고, 그것을 통하여 발화 의도를 전달하는 행위를 담화라 하면서, 그것을 짜 이루고 있는 문들 사이에는 과제를 중심으로 긴밀하게 엮어 짜여져 전체로서의 통일성이 있어야만이 담화가 될 수 있다고 했다. 그리고 그것을 기록해 놓은 것을 텍스트라 하였다. 즉 담화는 spoken discourse로 회화 따위의 음성언어로 표현된 언어행위를 이르고, 텍스트는 written discourse로 문학작품처럼 기록되어진 문자언어 행위를 지칭함으로써 담화와 텍스트를 구별했다. 그리고 그는 화자와 청자 사이에 형성되어 있는 전달장면이 양자 사이의 의식 속에 개념화되는 것을 담화상황이라 하고, 담화의 짜임은 주로 하나의 화제를 중심으로 단락으로 실현된다고 보았다. 즉, 담화는 내용단락들로 세분되고, 내용단락은 다시 형식단락으로, 형식단락은 문들로 나누어지게 봄으로써 국어 담화의 전반적인 이론체계를 세웠다.

노석기(1989)는 문과 문이 연결되어 일정한 화제를 중심으로 하나의 통일된 짜임을 이루면서 유기적인 관련성을 지니는데 여기에 실제로 사용된 문의 묶음을 담화라 했다. 즉 하나의 담화는 화제를 중심으로 작은 단락인 형식단락을 만들고 이 형식단락이 묶이어 큰 단락인 내용단락을 만든다고 했다. 그리고 담화가 이루어지려면 참여자로서 말할 이와 들을 이가 있어야 하고 문과 문의 긴밀한 결속관계가 있어야 함을 밝혔다. 따라서 담화의 중심요소가 되는 단락을 이루는 문들의 상호관련성을 담화론적 입장에서 결속관계의 일반적 유형을 설정하였다.

신현숙(1989)은 문장의 연결체나 발화의 연결체를 모두 담화라 했다. 즉 한 작품이나 두 사람의 대화를 모두 담화로 설정했다. 특히 담화를 대용하는 표지 중에서 {그래서/그러니까/그러나/그렇지만}의 4개의 접속어의 형식과 의미를 하나의 체계 속에서 논의하여 실제 담화를 분석하는 방법을 제시했다. 즉 네 표지의 의미분석을 통해서 지금까지 관심을 두지 않았던 담화내용 현상을 찾아내고, 또 담화내용 표지의 의미분석 모형을 마련하는데 목표와 의의를 두었다.

尹錫敏(1989)은 텍스트를 의미론적으로 완결된 내적 구조를 지닌 언어적 표현으로 설정하고, 국어에도 텍스트 언어학적 연구가 필요한가,

또는 문장보다 더 상위의 언어단위로서의 텍스트의 존재를 인정해야 하는가를 구명하기 위해 현대 단편소설인 <메밀꽃 필 무렵>을 분석하였다. 그 결과 국어에도 텍스트의 설정이 필요하다는 것을 분명히 제시했으며, 텍스트 언어학적 방법론의 적용으로 많은 국어 현상이 보다 잘 설명될 수 있다는 것을 보여주었다.

李庸周(1990)는 담화를 실용의 차원으로 발신자가 자신의 개인적인 심리내용을 표현 전달하기 위하여 어휘소 목록에서 필요 적절한 것을 선택하고 한국어를 지배하는 규칙에 맞도록 결합하여 음성이나 문자로 실체화한 것을 담화라 했다. 그리고 현실적인 담화 차원의 문이란 결국 어휘소 목록에서 발신자가 필요 적절한 것을 선택하여 구성해 내는 표현 방식이라 하고 적격성을 중시했다. 문의 적격성이란 그것을 구성하는 어휘소들의 의미와 긴밀히 연관되어 배합상의 규칙을 준수하는데서 생기는 것으로 파악하고 이 적격문을 담화의 최소 단위로 파악했다. 또한 문이 종결되지 않고 다른 문에 접속되거나 또는 한 성분으로 쓰여서 새로운 하나의 담화 단위를 중문, 복문이라 했다.

고영근(1990)은 문장문법의 한계성을 극복하고 脫文章文法을 지향해야 하는 노력이 요청된다고 봄으로써 현재 탈문장문법이론은 대체로 담화분석설, 설화문법, 텍스트언어학으로 세분하고, 그 중에서도 세계적으로 텍스트언어학이 큰 성과를 거둔다고 했다. 텍스트는 기호학적 관점에서 단순히 문장의 상위 동태적 견해의 대립으로 파악했다. 그리고 이 두 견해는 적절히 통합되어야 하며 텍스트 내용의 통합 수단에는 통사적 수단과 의미, 기능상의 등가성을 바탕으로 하는 명명적 연쇄가 있음을 밝혔다. 그리고 텍스트와 담화의 관계는 담화가 텍스트에 종속되는 개념으로 파악하는 태도를 취했으며 텍스트가 추상적인 구성물인데 반하여 담화를 구체적인 관찰적 자료로 파악하여 텍스트와 담화를 구별했다.

박근우(1991)는 변형생성문법 이래 문을 중심으로 통사론을 전개해 왔는데 이러한 문은 단독으로 사용되는 것이 아니고 대개 문맥 속에서 나타난다고 했으며, 그 속에서 어떠한 종류의 구문이 사용되는가 하는 것은 문법규칙이 아니고 담화의 원칙에 따르는 경우가 많다고 했다. 따라서 문맥에서 유리된 단일문 어순을 다루는 기본적 규칙에서 한 걸음 나아가 어순 결정이나 그 변형에 있어서 어떤 담화 요인이 작용하는가를 고찰하여 변형문법이나 전통문법에서 만족스럽게 설명되지 못한 문제들을 일부나마 해명하였다.

朴荣花(1992)는 담화를 구체적인 상황에서 필자나 화자의 전달 의도를 표현하기 위한 선택과 결정으로 이루어진 문장들의 응집체라 하였다. 따라서 상황과 맥락을 무시하고 각 요소들의 기능을 고려하지 않은 채 이루어지는 통사론적인 연구만으로는 실제적인 언어의 모습을 제대로 파악할 수도 없고, 표현과 이해의 능력을 신장시키는 데도 별 도움을 주지 못하기에 담화연구의 필요성에 입각하여 표현과 이해에 도움을 줄 수 있는 담화분석 모형을 주제구조 중심으로 제시했다. 주제구조란 문장주제를 통해 표상된 담화의 구조를 말하는데, 이것은 잘 응집된 문장으로 이루어진 담화일 경우 문장주제가 직ㆍ간접적으로 담화주제를 담화 전체에 분배하는 매개물이 될 수 있다는 것으로 고찰했다. 따라서 문장 주제어 연쇄를 통해 담화의 개념을 파악했다.

주경희(1992)는 담화를 의사소통을 이루기 위해 글을 쓰거나 발화를 하는 경우, 글이나 발화 행위의 언어적인 표현 속의 내적으로 조직된 연결체라 했다. 글(텍스트)을 담화로 보는 것은 글에 사용된 다양한 요소들이 서로서로 관련하여 통합된 의미를 형성하기 위한 의사소통의 한 유형으로 기능하는 동적인 방법으로 보았다. 그간 대명사의 연구가 이론적인 범위에서 선행어와의 통사적 조건을 규명하여 대명사의 생성 원리를 규칙화하는데 집중되어 왔던 것을 의사소통과 관련된 언어 기능으로 제시하기 위해 담화분석으로 접근을 시도하였다. 글을 이해하고 사용하는데 빠르고 정확하게 이해할 수 있도록 담화의 연구가 보다 많은 분야에서 이루어져야 함을 제시하였다.

이은희(1993)는 접속관계에 대해서 텍스트 언어학적인 관점을 취함으로써 접속관계가 전체적인 글 구조 안에서 기능하면서 언어 생산과 이해에 작용하는 것이기에, 기존의 문장 층위의 연구 경향에서 벗어나 접속관계의 기능과 다양한 양상을 연구하여 그 결과를 교수-학습의 원리에 따라 교재화한 것이다. 이에 국어교육에서 언어의 지식 교수법이 언어사용 기능 향상을 위한 기반으로서의 역할을 확립하기 위한 방향성을 제시했다.

7) 國外 言語學者의 研究

Harris(1952)는 텍스트 언어학의 창시자라고 할 수 있다. 그는 처음으로 언어학의 분석대상을 문장 이상으로 확대해서 보았다. Haweg(1968)는 텍스트를 언어단위로 정립하여 텍스트 언어학의 독자적인 영역을 확립하였다. 그는 텍스트 언어학의 많은 문제점을 제시하였으며 텍스트를 대명사에 의존하여 끊임없이 이어지는 언어단위의 통합체로 보았다. 이에 비해 Karttunen(1968)은 의미를 지닌 제시형의 연쇄로, Wunder-lich(1971)는 많은 문장의 연이은 집합으로 보았다. Schmidt(1971)는 話用論의 입장에서 언어를 행위체계로 보아 텍스트를 현상학적으로 주어진 언어의 존재방식이라 보고 텍스트를 사람의 행위와 관련시켰다.

보다 텍스트 언어학의 구체적인 범주를 제시한 것은 Dressler(1973)이다. 그는 고대 그리스의 수사학과 문체론 그리고 구조주의 언어관으로 텍스트 언어학을 이루었음을 제시하였으며 전반적인 텍스트 언어학의 범주를 제시하였다.

Dascal & Margalit(1974)는 이전의 텍스트 언어학의 가치를 전적으로 부정하고 문장 언어학이 순수연구 영역이라고 주장했다.

이에 반해 Ballmer(1975, 1981)는 이미 확립된 연구 방법을 수정하지 않고 종전의 텍스트를 수용하여 발전시켰다. 그는 언어의 기본적인 성격을 동태적인 것으로 파악하고 텍스트를 동태적 실체로 파악하는 태도를 취했다.

Frederiksen(1975)은 문장을 하나의 완전한 생각을 표현한 단어들의 집합체로 본다면, 텍스트는 단어나 문장의 막연한 나열이 아닌 하나의 주제를 가지고 정리되어 나타난 이어진 글 전체로 보아 문장과 텍스트의 구별을 시도했다.

그러나 문장과 텍스트의 보다 명확한 구별은 Halliday & Hasan(1976)이다. 그들은 텍스트를 실제로 사용하는 언어의 단위로 보고 문장이나 절과 같은 문법적 단위가 아님을 분명히 했다. 따라서 여러 성분들이 모여서 하나의 문장을 구성하는 문장 분석의 구조적 결합을 텍스트에 적용할 수는 없는 것으로 고찰했다. 또한 이러한 구체적인 맥락 속에서 실현되는 담화는 크기에 의해 정의될 수도 없음을 밝혔다.

Hinds(1976)는 문과 문들이 일정한 화제를 중심으로 하나의 통일된 체계를 이루어 의사소통의 수단으로 사용되는 경우의 말(음성언어)을 담화라 하였다.

Lautamatti(1978)는 한 걸음 더 나아가 문장들의 연쇄와 담화의 결속성을 살펴보기 위해 주제구조의 개념을 제시하였다. 그리고 Connor, U. & Farmer, M.(1975)는 담화의 이 주제구조를 작문지도에 활용하여 학생들 스스로 효과적이고도 체계적인 담화분석을 할 수 있도록 했다.

Elson & Pickett(1983)는 언어적이거나 비언어적인 맥락 안에서 의미적으로 파악할 수 있다면 모든 음성언어는 담화가 될 수 있음으로 보고, 담화분석의 연구 대상으로 의사소통되는 과정과 담화구조 자체의 특질을 밝히고자 했다.

De Beaugrande, R. & W. Dressler(1981)는 새롭게 출현하고 있는 담화와 텍스트의 과학을 일반 독자에게 소개하고자 했다. 1976년 개최된 유럽 언어학회에서 새로운 이론과 모델을 탐구함에 있어서 최근의 경향은 과거의 방법들을 새 연구대상에 단순히 적용하기보다는 텍스트 과학의 조건을 근본적으로 수정하는 것이었는데, 바로 이러한 방법을 원용해 통화적 발화체로서의 텍스트 본질을 결정하도록 한 연구방법이다. 인간의 생각, 행위, 상호작용의 어느 측면도 언어에 의하지 않고는 안 된다. 따라서 단편적이고 제약적인 접근 방식보다는 통합적이고 포괄적인 접근 방식을 통해서 언어 전반에 관한 보다 간결한 설명을 취했다. 그리고 텍스트에는 문법성이나 적격성보다는 용인성과 적절성이 더 결정적인 기준이 되며, 또한 논리적 증명보다는 인간의 사유과정이 더 필수적이며 불명료성을 무시하기보다는 체계화하는 일이 과학의 과제인 것을 밝혔다. 결국 전통적으로 문장 경계를 넘어선 영역을 다루는 언어학과 인간 상호작용 상에서 텍스트의 생산·수용·사용에 대하여 행하여진 넓은 범위의 학제간 탐구들을 통합하고자 했다.

Brown & Yule(1983)은 일정한 화제 아래 유기적 관련성을 가지고 엮어진 전체로서 통일된 짜임을 가진 실제 쓰인 문의 묶음을 담화라 했다. 또한 담화분석은 행위들의 넓은 범주를 지니고 있는 의미의 범주로 사용되어 왔으며, 그것은 다양한 언어학적인 연구를 취하여 의사소통하는데 어떻게 언어를 사용하는가를 조사하고, 특별히 연설자가 그의 연설에 어떻게 언어학적인 메시지가 작용하는가를 조사했다. 즉 기술적인 언어학으로부터 방법론을 유도했다. 또한 담화분석이 언어학 형태의 연구와 그것들의 분배의 규칙성을 내포하며 사람들이 듣고 읽은 내용의 의미를 깨닫는 데 이용하는 해석의 일반적인 원리의 사고를 내포했다. 그리고 실용적인 접근에 대한 관심에서 해석의 견해를 특징화시키도록 나타내고자 각 담화 단편의 해석에 대한 개인적 혹은 특수적 연구를 옹호하는 위험스런 극단을 피했다.

Michael Stubbs(1983)는 일상생활의 회화장에서 실제 사람들에 의해서 사용되는 살아 있는 언어를 다루어야 함을 주장하고 특히 언어학적인 관점에서 사회학, 문화인류학과 같은 영역으로부터 여러 견해들을 통합하는 데 성공하였다. 따라서 담화분석은 사회언어학적인 관점에서 상호작용의 언어기능에 대한 이해를 깊게 해주었다. 그리고 담화분석에 대한 세 가지의 접근방법으로 담화를 상당한 정도까지 끌어 올렸다. 또한 발화교환의 구조로 지금까지 개발되어 온 언어이론을 어느 정도까지 담화분석에 적용할 수 있는가를 논하였으며, 표층상의 결속성과 기저의 결속성으로 자연적인 언어분석의 중심과제인 발화에 포함되어 있는 간접성의 정도를 논의했다.

일본의 國立國語硏究所(1983)에서는 담화를 음성언어로 표현된 문장 이상의 단위로, 대개 몇 개의 문이 정리된 언어의 표현적인 의미라고 했다. 주된 연구는 담화의 연구가 언어연구 일반 중에서 어떠한 위치를 차지하며 또한 그것이 일본어 교육에 기여하는 것은 무엇인지에 초점을 두어 담화분석방법을 진보시켜감에 따라 의미를 지닌 규칙성 · 체계성을 정리했다. 일반적으로 말해서 언어교육은 학습자에게 언어에 관한 지식을 주는 것만이 아니라 그 언어를 사용해서 커뮤니케이션을 행하는 실천적 능력을 지니게 하는 것을 목적으로 했다. 추상적인 것과 구체적인 형태로 표현하는 언어체계와 행동의 양방면에 관계하는 담화의 연구는 언어연구 일반의 발전을 위해 중요할 뿐만 아니라 언어교육의 면에서도 중요한 것으로 파악하여 고찰했다.

Connor, U. & Farmer, M(1985)는 담화의 주제구조를 작문 지도에 활용하여 학생들이 스스로 자신의 글을 거시적인 관점에서 교정할 수 있게 하고, 그 효과를 살폈다.

W. Motsch(1987)는 텍스트를 단순히 문장보다 큰 단위인 문장의 연쇄로 취급해서는 안되고 통보상황 속의 출현으로 보았으며, Vitacolonna(1988)는 텍스트를 추상적 구성물이라 하고 담화를 구체적인 관찰 대상으로 보아 텍스트와 담화를 대립적인 것으로 다루었다.

지금까지 담화론에 대한 연구사를 개략적으로 살펴보았다. 본서에서는 우선 국내외 제학자들의 논의를 정리함으로써 아직 명확하게 정리되지 못한 국어 담화론에 대한 연구의 기초와 방향을 제시하였다.

6.3.5 국어 談話分析 연구의 중요성과 교육방향

담화는 언어연구의 일반적인 것에서, 또 실제의 국어교육의 충실성을 생각하는 것에서 하나의 중요한 문제라고 생각한다. 담화의 연구는 지금까지 여러 관점에서 시도되고 있다. 특히 문장의 연구(문장론)의

명칭 아래 행해져 왔다. 문자로 된 작품에 관한 연구가 그 대표적인 것이다. 이러한 것의 종류로 문체론적 관점의 연구가 있으며, 국어교육 방면에서도 시도되어야겠다. 현재까지의 언어연구에서 담화의 연구가 다른 분야의 연구 — 예를 들면 音韻論, 語彙論, 文法論(주로 문을 최고의 단위로 한다) 등에 비교해서 다소 늦은 감이 있음을 부정할 수 없다. 그 이유는 여러 가지가 있겠지만 그 중 하나의 이유를 들면, '담화의 구조에 어떤 의미를 지닌 규칙성, 혹은 체계성을 찾아내는 것이 어렵다'는 것이다. 그러나 분석의 방법을 발전시켜감에 따라서 담화분석에 관해서 지금까지 모르고 있던 규칙성, 체계성을 분명하게 할 수 있는 가능성은 많다. 앞으로 언어연구 일반적인 진보를 위한 담화분석에 대한 연구가 하나의 큰 과제임을 강조하고 싶다. 그러한 사실에 관하여 南不二男 外(1983: 1-5)은 다음과 같은 문제를 지적했다.

첫째, 우리들이 상식적으로 담화라고 볼 수 있는 언어표현의 부분은 그 부분의 1차적인 단위를 이룬다. 이러한 언어표현의 부분이 의심 없이 언어적인 사실이라고 하면, 그 분석은 다른 연구의 분야 — 음운론, 어휘론, 문법론 등과 같은 양상으로, 일반적인 언어연구를 피해서 통할 수는 없다. 실천적인 견지에서 보아도 그러한 단위를 무시할 수 없다.

둘째, 담화가 우선은 언어의 세계에 속한 개념이지만 그것은 언어행동과 비언어적인 행동 모두를 포함한다. 인간의 전체적인 의사소통의 행동에 의해서 직접적인 관계를 갖는 것이다. 우리 인간이 행하는 의사소통 방법에는 여러 가지의 방법이 있겠지만 그 중에서도 말(음성)에 의한 것이 가장 유력하다. 그러나, 그것은 언제나 독립적으로 나타나는 것이 아니라, 다소 비언어적 커뮤니케이션과 공존, 협력해서 전체적인 커뮤니케이션의 실현시킴을 밝혔다.

일반적으로 말해서 언어교육은 학습자에게 그들이 목표로 하는 언어에 관한 지식을 주는 것만이 아니라 그 언어를 사용해서 커뮤니케이션을 행하는 실천적인 능력을 지니게 하는 것을 목적으로 한다고 생각한다. 추상적인 언어체계나 구체적인 형태로 표현하는 언어행동의 쌍방에 관계하는 담화의 연구는 언어연구 일반의 발전을 위해 중요한 분야 뿐만 아니라 언어교육적인 면에서도 중시되지 않으면 안 되는 과제의 하나이다. 거기에서 얻을 수 있는 여러 가지 정보는 실제 우리 국어교육에 큰 공헌을 할 것임이 틀림없다. 그런데, 현실의 우리 국어교육과 담화의 관계는 어떠한가? 유럽과 미국에 이어 일본에서도 일본교육을 위해 많은 관심을 기울이고 있는데, 그 중 중·상급 교육의 기초가 되는 연구로서 바로 담화연구를 거론하고 있으며 그 연구에 대한 여러 연구를 시행하고 있다. 다시 말해서 기본문형을 습득한 학습자가 몇 개의 문형이 결부한 모양의 담화의 레벨에서의 능력을 얻게 하는 것이다. 종래의 구조주의 언어학자들이나 생성문법 학자들이 주장한 문장을 가장 최고의 단위로 보고 문장분석으로 그치는 언어학적인 방법은 이제 수정되어야 한다. 이러한 사실은 Brown & Yule(1983)이 지적했듯이 언어가 본질적으로 의사 전달의 기능을 목적으로 하는 인간의 기본적인 언어의 기능을 망각하는 것이다. 이에 노명완(1988:119)은 우리가 사용하는 언어는 문장의 단순한 체계적인 순서배열이 아니라 문장 사이에 어떤 심리적 사회적 연계성을 지닌 구조체기에 문장단위를 넘어선 담화를 연구하여야 하고 그 구조를 분석으로 하는 구성원리를 모색해야 할 필요성이 있음을 제시했다. 결국 담화분석에 관한 연구는 국어교육적인 측면에서도 반드시 필요한 것으로 국어문법의 한 부분으로 그 연구와 지원이 활발하게 요청되어야 할 것이다.

지금까지 살펴본 점으로 보아 결국 모든 학습능력은 이 담화에 대한 기본적인 능력의 습득 없이는 이루어지기가 어렵다는 것이다. 그리고 현 단계에서 우리 국어교육을 발전시키기 위해서는 담화와 그것의 구조인 담화분석을 국어교육에 적용해 가는 자세가 필요하다고 말할 수 있다. 즉 담화의 구조를 편리하고도 간편하게 분석할 수 있는 담화분석의 모형을 개발하여 독해습득 능력을 신장시키고 수업에도 활용하여 보다 효율적이고도 능동적인 학습효과를 가져오게 해야 할 것이다.

6.3.6 요약

지금까지 談話分析의 展開와 方向에 대한 고찰로 담화분석의 개념, 담화분석의 영역과 연구부문, 그리고 담화분석의 연구사 개관을 살펴보았다. 또한 국어 담화분석의 연구와 교육 방향을 제시하여 어느 정도 우리 국어교육에서 담화분석의 중요성과 필요성을 제시했고 용어상의 문제도 해소시켰다.

과거에 언어의 연구대상에서 문장의 단위를 가장 큰 단위로 설정해 왔으나 이제 그보다 큰 단위의 담화가 있음을 인지해야 할 것이며, 담화의 개념과 용어상의 애매성도 명백하게 해야 할 것이다. 즉, 담화란 화자와 청자간에 주고받는 이야기인 상호 의사소통 체계의 언어로 음성언어의 전반적인 범주를 내포하는 것이다. 그리고 이 담화의 구조를 담화분석이라 할 수 있다. 다시 말하면 발화된 둘 이상의 연속된 문장, 연속체인 담화를 구성하고 있는 문장이 어떠한 방법으로 담화에 결합되어 있는가를 분석하는 것을 말한다.

이런 담화와 그 구조인 담화분석이 언어학적인 입장에서 우리 국어교육이 보다 진보적인 발전을 하기 위해서는 담화에 관한 기본적인 연구가 선행되어야 하며, 또한 국어교육에 적용해 나가는 자세가 필수적으로 필요한 것이다. 그리고 담화분석의 세부항목에 대한 보다 구체적인 제시와 논의를 고찰해야 할 것이다.

제7장 國語 規範論

7.1 研究의 目的과 方法

　언어의 올바른 생활은 참으로 중요하다. 따라서 언어를 합리적이고 체계적인 규범에 의해 보다 효율적으로 사용해야 할 正書法이 필요한 것이 사실이며, 이에 대한 교육 또한 지속적으로 이루어져야 할 것이다. 그러나 학교 현장에서 정서법 교육이 제대로 이루어지지 않고 있으며, 학생들은 잘못 알고 있는 맞춤법과 표준어를 그대로 답습하여 사용하고 있다. 제6차 교육과정 국어 교과서에서 정서법에 관련된 단원은 중1 교과서 1학기 제4단원의 '표준어와 표준 발음'이 고작이다. 그리고 고등학교에서는 문법 교과서 제8단원의 '표준어와 맞춤법' 정도이다. 이외에는 정서법에 대한 언급이 없으므로 이에 대한 교육이 제대로 이루어지지 않는 실정이다. 제7차 교육과정에서도 크게 달라진 것이 없다. 다만, 문법교과서 제8단원의 '국어의 규범'에서 '외래어 표기법과 국어의 로마자 표기법'이 첨부되었을 뿐이다. 그러므로 늘 말하고 쓰는 우리 언어에 대해서 많은 학생들이 잘못 사용하고 있는 실정이다.

　이에 우리는 중·고등학생을 대상으로 단어를 맞춤법에 따라 표기할 수 있는 능력과 표준어 식별 능력의 실태를 보여줌으로써 國語 語文規程 교육의 필요성을 제시하고자 한다. 또한, <한글 맞춤법>과 <표준어 규정>의 문제점을 제시함으로써 보다 합리적이고 체계적인 語文規程의 필요성을 역설하는 데 목적을 둔다. 그 이유는 규정의 일부 조항이 언중이 기억하기에 편리하거나 합리적이지 못하기 때문이다.

　우선, 중·고등학교 학생들이 국어 정서법을 얼마나 제대로 알고 있

는지를 보이기 위해 실제 언어 생활에서 자주 사용하거나 반드시 필요
한 어법에 관련된 단어 100문항을 만들어 중학생 400명(A학교 1학년
남학생 100명, B학교 2학년 남학생 100명, C학교 3학년 남학생 100명,
D학교 3학년 여학생 100명)과 고등학생 300명(A학교 1학년 남학생 100
명, B학교 2학년 남학생 100명, C학교 2학년 여학생 100명)을 대상으로
조사하여 문항별 정답률을 제시하고, 정답률이 낮은 문항을 중심으로
그 문제점을 진단하고자 한다. 또한, 학년별 정답률의 비교와 개인별
성적 정도를 보이고자 동일학교 1, 2, 3학년 학생 150명(각 학년 50명)
을 조사하여 그 점수 분포를 보일 것이다.[86]

　　다음으로 語文規程의 문제점을 <한글 맞춤법>과 <표준어 규정>을
중심으로 고찰할 것이다. 그 이유는 현행 '한글 맞춤법'(1988)은 '한글
맞춤법 통일안'(1933-1958)의 체제와 내용을 거의 그대로 답습한 것으
로 여전히 문제점을 반영하고 있기 때문이다. 총칙 제1항에서 "한글 맞
춤법은 표준어를 소리대로 적되, 어법에 맞도록 함을 원칙으로 한다."
고 제시했다. 여기서 '소리대로'와 '어법에 맞도록'의 의미는 表音主義
와 表意主義의 상반적인 의미의 조화를 의미한다. 한글은 일차적으로
表音文字이지만 표음문자만으로는 국어 표기법이 이상적일 수는 없다.
더욱이 문자언어가 중시되는 현대사회에 형태소의 기본형(대표형)을
정하는 形態主義 표기법이 필요한 것은 당연하다. 따라서 이 둘의 조화
를 어떻게 하느냐가 중요하며 그에 따른 문제점에 대한 보다 합리적이
고 체계적인 語文規程이 필요하다.

　　語文規程의 認知 실태와 그 문제점을 고찰하기 위해서 정답률이 낮
은 문항을 분석하여 語文規程의 조항과 연계하여 무엇이 문제인지를
보이고자 한다. 특히 문제가 되는 것은 현실음에 관련된 부분이다. 즉,

---

86) 본 연구는 '맞춤법과 표준어'를 중심으로 실제 언어 생활에서 자주 사용하는 단어
　　100개를 선정하여 인천 시내 8개 학교 850명을 대상으로 설문 조사한 것이다. 설
　　문 문항의 선별은 '맞춤법과 표준어'에 대한 것으로 주로 語文規程에서 언급된 단
　　어를 채택했으며, 언중이 잘못 사용하고 있는 단어에서도 일부 채택했다.

두음법칙에 관한 규정, 수컷을 이르는 접두사에 관한 조항, 그리고 단수 표준어와 복수 표준어에 대한 문제점을 들 수 있다. 문제는 현실음이 무엇인가에 따라 그 규정도 달라진다. 이를 위해서 인천시내 중등교사 75명과 인하대생 100명의 현실음을 설문 조사하여 그 타당성을 제시하고자 한다.

7.2 중·고등학생의 語文規程 認知 실태

서론에서 제시한 바와 같이 실제 언어 생활에서 자주 사용하고 또 어법상 중요한 단어 100문항에 대해 문항별 정답률을 표로 보여 그 실태를 제시하겠다. 그 방법으로 <표 1>은 각기 다른 학교(7개 학교) 학생 100명씩을 표본으로 설문 조사하여 문항별 정답률을 보이고, <표 2>는 동일학교 150명(학년별 50명)을 대상으로 설문 조사하여 개인 성적과 학년의 평균을 보임으로써 <표 1>과 비교하고자 한다.

<표 1> 문항별 정답률

	중1	중2	중3(남/여)	전체	고1	고2(남/여)	전체
1. 싹둑 : 싹뚝	63.0	52.0	62.0/40.0	54.3	57.0	47.0/44.0	49.3
2. 법석 : 법썩	54.0	62.0	72.0/69.0	64.3	54.0	44.0/62.0	53.3
3. 갑자기 : 갑짜기	87.0	83.0	91.0/97.0	89.5	87.0	96.0/94.0	92.3
4. 오뚝이 : 오뚜기	**56.0**	**33.0**	**30.0/21.0**	**35.0**	**61.0**	**53.0/58.0**	**57.3**
5. 홀쭉이 : 홀쭈기	90.0	66.0	87.0/88.0	82.8	91.0	87.0/92.0	90.0
6. 딱따구리 : 딱다구리	87.0	68.0	79.0/89.0	80.8	85.0	80.0/93.0	86.0
7. 일찍이 : 일찌기	93.0	78.0	85.0/86.0	85.5	89.0	80.0/80.0	83.0
8. 댑싸리 : 대싸리	47.0	58.0	45.0/42.0	48.0	48.0	36.0/37.0	40.3
9. 휴게실 : 휴계실	69.0	79.0	50.0/91.0	72.3	78.0	82.0/91.0	83.7
10. 닐리리 : 늴리리	**20.0**	**23.0**	**35.0/30.0**	**27.0**	**17.0**	**27.0/25.0**	**23.0**
11. 남녀 : 남여	61.0	50.0	67.0/69.0	61.8	47.0	60.0/84.0	63.7
12. 은닉 : 은익	**31.0**	**23.0**	**39.0/24.0**	**29.3**	**57.0**	**87.0/63.0**	**69.0**

13. 쌍룡 : 쌍용	20.0	31.0	23.0/17.0	22.8	24.0	36.0/47.0	35.7
14. 백분율 : 백분률	75.0	64.0	59.0/74.0	68.0	61.0	67.0/72.0	66.7
15. 성공률 : 성공율	60.0	64.0	58.0/55.0	59.3	83.0	78.0/79.0	80.0
16. 등용문 : 등룡문	72.0	58.0	59.0/93.0	70.5	74.0	96.0/95.0	88.3
17. 정릉 : 정능	65.0	41.0	50.0/57.0	53.3	41.0	38.0/62.0	47.0
18. 깍두기:깍뚜기:깍둑이	**55.0**	**45.0**	**50.0/40.0**	**47.5**	**28.0**	**44.0/61.0**	**44.3**
19. 촉촉이 : 촉촉히	**12.0**	**14.0**	**38.0/13.0**	**19.3**	**11.0**	**9.0/16.0**	**12.0**
20. 낭랑하다:낭낭하다	73.0	58.0	69.0/60.0	65.0	67.0	73.0/67.0	69.0
21. 찌개 : 찌게	57.0	46.0	58.0/47.0	52.0	67.0	31.0/49.0	49.0
22. 육개장 : 육계장	57.0	47.0	59.0/65.0	57.0	41.0	44.0/53.0	46.0
23. 떡볶이:떡복기:떡볶기	66.0	50.0	68.0/66.0	62.5	74.0	71.0/75.0	73.3
24. 덮밥 : 덥밥	81.0	62.0	75.0/91.0	77.3	87.0	89.0/93.0	89.7
25. 며칠 : 몇일	**41.0**	**28.0**	**59.0/55.0**	**45.8**	**65.0**	**62.0/82.0**	**69.7**
26. 송곳니 : 송곳이	78.0	80.0	83.0/85.0	81.5	93.0	89.0/92.0	91.3
27. 새빨갛다:샛빨갛다: 싯뻘겋다	74.0	61.0	55.0/85.0	68.8	70.0	60.0/75.0	68.3
28. 초점 : 촛점	63.0	51.0	53.0/49.0	54.0	59.0	36.0/61.0	52.0
29. 사육신 : 사륙신	84.0	79.0	90.0/97.0	87.5	100	98.0/98.0	98.7
30. 횟수 : 회수	94.0	79.0	85.0/92.0	87.5	100	91.0/90.0	93.7
31. 수벌:숫벌:수펄	**12.0**	**40.0**	**8.0/37.0**	**24.3**	**20.0**	**11.0/23.0**	**18.0**
32. 수소[황소] : 숫소	**36.0**	**45.0**	**35.0/32.0**	**37.0**	**15.0**	**16.0/20.0**	**17.0**
33. 모가치 : 몫아치	**39.0**	**32.0**	**42.0/27.0**	**35.0**	**39.0**	**49.0/47.0**	**45.0**
34. 서슴지 : 서슴치	**22.0**	**22.0**	**25.0/27.0**	**24.0**	**15.0**	**11.0/19.0**	**15.0**
35. 생각건대:생각컨대	**41.0**	**39.0**	**29.0/32.0**	**35.3**	**17.0**	**20.0/31.0**	**22.7**
36. 가까워 : 가까와	88.0	74.0	91.0/95.0	87.0	85.0	98.0/87.0	90.0
37. 아무튼 : 아뭏든	81.0	69.0	82.0/94.0	81.5	91.0	91.0/92.0	91.3
38. 나무꾼 : 나뭇꾼 : 나뭇군	59.0	60.0	38.0/79.0	59.0	48.0	58.0/47.0	51.0
39. 곱빼기 : 곱배기	**32.0**	**33.0**	**32.0/29.0**	**31.5**	**30.0**	**40.0/20.0**	**30.0**
40. 놀러 갈게:놀러 갈께	**40.0**	**40.0**	**31.0/25.0**	**34.0**	**24.0**	**34.0/22.0**	**26.7**
41. 강낭콩 : 강남콩	76.0	71.0	87.0/90.0	81.0	87.0	87.0/97.0	90.3
42. 사글세 : 삭월세	70.0	48.0	82.0/67.0	66.8	48.0	71.0/76.0	65.0
43. 깡충깡충 : 깡총깡총	**21.0**	**47.0**	**40.0/36.0**	**36.0**	**15.0**	**24.0/31.0**	**23.3**
44. 뻗정다리 : 뻗장다리	50.0	52.0	56.0/79.0	59.3	72.0	67.0/73.0	70.7
45. 주추 : 주초	**41.0**	**42.0**	**50.0/52.0**	**46.3**	**20.0**	**27.0/39.0**	**28.7**
46. 냄비 : 남비	93.0	78.0	92.0/91.0	88.5	87.0	84.0/96.0	89.0
47. 아지랑이 : 아지랭이	58.0	73.0	65.0/76.0	68.0	70.0	67.0/56.0	64.3
48. 귀염둥이 : 귀염동이	78.0	81.0	93.0/88.0	85.0	96.0	93.0/97.0	95.3

49. 시골내기 : 시골나기	66.0	71.0	59.0/74.0	67.5	72.0	78.0/82.0	77.3
50. 괴팍하다 : 괴퍅하다	87.0	69.0	86.0/95.0	84.3	96.0	93.0/90.0	93.0
51. 미루나무 : 미류나무	89.0	64.0	88.0/86.0	81.8	87.0	91.0/82.0	86.7
52. 케케묵다 : 케켸묵다	86.0	66.0	67.0/88.0	76.8	76.0	96.0/93.0	88.3
53. 바람 : 바램	**62.0**	**62.0**	**43.0/42.0**	**52.3**	**41.0**	**31.0/34.0**	**35.3**
54. 주책 : 주착	95.0	79.0	86.0/91.0	87.8	91.0	96.0/97.0	94.7
55. 윗분 : 웃분	82.0	58.0	72.0/77.0	72.3	83.0	89.0/90.0	87.3
56. 재봉틀 : 자봉틀	96.0	81.0	94.0/97.0	92.0	100	98.0/99.0	99.0
57. 애달프다 : 애닯다	80.0	68.0	77.0/78.0	75.8	89.0	73.0/81.0	81.0
58. 잔돈 : 잔전	94.0	79.0	91.0/91.0	88.8	89.0	96.0/90.0	91.7
59. 흰말 : 백말	55.0	70.0	59.0/52.0	59.0	57.0	87.0/84.0	76.0
60. 총각무 : 알타리무	**34.0**	**50.0**	**48.0/44.0**	**44.0**	**30.0**	**33.0/35.0**	**32.7**
61. 멍게 : 우렁쉥이	**11.0**	**1.0**	**8.0/ 4.0**	**6.0**	**2.0**	**7.0/ 7.0**	**5.3**
62. 물방개 : 선두리	**1.0**	**0.0**	**6.0/ 1.0**	**2.0**	**2.0**	**4.0/ 3.0**	**3.0**
63. 애순 : 어린순	**3.0**	**2.0**	**8.0/10.0**	**5.8**	**2.0**	**7.0/18.0**	**9.0**
64. 숙성하다 : 숙지다	83.0	49.0	78.0/94.0	76.0	93.0	96.0/95.0	94.7
65. 우레 : 우뢰	28.0	52.0	35.0/37.0	38.0	15.0	27.0/28.0	23.3
66. 왼손잡이 : 왼손잽이	87.0	74.0	91.0/95.0	86.8	96.0	100/100	98.7
67. 창피 : 챙피	78.0	70.0	87.0/87.0	80.5	91.0	93.0/92.0	92.0
68. 까다롭다 : 까탈스럽다	82.0	76.0	78.0/93.0	80.3	83.0	89.0/81.0	84.3
69. 멋쟁이 : 멋장이	74.0	67.0	62.0/82.0	71.3	65.0	62.0/77.0	68.0
70. 숯장이 : 숯쟁이	65.0	63.0	50.0/56.0	58.5	39.0	42.0/38.0	39.7
71. 개구쟁이 : 개구장이	63.0	57.0	66.0/74.0	65.0	54.0	64.067.0	61.7
72. 돌 : 돐	52.0	59.0	55.0/50.0	54.0	54.0	40.0/73.0	55.7
73. 무 : 무우	61.0	48.0	48.0/46.0	50.8	48.0	53.0/71.0	57.3
74. 상추 : 상치	90.0	69.0	88.0/90.0	84.3	83.0	89.0/89.0	87.0
75. 서돈 : 세돈	**48.0**	**53.0**	**53.0/37.0**	**47.8**	**39.0**	**20.0/21.0**	**26.7**
76. 넉자 : 네자	59.0	57.0	49.0/59.0	56.0	59.0	67.0/55.0	60.3
77. 담배꽁초 : 담배꽁추	89.0	74.0	85.0/88.0	84.0	96.0	98.0/98.0	97.3
78. 설거지 : 설겆이	79.0	50.0	61.0/82.0	68.0	39.0	29.0/84.0	50.7
79. 샛별 : 새벽별	87.0	70.0	61.0/69.0	71.8	85.0	91.0/78.0	84.7
80. 맞춤 전문 : 마춤전문	79.0	72.0	83.0/90.0	84.0	83.0	84.0/82.0	83.0
81. 흐리멍덩하다 : 흐리 멍텅하다	**3.0**	**25.0**	**19.0/ 9.0**	**14.0**	**2.0**	**4.0/10.0**	**5.3**
82. 채신머리 : 체신머리	71.0	65.0	54.0/68.0	64.5	54.0	62.0/52.0	56.0
83. 괴나리봇짐:개나리 봇짐	**27.0**	**39.0**	**28.0/33.0**	**31.8**	**13.0**	**20.0/34.0**	**22.3**
84. 왠지 : 웬지	75.0	59.0	45.0/85.0	66.0	63.0	73.0/65.0	67.0

85. 해님 : 햇님	**14.0**	**30.0**	**25.0/19.0**	**22.0**	**13.0**	**20.0/17.0**	**16.7**
86. 지루한 : 지리한	89.0	72.0	87.0/96.0	86.0	96.0	96.0/91.0	94.3
87. 메밀국수 : 모밀국수	69.0	61.0	65.0/76.0	67.8	70.0	58.0/67.0	65.0
88. 수펑 : 숫펑	48.0	52.0	44.0/47.0	47.8	24.0	62.0/75.0	53.7
89. 수놈 : 숫놈	**43.0**	**48.0**	**28.0/24.0**	**35.8**	**11.0**	**13.0/29.0**	**17.7**
90. 수돼지 : 숫돼지	**40.0**	**56.0**	**38.0/43.0**	**44.3**	**26.0**	**27.0/45.0**	**32.7**
91. 숫양 : 수양	62.0	67.0	70.0/74.0	68.3	43.0	64.0/75.0	60.7
92. 윗목 : 웃목	78.0	64.0	84.0/80.0	76.5	83.0	76.0/88.0	82.3
93. 위층 : 윗층	**27.0**	**38.0**	**23.0/19.0**	**26.8**	**9.0**	**18.0/20.0**	**15.7**
94. 웃어른 : 윗어른	56.0	47.0	67.0/74.0	61.0	61.0	78.0/75.0	71.3
95. 삼수갑산 : 산수갑산	70.0	37.0	36.0/61.0	51.0	28.0	24.0/46.0	32.7
96. 혈혈단신 : 홀홀단신	78.0	67.0	64.0/76.0	71.3	28.0	53.0/71.0	50.7
97. 풍비박산 : 풍지박산	**47.0**	**61.0**	**49.0/35.0**	**48.0**	**13.0**	**31.0/41.0**	**28.3**
98. 아연실색 : 아연질색	60.0	50.0	62.0/45.0	54.3	41.0	42.0/58.0	47.0
99. 괴발개발 : 개발쇠발	**36.0**	**41.0**	**49.0/36.0**	**40.5**	**15.0**	**20.0/25.0**	**20.0**
100. 홑몸/임산부 : 홀몸	**21.0**	**31.0**	**36.0/32.0**	**30.0**	**22.0**	**16.0/28.0**	**22.0**
평균	59.6	54.3	57.8/61.0	58.2	55.5	58.1/61.9	58.5

※참고 : ① 61, 62, 63문항은 복수 표준어임.
② 맨 앞의 문항이 정답임.
③ 숫자는 정답 맞은 %의 수치임.

<표 1>에서 알 수 있듯이 중학교 1학년(100명)은 59.6, 2학년(100명)은 54.3, 3학년(100명)은 57.8로 나타났다. 이는 모두 남학생의 성적이다. 참고로 중 3 여학생(100명)은 61.0으로 남학생보다 2.2정도 높은 것으로 나타났다. 중요한 것은 남학생의 경우 1학년의 성적이 가장 높다는 점이다. 이는 중학교 1학년 국어 교과서에 '표준어'에 대한 내용이 있으므로 학생들이 이에 대해 교육을 받은 결과라 생각한다. 그리고 고등학생의 경우, 1학년(100명)은 55.5, 2학년(100명)은 58.1이었다. 반면에 2학년 여학생(100명)은 61.9로 남학생보다 3.8이 높게 나타나 중학생과 마찬가지로 여학생이 높다는 사실을 보여주었다. 그리고 중학생과 고등학생의 전체 성적은 '58.2 : 58.5'로 거의 차이가 없다는 점이다. 이는 학교에서 정서법 교육이 제대로 이루어지지 않고 있음을 보여주는 것이다.

보다 타당성이 있는 학년 비교와 개인별 성적을 알기 위해서 E학교 1, 2, 3학년을 같은 문항으로 조사했다. <표 2>에서 제시하겠지만, 1학년이 61.9, 2학년이 58.1, 3학년이 58.0으로 <표 1>에서 조사한 결과와 마찬가지로 1학년의 성적이 가장 높았다.[87] 그리고 최고 점수와 최저 점수 차이가 크지 않다는 점과 70점 이상 학생이 겨우 2.0%에 불과하다는 점이다. 이는 국어 語文規程에 대해 아주 잘 알고 있는 학생들이 많지 않다는 사실을 의미함으로써 국어 語文規程 교육의 필요성과 그 문제점을 동시에 수반하고 있음을 제기할 수 있다. 참고로 E 중학교 1, 2, 3학년의 성적을 보이면 다음과 같다.

〈표 2〉 E 중학교(남) 개인별 성적

학년 명	1 학년	2 학년	3 학년	학년 명	1 학년	2 학년	3 학년	학년 명	1 학년	2 학년	3 학년
1	67	55	62	18	63	61	71	35	64	54	61
2	60	62	63	19	66	58	59	36	66	60	60
3	51	66	57	20	66	63	60	37	64	63	61
4	56	56	54	21	62	52	57	38	66	56	65
5	61	60	50	22	68	56	61	39	56	62	63
6	64	66	49	23	59	60	63	40	57	62	54
7	64	46	55	24	61	62	52	41	55	60	66
8	57	58	56	25	64	54	71	42	63	49	50
9	64	55	59	26	60	51	52	43	67	61	42

---

87) 설문 조사 문항의 영역과 내용은 다르지만 참고로 민현식(1995: 257)의 조사 결과를 보이면 다음과 같다.

	초등학생	중학생	고등학생	대학생	일반인	평균
남	50.50	51.95	54.04	54.91	52.86	52.85
여	52.83	56.50	57.91	56.56	55.25	55.81

평균 점수가 50점대로 우리가 조사한 것과 유사하다. 또한 여학생의 성적이 남학생보다 3점 정도 높게 나타난 것도 유사한 결과이다. 다만 우리가 조사한 것보다 전체적으로 낮은 점수대를 보인 것은 '표준 발음법'의 정답률이 비교적 낮은 데, 본서에서는 이에 대한 내용을 포함시키지 않았기 때문이라 생각한다.

학년 명	1 학년	2 학년	3 학년	학년 명	1 학년	2 학년	3 학년	학년 명	1 학년	2 학년	3 학년
10	36	63	57	27	67	54	57	44	59	59	47
11	69	60	57	28	62	47	58	45	63	60	52
12	62	44	58	29	58	58	61	46	63	59	48
13	57	57	63	30	62	66	53	47	69	58	55
14	64	61	68	31	65	62	55	48	67	60	49
15	63	62	58	32	65	54	65	49	63	61	58
16	63	65	70	33	67	51	53	50	61	56	58
17	58	73	58	34	62	48	67				
평균 점수	1학년 : 61.9			2학년 : 58.1				3학년 : 58.0			

　이제 다시 <표 1>을 토대로 낮은 정답률을 보인 문항을 중심으로 그 문제점을 살펴보도록 하겠다.

　모두 32개 문항이 낮은 정답률을 보였다. 대체로 중학생과 고등학생의 정답률은 각 문항마다 거의 차이가 없어 중학생이 잘못 알고 있는 것을 고등학생도 마찬가지로 잘못 알고 있다는 사실을 알 수 있다. 이중 중학생과 고등학생의 정답률 차이를 크게 보인 항은 4번의 '오뚝이', 12번의 '은닉', 25번의 '며칠', 53번의 '바람' 정도였다. 그리고 중학생, 고등학생 모두 10% 미만의 정답률을 보인 문항은 61번의 '멍게 : 우렁쉥이', 62번의 '물방개 : 선두리', 63번의 '애순 : 어린순'이다. 이는 모두 복수 표준어에 대한 규정으로, 이에 대한 교육이 전혀 이루어지지 않고 있음을 보여준다.

　그러나 정답률이 낮은 문항을 좀 더 고찰해 보면 단지 이에 대한 정서법 교육의 미흡만으로 간주하기에는 문제점이 발견된다. 즉, 언중의 편리를 위해 실제로 언중이 사용하는 현실음을 표준어로 인정하겠다는 국어 語文規程의 원칙과 상당히 차이가 있음을 발견하게 되어 정서법 규정의 문제점이 있음을 보여준다. 이에 대해서는 語文規程의 조항을 들어 구체적으로 살펴보겠다.

7.3 國語 語文規程의 교육과 문제점

7.3.1 <한글 맞춤법>의 경우

현행 '한글 맞춤법'은 1988년 문교부에서 고시한 것으로, 소리말을 語法에 맞도록 文字로 적는 원리를 규정한 것이다. 그러나 이러한 맞춤법의 원리가 언중에게 제대로 교육되지 못하고 있다. 또한, 언중의 현실음을 따르는 일부 예외적인 규정이 적용되므로 여전히 문제점을 수반하고 있다. 이에 國語 語文規程에서 '한글 맞춤법'의 조항 중 규정 원리에 대한 교육이 필요한 부분과 문제점이 있는 것을 대상으로 살펴보겠다.

<제9항>
'의'나 자음을 첫소리로 가지고 있는 음절의 'ㅢ'는 'ㅣ'로 소리나는 경우가 있더라도 'ㅢ'로 적는다.
의의 본의 무늬 오늬 하늬바람 늴리리 닁큼 띄어쓰기 씌어 틔어

이에 대해 〔해설〕에서 '늬'의 첫소리 'ㄴ'이 구개음화되지 않는 치조음([n])으로 발음형태가 [니]로 나더라도 '늬'로 적는다고 했다. 그러나 <표 1> 10번 '늴리리'의 정답률을 보면 중학생은 전체 400명 중 108명인 27.0%, 고등학생은 전체 300명 중 69명인 23.0%에 불과해 이에 대한 정서법 교육이 필요함을 보여준다.

<제11항 '붙임 1'>
단어의 첫머리 이외의 경우에는 본음대로 적는다.

개량(改良)　선량(善良)　수력(水力)　협력(協力)　사례(謝禮)
혼례(婚禮)　와룡(臥龍)　쌍룡(雙龍)　하류(下流)　급류(急流)
도리(道理)　진리(眞理)

이 중 '쌍룡'은 [해설]에서도 설명했듯이 각기 하나의 명사로 다루어 '쌍(한 쌍, 두 쌍, …)과 '용'이 결합한 구조이므로 '쌍용'으로 적을 수 있으며, 아래의 <붙임 4>에서 보여주듯이 두음법칙에 따라 역시 '쌍용'으로 적을 수 있는 잘못된 원칙을 적용한 탓도 있지만, '쌍용' 회사의 표기가 학생들에게 혼란을 초래한 듯싶다. 그 결과 <표 1>의 13번에서 '쌍룡'으로 정답을 한 학생은 중학생의 경우 22.8%, 고등학생은 35.7%로 이에 대해 보다 분명한 교육이 필요할 것이다.

이러한 두음법칙의 원칙은 올바른 지도의 필요성도 있지만, 문제점도 있음을 발견하게 된다.

<제11항 '붙임4'>
접두사처럼 쓰이는 한자가 붙어서 된 말이나 합성어에서 뒷말의 첫소리가 'ㄴ' 또는 'ㄹ' 소리로 나더라도 두음법칙에 따라 적는다.

역이용(逆利用) 연이율(年利率) 열역학(熱力學) 해외여행(海外旅行)

[해설]에서 '몰이해(沒理解), 과인산(過燐酸), 가영수(假領收), 등용문(登龍門), 불이행(不履行), 사육신(死六臣), 생육신(生六臣), 선이자(先利子), 소연방(蘇聯邦), 청요리(淸料理), 수학여행(修學旅行)' 등 예를 더 들었다. 그리고 발음습관이 본음의 형태로 굳어진 '미립자(微粒子), 소립자(素粒子), 수류탄(手榴彈), 파렴치(破廉恥)'를 예외로 다루었다. 그러나 '몰염치(沒廉恥)'나 '총유탄(銃榴彈)'은 이 규정에서 또 예외가 된다. 이는 언중의 편리를 위해 규정한 정서법이 오히려 혼란만 초래하게 되었다. 이에 대해 '모음 뒤에서 본음으로 소리나는 것은 본음대로 적는다'는 규정을 생각해 보면 될 것 같지만 이 역시 문제가 있다. 그렇게 되면 '사육신(死六臣), 과인산(過燐酸)'은 '사륙신, 과린산'으로 적어야 할 것이다.

또한 '붙임 4' [해설]에서 "고유어 뒤에 한자어가 결합한 경우에는 뒤

의 한자어 형태소가 하나의 단어로 인식되므로, 두음법칙을 적용하여 적
는다."고 했으나 이 역시 언중이 기억하기에는 체계적이지 못하다. 예를
들면 '개-연(蓮) : 수-련(蓮)', '구름-양(量) : 강수-량(量)', '숫-용(龍)[88] : 청-
룡(龍)' 등을 들 수 있다.
　이렇게 예외의 규정을 두다보니 두음법칙의 <제10항 '붙임 1'>에서
"단어의 첫머리 이외의 경우에는 본음대로 적는다."고 규정한 대로 '남
녀', '은닉(隱匿)'의 표기를 '남여, 은익'으로 오용하고 있다. 이를 조사한
결과 <표 1>의 11번인 '남녀'는 중학생 61.8%, 고등학생 63.7%의 정답
률을 보였으나, <표 1> 12번의 '은닉'은 중학생의 경우 29.3%의 정답률
을 보였다. 이는 학생들이 맞춤법의 원리를 알고 있다기보다는 단지 실
제 생활에서 많이 사용하고 있기 때문에 틀리지 않았다는 결과를 확인
시켜 주는 것이다. 반면에 고등학생의 경우에는 '은닉'의 정답률이
69.0%로 중학생과 많은 차이를 보인 것은 고등학생 정도에서 '은닉'이
란 단어를 자주 사용하고 있다는 것으로 파악된다.

<제20항 붙임>
　'-이' 이외의 모음으로 시작된 접미사가 붙어서 된 말은 그 명사의 원
형을 밝히어 적지 아니한다.

꼬락서니　　끄트머리　　<u>모가치</u>　　바가지　　　바깥　　사타구니
싸라기　　　이파리　　　지붕　　　지푸라기　　짜개

　[해설]에서 '몫아치'는 '목사치'로 적어야 하지만 현실 발음 형태인
[모가치]로 굳어졌기 때문에 '모가치'로 적으며, '값어치' 역시 '갑서치'
로 적어야 원칙이고, 현실발음 형태가 [가버치]이지만 관용에 따라 '값

---

88) 국어 어문 규정집(1988:50)에서 '숫-용(雄龍)'이라고 표기했지만 이는 잘못 표기된
　　것이다. <표준어 사정 원칙> 제7항에서 "수컷을 이르는 접두사는 '수-'로 통일한
　　다."고 했으며, '다만 2'에서 접두사 '숫-'으로 하는 경우는 '숫양, 숫염소, 숫쥐'만으
　　로 한정했기 때문에 '숫-용'이 아니라 '수-용'으로 표기해야 한다.

어치'로 적는다고 했다. 또한 '벼슬아치'도 '벼스라치'로 적어야 원칙이
지만 관용에 따라 '벼슬아치'로 적는다고 했다. 물론 우리 언어가 교착
어의 특성 때문에 예외 규정이 나올 수밖에 없고, 역사주의적 표기의
습관적 관용법을 따를 수도 있지만 실제로 현실 발음을 따르지 않는
것이 상당수에 이른다. 따라서 이 조항 역시 관용적 형식을 따른다는
원칙은 불필요하다. 표준어는 언중이 기억하기 쉽고 사용하기에 용이
하도록 하는 데 있기 때문에 오히려 형태주의 표기법을 따라 '몫아치,
값어치, 벼슬아치'로 규정하는 것이 혼란을 막을 수 있을 것이다. 실제
로 학생들은 <표 1> 33번에서 보듯이 '모가치 : 몫아치'의 비율이 중학
생은 35 : 65, 고등학생은 45 : 55의 비율로 나타나 이에 대한 재고가 필
요하다.

<제23항>
　'-하다'나 '-거리다'가 붙는 어근에 '-이'가 붙어서 명사가 된 것은 그 원
형을 밝히어 적는다.

　　깔쭉이　　꿀꿀이　　더펄이　　배불뚝이　　삐죽이　　살살이
　　쌕쌕이　　<u>오뚝이</u>　　코납작이　　푸석이　　홀쭉이

　'오뚝이'는 본래 '오똑이'에서 나온 것으로 '오뚜기'였다가 다시 '오뚝
이'로 바뀐 것이다. 그래서 '오똑이'라는 형태는 사용하지 않는다. 그러
나 '오똑이(코가 오똑한 사람)'와 '오뚝이(장난감)'는 구별해서 사용해야
할 것이다.89) '오뚝이'의 정답률은 <표 1>의 4번에서 보듯이 중학생은
35.0%인데 반해 고등학생은 57.3%를 보여 차이가 남을 보여준다. 이는
'오뚜기' 식품의 영향이 상당히 컸음을 반영하는 것으로 이에 대한 교
육이 더욱 필요하다.

---

89) 정재도(1988: 9)는 이와 관련해서 '-하다'나 '-거리다'가 붙는 같은 시늉말의 뿌리는
　　갈라 적는다고 하여 '오똑이 : 오또기', '불뚝이 : 불뚜기', '삐죽이 : 삐주기', '털털
　　이 : 털터리'의 구별을 언급했다.

<제27항 붙임2>
어원이 분명하지 아니한 것은 원형을 밝히어 적지 아니한다.

골병 골탕 끌탕 <u>며칠</u> 아재비 오라비

[해설]에서 '며칠'은 '몇-일'로 분석하기 어려운 것이라 하여, '몇'과 '일'이 결합한 형태라면 [(면닐->)면닐]로 발음되어야 하는데 형식형태소인 접미사나 어미, 조사가 결합한 형식에서와 마찬가지로 'ㅊ' 받침이 내리 이어져 [며칠]로 발음된다고 하였다. 그러나 이는 '몇 년', '몇 월'(形態主義)과는 달리 表音主義 表記로 '며칠'로 적으므로 언중에게는 혼란스러운 것이 사실이다. <표 1>의 25번에서 보듯이 정답률이 중학생의 경우는 45.8%, 고등학생의 경우는 다소 높은 69.7%를 보여줌으로써 이에 대한 교육 역시 필요하다.

<제40항 붙임2>
어간의 끝음절 '하'가 아주 줄 적에는 준 대로 적는다.

본 말	준 말
거북하지	거북지
<u>생각하건대</u>	<u>생각건대</u>
깨끗하지 않다	깨끗지 않다
섭섭하지 않다	섭섭지 않다

이러한 현상은 [해설]에서도 설명하고 있듯이 안울림소리 받침 뒤에서만 나타난다. 따라서 울림소리 뒤에서 'ㅎ'이 다음 음절의 첫소리와 어울려 거센소리로 될 적에는 거센소리로 적어야 한다. 예를 들어 '간편하게'의 준말은 '간편케', '연구하도록'의 준말은 '연구토록'이 되는 것이다. 이에 대한 원칙을 학생들이 모르고 사용하는 경우가 많이 있음을 알 수 있다. <표 1>의 35번에서 보듯이 '생각하건대'의 준말을 '생각건

대'로 제대로 알고 있는 학생은 중학생의 경우 35.3%, 고등학생의 경우
는 22.7%였다. 그리고 <표 1>의 34번의 '서슴지'로 답한 학생은 중학생
의 경우 24.0%, 고등학생의 경우 15.0%에 불과했다. '서슴지'의 기본형
은 '서슴하다'가 아니라 '서슴다'이다. 따라서 '하'의 준말이 아니므로 이
규칙이 적용될 수 없음을 학생들에게 지도해야 할 것이다.

<제51항>
　부사의 끝 음절이 '이'로만 나는 것은 '-이'로 적고, '히'로만 나거나 '이'
　나 '히'로 나는 것은 '-히'로 적는다.

(1) '이'로만 나는 것
가붓이　　깨끗이　　나붓이　　느긋이　　둥긋이　　따뜻이　　반듯이
버젓이　　산뜻이　　의젓이　　가까이　　고이　　　날카로이　대수로이
많이　　　적이　　　헛되이　　겹겹이　　번번이　　일일이　　번거로이

(2) '히'로만 나는 것
극히　　　급히　　　딱히　　　속히　　　작히　　　족히　　　특히
엄격히　　정확히

(3) '이, 히'로 나는 것
솔직히　　가만히　　간편히　　나른히　　무단히　　각별히　　소홀히
쓸쓸히　　정결히　　과감히　　꼼꼼히　　심히　　　열심히　　급급히
답답히　　섭섭히　　공평히　　능히　　　당당히　　분명히　　상당히
조용히　　간소히　　고요히　　도저히

　이와 같은 규정은 문제가 될 수 있다. 그 이유는 말하는 사람의 습관
에 따라 다르게 인식될 수 있기 때문이다. 따라서 이에 대한 재 규정이
필요하다.[90] 그리고 이 규정에 예외적인 단어들이 많다. 예를 들면 '축

---

90) 이은정(1991: 41-42)은 이에 대해 다음과 같이 제시하였다.
　(1) '-이'로 적는 것

194　文法敎育의 탐구

축이, 촉촉이, 볼록이, 불룩이'는 '-하다'의 접미사가 붙어 '-히' 발음이
나는 것이지만 '-이'가 붙는 것으로 규정했다. 실제로 '촉촉이'로 정답을
한 학생은 <표 1>의 19번에서 보여주듯이 중학생은 19.3%, 고등학생은
12.0%에 불과해 語文規程의 문제점을 보여준다.

<제53항>
　다음과 같은 어미는 예사소리로 적는다.
　-(으)ㄹ거나　　　　　　-(으)ㄹ걸
　-(으)ㄹ게　　　　　　　-(으)ㄹ세
　-(으)ㄹ세　　　　　　　-(으)ㄹ시
　-(으)ㄹ지　　　　　　　-(으)ㄹ지라도

　<다만>에서 '-(의)ㄹ까?, -(으)ㄹ꼬?, -(스)ㅂ니까?, -(으)리까, -(으)ㄹ쏘
냐?' 처럼 의문을 나타내는 경우에는 어미를 된소리로 적는다고 규정하
고 있다. 그리고 '-ㄹ게'는 본래 '-ㄹ께'로 적던 것인데 예사소리의 통일
을 하기 위해 '-ㄹ게'로 정한 것이다. 이는 단지 역사적인 표기법에 따른
일종의 관용에 의한 것이다. 따라서 이에 대한 교육이 필요하다. <표 1>
의 40번인 '놀러 갈게'로 답한 학생은 중학생의 경우 34.0%, 고등학생은
26.7%로 이에 대한 교육이 필요함을 보여준다.

---

　　① 첩어 명사 뒤의 부사화 접미사
　　② 'ㅅ' 받침 뒤의 부사화 접미사
　　③ 'ㅂ' 불규칙 용언의 어간에 결합하는 부사화 접미사
　　④ '-하다'가 붙지 않는 용언 어간에 결합하는 부사화 접미사
　　⑤ 부사에 결합하는 접미사
　(2) '-히'
　　① '-하다'가 붙는 용언 어근에 결합하는 부사화 접미사
　　② '-하다'가 붙는 어근에 '-히'가 결합하여 이루어진 부사가 줄어진 말
　　③ 어간 형태소의 기본 의미가 유지되고 있지 않은 단어의 경우는 익어진 발음
　　　형태
위와 같이 보다 구체적으로 구분하였지만 이 역시 문제가 있다. 발음상 '-히'로 나
는 지 '-이'로 나는지는 사람에 따라 다를 수 있기 때문에 이 역시 자의적인 해석
의 영향이 클 수 있다.

<제54항 해설>

　한 형태소 내부에 있어서, 'ㄱ, ㅂ' 받침 뒤에서 [빼기]로 발음되는 경우는 '배기'로 적으며, 다른 형태소 뒤에서 [빼기]로 발음되는 것은 모두 '빼기'로 적는다.

　　뚝배기　　고들빼기　　<u>곱빼기</u>　　언덕빼기　　억척빼기　　악착빼기

　그런데 '곱빼기'를 제대로 알고 있는 학생은 <표 1>의 39번에서 보듯이 중학생은 31.5%, 고등학생은 30.0%의 낮은 정답률을 보여주었다. 이는 실제 생활에서 언중이 잘못 사용하고 있는 것에 영향을 받을 수 있어 언중에 대한 올바른 語文規程 교육도 필요함을 알 수 있다.

　이외에 '제30항'에서 "순 우리말로 된 합성어로서 뒷말의 첫소리 모음 앞에서 'ㄴㄴ' 소리가 덧나는 경우에 사이시옷을 받치어 적는다"고 하여 '두렛일, 뒷일, 베갯잇, 나뭇잎, 댓잎' 등을 예로 들었다. 이와 같은 원칙을 적용하여 '해님'을 '햇님'으로 표기하는 것은 잘못된 것이다. '해님'은 '해'에 접미사 '-님'이 결합된 파생어이므로 사이시옷을 받치어 적지 않는다. <표 1> 85번에서 보듯이 중학생은 22.0%, 고등학생은 16.7%의 낮은 정답률을 보이므로 이에 대한 교육이 필요하다.

7.3.2 <표준어 규정>의 경우

　1988년 문교부에서 고시된 '표준어 규정'은 제1부 '표준어 사정 원칙'과 제2부 '표준어 발음법'으로 구성되었다. 그리고 '표준어 사정 원칙'은 다시 '총칙'과 '발음 변화에 따른 표준어 규정', '어휘 선택의 변화에 따른 표준어 규정'으로 이루어졌다. 이러한 '표준어 규정'은 어떤 규범 원리에 의한 것이라기보다는 언중이 기억하기에 편리하도록 査定 委員會에서 정한 것이므로 많은 문제점을 초래하므로 이에 대해 살펴보겠다.

<제7항>
　수컷을 이르는 접두사는 모두 '수-'로 통일한다.

　수꿩　수나사　<u>수놈</u>　수사돈　<u>수소</u>[황소]　수은행나무

　<다만 1>, <다만 2>에서 '수캉아지, 수캐, 수컷, 수키와, 수탉, 수탕나귀, 수톨쩌귀, <u>수퇘지</u>, 수평아리'와 '숫양, 숫염소, 숫쥐'만을 예외로 한다고 했다. 그러나 왜 이것만 예외 규정으로 했는지 도저히 이해할 수 없다. '수ㅎ+강아지 → 수캉아지, 수ㅎ+개 → 수캐, 수ㅎ+것 → 수컷, 수ㅎ+기와 → 수키와'가 되듯이 '수ㅎ+기린 → 수키린, 수ㅎ+개미 → 수캐미, 수ㅎ+거미 → 수커미' 등도 충분히 가능하기 때문이다. 그리고 발음상 사이시옷과 비슷한 소리가 있다고 판단하여 '숫-'의 형태를 취하였다고 하지만 왜 '숫양, 숫염소, 숫쥐'만에 한정시켰는지 이해되지 않는다. 오히려 필요 없는 규정이 아닌가 한다. 차라리 동음으로 혼동될 수 있는 '수소(水素) : 숫-소[황소], 수술(手術) : 숫-술(암술의 대립어)'처럼 분명히 구분될 수 있는 단어에 사잇소리 규정이 필요할 것이다.

　조사한 결과를 보면, <표 1> 32번의 '수소[황소]'로 답한 학생은 중학생의 경우 37.0%, 고등학생의 경우 17.0%이며, <표 1>의 89번인 '수놈'으로 답한 학생은 중학생의 경우 35.8%, 고등학생의 경우 17.7%이다. 그리고 <표 1>의 90번인 '수퇘지'로 답한 학생은 중학생의 경우 44.3%, 고등학생의 경우 32.7%로 모두 낮은 정답률을 보여주어 이에 대한 교육도 필요하지만 표준어 규정의 재고가 필요한 부분이다.

<제8항>
　양성모음이 음성모음으로 바뀌어 굳어진 다음 단어는 음성 모음 형태를 표준어로 삼는다.
　<u>깡충깡충</u>　-둥이　발가숭이　보퉁이　봉죽　뻗정다리　<u>주추</u>

<표 1>의 43번에서 보여주듯이 '깡충깡충'을 답한 중학생은 36.0%, 고등학생은 23.3%로, 대다수의 학생들이 '깡총깡총'으로 알고 있다. 음성상징어는 모음조화를 지키고 있지만, 언중이 '깡충깡충'으로 사용하고 있기 때문에 '깡충깡충'으로 바꾼 것이다. 그러나 아직도 대부분의 사람들이 '깡총깡총'으로 알고 있어서 오히려 모음조화의 원리에 혼란을 초래할 것으로 우려된다. 그리고 '주추' 역시 이러한 현상으로 인해 <표 1>의 45번에서 보듯이 낮은 정답률을 보인다.

<제10항>
다음 단어는 모음이 단순화한 형태를 표준어로 삼는다.

<u>괴팍하다</u> 미루나무 미륵 여느 으레 케케묵다

이 중 '괴퍅하다'를 버리고 '괴팍하다'를 표준어로 규정했다. 그러나 '강퍅하다'는 '강팍하다'로 바꾸지 않았다. 성질이 까다로워서 성을 잘 내는 것을 '-퍅하다'라고 한다. 그런데 '괴퍅하다'를 '괴팍하다'로 하면서 '강퍅하다'를 그대로 두는 것은 문제가 있다. 역시 '강팍하다'로 고치는 것이 좋을 것이다.

<제11항>
다음 단어에서는 모음의 발음 변화를 인정하여, 발음이 바뀌어 굳어진 형태를 표준어로 삼는다.

-구려 깍쟁이 나무라다 미수 <u>바라다</u>(*'바램'은 비표준어)
상추 주책 지루하다 튀기 허드레 호루라기

'바라다'의 명사형을 '바람'으로 하였다. 이는 동사 '바라다'에서 '바램'이 파생될 수 없는 문법적 현상에 의한 것이다. 그러나 이 역시 문제가 있다. 우선 '바람(風)'과 동음어로 혼동될 수 있으며, 대부분의 언중의

현실발음이 '바람'보다는 '바램'으로 사용되고 있기 때문이다. 이는 '제9
항 붙임 1'에서 문법적으로는 'ㅣ' 모음 역행동화인 '아지랭이'로 해야
하지만 현실발음의 이유로 '아지랑이'로 한 것과 맥락을 같이 할 수 있
다. <표 1>의 53번에서 보여주듯이 '바람'에 대한 정답률은 중학생의 경
우 52.3%인 반면에, 고등학생의 경우는 35.3%로 오히려 고등학생이 낮
은 것으로 나타났다. 따라서 이에 대한 규정 역시 재고할 필요가 있다.

<제12항 다만1, 다만2>
　　된소리나 거센소리 앞에서는 '위-'로 하고, '아래, 위'의 대립이 없는 단
　어는 '웃-'으로 발음되는 형태를 표준어로 삼는다.

　　　<다만1>　위짝　위쪽　위채　<u>위층</u>　위치마　우턱　위팔
　　　<다만2>　웃국　웃기　웃돈　웃비　웃어른　웃옷

　<다만1>에서 보듯이 '위층'이 표준어인데 <표 1>의 93번에서 보듯이
중학생은 26.8%, 고등학생은 15.7%만이 표준어를 알고 있어 이에 대한
교육이 필요하다. 그리고 표준어 규정에서나 사전에서도 '-분'에 대한
언급은 없다. 따라서 '-분'에 대한 언급이 있어야 할 것이다. '-분'의 경
우, '윗분 : 아랫분'의 대립 개념이 없다. 즉, '아랫분'이란 말이 없으므로
본항의 원리에 적용하면 '웃분'이어야 한다. 그러나 현실음은 '윗분'이
지배적이다. '윗분'이라고 답한 학생은 <표 1>의 55번에서 보여주듯이
중학생은 72.3%, 고등학생은 87.3%였다. 그리고 언중의 발음현실도 '윗
분(82.7% / 98%) : 웃분(13.3% / 2%)'으로 조사되었다(* 참고로 앞의 수
치는 인천 중등 국어교사, 뒤의 수치는 인하대생을 조사한 것임). 따라
서 '윗분'이란 단어도 인정하여 표준어로 규정해야 할 것이다.

　　<제22항>
　　고유어 계열의 단어가 생명력을 잃고 그에 대응되는 한자어 계열의
　단어가 널리 쓰이면, 한자어 계열의 단어를 표준어로 삼는다.(ㄱ을 표준

어로 삼고, ㄴ을 버림)

ㄱ	ㄴ	ㄱ	ㄴ
개다리 소반	개다리 밥상	<u>부항단지</u>	뜸단지
겸상	맞상	산줄기	멧줄기
고봉밥	높은밥	수삼	무삼
단벌	홑벌	양파	둥근파
방고래	구들고래	<u>총각무</u>	알무/알타리무

한자어 계열의 단어를 표준어로 삼은 경우로 '뜸단지' 대신에 '부항단지'를 표준어로 인정했지만 '부항'과 '뜸'은 그 의미 자체가 다르다. '부항'은 '부스럼의 피와 고름을 빨아내려고 작은 항아리 속에 불을 켜서 공기를 희박하게 만들어 부스럼 구멍에 붙이는 일'(우리말 큰사전)이고, '뜸'은 '약쑥을 비벼서 자질구레하게 빚어 살 위의 어떠한 혈에 놓고 불을 붙여서 살을 뜨는 일'(우리말 큰사전)이다. 따라서 '부항(附缸)'은 그 자체가 부항단지의 의미를 갖지만 '뜸'은 다른 것이므로 고유어와 한자어 계열의 대응으로 논할 성질이 아니다. 또한 '알타리무' 대신에 '총각무'를 표준어로 인정했지만 둘의 사용은 비슷한 것으로 나타났다. 즉, '알타리무(33.3%/59%) : 총각무(44%/41%)로 나타났으며, 둘 모두를 사용한다는 경우도 22.7%이었다. 이렇게 거의 대등하게 사용되는 경우를 오히려 복수 표준어로 인정해야 할 것이다(앞의 수치는 인천 중등교사, 뒤의 수치는 인하대생). 이에 대해 중·고등학생들 역시 표준어를 '총각무'로 알고 있는 학생은 <표 1> 60번에서 보듯이 중학생은 44.0%, 고등학생은 32.7%로 일반인들과 비슷한 수치를 나타냈다.

이러한 단수 표준어와 복수 표준어의 문제점은 다음에서도 살펴볼 수 있다.

<제19항>
어감의 차이를 나타내는 단어 또는 발음이 비슷한 단어들이 다 같이

널리 쓰이는 경우에는, 그 모두를 표준어로 삼는다.

거슴츠레하다 : 게슴츠레하다   고까 : 꼬까
고린내 : 코린내   교기 : 갸기
구린내 : 쿠린내   꺼림하다 : 께름하다
나부랭이 : 너부렁이

복수 표준어에서 다 같이 널리 쓰이는 경우로 '거슴츠레하다 : 게슴츠레하다, 고까 : 꼬까, 고린내 : 코린내, 구린내 : 쿠린내, 꺼림하다 : 께름하다, 나부랭이 : 너부렁이' 등 둘 모두를 인정했다. 그러나 과연 둘 모두 널리 쓰이는가에 대해서는 보다 면밀한 조사가 이루어져야 할 것이다. 우리가 조사한 바에 의하면 '거슴츠레하다(10.7%/5%) : 게슴츠레하다(86.6%/95%), 고까(9.3%/5%) : 꼬까(90.7%/95%), 고린내(69.3%/93%) : 코린내(5.3%/7%), 구린내(86.7%/98%) : 쿠린내(8.0%/2%), 나부랭이(100%/100%) : 너부렁이(0%/0%)'로 조사되었다. 대등하게 이루어진 것이 아니라면 둘 모두를 표준어로 인정하는 것은 바람직하지 않다. 특히 '너부렁이'를 사용한다는 사람은 국어과 교사들과 인하대생 중에서 한 사람도 없었다. 100% 모두 '나부랭이'를 사용한다고 했다. 둘 모두 널리 사용하기 때문에 복수 표준어로 인정했다는 사실은 도저히 납득할 수 없는 사항이다. 이외에 '구린내'는 '쿠린내'보다, '꼬까옷'은 '고까옷'보다, '고린내'는 '코린내'보다 그리고 '게슴츠레'는 '거슴츠레'보다 훨씬 많이 사용하는 것으로 나타났듯이 이 역시 복수 표준어로 인정할 필요가 없을 것이다(앞의 수치는 인천 중등교사, 뒤의 수치는 인하대생 수치임).

<제23항>
    방언이던 단어가 표준어보다 더 널리 쓰이게 된 것은, 그것을 표준어로 삼는다. 이 경우, 원래의 표준어는 그대로 표준어로 남겨 두는 것을 원칙으로 한다. (ㄱ을 표준어로 삼고, ㄴ도 표준어로 남겨 둠)

ㄱ	ㄴ
멍게	우렁쉥이
물방개	선두리
애순	어린순

　복수 표준어로 둘 모두를 인정할 것인지에 대해서 생각해 보아야 할 것이다. '멍게 : 우렁쉥이, 물방개 : 선두리, 애순 : 어린 순' 등 둘 모두를 표준어로 규정했지만, 많이 사용하는 하나만을 표준어로 인정해야 할 것이다. 조사 결과를 보면 '멍게(93.3%/96%) : 우렁쉥이(4.0%/4.0%)', '물방개(100%/100%) : 선두리(0%/0%)', '애순(36%/25%) : 어린순(60%/75%)'이었다. 여기서 '선두리'를 사용한다는 사람은 한 사람도 없이 모두 100% '물방개'만을 사용한다고 대답했다. 이것도 앞의 '나부랭이 : 너부렁이'의 경우처럼 어떻게 복수 표준어로 인정했는지 도저히 이해할 수 없는 경우이다. 그리고 '멍게'와 '우렁쉥이'는 '멍게'가 압도적으로 많이 사용되는 것으로 나타났다. 또한 '애순'과 '어린순'은 '애순'보다 오히려 '어린순'이 훨씬 더 많이 사용되는 경우로 조사되었다.

　학생들 역시 복수 표준어를 모두 알고 있는 학생은 <표 3>의 61, 62, 63번에서 보여주듯이 '멍게 : 우렁쉥이'는 중학생의 경우 6.0%, 고등학생의 경우는 5.3%, '물방개 : 선두리'는 중학생의 경우 2.0%, 고등학생의 경우 3.0%, '애순 : 어린순'은 중학생의 경우 5.8%, 고등학생의 경우 9.0%에 불과하다.

<제25항>

　의미가 똑같은 형태가 몇 가지 있을 경우, 그 중 어느 하나가 압도적으로 널리 쓰이면, 그 단어만을 표준어로 삼는다. (ㄱ을 표준어로 삼고, ㄴ을 버림)

ㄱ	ㄴ	ㄱ	ㄴ
까다롭다	까탈스럽다	등나무	등칡
밀짚모자	보릿짚모자	부스러기	부스럭지
부항단지	부항항아리	샛별	새벽별
손목시계	팔목시계	숙성하다	숙지다
신기롭다	신기스럽다	쌍동밤	쪽밤
주책없다	주책이다		

어느 하나가 압도적으로 널리 쓰이면 그것만 표준어로 인정한다고 했다. 그 결과 '쪽밤'은 버리고 '쌍동밤'을 표준어로 규정했다. 그러나 실제로 조사한 결과 '쌍동밤(32%/18%) : 쪽밤(58.6%/82%)으로 조사되어 오히려 '쪽밤'을 많이 사용하는 것으로 나타나 어떤 근거로 이렇게 규정했는지 이 역시 재고해야 할 사항이다.

참고로 지금까지의 조사 수치를 표로 보이면 다음과 같다.

〈표 4〉 단수 표준어 설문 조사

피조사자 / 어휘	인천 중·고등학교 국어 교사(75명)			인하대생
	명 (%)	모두 인정	참고 사항	100명 (%)
윗목	32 (42.7)	2		46 (46.0)
웃목	41 (54.6)	(2.7)		54 (54.0)
부항단지	28 (37.3)	8	무응답 수	30 (30.0)
뜸단지	27 (36.0)	(10.7)	12 (16.0)	70 (70.0)
총각무	33 (44.0)	17		41 (41.0)
알타리무	25 (33.3)	(22.7)		59 (59.0)
쌍동밤	24 (32.0)	2	무응답 수	18 (18.0)
쪽밤	44 (58.6)	(2.7)	5 (6.7)	82 (82.0)
윗분	62 (82.7)	3		98 (98.0)
웃분	10 (13.3)	(4.0)		2 (2.0)

※( )의 숫자는 %의 수치임.

피조사자 어 휘	인천 중 · 고등학교 국어 교사(75명)			인하대생
	명 (%)	모두 인정	참 고 사 항	100명 (%)
구린내 쿠린내	65 (86.7) 6 (8.0)	4 (5.3)		98 (98.0) 2 (2.0)
고까웃 꼬까웃	7 (9.3) 68 (90.7)			5 (5.0) 95 (95.0)
고린내 코린내	52 (69.3) 4 (5.3)		꼬린내 8 (10.7) 꼬랑내 11 (14.7)	93 (93.0) 7 (7.0)
거슴츠레 게슴츠레	8 (10.7) 65 (86.6)	2 (2.7)		5 (5.0) 95 (95.0)
나부랭이 너부렁이	75(100.0) 0 (0.0)			100 (100.0) 0 (0.0)
꺼림하다 께름하다	26 (34.7) 38 (50.6)	3 (4.0)	꺼림칙하다 8 (10.7)	29 (29.0) 71 (71.0)
멍게 우렁쉥이	70 (93.3) 3 (4.0)	2 (2.7)		96 (96.0) 4 (4.0)
물방개 선두리	75(100.0) 0 (0.0)			100 (100.0) 0 (0.0)
애순 어린순	27 (36.0) 45 (60.0)	3 (4.0)		25 (25.0) 75 (75.0)

※( )의 숫자는 %의 수치임

그리고 '제26항'에서 '우레'는 본래가 '울다'의 어간 '울-'에 접미사 '-에'가 붙어서 된 말이었는데, 이것이 한자어식 표기로 잘못 바뀌어 '우뢰(雨雷)'로 사용되어 온 것이다. 〈표 1〉의 65번에서 보여주듯이 중학생은 38.0%, 고등학생은 23.3%의 낮은 정답률로 이에 대한 교육이 필요하다.

이외에 학생들이 자주 사용하면서도 잘못 알고 있는 몇 가지 사항을 조사한 결과 '중학생 : 고등학생'의 정답률은 〈표 1〉의 75번, 81번, 83번, 97번, 99번, 100번에서 보여주듯이 '서돈'은 47.8% : 26.7%, '흐리멍덩하다'는 14.0% : 5.3%, '괴나리봇짐'은 31.8% : 22.3%, '풍비박산(風飛雹散)'은 48.0 : 28.3%, '괴발개발'은 40.5% : 20.0%, '홑몸(임산부)'은 30.0 :

22.0%였다. 이는 언중들이 잘못 알고 사용하는 것이 그대로 학생들에게
도 답습되어 온 결과라고 생각한다. 따라서 학교에서 학생들에게 정확
한 표준어를 가르치는 일이 절실하다는 점과, 나아가 어법에 맞지 않게
잘못 사용하고 있는 일반인들에 대해서도 정확한 표준어 규정에 대한
홍보와 교육이 필요하다는 점을 알 수 있다.

7.4 요약

지금까지 중·고등학생을 대상으로 國語 語文規程의 認知 실태와 그
문제점을 고찰했다. 이를 위해 언어 생활에서 자주 사용하거나 반드시
필요한 어법에 관련된 단어 100문항을 만들어 중학생 400명, 고등학생
300명을 대상으로 설문 조시히여 문항별 점수 분포를 제시히고 그 문
제점을 고찰했다. 따라서 학생들이 잘못 알고 있는 맞춤법과 표준어의
실태를 보여줌으로써 語文規程 교육의 필요성과 더 나아가 그 규정에
서 문제가 되고 있는 조항을 살펴보았다. 특히 우리 국어는 '소리대로'
(表音主義)와 '어법에 맞도록'(形態主義)의 상반적인 의미의 조화가 필
요함으로써 실제로 언중이 어떤 단어를 사용하느냐가 중요하므로 이를
위해 대학생 100명과 국어과 중등교사 75명의 현실음을 조사하여 語文
規程의 문제점을 제시했다.

이상에서 나타난 두드러진 특징은 다음과 같다.

첫째, 중학교 1학년에서부터 고등학생에 이르기까지 학년 평균 성적
이 50점대로 거의 비슷하다는 점이다. 따라서 중학생 전체 평균은 58.2,
고등학생 전체 평균은 58.5로 그 차이가 없다는 사실이다. 이는 학교에
서 정서법 교육이 거의 이루어지고 있지 않다는 사실을 반영한다.

둘째, 중학생의 경우 1학년의 성적이 가장 높으며, 남학생보다는 여
학생의 성적이 더 높다는 점이다. 1학년이 가장 높다는 사실은 서로 다

른 학교와의 비교에서나 동일학교 내에서의 비교에서나 마찬가지 결과가 나왔다는 점에서 타당성이 있다고 본다. 이는 1학년 국어 교과서 제4단원인 '표준어와 표준 발음'의 영향이라 생각한다. 그리고 여학생의 성적이 남학생의 성적보다 중학생은 2.2, 고등학생은 3.8 높게 나타났다.

셋째, E학교 150명을 기준으로 할 때, 70점 이상의 학생은 전체 2.0%에 불과하다는 점과 상위 학생과 하위 학생의 성적 차가 크지 않다는 점이다. 그리고 대다수의 학생들 성적이 50점대와 60점대를 이루고 있으며, 70점 이상의 학생은 3명으로 그것도 겨우 70점, 71점, 71점이었다. 이는 정확한 맞춤법과 표준어를 알고 있다기보다는 평소 자신들이 사용하고 있는 정도를 반영한 것으로 파악된다.

넷째, 정답률이 비교적 낮은 문항을 32개로 정리해 살펴본 결과 대체로 중학생과 고등학생의 문항별 정답률의 차이가 없다는 점이다. 이는 중학생이나 고등학생이나 잘못 알고 있는 단어가 같음을 보여주는 것이다. 따라서 잘못 알고 있는 맞춤법과 표준어가 학년이 올라감에도 마찬가지라는 사실을 뒷받침한다.

다섯째, 복수 표준어의 정답률이 극히 낮은 것으로 조사되어 이에 대한 교육이 거의 이루어지지 않음을 보여주었다. 전체 10% 미만의 정답률을 보인 문항은 모두 복수 표준어로 '멍게 : 우렁쉥이', '물방개 : 선두리', '애순 : 어린순' 등이었다.

여섯째, 현행 학교 교육에서 정서법 교육의 필요성도 중요하지만, 이외에도 語文規程 자체가 문제점이 있다는 사실이다. 정답률이 낮은 단어 중 상당수가 문제점을 안고 있는데, 특히 두음법칙에 관한 규정, 수컷을 이르는 접두사 문제, 복수 표준어 문제 등을 들 수 있다.

일곱째, 언중이 잘못 사용하고 있는 현실음을 그대로 학생들이 답습하여 잘못 알고 있는 경우도 적지 않음을 알 수 있어 이에 대한 예방이 시급함을 보여 주었다. '흐리멍텅하다, 개발쇠발, 개나리봇짐, 풍지박산' 등은 모두 잘못된 표준어들이다.

어릴 때부터 사용해온 국어에 대한 정서법의 정답률이 비교적 낮은 이유는 1차적으로 학교와 일반인들에 대해 정서법 교육이 부족하고 지속적으로 이런 교육이 이루어지지 못한 데서 온 결과일 것이다. 그러나 이외에도 정서법 규정 자체에도 문제가 있음을 간과해서는 안 된다. 우리 국어는 형태소의 기본형을 정하는 表意主義 표기법의 원칙을 중요시하면서도 언중이 실제로 사용하고 기억하기에 편리한 表音主義를 무시할 수 없어 이 둘의 조화를 보다 합리적이고 체계적으로 적용한 語文規程이 있어야 한다. 이에 대한 광범위한 실태 조사 없이 일부 심의 위원들의 주관적 판단에 의해서 이루어진 규정을 그저 무조건 암기하라는 식의 정서법 교육은 한계를 지닐 수밖에 없다.

<부 록>

옛말의 文法과 우리말의 變遷(國語史)

제1장 옛말의 文法과 문제점

1.1 옛말의 文法

1.1.1 文字와 말소리

1) 문자

한글의 원래 이름은 훈민정음이다. 훈민정음은 세종 25년(1443)에 만들어지고, 세종 28년(1446)에 공포되었다.

〈참고〉訓民正音

[時期] 세종25년(1443) 12월 完成, 세종28년(1446) 9월上旬「訓民正音」이란 책을 지어 頒布함.

[名稱] '訓民正音'이란 명칭은 '文字'의 이름과 「訓民正音」이라는 冊名.
　① '訓民正音' (창제 당시 세종이 지음)
　② '正音'(訓民正音의 略稱)
　③ '諺文'(漢文字와 비교하여 한글을 낮추어 부른 이름)
　④ '反切'(中宗때 崔世珍의 「訓蒙字會」에서 처음으로 지칭한 이름)
　⑤ '國書'(金萬重이 「西浦漫筆」에서 지칭한 명칭)
　⑥ '國文'(甲午更張 이후 국어를 높이기 위한 이름)
　⑦ 朝鮮文字'(日帝때 일본 문자와 구별하기 위한 이름)
　⑧ '한글'(1926년 周時經이 우리 글자의 보배로움과 민족 의식을 강조하는 의미에서 지은 이름. '하나인 글자, 바른 글자, 위대한 글자'의 뜻을 지님.

[創制의 動機와 意義]

　① 이 땅에 고유문자가 없음을 탄식하여 민족의 고유문자를 가져
　　야겠다는 民族精神에서 창제됨.
　② 여러 사람이 고르게 익혀 문화의 혜택을 받게 하기 위한 民主
　　精神, 즉 機會均等主義에서 창제됨.
　③ 우리 문화를 빛나게 하려는 實用主義的 文化精神에서 창제
　　됨.

[研究所·學者] 正音廳을 宮中에 설치함. 集賢殿學者(鄭麟趾, 成三問,
　　朴彭年, 申叔舟, 崔恒 등)

[制字原理]

　① 글자(晉節)를 初聲, 中聲, 終聲 등 三分法으로 나눔.
　② 初聲은 發音器官의 모양을 본떠 만듦(象形字: ㄱ, ㄴ, ㅁ, ㅇ),
　　그밖의 글자들은 基本字에 획을 더함(加劃字: ㅋ; ㄷ, ㅌ; ㅂ,
　　ㅍ; ㅈ, ㅊ; ㆆ, ㅎ).
　③ 中聲은 基本 3字를 天地人(·ㅡㅣ) 三才를 본떠 만들고, 나머
　　지 글자들은 서로 相合하여 만듦(ㅗㅏ, ㅜㅓ, ㅛㅑ, ㅠㅕ).
　④ 終聲은 初聲을 그대로 씀.

[體裁 內容] 制字解, 初聲解, 中聲解, 終聲解, 合字解, 用字解 등 6항 25
　　장으로 됨.

[思想的 背景] 性理學. [實驗作品] 龍飛御天歌

　　새 문자의 글자 수는 28字였다. 훈민정음 解例本의 例義(앞으로 '例
義'라 일컬음)에서는 초성 17字와 중성 11자를 일정한 순서대로 배열하
고, 그 發音法을 漢字를 이용하여 설명하였다.

　1. ㄱ는 엄쏘리니 君(군) ㄷ字(쭝) 처엄 펴아나는 소리 ᄀᆞ티니
　　　·는 吞(튼) ㄷ字(쫑) 가온딧 소리 ᄀᆞ티니라

〈참고〉

[發音法] 漢字를 이용하여 설명함. (ㄱ牙音如君字初發聲, ·如吞字中聲)

[反　切] 漢字의 字音을 표시하기 위하여 두 글자를 합하여 한 글자의
음을 나타냄.
　　“東德紅切” ‘德’의 聲母 ㄷ/t/, ‘紅’의 韻母 웅/uŋ/에 의하여 東
　　/tuŋ/이라는 字音을 표시함.

이는 **初聲**의 발음법과 **中聲**의 발음법을 각각 설명한 것이다. 초성 17
字는 다음과 같다.

	全淸(平音)	次淸(激音)	不淸不濁(有聲音)	全濁(硬音)
어금닛소리(牙音)	ㄱ	ㅋ	ㅇ	ㄲ
혓소리(舌音)	ㄷ	ㅌ	ㄴ	ㄸ
입술소리(脣音)	ㅂ	ㅍ	ㅁ	ㅃ
잇소리(齒音)	ㅈ, ㅅ	ㅊ		ㅉ, ㅆ
목구멍소리(喉音)	ㆆ	ㅎ	ㅇ	ㆅ
반혓소리(半舌音)			ㄹ	
반잇소리(半齒音)			△	

세로 첫째 줄은 **全淸**, 둘째 줄은 **次淸**, 셋째 줄은 **不淸不濁**이라 부른
다. 현대 문법의 예사소리, 거센소리, 울림소리에 대체로 일치한다.
또 **例義**에는 **全淸**의 ‘ㄱ, ㄷ, ㅂ, ㅈ, ㅅ’91) 와 **次淸**의 ‘ㆆ’를 각각 나란
히 쓰면 **全濁**의 ‘ㄲ, ㄸ, ㅃ, ㅉ, ㅆ, ㆅ’의 6字도 만들 수 있다고 언급하
고 있다.

---

91) 옛말의 ‘ㄱ, ㄷ, ㅂ, ㅈ, ㅅ, · · · ·’는 [기, 디, 비, 지, 시, · · · ·]로 읽혔다.

<참고> 訓民正音 初聲

	엄쏘리 牙音	혀쏘리 舌音	입시울소리 脣音	니쏘리 齒音	목소리 喉音	반혀쏘리 半舌音	반니쏘리 半齒音
全淸(平音)	ㄱ(君)	ㄷ(斗)	ㅂ(彆)	ㅅ(戌) ㅈ(卽)	ㆆ(挹)		
次淸(激音)	ㅋ(快)	ㅌ(呑)	ㅍ(漂)	ㅊ(侵)	ㅎ(虛)		
全濁(硬音)	ㄲ(虯)	ㄸ(覃)	ㅃ(步)	ㅉ(慈) ㅆ(邪)	ㆅ(洪)		
不淸不濁 (有聲音)	ㆁ(業)	ㄴ(那)	ㅁ(彌)		ㅇ(欲)	ㄹ(閭)	△(穰)

基本字	ㄱ	ㄴ	ㅁ	ㅅ	ㅇ	(ㄹ)	(△)
制 字 原 理	象舌根閉 喉之形	象舌附上 腭之形	象口形	象齒形	象喉形	象舌之形 而異其體	象齒之形 而異其體
五 音	角	徵	宮	商	羽		
五 行	木	火	土	金	水		
五 季	春	夏	季夏	秋	冬		
五 方	東	南	中	西	北		

中聲 글자는 다음과 같다.

2. ·, ㅡ, ㅣ, ㅗ, ㅏ, ㅜ, ㅓ, ㅛ, ㅑ, ㅠ, ㅕ

이 중에서 '·, ㅡ, ㅣ, ㅗ, ㅏ, ㅜ, ㅓ'는 單母音이고, 'ㅛ, ㅑ, ㅠ, ㅕ'는
二重母音이다.

<참고> 訓民正音 中聲

基本字

三 才	象 形	혀의 位置와 音響度	制字原理	順 序
·(呑)	天(圓)	舌縮而聲深	形之圓象乎天	天開於子
ㅡ(卽)	地(平)	舌小縮而聲不深不淺	形之平象乎地	地闢於丑
ㅣ(侵)	人(立)	舌不縮而聲淺	形之立象乎人	人生於寅

合成字

	母音	陰陽	結合方式	開口度	合成
初出字 二字合	ㅗ (洪)	陽	上下	ㅗ與·同而口蹙	·與一合成
	ㅏ (覃)	陽	左右	ㅏ與·同而口張	ㅣ與·合成
	ㅜ (君)	陰	上下	ㅜ與一同而口蹙	一與·合成
	ㅓ (業)	陰	左右	ㅓ與一同而口張	·與ㅣ合成

	母音	陰陽	結合方式	開口度 및 合音
再出字 三合字	ㅛ (欲)	陽	上下	ㅛ與ㅗ同而起於ㅣ
	ㅑ (穰)	陽	左右	ㅑ與ㅏ同而起於ㅣ
	ㅠ (戌)	陰	上下	ㅠ與ㅜ同而起於ㅣ
	ㅕ (彆)	陰	左右	ㅕ與ㅓ同而起於ㅣ

終聲 글자는 따로 만들지 않았다. 初聲 글자를 그대로 사용한다는, "종성은 다시 초성을 사용한다."와 같은 규정이 있을 뿐이다.

〈참고〉訓民正音 終聲

訓民正音에서 終聲에 관한 설명은 다음과 같이 3가지의 규정을 마련하고 있다.

終聲復用初聲
初聲合用則竝書 終聲同
然ㄱㆁㄷㄴㅂㅁㅅㄹ八字可足用也

例義에는 글자 운용에 관련된 이어 쓰기(連書), 나란히 쓰기(竝書), 붙여쓰기(附書), 음절 이루기(成音), 점찍기(加點) 등의 몇 가지 附帶 규정이 명시되어 있다.

이어 쓰기란, 주로 입술소리 'ㅂ' 아래 'ㅇ'를 이어 쓰면 입술가벼운소리(脣輕音) 'ㅸ'를 만들 수 있다는 규정을 가리킨다. 나란히 쓰기란, 初聲이나 終聲을 합칠 때에는 'ㄲ, ㄸ, ㅄ, ㅃ'와 같이 가로로 나란히 쓰라는 것이다. 붙여쓰기란, 中聲이 初聲과 합칠 때에 놓이는 자리를 규정한 것이다. 음절 이루기란, 모든 글자는 서로 어울려야 음절을 이룰 수 있다는 뜻이다. 점찍기란, 소리의 높이를 나타내는 去聲, 上聲, 平聲을 표시하는 것인데, 각 음절의 왼편에 한 점, 두 점을 찍거나 또는 찍지 않는다는 뜻이다.

〈참고〉 訓民正音 附帶규정

連 書(니어쓰기) 脣音(ㅂ, ㅁ, ㅍ, ㅃ) 아래에 'ㅇ'를 이어 쓴 규정으로, 'ㅸ, ㅱ, ㆄ, ㅹ' 등 4가지의 종류가 있으나 고유어에 사용된 것은 'ㅸ' 뿐이며, 나머지 셋은 東國正韻式 한자음에 쓰였다.

竝 書(굴바쓰기) 초성이나 종성을 합하여 쓸 경우에는 가로로 나란히 쓰라는 규정으로, 各自병서(ㄲ, ㄸ, ㅃ, ㅉ, ㆅ, (ㆀ), (ㄶ) 등)와 合用병서(ㅺ, ㅼ, ㅾ, ㅼ; ㅴ, ㅄ, ㅶ, ㅷ, ㅵ, ㅴ 등)가 있다.

附 書(브텨쓰기) 中聲이 초성과 합칠 때 놓이는 자리를 규정한 것으로, 'ㆍ, ㅡ, ㅗ, ㅜ, ㅛ, ㅠ'는 초성 아래 붙여 쓰고(下書), 'ㅣ, ㅏ, ㅓ, ㅑ, ㅕ'는 초성의 오른쪽에 붙여 써서, 한 음절의 모양을 漢字처럼 네모 속에 들게 하려고 했다.

成音法 '凡字必合而成音(믈읫 字ㅣ 모로매 어우러ᅀᅡ 소리 이ᄂᆞ니)'의 규정으로 모든 소리는 서로 어울려야 음절을 이룰 수 있다는 뜻이다. 원칙은 '초성＋중성＋종성 → 성음'이 된다고 함. 고유어에서는 '초성＋중성 → 성음'도 가능함.

加點法(傍點法) 소리의 높이를 나타내는 去聲, 上聲, 平聲을 표시하는 것인데, 각 음절의 왼쪽에 한 점(去聲), 두 점을 찍거나(上聲), 점을 찍지 않거나(平聲) 하여 聲調를 나타내 보인 것임.

四 聲	加 點	聲 調	訓正解例	訓正諺解	訓蒙凡例
平聲	無點	低調	安而和(春)	뭇ᄂᆞ가ᄫᆞ 소리	ᄂᆞ가온 소리
上聲	二點	先低後 高調	和而擧(夏)	처ᅀᅥ미 ᄂᆞ갑고 乃終이노폰소리	기리혀 나ᄌᆞᆼ 들티ᄂᆞᆫ 소리
去聲	一點	高調	擧而壯(秋)	뭇노폰 소리	곧고바ᄅᆞ노픈소리
入聲	(不定)	(不定)	促而塞(冬)	샐리 긋듣ᄂᆞᆫ소리	곧고ᄲᅡᄅᆞᆫ소리

平聲　　　곶(花), 활(弓), 긷(柱)
上聲　　　:돌(石), :눈(雪), :범(虎)
去聲　　　·갈(刀), ·짜(地), ·솔(松)
入聲　　　平聲的 入聲　　긷(柱), 녑(脅)
　　　　　上聲的 入聲　　:낟(穀), :깁(緋)
　　　　　去聲的 入聲　　·입(口), ·몯(釘)

2) 표기법

中世의 한글 표기법은 현대 맞춤법과 다른 점이 많았다. 먼저 終聲에서는 원칙적으로 8字만 허용되었다. 'ㄱ, ㆁ, ㄷ, ㄴ, ㅂ, ㅁ, ㅅ, ㄹ'가 그것이다.

　1. (가) 목소리, 스승, 낟[곡식], 눈, 숨옷, 꿈, 보비옷, 믈
　　　(나) 받, 놉고, 곳, 노쏩고

(가)는 8字 終聲을 그대로 적은 것으로 현대와 차이가 없다. (나)는 체언과 용언의 기본 형태를 밝히지 않고 소리나는 대로 적은 것으로, 表音的 표기법이라 한다. 현대 맞춤법 원리에 따라 고쳐 쓰면 '밭, 높고, 곶, 놓습고'가 된다. 이런 표기법을 表意的 표기법이라 한다.

그런데 중세의 한글 문헌에도 표의적 표기법이 부분적으로 보인다.

　2. 곶 됴코, 딮동, 깊고, 맞나ᅀᄫᅡ며, 깊거다

이와 같은 표기는 龍飛御天歌와 月印千江之曲에 주로 나타난다. 또 半齒音과 겹받침이 終聲으로 적혀지는 일이 있었다.

　3. 죠 업스시니, 효 구들, 짜 넓듯

中世에는 받침 있는 체언이나 용언의 어간에 모음으로 시작하는 조
사나 어미가 붙을 때에 원칙적으로 이어적기를 하였다.

   4. 부르매, 시미, 기픈, 그츨씨

현대 맞춤법이라면, '부름애, 심이, 깊은, 긏을씨'와 같이 끊어적기를
할 수 있는 예이다. 中世 문헌에도 끊어적기를 한 예가 보인다.

   5. 눈에, 일올, 꿈을, 좋올, 안아, 담아

이러한 표기는 月印千江之曲에 주로 나타난다.

〈참고〉
終聲表記
   중세국어에서 종성은 원칙적으로 8字만 허용되었다. ('終聲解', "八終
聲可足用") 'ㄱ, ㆁ, ㄷ, ㄴ, ㅂ, ㅁ, ㅅ, ㄹ' 등이 8종성이다.
   (1-가)의 '목소리(喉音), 스승(師), 낟(穀), 눈(目,雪), 솝옷(內服), 꿈(夢),
보비옷(귀한 法衣), 믈(水)' 등의 終聲 'ㄱ, ㆁ, ㄷ, ㄴ, ㅂ, ㅁ, ㅅ, ㄹ'은 앞
의 8종성이 休止나 자음으로 된 助詞나 어미 앞에 쓰인 예다. 현대 맞춤
법과 다른 점은 不淸不濁(유성음)의 牙音 글자 'ㆁ'이 사용되었다는 사실
이다. 이는 중세국어의 終聲 글자 'ㆁ'이 현대에 이르는 사이 'ㅇ'으로 바
뀐 것이다.
   (1-가)에서 '낟(穀)'은 穀食, '·눈(目)'과 ':눈(雪)'은 聲調가 다름, ':솝
(속,內,裏)', ':보·비·옷'(귀한 法衣) "보비옷 니브샤"<월인 97>, '·믈
(水)과 ·물(群)'

表音的 表記法
   (1-나)는 현대국어의 맞춤법이라면, '밭(田), 높고(高), 곶(花), 놓습고
(置)'등으로 적어야 하는데, 체언과 용언의 기본 형태를 밝히지 않고 소
리나는 대로 적고 있다. 이와 같은 표기법을 表音的 표기법이라 한다.

(1-나)에서 '받'은 밭(田)의 뜻과 밖(겉, 表)의 뜻으로 쓰임. "밧뎐(田)"<
訓蒙 上7>, "받표(表)"<石千 10>, "밧 침실"<소언 2:40>. '놉(고)'(높-), "놋
갑거니 놉거나"<두언 16:47>, "놉고 클씨라"<월석 1:1>, '곳(곳,花)', "곳과
여름괘 가지마다 다르더니"<석보 6:30>, '노쏩(고)'(놓-), "便安히 노쏩
고"<석보 9:22>, "西ㅅ녀긔 노습고"<월석 2:73>

表意的 表記法

2. "곳 됴코(有灼其花), 딮동(짚단, 짚뭇), 깊고(深), 맞나ᅀᆞᄫᅳ며(遇), 깊
거다(深)"에서 '곳, 딮, 깊, 맞' 등과 같이 한 형태소가 환경에 따라 형태
가 달라진다고 하더라도 그것을 표기상에 반영시키지 않는 표기법을 表
意的 표기법, 또는 形態音素的 표기법이라 이른다.

　:둏다(좋다, 좋아지다) ·좋다(깨끗하다), -거다(어미) '-다'의 강조형

3의 'ㅿ 업스시니'(無邊)에서 'ㅿ'은 8종성 이외에 'ㅿ'이 종성으로 쓰인
예다. 그밖에 '낯나치(낱낱이), 영의갗(狐皮)' 등의 예가 있다. 이들은 '갓,
낫, 엿' 등으로 적혀지기도 하였다. 3의 '흙 구들, 싸 넓듯' 등은 'ㄹ'을 앞
세운 겹받침 'ㄺ, ㄼ'의 표기 예로서, 현대 맞춤법에서와 같이, 休止나 자
음으로 된 어미 앞에서는 항상 겹받침이 유지되었다.

　:ㅿ:없 ·다 "快樂이 ㅿ업스니"<용가 124>, 흙구들(흙구들)<老乞上 23>

連綴과 分綴

중세국어의 표기법에서 받침 있는 체언이나 용언의 어간에 모음으로
시작되는 조사나 어미가 올 때에 이어적기를 하는 表音표기를 원칙으로
하였다.

4의 예는 連綴(이어쓰기)의 구체적인 예다. 이들을 현대 맞춤법으로
표기한다면 'ㅂ롬애, 심이, 깊은, 궂을씨'와 같이 分綴(끊어 적기)을 할 수
있다.

그러나 중세국어의 문헌 가운데는 현대 맞춤법과 같이 分綴한 예가
보인다. 이러한 표기는 月印千江之曲에 주로 나타나는데, 위의 5의 예는
그 구체적 예들이다.

사잇소리의 쓰임은 현대에 비하여 매우 복잡하였다.

6. (가) 나랏 말씀, 빗곶
   (나) 아바닚 뒤, ᄀᆞ롨 ᄀᆞ새
   (다) 魯ㅅ 사름

(가)는 현대의 사이시옷의 쓰임과 같은 예이다. (나)는 현대와는 달리 有聲자음 아래 사이시옷이 쓰인 예인데, '엄쏘리'와 같이 뒷말의 初聲과 竝書되는 일도 있었다. (다)는 한자어와 고유어 사이에 사이시옷이 쓰인 것인데, '鐵圍山 쓰ᄅᆡ'와 같이 뒷말의 초성과 竝書되기도 하였다.

中世국어에는 사이시옷 이외에도 'ㄱ, ㄷ, ㅂ, ㅸ, ㆆ'의 다섯 글자도 사잇소리로 쓰였고, 半齒音도 보인다.

7. 洪ㄱ字, 君ㄷ字, 侵ㅂ字, 漂ㅸ字, 快ㆆ字, 하늚 뜯, 나랑 일훔

〈참고〉 사잇소리의 쓰임
체언이 서로 결합할 때 현대 맞춤법에서는 받침이 없을 때만 'ㅅ'을 윗말에 받쳐 쓰지만, 중세국어의 문헌에서는 받침이 있을 때에도 사용되었고, 놓이는 자리도 다른 점이 있다.

(6-가) '나랏말씀, 빗곶'의 사이시옷은 현대 맞춤법과 같은 쓰임의 예이고, (6-나)의 '아바닚 뒤, ᄀᆞ롨 ᄀᆞ새'는 현대 맞춤법과는 달리 有聲자음 아래에서 사이시옷이 사용된 예다. '엄쏘리'와 같이 뒷말의 初聲과 竝書되는 일도 있었다.

(6-다)의 '魯ㅅ사름'은 한자어와 고유어 사이에 사이시옷이 쓰인 것인데, '鐵圍山쓰ᄅᆡ'와 같이 뒷말의 초성과 竝書되기도 하였다.

중세국어에서는 사이 사옷 외에 7의 예 '洪(薯)ㄱ字, 君(군)ㄷ字, 侵(침)ㅂ字, 漂(푱)ㅸ字, 快(쾡)ㆆ字, 하늚(눌ㆆ)뜯, 나랑일훔' 등과 같이 'ㄱ, ㄷ, ㅂ, ㅸ, ㆆ'의 다섯 글자와 'ㅿ'도 사잇소리로 쓰였다. 'ㄱ'은 같은 牙音계열의 'ㆁ' 아래, 'ㄷ'은 같은 舌音계열의 'ㄴ' 아래, 'ㅂ'은 같은 脣音계열의 'ㅁ' 아래, 'ㅸ'은 같은 脣輕音계열의 'ㅱ' 아래, 'ㆆ'은 모음과 'ㄹ' 아래 각각 쓰였다. 'ㅿ'은 앞의 6의 'ㅅ' 표기 예와 相補的으로 쓰인 것인데 有聲音 위에서 나타난다. 이 'ㅿ'의 표기는 용비어천가에만 나타나고 다른

문헌에는 'ㅅ'으로 통일되었다.

中世의 한글 문헌은 현대와는 달리, 띄어쓰기를 하지 않았다.

8. 나랏말ᄊᆞ미中國에달아文字와로서르ᄉᆞᄆᆞᆺ디아니ᄒᆞᆯᄊᆡ <훈민정음 언해>

〈참고〉 붙여쓰기
　현대 맞춤법에서는 語節 단위로 띄어 쓸 것을 규정하고 있는데, 중세
어의 문헌은 일반적으로 붙여쓰기의 원칙을 지키고 있다.

　中世의 한글 문헌에 나타나는 한자는 각 글자마다 작은 크기의 東國
正韻式 한자음을 붙이는 것이 원칙이다.

9. 나랏말ᄊᆞ미中듕國귁에달아

　그런데 月印千江之曲만은 한자음을 크게 먼저 적고, 작은 크기의 한
자를 다는 방식이 채택되어 있다. 또, 한자어에 음을 달지 않은 일도 있
었다. 龍飛御天歌와 杜詩諺解 등이 그러하다.

10. (가) 海東 六龍이 ᄂᆞᄅᆞ샤 <용비어천가 1장>
　　 (나) 岐王ㅅ집 안해 샹녜 보다니 <두시언해 16:52>

〈참고〉 漢字語의 音表記
　9는 訓民正音 서문으로, 한자를 크게 쓰고, 그 아래 해당 한자음을 작
은 글자로 배치하고 있는 예이다. 당시의 중세어의 문헌, 世宗御製訓民
正音, 釋譜詳節, 月印釋譜 등이 모두 이러한 유형이고, "마魔왕王이:노
怒호ᇙ돌:똉道:리理 :거츨ᄊᆡ <월인上 其71>의 예와 같이 月印千江之曲만
은 한자음을 크게 한글로 먼저 적고 작은 크기의 한자를 기록하고 있다.
':거츨다'(거칠다, 허황하다)

(10-가)와 (10-나)에서와 같이 龍飛御天歌와 杜詩諺解 등의 문헌에서
는 한자음을 달지 않고 國漢混用표기를 하고 있다.
　'海東六龍' '海東'(渤海의 동쪽, 橫域, 震域, 東國, 靑丘) '六龍'(李太祖
의 四代祖, 즉 穆祖, 翼祖, 탁조(度祖), 환조(桓祖), 太祖, 太宗), 'ᄂᆞᄅᆞ샤'
(날으시어, 태어나시어, '飛') [ᄂᆞᆯ-(동)+ᄋᆞ시(존칭)+아(나열형)]
　(10-나) 江南逢李龜年 '李龜年'(唐玄宗때의 名唱으로 안록산의 난 이
후 江南에 隱居하고 있었음) '岐王ㅅ'(岐王의, 玄宗의 아우 李範, 文士
를 좋아하여 자주 주연을 베풂), '안해'(안에서, [안ㅎ(명)+애(처소)]), '상
녜'(늘,常例), '보다니'(보더니, [보-(동)+다(회상)+니(설명형)]), [더+오/
우→다] 삽입모음이 결부된 異形態로 主語가 1인칭 때 쓰임.

3) 음운

초성 17字 가운데에서 특이한 것은 다음과 같다.

　1. ㅇ, ㆆ, ㅇ, ㅿ

'ㅇ'는 현대의 받침의 'ㅇ' 소리와 같은데, 현대와는 달리 음절의 첫머
리에도 나타난다.

　2. 바올, 그에, 미드니잇가

'ㆆ'는 사잇소리로 쓰임을 이미 보았다. 이 글자는 관형사형 'ㄹ' 아래
주로 쓰였는데, 된소리 부호의 기능을 띠고 있었다. 'ㆆ'를 안 쓰면 뒤의
初聲이 竝書가 된다.

　3. 니르고져 홂 배 이셔도 <훈정>, 도라오싫 제(도라오실 쩨) <용가 18>

〈참고〉
2. '바올'(방울), '그에'(거기에), '미드니잇가'(믿습니까, 믿으옵니까) [믿-

(동)+(으)니잇가(어미)]

3. '니르고져'(말하고자) [니르-(동)+고져(의도형)] 니르다>이르다(두음법
   칙), '흟-'(하는, 할) [ㅎ-(동)+오(삽모)+ㄹㆆ(관형형)], '배'(바가) [바(의
   명)+ㅣ(주격)], '이셔도'(있어도) [이시(형)+어도(방임)], "지ㅂ로 도라
   오싫제"<용가 18>(집으로 돌아오실 때에) "지ㅂ로 도라오싫제, 니르고
   져 흟배"에서의 'ㆆ'은 관형사형 어미 '-ㄹ' 아래에 쓰인 것이다. 이때
   에 'ㆆ'이 제거되면 뒤의 초성이 '쩨'나 '빼'와 같이 各自竝書로 나타나
   게 된다.
   　"先考ㆆ뜯, 快ㆆ字, 하눓뜯"의 'ㆆ'은 사잇소리로 쓰인 것이고, "挹
   흡, 安한"의 'ㆆ'은 東國正韻式 影母에 해당하고, "不붏, 八밣"의 'ㆆ'
   은 'ㄹ'에 入聲의 효과를 주기 위한 以影補來의 표기다.

以影補來

影母(ㆆ)로써 來母(ㄹ)를 돕는다는 뜻으로 東國正韻 서문의 "又於質勿
諸韻 以影補來因俗歸正"(또한 質韻과 勿韻에 있어서 影母(ㆆ)로써 來
母(ㄹ)를 補充하여 俗音을 바로 잡았다)에서 비롯된 말이다. 東國正韻의
漢字音 표기에서 舌內入聲의 漢字 韻尾는 中古 漢字에서는 /t/로 발음
되었는데 東音에서는 /ㄹ/로 변하였으므로 이것을 'ㄹㆆ'으로 표기하도록
규정한 것이다. 이 표기는 현실 발음과 중국의 본래 발음과의 절충을 꾀
한 東國正韻의 표기 원칙을 잘 보여준다. (예; 佛붏, 日싏, 八밣)

'ㅇ'는 환경에 따라 기능이 달랐다.

4. (가) 안ᅀ, 욕(欲), 충(此)
   (나) 달아, 앙의, 뭇 노푼 소리오

위에서 (가)의 'ㅇ'는 음절 이루기 규정에 따라 글자의 모습을 갖추기
위하여 쓴 것으로, 특별한 소리값이 없다. 그러나 (나)의 경우는 목구멍
에서 나는 有聲마찰음이다. 이들이 아무런 소리값이 없다면 '다라, 아
ᅀᅵ, …소리요'로 적혀야 하기 때문이다.

‘△’는 울림소리 사이에서 쓰였다.

  5. 아ᅀᆞ, 한숨, 몸소

반치음 ‘△’는 ‘ㅅ’에 대립되는 有聲마찰음이었다.
  中世국어에는 복합 초성 글자도 많은데, 各自竝書한 글자들과 合用
竝書한 글자들이 여기에 포함된다.

  6. ㄲ, ㄸ, ㅃ, ㅉ, ㅆ, ㆅ, ㆀ

‘ㄲ, ㄸ, ㅃ, ㅉ, ㅆ’는 各自竝書한 글자로서, 현대의 된소리 글자와 모
습이 같으나, 그렇게 널리 쓰이지 못하였다.

  7. 홀 껏, 여횔 쩌긔, 둡ᅀᆞᆸ고

‘ㆅ, ㆀ’는 매우 드물게 쓰였다. 이들 글자는 ㅣ(반모음) 앞에서 나타난
다.

  8. 치혀시니, 도르혀; 히여, 쥐여

⟨참고⟩
  (4-나) ‘달아’(달라) 다르다 [다르-(형)+아(구속형)], ‘앗(앙)’(弟) “앙ᄋᆞ”
<용가 24>, ‘못’(부) 가장, 제일, ‘소리오’(소리고) [소리(명)+ø(서술격)+
고(나열형)] ‘오’는 ‘고’가 ‘ㅣ’모음 뒤에서 ‘ㄱ’이 탈락된 형태임.

  5. ‘아ᅀᆞ’(아우, 弟), ‘·한:숨’(한숨), ‘·몸소’(副, 몸소)
  6. 各自竝書(ㄲ, ㄸ, ㅃ, ㅉ, ㅆ)
  7. 홀(獨)껏, ‘여희다’(여이다), ‘둡다, 둪다’(덮다) “眞珠그므를 우희 둡:습
     고” <월석 7:37>

"그쁴 王이 노폰 床 노:쏩고" <월석 7:37>

8. '치혀다'(끌다) "드리예 뼈딜 므를 넌즈시 치혀시니" <용가 87>
   '도르혀'(부사, 도리어), '도르혀다'(돌이키다) '도르혀(혀)'(廻首) "도르
   혀 向홀씨니" <월석 2:60>
   ':히 · 여'(하게 하여, 하여금) [히-(동)＋이(사동)＋여(어미)](轉成부사),
   '괴여'(我愛人, 사랑하다), '괴 · 여'(人愛我, 사랑함을 받아), '쥐 · 여'(쥐
   이어) "ᄂ민 소내 쥐여이시며" <월석 2:11>

다음은 合用竝書의 예이다.

9. (가) ㅳ, ㅄ, ㅵ, ㅲ
   (나) ㅺ, ㅼ, ㅆ
   (다) ㅴ, ㅵ

이들 글자의 발음이 글자의 모양대로 중자음이었는지 단순한 된소리
표기였는지 분명하지 않다. 이런 글자를 가진 어휘가 대부분 현대에 와
서 된소리로 바뀌었으므로 보통 된소리로 읽고 있다.

10. (가) 뜯, 뿔, 딱
    (나) 쏘리, 짜, 뼈
    (다) 뾹, 빼

'ᄫ'는 이어 쓴 복합 글자이다. 반치음 'ㅿ'와 같이 유성음 사이에서
나타난다.

11. 사ᄫ, 대ᄫ, 글발

이 글자는 'ㅂ'에 대립되는 **有聲兩脣**마찰음이었다.

<참고> 合用竝書 (ㅳ, ㅄ, ㅄ, ㅲ; ㅺ, ㅼ, ㅆ; ㅄ, ㅳ)

9. (가) 'ㅂ'系 語頭子音群　뜯다(摘), 쓰다(用), 딱(隻), 뜨다(彈)

   (나) 'ㅅ'系 語頭子音群　꺼디다(滅), 쫄(女兒,根源), 싸디다(溺)

   (다) 'ㅄ'系 語頭子音群　뜸(틈,隙), 삑(時), 빼다(貫), 빼(때,時), 뜨리다
       (裂)

10. (가) 뜯(意), 뿔(米), 딱(隻)

   (나) 꼬리(尾), 짜(地), 뼈(骨)

   (다) 뜸(틈, 隙) "뜸爲隙"<훈정해례, 合字>, 빼(때, 時)

11. '사빙'(새우, 蝦'하') "사빙爲蝦"<훈정해례, 用字>, 대범(大虎), 글발(글
    월)

　中聲 글자 가운데 특이한 것은 'ㆍ'이다. 이 글자는 後舌低母音으로
발음되었다.

　12. 두리, 노포

복합 中聲 글자 가운데에서 특이한 것은 반모음 'ㅣ'가 뒤에 오는 二
重母音이다.

　13. ㅢ, ㅐ, ㅔ

이런 모음은 글자의 모양대로 二重母音으로 발음되었다. 그러나 현
대의 발음과 같이 單母音으로 읽는 것이 慣習化되어 있다.

　14. 떠, 내히, 게을이

<참고>

12. '두리'(橋, 梯, 層階), '드:리'(다리가, '드리'의 주격), '다ㆍ리'(다리, 膝
    '과', 股 '고', 脾 '비'), '다리' (달리<부사>), '動動다리'<감탄사>, '노

폰'(높은) [높(形)+온(관형형)]
14. '떼'(때, 垢<구>) "떼 무든 옷닙고" <석보 6:27>, '뻬'(때, 時), '내히'[내
ㅎ<川>(명)+이 (보격)] "내히 이러 바르래 가느니"(냇물이 되어 바다
에 흘러가니), '이러'(되어, 이루어져) [일<成>(동)+어(나열형)] ':일
다'(成), ':닐다'(起) ; '게을이'(副)(게을리) "게을이 아니ᄒᆞ느니" <월석
17:56>, '게을다'(形)(게으르다)

中世국어의 單母音은 다음의 7개였다.

15. (가) ·, ㅏ, ㅗ
    (나) ㅡ, ㅓ, ㅜ
    (다) ㅣ

'·, ㅏ, ㅗ'는 양성모음, 'ㅡ, ㅓ, ㅜ'는 음성모음, 'ㅣ'는 중성모음이다.
원칙적으로 양성모음은 양성모음끼리, 음성모음은 음성모음끼리 어울
리고, 중성모음은 두 계열의 모음을 임의로 선택할 수 있으나, 음성모
음과 어울리는 경향이 강하다. 이런 현상을 母音調和라 하는데, 모음조
화는 현대국어보다 중세국어에 더 넓게 규칙적으로 적용되었다.

16. (가) 소논, 소놀, 소내, ···· ; 자본, 자브니, 자바, ····
    (나) 브른, 브를, 브레, ···· ; 머근, 머그니, 머거, ····
    (다) 길홀, 길흘, 길ᄒᆞ로, 길흐로, ···· ; 니좀, 니줌, ····

앞의 묶음은 체언에 조사가 붙은 예이고, 뒤의 묶음은 용언의 어간에
어미가 붙는 예이다.
종성에 쓰이는 글자 가운데에서 특이한 것은 'ㅅ'이다. 현대에 있어서
는 받침 'ㅅ'의 발음이 'ㄷ'와 차이가 없으나, 중세국어에서는 齒聲을 동
반하였다고 해석하고 있다. 그러나 현대의 발음 습관에 따라 'ㄷ' 소리
로 읽고 있다.

<참고>

(16-가) '손'(客) "赴京홇 소니 마리(赴京客辭)" <용가 28>, '·손'(手)
        "ᄒᆞᆫ 소ᄂᆞ로 티시며(一手格之)" <용가 87>, '잡·다(執)

(16-나) ·블(불, 火), '블'(불, 腎)

(16-다) ·길ㅎ(道, 途), :길(길이↔너븨) "길와 너븨왜"<월석, 8:18>, 길
        ㅎ(利子) "믿과 길헤"(本利)<박통사 初>, '니좀, 니줌'(忘) '닞다'
        (忘), '잊다'(이지러지다), '잋다'(피곤하다), '닛다'(忘), ':닛다'(잇
        다, 續), "齒聲이 약간 들렸다"『표준중세국어문법론』(1988, 초
        판 3쇄) p.25 참조.

1.1.2 單語

1) 단어의 갈래

중세국어의 단어와 형태소의 분석 원리는 현대어와 같다.

 1. 시미 기픈 므른 ᄀᆞ므래 아니 그츨씨 <용비어천가 2장>

위의 문장은 붙여 쓴 중세국어의 한 문장을 어절 단위로 띄어 써 본
것이다. 이를 다시, 단어로 분석해 보기로 한다.

 2. 심, 이, 기픈, 믈, 은, ᄀᆞ물, 애, 아니, 그츨씨

위의 문장은 모두 9개의 단어로 구성되어 있다. 그리고 다음과 같이
다시 형태소로 나누어진다.

 3. 심, 이, 깊, 은, 믈, 은, ᄀᆞ물, 애, 아니, 긏, 을씨

<참고>

'단어의 갈래'라는 제목보다 종전대로 '단어와 형태소' 쪽이 나음.

1. ‘:시미’(샘<泉>이, 源泉이) [:심(명)＋이(주격)], ‘므른’(물은) [믈(水)＋보
조사)], ‘·믈’(물<水>), ‘믈’(물감, 굴<窟>), ‘·물’(무리<衆, 群>), ‘ᄀᄆ
래’(가뭄에)[ᄀ몰(名)＋애(원인)], ‘그츨씨’(그치므로) [긏-(동)＋을씨(구
속형)]

　이 중에서 ‘심, 믈, ᄀ몰, 아니’ 등은 自立형태소이며, 나머지는 依存
형태소이다. 한편,‘심, 깊, 긏, 믈, ᄀ몰, 아니’ 등은 實質형태소이며, 나
머지는 形式형태소이다.
　중세국어도 현대국어와 같이 9품사를 둘 수 있다.

　4. (가) 시미 기픈 므른 <용비어천가 2장>
　　(나) 내(나ㅣ) 이롤 爲ᄒ야 <훈민정음 언해>
　　(다) 弟子 ᄒ나홀 주어시든 <석보상절 6:22>

　위의 문장에서 ‘심, 믈’은 名詞, ‘나, 이’는 代名詞, ‘ᄒ나ᄒ’는 數詞이
다. 그리고 이들 체언에 붙는 ‘이, 은, ㅣ, 롤, 올’은 助詞이다.

〈참고〉
自立·依存(實質·形式) 형태소
(4-가) :심(명사), -이(조사), 기픈(형용사), 믈(명사), -은(조사)
(4-나) ‘·내’(내가, 主格) [·나(대명사)＋ㅣ(조사)], [이(대명사)＋-롤(조
　　사)], 爲ᄒ야(동사)　·내(主格)～내(屬格)
(4-다) 弟子(명사), [ᄒ나ᄒ(수사)＋-올(조사)], 주어시든(주시거든) “弟子
　　ᄒ나홀 주어시든:말드러 이ᄅ슇바지이다” <석보 6:22>, [주-(동)＋
　　시(존칭)＋어든(‘거든’ 구속형)], ‘이ᄅ다’(되게 하다)
　　품사분류 9품사로 분류함.
　　명사·대명사·수사·조사 ; 동사·형용사 ; 부사·관형사 ; 감탄
　　사

5. (가) 毒을 내느다 ᄒ논 마리오 <석보상절 13:7>

   (나) 須彌는 ᄀ장 놉다 ᄒ논 ᄠᅳ디라 <월인석보 1:17>

위의 문장에서 '내다'는 動詞, '놉다(높다)'는 形容詞이다. 중세국어의 동사도 현재 시제를 표시할 경우에는 현대국어와 같이 원칙적으로 先語末어미 '-ᄂ-'를 취한다.

〈참고〉

(5-가) "德叉迦ᄂ 毒을 :내ᄂ다 ᄒ논 :마리오" <석보 13:7>

   德叉迦(득차가, 梵 taksaka): 八大龍王(難陀, 跋難陀, 娑伽羅, 和修吉, 德叉迦, 阿那婆達多, 摩那斯, 優鉢羅)의 5번째 용왕으로 多舌, 視毒, 現毒, 能損害者라 함. '법화경'에서 이르기를 "德叉迦는 혀가 많기 때문에 多舌이라 이른다"고 했다. 그의 아들이 散脂大將이다.

   ':내 · 다'(내다<出>) [내-(동)+-ᄂ다(어미, -ㄴ다, -는다), 'ᄒ논'(하는) [ᄒ-(동)+논(관형형 'ᄂ'의 삽입모음 결부체)]

(5-나) 須彌, 須彌山(범 Sumeru): 불교의 世界說에서, 세계의 가장 한가운데에 높이 솟아 있다고 하는 산. 꼭대기에는 帝釋天이 살고 있고, 높이는 8만 由旬(1유순은 400리)이며, 가로의 길이도 이와 같다고 함.

6. (가) 믈읫 字ㅣ 모로매 어우러ᅀᅡ 소리 이ᄂ니 <훈민정음 언해>

   (나) 그르 알면 外道ㅣ오 <월인석보 1:51>

   (다) 엥 올ᄒ시이다 <석보상절 13:47>

위의 문장에서 '믈읫'은 冠形詞, '그르'는 副詞, '엥'은 感歎詞이다.

〈참고〉

(6-가) '믈읫'(<副> 므릇, 대체로 보아, 大抵; <冠> 모든), 여기서는 冠形詞로 품사 분류를 하고 있다. '모로매'(<副> 모름지기, 반드시), '어

우러 ㅿㅏ'(어울려야, 합해야) [어울-('합쳐지다)+-어ㅿㅏ(구속형)], '-어ㅿㅏ
>-어아>-어야'(ㅿ 탈락, 모음충돌 회피), '소리'(소리가) [소리(音)
+∅(보격)], '이ㄴ니'(되니, 이루어지나니) [일-(동)+ㄴ니(설명형)],
'일다'(자동사), '일우다'(타동사)
"凡字必合而成音"
(6-나) '그르'(副 그릇, 잘못)
(6-다) "舍利佛이 술ᄫᅩ더 <u>엥 올ᄒᆞ시이다</u>" '舍利佛'(석가의 십대 제자 중
지혜가 가장 많은 사람.) '술ᄫᅩ되'(사뢰되, 여쭙되), '엥'(感 참으로,
아아, 과연), '엥올ᄒᆞ다'(과연 옳다)와 같이 合成語(혹은 派生語)로
보기도 함. '올ᄒᆞ다'(옳다) [올ᄒᆞ-(형)+시(존칭)+이다 (어미 '니이
다')]

2) 체언과 조사

(1) 명사

중세어도 固有명사와 依存명사가 확인된다.

　1. (가) 나랏 말ᄊᆞ미 <u>中國</u>에 달아 <훈민정음 언해>
　　 (나) 니르고져 홇 배(바ㅣ) 이셔도 <훈민정음 언해>

위에서 '中國'은 고유명사이고, '바'는 의존명사이다. '바'는 여러 성분
으로 두루 쓰인다.

〈참고〉
(1-가) '中國에'(중국과 비교하여) [中國(명)+에(비교격)], '달아' [다ᄅᆞ-
(異, 형용사)+아(구속형)]('ㆍ'탈락, 모음충돌 회피, 'ㄹ'불규칙 단
축형)
(1-나) '니르고져'(말하고자) [니르-(謂)+고져(의도형)], '홇'(할) [ᄒᆞ-(동)+
오(삽입모음)+ㅭ(관형형)], '배'(바가) [바(의존)+ㅣ(주격)]
　　　의존명사 'ㆍ바'의 쓰임

"밍ᄀ론 바롤"<석보序> (목적어), "얻고져 ᄒ논 바논" <두언 7:4> (주격), "니ᄅ산 밧 法은(所說法)" <金三 2:40> (소유격), "重히 너기논 배오(所重也)" <金三 2:47> (서술어), "슬논 밸식(所嗟)"<두언 8:7> (서술어)

(2) 대명사

중세국어에도 人稱대명사와 指示대명사가 있다.

1. (가) ·<u>내(나ㅣ)</u> · · · · 스믈여듧 字롤 밍ᄀ노니 <훈민정음 언해>
   (나) 長者ㅣ <u>네(너ㅣ)</u> 아비라 <월인석보 8:98>
   (다) <u>그듸</u>는 · · · · 가난ᄒᆞᆫ 젯 사괴요믈 보디 아니ᄒᆞ눈다 <두시언해 25:56>
   (라) 어린 百姓이 · · · · ᄆᆞᄎᆞᆷ내 <u>제(저ㅣ)</u> 뜨들 시러 펴디 몯홇 노미 하니라 <훈민정음 언해>
   (마) 淨飯王이 깃그샤 부텻 소늘 손소 자ᄇᆞ샤 <u>ᄌᆞ걋(ᄌᆞ갸ㅅ)</u> 가스매 다히시고 <월인석보 10:9>

위 문장의 밑줄 그은 말은 人稱대명사이다. '나'는 1인칭 대명사로서, 현대국어와 같다. '너'도 2인칭 대명사로서, 현대국어와 같다. '그듸'는 '너'보다는 약간 待遇하는 2인칭 대명사인데, 현대국어의 '그대'와는 다르다. '저'는 앞의 '어린 百姓'을 도로 가리키는 대명사인데, 현대국어와 차이가 없다. 'ᄌᆞ갸'는 '저'의 높임말로서, 현대에는 방언에만 일부 남아 있다.

〈참고〉

(1-가) '스믈여듧'(관형사), '밍ᄀ노니'(만드니) [밍ᄀᆞᆯ-(동)+노니(설명형)]
      ('ㄹ'탈락) "·내·이·롤爲·ᄒᆞ·야 :어엿·비너·겨 ·새·로
      스·믈 여듧字·롤 밍·ᄀᆞ노·니" ·내(주격) :네(주격) :제(주격)
      내(관형격) 네(관형격) 제(관형격)

(1-나) "夫人이 닐오디 長者ㅣ 네 아비라 그 아기 닐오디 長者ㅣ내 아비
아니니 아바:니미 어듸 · 가시니잇고" <월석 8:97b-98a>
'長者'(어른, 德望이 뛰어난 어른), '네'(너의, 屬格)

(1-다) **貧交行** (七言古詩, 41세 때 友道가 輕薄해짐을 恨歎한 驚世歌)
"그듸는 管仲鮑叔의 가난혼 젯 사괴요몰 보디 아니ㅎ는다"(君不
見管鮑貧時交) '그듸는'(세상 사람들은), '그:듸'(그대가, 主格), '그
듸'(그대, 대명사)~'그뒷'(그대의, 屬格), '管仲'(齊나라 宰相, 이름
'夷吾'), '鮑叔'(齊나라의 大夫 이름 '叔牙'), '젯'(때의) [제(의명)+
ㅅ(관촉)]. '사괴요몰'(사귐을) [사괴-(동)+요(삽모)+ㅁ(명사형)+
올(목적격)], '아니ㅎ는다'(아니하는가) [아니ㅎ-(조동)+는다(의문
형)], '-는다'(현재 의문형), '-ㄴ다/-ㄴ고'(과거 의문), '-ㅭ다/-ㄹ짜'
(미래 의문형)

(1-라) "어 · 린 百姓 · 이 니르고져 · 홇 · 배이셔도 무춤:내 제 · 뜨들
시 · 러 펴 · 디 :몯ㅎ 노미 하니라" (愚民有所欲言而終不得伸其
情者多矣) <훈정언해 序>, '어린'(어리석은) [어리-(형)+ㄴ(관형
형)] 愚 → 幼(語義轉移), '무춤내'(副 마침내) [몿-(動 '마치다')+옴
(접미) → 무춤(명)+내(접미) → 무춤내(副)], ':제'(主格'자기가'),
'제'(屬格'자기의') [저(3인칭)+ㅣ(관형격)], '뜨들'(뜻을) [뜯>뜻>
뜻>뜻](表記의 變化), '시러'(副 능히, 얻어), ':실 · 다'(얻다) <월
인 79> [:실-(동)+어(어미)⇒시러(전성부사)], '몯홇'(못하는, 못할)
[몯ㅎ-(동)+ㅭ(관형형)], '노미'(사람이) [놈(의명)+이(주격)] '놈'이
현대어에서는 卑語이지만 당시에는 平語였음. '하니라'(많으니라)
[하-(형)+니라(서술형)] '하다'(多, 大)와 'ㅎ다'(爲)의 구별.

(1-마) '깃그샤(기뻐하시고), '깄다'(기뻐하다) [깄-(동)+(으)시(존칭)+아
(나열형)], 손소 '(副 손수), '자ᄇᆞ샤'(잡으시어) [잡-(동)+ᄋᆞ시(존
칭)+아(나열형)], 'ᄌᆞ갸'(人稱 不定稱, '自己'의 높임말), 'ᄌᆞ개'(主
格), 'ᄌᆞ걋'(屬格), '다히다'(대다) [다히-(동)+시(존칭)+고(나열형)]

2.(가) 내 의롤 爲ㅎ야 어엿비 너겨 <훈민정음 언해>
   (나) 모몰 百千 디위 ᄇᆞ료민ᄃᆞᆯ 므스기 어려보료 <석보상절 11:20>
   (다) 그어긔 쇠 하아 <월인석보 1:24>

　앞 문장의 밑줄 그은 말은 指示대명사이다. '이'는 사물을 표시하는
데, 현대국어와 같이 '그, 뎌'와 관계를 맺고 있다. '므슥'은 未知稱이다.
미지칭에는 '어느, 현마, 엇뎨' 등이 있다. '그어긔'는 처소를 표시하는
데, '이어긔, 뎌어긔'와 관계를 맺고 있다.

〈참고〉

(2-가) '이(룰)'(指示대명사, 事物대명사, 近稱), '爲ᄒ야' [爲ᄒ-(동)+야
(구속형)], '어엿비'(가엾이) [어엿브-(形)+이(접미사) → 어엿비(轉
成부사)], '너겨'(여겨) [너기-(동)+어(나열형)]

(2-나) '디위'(번, 境界)~'·디·위'(-지, -지마는, 語尾'-디비'), '브리다'(버
리다, 捨) [브리-(동)+옴(명사형)+인들(서술격, 방임)], '므스기'
(무엇이) [므슥(指示대, 未知稱)+이(주격)], '어려ᄫᅩ료'(어렵겠는
가) [어렵-(형)+(으)리오(어미)]

(2-다) "瞿陀尼·ᄂᆞᆫ ·쇼:쳔량·이·라 ·혼 ·ᄠᅳ디·니 <u>그어긔 ·쇠·</u>
<u>하아</u> ·쇼로 :쳔 사·마 흥졍·ᄒᆞ·ᄂᆞ니·라" <월석 1:24> (夾注
文임)

'·쇼:쳔량'(소로 돈 삼아 쓰는 것), '그어기'(處所代名, 中稱, 거기),
'·쇠'(소의, '쇼'의 속격, 소가, 주격), '·하·다'(많다)~':하·다'
('할다', 참소하다, 헐뜯다), '·현마'(代名, 얼마), ·현마(얼마, 대명
사) "죵과 물와를 현맨들 알리오" <월인 52>, ·현마(설마, 부사)
"현마 七寶로 ᄭᅮ며도 됴타호리잇가" <월인 121>, ·현마(차마, 부
사) "현마 모딘 罪業을 짓디 아니ᄒᆞ리니" <석보 9:31>, ·현마(아
무리, 아무리해도, 부사) "현마 일홈과 얼굴왜 둘히 업스며" <金三
2:38>, ·현·맛(얼마의, 관형사) "현맛 벌에 비늘을 ᄲᅡ라뇨" <용
가 28>, :엇뎨'(무엇, 어찌) :엇뎨(어찌, 부사) "누비옷 니브샤 붓그
료미 엇뎨 업스신가" <월인 120>, :엇뎨(무엇, 어찌, 代名, 名) "何
ᄂᆞᆫ 엇뎨라 ᄒᆞ논 마리라" <월석序 14>, "그 마리 엇뎨오" <법화
2:27>

(3) 수사

중세국어에도 **數詞**는 고유어계와 한자어계가 있었다.

 1. ᄒᆞ나ㅎ, 둘ㅎ, 세ㅎ, 네ㅎ, 다숫, 여슷, 닐굽, 여듧, 아홉, 열ㅎ, ⋯⋯,
    스믈ㅎ, 셜흔, 마ᅀᆞᆫ, 쉰, 여쉰, 닐혼, 여든, 아흔, 온, 즈믄, ⋯⋯,
    몇, 여러ㅎ

이들은 고유어계 **數詞**인데, 몇몇 수사는 끝에 'ㅎ'가 나타난다.

 2. ᄒᆞ나차히, 둘차히, 세차히, 네차히, ⋯⋯, 열차히

이들은 고유어계 **序數詞**이다. **量數詞**에 '차히'가 붙어 이루어진다. 그런데 '첫째'를 의미하는 **序數詞**가 현대국어와 다르다. 한자어계 수사는 현대국어와 차이가 없다.

(4) 조사

중세국어의 **助詞**는 현대국어보다 형태를 바꾸는 일이 더 많다.

 1. (가) ᄂᆞᆫ, 는, ᄋᆞᆫ, 은
    (나) ᄅᆞᆯ, 를, ᄋᆞᆯ, 을
    (다) ᄋᆞ로, 으로, 로

위는 각각 **對照**의 보조사, 목적격 조사, **道具**의 부사격 조사이다. 현대국어와는 달리, 이들은 체언의 끝소리와 체언의 모음에 따라 바뀐다. 'ᄂᆞᆫ, 는/ᄋᆞᆫ, 은 ; ᄅᆞᆯ, 를/ᄋᆞᆯ, 을 ; 로/ᄋᆞ로, 으로'의 쌍은 체언의 끝소리가 모음이냐, 자음이냐에 따라 선택된다. 또, 'ᄂᆞᆫ, ᄋᆞᆫ/는, 은 ; ᄅᆞᆯ, ᄋᆞᆯ/를, 을 ; ᄋᆞ로/으로'의 쌍은 체언의 모음이 양성모음이냐 음성모음이냐에 따라 선택된다. '로'는 'ㄹ' 아래에도 나타난다. 해당 예는 다음과 같다.

2. (가) ᄌᆞᇫ는, 거우루는, 사ᄅᆞ몬, 수른
   (나) ᄌᆞᇫ롤, 거우루를, 사ᄅᆞ몰, 수를
   (다) 소ᄂᆞ로, ᄡᅮᄆᆞ로, 左手로, 눉믈로

〈참고〉
(2-가) 'ᄌᆞᇫ'(자위,核) "ᄌᆞᇫ 잇는 果實와" <월석 23:94>
       '거우루>거울', '수울>술'(縮小的 變化) ↔ 擴張的 變化 : '쑴'(꿈,
       夢), '술'(<수울), 'ᄉᆞ술'(숟가락), 물>무리(衆, 群), 폴>ᄑᆞ리(蠅),
       녑>옆구리(脅), 앗다>빼앗다(奪)
       나리>내(川), 가히>개(犬), 무수>무(菁), ᄉᆞ나히>사내(丁) ‥‥
       縮約的 變化

다음은 母音調和 규칙만 적용되는 조사이다.

3. 이/의, 애/에/예

이들은 관형격과 처소의 부사격 조사들이다. '의, 애'는 양성모음 아
래에 쓰이고, '의, 에'는 음성모음 아래에 쓰이며, '예'는 중성모음 아래
에 쓰인다. 해당 예는 다음과 같다.

4. (가) 도ᄌᆞ기 알ᄑᆞᆯ, 大衆의 거긔
   (나) 짜해, 굴허에, 비예

〈참고〉
(4-가) '거긔(그곳에)
(4-나) 'ᄉᆞ뵈'(베, 布) "뵈포(布)" <훈몽中 30>

조사 중에는 체언의 끝소리에 따라 형태가 바뀌는 일이 있다.

5. (가) 이, ㅣ, ∅
   (나) 이라, ㅣ이라, ∅라

   이들은 각각 주격조사, 서술격 조사이다. 서술격 조사는 교체의 양상이 주격 조사와 같다. '이'는 자음 아래에 쓰이고, 'ㅣ'는 'ㅣ'밖의 모음 아래에 쓰인다. ∅(零)이란, 'ㅣ' 모음 아래에서 형태가 실현되지 않음을 뜻한다. 해당 예는 다음과 같다.

6. (가) 시미 기픈, 우리 始祖ㅣ 慶興에 사ᄅ샤, ᄃ리 업건마ᄅᆫ
   (나) 樓는 다라기라, 여슷찻 히 乙酉ㅣ라, 齒는 니라

〈참고〉
(6-가) '업건마ᄅᆫ' [없-(형)+건마ᄅᆫ(어미, 방임형)], 'ᄃ리'(橋, 梯, 階層)
       "ᄃ리예 ᄲ딜 ᄆ롤" <용가 87>
       'ᄃ:리'(다리가, 'ᄃ리'의 주격형)· "헤여뎌 :내해 ᄃ:리 :업도다"(蕩
       析川無梁) <두언 25:7>
       '다·리'(脚) "몸크고 다리크고" <월인 162>
       '다리'(副, 달리, 따로) "다리 밥지여 먹디 아니ᄒ야" <二倫 32>
       '·ᄃᆞᆯ'(月) "ᄃ리 즈믄 ᄀᄅ매 비취요미 ᄀᆮᄒ니" <월석 1:1>
(6-나) '-찻'(접미, -째 '次'), '·히'(해, 年, 太陽)

   조사 가운데에서 'ㄱ'으로 시작하는 것은 특정한 소리 아래에서 떨어지는 일이 있다.

7. (가) 과/와
   (나) 곳/옷
   (다) 가/아

7-(가)는 동반, 비교, 접속의 조사이며, (나)는 단독의 보조사, (다)는

의문 보조사이다. 현대어의 '과/와'는 체언의 끝소리가 자음이냐 모음이냐에 따라 선택되지만, 중세어에는 'ㄹ' 받침 아래에서도 '와'가 쓰였다. 나머지도 같다. 해당 예는 다음과 같다.

8. (가) 입과 눈과, 나모와 투구, 히와 둘와
   (나) 威神곳, 아니옷, 일옷
   (다) 賞가 罰아

〈참고〉
(8-나) '-곳'(조사, 단독, 強意보조사)

중세어의 조사도 현대어와 같이 격조사, 접속조사, 보조사의 세 갈래를 둘 수 있다. 특징적 사실만 지적하면 다음과 같다.

9. (가) 부텻 모미 여러 가짓 相이 マ즈샤 <석보 6:41>
   (나) 무틔 ⋯⋯ 青蓮花ㅣ 나며 <월석 2:31>
   (다) 님금하 아르쇼셔 <용가 125>

9-(가)는 현대어의 사이시옷이 중세어에는 관형격으로 쓰였음을 보여주는 예이다. 보통, '부텨'와 같은 높임의 명사와 '나라'(나랏말씀)와 같은 無情체언에 붙었다. (나)는 보통의 관형격 '의'가 처소의 부사격으로 쓰인 것이다. (다)는 중세어에 높임의 호격 조사 '하'가 있었음을 보여주는 예이다.

〈참고〉
(9-가) 'マ즈샤'(구비하여), 'ᄀᆞ자다'(구비하다) [ᄀᆞᆽ-(동)+아시(존칭)+아(나열형)]
(9-나) "무틔 술윗 바회맜 青蓮花ㅣ 나며" <월석 2:31>, '뭍'(뭍, 육지) [뭍+의(처소 부사격)], '술 윗바회'(수레바퀴), '-맜'(정도, 만큼, 뿐, 만)

10. 입시울와 혀와 엄과 니왜 다 됴ᄒ며 <석보 19:7>

10은 명사가 접속 조사에 기대어 이어질 때에 마지막 명사에도 접속
조사가 붙음을 보여주는 예이다.

〈참고〉
10. ‘:엄’(어금니, 움‘芽’), ‘·엄’(어미), ‘:엄·니’(어금니)

(5) 체언의 형태 바꿈
중세어에는 체언이 조사와 결합할 때 변화가 일어나는 일이 많다.

1. (가) 고즐~곳과, 비ᄎ로~빗과, 니페~닙과
   (나) 밧긔~城 밧, 알ᄑ~앒과, 붓기~붓과

1-(가)는 8종성 외의 받침으로 끝난 체언이 바뀌는 것이고, (나)는 겹
받침을 가진 체언이 바뀌는 것이다. 현대 맞춤법에서는 이런 바꿈을 표
기상에 반영하지 않으나, 중세어에는 소리대로 표기하였다.

〈참고〉
(1) 子音 語基의 變異
(1-가) 곶(花)~곳, 곳과, 고지, 고즐   (가) 八終聲 외의 받침으로 끝난 체
      언이 바뀜.
      빛(光)~빗, 빗과, 비치, 비츤
      닢(葉)~닙, 닙도, 니피, 니페
      ‘·닢’(잎)~‘·입’(입, 口)~‘입’(門戶)
(1-나) 밝(外)~밧, 밧도, 밧긔, 밧기라 (나) 겹받침을 가진 체언이 바뀜.
      앒(前)~앒, 앒과, 알ᄑ, 알피 븕(種, 炷)~붓, 붓과, 붓글, 붓기라

2. 갈히, 갈해, 갈ᄒᆞᆯ, 갈콰 [비교: 갈 쓰기]

2는 단독으로 쓰일 때에는 나타나지 않던 'ㅎ'이 모음과 'ㄱ'으로 된 조사 앞에서는 나타나는 예이다.

〈참고〉

2. '·갈ㅎ'(刀) "블와 갈콰 毒과"<월석 9:43>, "갈ㅎ로 多羅木 버히둣ㅎ 니" <능엄 6:109>, "두 갈히 것그니(兩刀皆缺)" <용가 36>

3. (가) 굴ᄋ로, 굴이라 [비교: ᄀᆞᄅᆞ 麵]
   (나) 앙온, 앙이, 앙올 [비교: 아ᅀᆞ 弟]
   (다) 시, 시라 [비교: 업슬 순]

3은 체언의 끝모음 '·'가 모음으로 시작하는 조사 앞에서 탈락하는 예들이다. 3-(가)는 'ᄅᆞ'로 끝나는 말이 한 음절로 줄어지면서 끊어 적기가 되어 있다. 같은 'ᄅᆞ'로 끝나는 명사라 하더라도 'ㅎᄅᆞ'와 같은 말은 'ㄹ'이 겹쳐져 '홀론'으로 된다. (나)는 'ᅀᆞ'로 끝나는 말이 한 음절로 줄어지면서 역시 끊어 적기가 되어 있다. (다)는 依存명사 'ᄉᆞ'의 끝모음이 떨어진 것이다.

〈참고〉 母音 語基의 變異
(3-가) ᄀᆞᄅᆞ(粉)>굴 (語基末 음절이 'ᄅᆞ, ᅀᆞ'로 된 말 중에서 曲用을 할
         때 모음 語基
(3-나) 아ᅀᆞ(弟)>앙 變異를 하는 단어가 있다)
(3-다) ᄉᆞ(의존명사)>ㅅ

4. 가히 모미 [비교: 가히], 그려기 소리 [비교: 그려기], 아비 나해셔 [비교: 아비]

4는 'ㅣ'로 끝나는 有情명사가 관형격 조사와 결합되면 'ㅣ'가 탈락되는 예이다.

<참고> 'ㅎ' 曲用 語基

4. 가히(犬)>가ㅎ "쏘 가온딛 <u>가히</u>" <월인 70>, "<u>가회</u> 고기와" <구급간 6:34>
   그려기(雁)>그려ㄱ "치윗 <u>그려기와</u>(寒雁)"<능엄 8:121>, "<u>그려긔</u> 발 ㄱ트며" <월석 2:40>
   아비(父)>아ㅂ "그 <u>아비</u> 스랑ᄒ야"<석보 11:26>, "아ᄃ리 <u>아비</u> 쳔량 믈러" <석보 13:18>, [아비+이>아비]

5. 남기, 남ᄀ, 남기, 남ᄀᆯ [비교: 나모]
   굼기, 굼ᄀ, 굼긔, 굼ᄀᆯ [비교: 구무]

5는 '모/무'로 끝나는 말이 모음으로 시작하는 조사와 결합되면 끝모음이 떨어지고 대신 'ㄱ'이 덧생기는 예이다. '느'로 끝나는 '녀느'도 같은 방식으로 변화한다.

<참고>

5. 'ㄱ'曲用語基: 모음 어기의 變異 중에서 語基末 음절이 '모, 무, 느' 등인 모음 어기가 곡용할 때 어기말 모음 '오, 우, 으'가 줄어지고 /ㄱ/음이 介在되는 非自動的 交替의 체언.
   나모(木)>남ㄱ "<u>나모</u> 아래 안즈샤" <월인 117>, "<u>남기</u> 지 ᄃ외면" <능엄 4:37>
   구무(穴)>굼ㄱ "孔巖 <u>구무</u> 바회" <용가 3:13>, "<u>굼기</u> 아니 뵈시며" <월석 2:56>
   녀느(他)>년ㄱ "<u>녀느</u> :사ᄅ미 供養ᄆ차놀" <월석 1:13>, "<u>년기</u> 가면 몯 이기리니" <석보 6:22>

3) 용언

(1) 자동사, 타동사, 보조용언

중세어의 동사도 자동사와 타동사로 나뉜다.

1. (가) 十方諸國올 보긔 ᄒ시니 <월석 8:1>
   (나) 내 孫子 조차 가게 ᄒ라 <석보 6:9>

현대어와 같이 목적어의 있고 없음을 분류 기준으로 삼는다. 1-(가)는 타동사이고, (나)는 자동사이다. 그런데 경우에 따라서는 두 범주를 구별하는 요소가 활용형에 나타나는 일이 있다.

〈참고〉

(1-가) ·씹방졍·귁(十方諸國), '시방(十方)'(불교용어, 四方, 四隅, 上下),
        -긔(타동사 敍述부사형 어미) "보긔 ᄒ시니"
        -게(자동사 敍述부사형 어미) "가게 ᄒ라"

2. (가) 艱難ᄒ 사ᄅᆷ <u>보아둔</u> 다 布施ᄒ더라 <석보 6:15>
   (나) 석 돌 사ᄅᆞ시고 나아 <u>가거시ᄂᆞᆯ</u> <월석 10:17>

2-(개)는 '보다'가 타동사이기 때문에 '아'가 쓰였고, (나)는 '가다'가 자동사이기 때문에 '거'가 쓰였다.

〈참고〉

(2-가) "길헤 艱難ᄒ :사ᄅᆷ 보아둔 :다 布施ᄒ더라" <석보 6:15>
        '보아둔'(타동사이므로 '아'가 쓰임) [보-(동)＋아둔(어미 '-거든')],
        '둔'(의존명사, '것은'), '가거시ᄂᆞᆯ'(자동사이므로 '어'가 쓰임)
        形態的 變異의 例 : 간난(艱難)＞가난, 숙육(熟肉)＞수육, 십월(十月)＞시월, 십오리(十五日)＞시오리 ; 불휘＞뿌리(根), 올히＞오리(鴨), 안해＞아내, 부화＞부아(肺) 등.

중세어에도 보조용언이 발견된다.

3. (가) 地獄올 벗아 <u>브려</u> <월석 21:181>
   (나) 赤眞珠ㅣ 드외야 <u>잇느니라</u> <월석 1:23>

'브리다'는 완료의 보조동사이고, '잇다'는 상태의 보조형용사이다.

〈참고〉
(3-가) '벗다'(ㅂᅀ다, 부수다), '밧다, 벗다'(벗다, 脫), '브리다'(完了조동사)
(3-나) '드외다'(되다), '잇다'(狀態보조형용사)

(2) 불규칙 활용

중세어도 용언이 활용할 때에는 어간과 어미의 모습이 달라지는 일
이 있었다.

1. (가) 브터~븓고, 업서~업게
   (나) 파, 폼 [비교 : 프고]
   (다) 달아, 달옴 [비교 : 다ᄅ거늘]
   (라) 궁어, 궁움 [비교 : 그은]
   (마) 아디, 안, 아느니라, 아숩고 [비교 : 아롬, 알리오, 아ᄅ시니, 아ᄅ
       쇼셔]

1-(가)는 8종성 외의 자음으로 된 어간과 겹받침을 가진 어간이 바뀌
는 것이다. (나)는 '오/으'로 끝나는 어간이 모음 어미 앞에서 끝 모음이
탈락하는 것이다. (다)는 'ᄅ'로 끝나는 어간이 모음 어미 앞에서 한 음
절로 줄어지면서 'ㄹ'이 끊어 적기가 되는 것인데, 같은 'ᄅ'로 된 '모ᄅ
다'의 경우는 'ㄹ'이 덧 생겨 '몰라'가 된다. ㈖는 'ᅀ'로 끝나는 어간이
모음 어미 앞에서 '으'가 떨어지고 'ᅀ'이 끊어 적기가 되는 예이다. ㈎
는 'ㄹ'받침을 가진 어간이 떨어지는 것인데, 현대어와는 달리 '시' 앞에
서도 'ㄹ'이 그대로 유지된다.

(1-가) '븥다'(附, 接, 粘, 着)~븥고, 븥게, 븥디, 븥는/브터셔, 브토미, 브
튼, 브틀 語基末音 'ㅈ, ㅊ, ㅌ, ㅍ'이 후속하는 어미의 음절두음이
모음일 때에는 교체하지 않는데, 음으로 시작되는 어미 앞에서는
'ㅅ, ㄷ, ㅂ'으로 교체된다. 이는 語基末 자음의 中和에 의한 것이
다.
'없다'(無)~업고, 업게, 업디, 업거늘, 업ᄂᆞ니/업서, 업스니, 업슨,
업스샷다
語基末音이 'ㅺ, ㅼ, ㅳ'과 같이 무성자음이 겹해서 나타날 때, 이
어지는 子音 앞에서 겹받침의 하나가 탈락하여 'ㅅ, ㅂ'으로 교체
된다.

(1-나) 'ᄋᆞ, 으'로 끝나는 어간이 모음 어미 앞에서 끝모음이 탈락한다.
'ᄑᆞ다'(파다, 掘)~파, 폼/ᄑᆞ고, ᄑᆞ니

(1-다) 'ㄹᆞ'로 끝나는 어간이 모음 어미 앞에서 끝모음이 탈락한다.
'다ᄅᆞ다'(다르다, 異)~달아, 달옴/다ᄅᆞᆫ, 다ᄅᆞ거늘

(1-라) 'ᄉᆞ'로 끝나는 어간이 모음 어미 앞에서 한 음절로 줄어지면서
'ㄹ'이 分綴(끊어적기)된다. '모ᄅᆞ다'의 경우는 'ㄹ'이 덧생겨 '몰라'
가 된다.
'그스다'(끌다, 牽)~긍어, 긍움/그슨, 그스며, 그스숩고 '그스다＞
ᄯᅳᅀᅳ다'

(1-마) 'ㄹ'받침을 가진 어간이 떨어진다. 현대어와는 달리 '시' 앞에서도
'ㄹ'이 그대로 유지된다. ':알다'(알다,知)~아디, 아ᄂᆞ니라, 아던,
아숩고/아롬, 알리오, 아ᄅᆞ시니, 아ᄅᆞ쇼셔

2. (가) 몰라, ᄂᆞ라/주거, 버서 ; 술보디, 노포라/업수디, 어두라
(나) 자본, 자ᄫᅳ며, 자ᄫᅵ이다/업슨, 업스며, 업스이다

　　2는 어미가 母音調和 규칙에 의하여 바뀌는 것이다. 2-(가)는 연결어
미 '아/어'와 '오/우' 계통의 어미가 어간의 모음에 따라 바뀌는 것이고,
(나)는 媒介모음 'ᄋᆞ/으'가 어간의 모음에 따라 선택되는 것이다.

<참고>

(2-가) 모ᄅᆞ다(不知)~몰라, 몰로몰/모ᄅᆞ샤, 모ᄅᆞ고

　　　　놀다(날다, 飛)~ᄂᆞ라/ᄂᆞᄅᆞ샤, ᄂᆞ로ᄃᆡ/ᄂᆞᄂᆞ, ᄂᆞ놋다, ᄂᆞᄂᆞ다

　　　　:ᄉᆞᆲ다(사뢰다, 여쭙다)~ᄉᆞᆲᄫᅩᄃᆡ/ᄉᆞᆲᄫᅵ, ᄉᆞᆲᄫᅵ이다/ᄉᆞᆲ오녀, ᄉᆞᆲ올

　　　　주(奏)/ᄉᆞᆲ고, ᄉᆞᆲ거늘

　　　　높다(高)~노포라, 노파/노프니, 노폰, 노폴고(高)

　　　　없다(無)~업수ᄃᆡ/업스며, 업스샴, 업슨

　　　　:얻다(得)~어두니, 어두라, 어두이다, 어둔(젼ᄎᆞ로)/어더, 어더늘,

　　　　어더셔

중세국어에도 어간과 어미가 불규칙적으로 바뀌는 것이 있다.

3. (가) 지ᅀᅥ, 지스니 [비교 : 버서, 버스니, ……]

　　(나) 더ᄫᅥ, 더ᄫᅩ니 [비교 : 자바, 자ᄇᆞ니, ……]

　　(다) 기러, 기르라 [비교 : 어더, 어드니, ……]

3은 현대어의 'ㅅ, ㅂ, ㄷ' 불규칙 활용의 소급형이다. 3-(가)에서 보는 바와 같이 'ㅅ' 불규칙 활용은 'ㅿ'으로 바뀌고, (나)에서 보는 바와 같이 'ㅂ' 불규칙 활용은 'ㅸ'으로 바뀌는 것이 현대어와 다르다.

<참고>

(3-가) :짓다(作)~지슨(죄)/지ᅀᅥ, 지스니, 지ᅀᅳ면, 지ᅀᅩᄃᆡ

(3-나) :덥다(暑)~더ᄫᅥ, 더ᄫᅩ니, 더본/더우나<두언>, 더우ᄃᆡ<金三>, 더우

　　　　며<능엄>

(3-다) :긷다(긷다, 汲)~(므를)기러, 기른(찻므리), 기르라/긷기롤, 긷ᄂᆞ니,

　　　　긷다가

4. (가) 심거, 심군, 심곰 [비교 : 시므는, 시므고, ……]

　　(나) 잇다, 잇고, 잇더니 [비교 : 이셔, 이쇼니, 이시며, 이시나, ……]

　　(다) 니거시든, 니거늘 [비교 : 녀(보니), 넗, 녀실(씨라), ……]

4는 개별 어휘의 어간이 바뀌는 것이다. 4-(가)는 '시므-'가 모음 어미 위에서 '슴-'으로 바뀌는 예이다. (나)는 '이시-'가 자음 어미 앞에서 '잇-' 으로 바뀌었고, (다)는 '녀-'가 '거' 앞에서 '니-'로 바뀌었다.

〈참고〉

(4-가) 用言語基의 末音節 '무/므'가 모음 어미 앞에서 '우/으'가 줄어지
면서 'ㄱ'이 첨가하여 '슴, 줌'으로 교체된다.
'시므다'(심다, 植)~시므는, 시므게, 시믈 식(植)/심거, 심군, 심곰,
심구디
'ᄌᆞ므다'(잠그다<鎖>, 잠기다<浸>)~(門을 다) ᄌᆞ므고, (몬져 프를)
ᄌᆞ므거눌/줌겨, 줌고미

(4-나) 共鳴子音(ㄴ, ㄹ, ㅁ)을 제외한 子音語尾 앞에서 '이시-'가 '잇-'으
로 바뀐다.
'이시다'(있다, 有)~이샤, 이셔, 이셔는, 이쇼니, 이시며, 이시나,
이시란디, 이시료, 이시리니/잇다, 잇고, 잇더니

(4-다) '녀-'가 '거' 앞에서 '니-'로 바뀜.
'·녀다'(다니다, 行)~녀(보니), 녀(가다), 녀디(아니ᄒᆞᄂᆞ다), 녀매,
녏(사롬)/니거든, 니거늘, 니거시니, 니거지라, 니거지이다
그러나 '녀-'가 '거'類 어미 앞에서 '니-'로 바뀌지 않고 사용된 예
가 더러 보인다.
"머리 그 中에 녀거든" <법화(1463), 3:155>, "불휘예 ᄂᆞ려 녀거
눌"<두언重 2:64>

5. (가) ᄒᆞ리라, ᄒᆞ리러니, ᄒᆞ리로다 [비교 : ᄒᆞ다, ᄒᆞ더니, ᄒᆞ도다, ····]

(나) 알어늘, ᄃᆞ외오, 하늘히어늘 [비교 : 가거늘, 가고, ····]

(다) (第一)이롬, 이로디, 이로라 [비교 : 닷곰, 닷고디, 닷고라, ····]

(라) 앉거늘, 앉거다; 오나눌, 오나다 [비교 : 바다눌, 바다다; 머거늘, 머
거다, ····]

(마) ᄒᆞ야, ᄒᆞ야셔 [비교 : 파, 파셔, ····]

5는 어미가 일정한 환경에서 바뀌는 예이다. 5-(가)는 'ㄷ'계통의 어미가 '-리-' 뒤에서 'ㄹ' 계통의 어미로 바뀌었다. (나)는 'ㄱ'계통의 어미가 'ㄹ', 이중 모음의 반모음 'ㅣ', 서술격 조사 아래에서 喉頭有聲마찰음 'ㅇ'로 바뀌었다. (다)는 '오'계통의 어미가 서술격 조사 아래에서 '로'계통의 어미로 바뀌었다. (라)는 타동사에 나타나는 '아/어'가 자동사와 '오다' 뒤에서 '거, 나'로 바뀌었다. (마)는 현대어의 '여'불규칙 활용의 소급형이다. 같은 'ㆍ'로 되어 있어도 'ㅍ다'의 경우는 그것이 떨어지는데, 'ㅎ-'의 뒤에서는 '야'계통의 어미가 붙는다.

〈참고〉
(5-가) 'ㄷ'으로 시작되는 '-다, -더-, -도-, (-다가)'와 같은 'ㄷ'계통의 어미
        가 '-리-' 뒤에서는 'ㄹ'계통의 어미 '-라, -러-, -로-, (-라가)'로 교체
        된다.
        {-라, -러-, -로-, -라가}는 {-다, -더-, -도-, -다가}의 形態的 異形態
        임.
        {-다, -더-, -도-, -다가 ∝ -라, -러-, -로-, -라가}
(5-나) 'ㄱ'으로 시작되는 어미('ㄱ'계통 어미) '-거늘, -고' 등이 'ㄹ'받침
        및 'ㅣ' 반모음 'ㅣ'(j)로 끝나는 用言, 서술격 조사(혹은 선어말어
        미 '리') 뒤에서 喉頭有聲마찰음 'ㅇ' 로 교체된다. '알어늘, ᄃ외
        오, 하놀히어늘'/'가거늘, 가고 ‥‥'
        {-거늘∽-어늘} 音韻論的 異形態(그러나 어간 형태소에 제약을
        받는다는 점에서 形態的 조건의 異形態로 보기도 함)
        '가지오'(가지<枝>이고) [가지(枝,명사)＋(이)고(서술격조사)]
        '가지고'('가지다'<持>의 활용형) [가지-(持, 동사)＋고(어미)]
(5-다) '오'계통의 어미가 敍述格조사 뒤에서 '로' 계통의 어미로 바뀐다.
        '同氣라, 아ᄃ리러니, 이리로다, 慧眼이라가'/'외다, 도족ᄒ더니, 오
        도다, 돋다가' '닷ㄱ다'(닦다, 修)~닷곰, 닷고디, 닷고라
(5-라) 他動詞에 나타나는 '아/어'가 自動詞와 '오다' 뒤에서 '거, 나'로 바
        뀐다.
        他動詞에 나타나는 '아/어' : '받다'(바다눌, 바다ᄃᆞᆫ, 바다다), '먹

다'(머거늘, 머거)

自動詞나 '오다' 뒤에 나타나는 '거, 나' : '앉다, 앉다<座>'(앉거늘, 앉거든, 앉거다), '오다<來>'(오나눌, 오나든, 오나다)

(5-마) 양성모음으로 끝난 어간에 붙는 연결어미 '-아, -아셔, (-아도)'가 동사 'ㅎ-' 뒤에서 '-야, -야셔, (-야도)'로 바뀐다. 현대국어 '여'불규칙의 소급형이다.

'·프·다'(파다, 掘)~파, 파셔, 파도(<프아, 프아셔, 프아도) 'ᄋ'가 탈락된 것.

'ᄒ다'(爲)~ᄒ야, ᄒ야셔, ᄒ야도

5의 (가)~(마)에 나타나는 語尾의 交替는 語幹형태소에 制約을 받아 실현되므로 形態的 조건의 異形態들이다.

(3) 어미

중세어에서도 어미를 先語末어미와 語末어미로 나눌 수 있다.

　1. (가) 습, 줍, 습
　　(나) 시
　　(다) 이

1은 높임을 나타내는 선어말어미다.

1-(가)는 客體높임을 표시한다. '-습-'은 어간의 끝소리가 'ㄱ, ㅂ, ㅅ, ㅎ'일 때, '-줍-'은 'ㄷ, ㅈ, ㅊ, ㅌ'일 때, '-습-'은 유성음일 때에 각각 나타난다. 이들 형태들은 媒介모음을 취하는 어미나 모음 어미 앞에서 'ᄫ'으로 불규칙 활용을 한다.

　1. (가)′ 막습거늘, 듣줍게, 보습게 ; 돕ᄉᄫᄂ니, 얻ᄌᄫᅡ, ᄀ초ᄉᄫᅡ

'-습-'은 선어말어미 가운데에서 가장 앞자리를 차지한다. 따라서, 결합되는 어미도 가장 많다.

〈참고〉先語末語尾

아래의 1-(가) '-습-, -줍-, -습-', (나) '-시-'는 分離的 선어말어미이고, (다) '-이-'는 交錯的 선어 말어미에 속한다. 分離的 선어말어미는 다른 어미와 자유롭게 결합되는 선어말어미를 말하고, 交錯的 선어말어미는 다른 어미와 자유롭게 결합되지 않는 선어말어미를 이른다.

(1-가)는 客體높임(목적어, 위치말의 사람이나 사물을 높임), (나)는 主體높임(문장의 주어인 주체를 높임), (다)는 相對높임(듣는이, 즉 聽者에 대한 높임)의 선어말어미다.

{-습-}은 어간의 끝소리가 /ㄱ, ㅂ, ㅅ, ㅎ/일 때 사용되는 客體높임 선어말어미다. '막습거늘, 닙습고, 빗습더니, 노쏩고(놓＋습＋고)' 등이 그 예들이다.

{-줍-}은 어간의 끝소리가 /ㄷ, ㅈ, ㅊ, ㅌ/일 때 사용되는 客體높임의 선어말어미다. '듣줍게, 마쫍더니, 좆줍고져, 븓줍고져(依支)' 등이 그 예들이다.

{-습-}은 어간의 끝소리가 有聲音일 때 사용되는 客體높임 선어말어미다. '보습게, 아습게(＜알습게)' 등이 그 예들이다.

이들 形態들은 媒介모음을 취하는 어미나 모음 어미 앞에서 '-습-'으로 불규칙 활용한다. '돕스᷆니, 얻즈ᄫᅡ, ᄀᆞ초ᅀᆞᄫᅡ' 등이 그 예들이다.

例文 : "ᄒᆞ ᄆᆞᅀᆞᄆᆞ로 뎌 부텨를 보ᅀᆞᄫᆞ라" ＜월석 8:22＞
　　　　"臣下ㅣ 님그믈 돕ᄉᆞᄫᅡ ＜석보 9:34＞

위 예문에서와 같이 客體높임법은 목적어인 '부텨'와 '님금'을 높이는 높임법이다. 이 객체높임법은, 현대국어에서는 恭遜法(話者가 공손의 뜻을 나타내어 聽者를 높이는 말법)의 소급형에 속한다.

1-(나)는 主體높임의 선어말어미다. '-(으)시-'는 모음 어미 앞에서는 '-(으)샤-'로 교체된다.

1. (나)′ 가시고, 가시니 ; 가샤, 가샴, 가샤뎌, 미드샷다, 定ᄒᆞ샨, 펴샤ᄂᆞᆯ

'가샤(가샤아)'에서는 연결어미 '-아'가 떨어졌다. '가샴(가샤옴)' 등과 '펴샤ᄂᆞᆯ(펴샤아ᄂᆞᆯ)'에서는 어미의 일부분인 '오'와 '아'가 떨어졌다. '-(으)시-'는 '-ᄉᆞᆸ-' 다음에 자리잡는다. '-(으)시-'는 'ᄒᆞ거시ᄂᆞᆯ, ᄒᆞ더시다'에서 보는 바와 같이 '거, 더' 뒤에 놓이기도 한다.

〈참고〉
　(1-나)의 {-시-}는 主體높임의 先語末어미다. 主體높임은 문장의 主語인 주체를 높이는 높임법으로 선어말어미 {-시-}를 사용한다.
　'가시고, 가시니'의 {-시-}는 子音어미 앞에서 실현된다.
　'가샤'는 '가샤아'에서 연결 어미 '-아'가 탈락된 것이다.
　종전의 분석 [{-시-}+{-아/-어} → 샤]
　현재의 분석 [샤+{-아/-어}] → {-샤}
　'가샴'은 '가샤옴'에서 '-오-'가 탈락된 형태임.
　'미드샷다'는 '믿으샤옷다'에서 감동법 선어말어미 '-옷-'의 일부인 '오'가 탈락된 형태이다.
　'定ᄒᆞ샨'은 '定ᄒᆞ샤온'에서 선어말어미 '-오-'가 탈락된 형태임.
　'펴샤ᄂᆞᆯ'은 '펴샤아ᄂᆞᆯ'에서 어미의 일부분인 타동사 표지 '아'가 탈락된 형태임.
　主體높임 선어말어미 {-시-}는 'ᄉᆞᆸ', '거, 더' 뒤에 놓인다. '보ᅀᆞᄫᆞ시고, 안쫍시고, ᄒᆞ거시ᄂᆞᆯ, ᄒᆞ더시니' 등은 그 예들이다.
　종전에는 '샤'를 [{-시-}+{-아/-어}]의 결합으로 해석하였다. 그러나 이 해석은 中世국어의 일반적인 '시'의 음운 현상에 어긋나는 것으로, 이른바 存在詞 '이시-'가 어미 '-아, -옴, -오뎌, -오라'와 결합하면 *'이샤, 이샴, 이샤뎌, 이샤라'가 되지 않고, '이셔, 이숌, 이쇼뎌, 이쇼라'로 바뀌는 것을 보면, '시+아, 오→샤' 방식의 설명에 무리가 있음을 알 수 있다.

1-(다)는 相對높임법 ᄒᆞ쇼셔체의 先語末어미다.

1. (다)′ 하느이다, ᄒᆞᄂᆞ니잇가

‘-이-’는 평서형에서 나타나는데, 의문형에서는 ‘-잇-’으로 바뀐다.

〈참고〉
　(1-다)의 {-이-}는 相對높임(聽者에 대한 높임)의 ᄒᆞ쇼셔體 선어말어미
이며, ‘ᄂᆞ, 더, 리, 오, 거, 돗, 니’ 등과 같이 交錯的 선어말어미(다른 어미
와 자유롭게 결합되지 않는 선어말어미)에 속한다. {-이-}는 ‘ᄒᆞᄂᆞ이다’와
같이 平敍形 相對높임법에서 나타나고, {-잇-}은 ‘ᄒᆞᄂᆞ니잇가’와 같이 疑
問形 相對높임법에서 나타난다.

2. (가) -ᄂᆞ-
　(나) -더-
　(다) -(으)리-

　2는 時間표현의 선어말어미다. 2-(가)의 ‘-ᄂᆞ-’는 現在시제를 표시하
는데, 선어말어미 ‘-오-’와 결합되면 ‘ᄒᆞ노라’에서 보는 바와 같이 ‘-ㄴ-’
으로 바뀐다. (나)의 ‘-더-’는 回想의 선어말어미인데, ‘-오-’와 결합되면
‘-다-’로 바뀐다. (다)의 ‘-리-’는 未來시제의 선어말어미인데, 관형사형
에서는 ‘-ㄹ’로 실현된다. 이들 어미는 평서형, 의문형과 연결어미 ‘-니’,
관형사형에서 주로 나타난다.

2. (가)′ ᄒᆞᄂᆞ다, ᄒᆞᄂᆞ녀, ᄒᆞᄂᆞ니, ᄒᆞ는
　(나)′ ᄒᆞ더라, ᄒᆞ더녀, ᄒᆞ더니, ᄒᆞ던
　(다)′ ᄒᆞ리라, ᄒᆞ려, ᄒᆞ리니, ᄒᆞᆯ

〈참고〉
　(2-가)의 {-ᄂᆞ-}는 現在시제의 선어말어미로서 선어말어미 ‘-오-’와 결
합되면 ‘ᄒᆞᄂᆞ다, ᄒᆞᄂᆞ녀, ᄒᆞᄂᆞ니, ᄒᆞ는’ 등에서 보는 바와 같이 ‘-ㄴ-’으로

바뀐다. [ᄂ(선어말)＋오(선어말)→노], [논＋오→논]

(2-나)의 {-더-}는 回想의 선어말어미로서 'ᄒ더라(평서형), ᄒ더녀(의
문형), ᄒ더니(연결형), ᄒ던(관형사형)' 등은 그 용례들이다. 回想 선어말
어미 {-더-}는 '-오-'와 결합되면 'ᄒ다라, ᄒ다니'와 같이 '-다-'로 바뀐다.

(2-다)의 {-(으)리-}는 未來시제의 추측법 선어말어미다. 'ᄒ리라, ᄒ려,
ᄒ리니, ᄒ홀' 등은 그 용례들이다. 관형사형에서는 '-ㄹ'로 실현됨을 알 수
있다.

3. -오-

중세국어에는 현대어에서는 볼 수 없는 아래와 같은 특수한 선어말어
미가 있었다. 첫째, '-오-'이다. '-오-'는 음성모음 아래에서는 '-우-'로, 敍述
格조사 아래에서는 '-로-'로 바뀐다. 이 어미는 平敍形, 연결어미 '-니', 관
형사형에서 주로 나타난다.

3′. (가) ᄒ오라, ᄒ노라, ᄒ다라, ᄒ오리라 [비교 : ᄒ다, ᄒᄂ다, ᄒ더라, ᄒ리
　　　　라]
　　(나) ᄒ오니, ᄒ노니, ᄒ다니, ᄒ오리니 [비교 : ᄒ니, ᄒᄂ니, ᄒ더니, ᄒ리
　　　　니]
　　(다) ᄒ혼, ᄒ논, ᄒ단, ᄒ홀 [비교 : ᄒ혼, ᄒᄂ논, ᄒ던, ᄒ홀]

3′에서는 '오'가 빠진 어형이 오른쪽에 나타나기 때문에 한 형태소의
자격이 있다. 같은 '-오-'계통의 어미라 하더라도 비교되는 어형이 없는
경우는 형태소가 될 수 없다. '-옴, -오디'의 '-오-'는 'ᄆ', '디'가 단독으로
나타나는 일이 없으므로, 형태소의 일부분일 뿐이다.

〈참고〉

3. {-오-}는 話者·對象이나 意圖法을 표시하는 문법 요소이다.'ᄒ오라, ᄒ
　　노라, ᄒ다라'에서처럼 平敍形 앞에 나타나거나, 'ᄒ오니, ᄒ노니, ᄒ다

니, 호리니'에서와 같이 연결 어미 '-니' 앞에 나타나며, '혼, 호논, 호
단, 홀' 등에서와 같이 관형사형 앞에 나타난다.

{-오-}는 음성 모음 아래에서는 '-우-'로, 서술격 조사 뒤에서는 '-로-'로
교체된다. '이로라, 이롬'은 선어말어미 '오/우'가 '로'로 바뀐 것이다.
　{-오-}를 독립된 형태소(선어말어미)로 인정하는 것은, 3′에서와 같이
'호라'는 '호오라'로 분석되는데, '-오-'가 빠진 '호다'가 오른쪽에 나타나기
때문에 '오'는 독립된 형태소의 자격이 있다. '-옴, -오더'의 '오'는 'ㅁ'이나
'더'가 단독으로 나타나는 일이 없으므로 이때의 '오'는 형태소의 일부일
뿐이다.

둘째, '-거-, -니-, -돗-' 등이다.

4. (가) -거-
　　(나) -니-
　　(다) -돗-

이들 4는 믿음과 느낌의 先語末어미다.
　4-(가)의 '-거-'는 주관적 믿음을 표시하는 선어말어미인데, '-오-'와 결
합되면 '호과라'에서와 같이 '-과-'로 바뀐다. '-거-'는 '-어-/-아-'와 대립되
어 있는데, 다음과 같이 비교되는 어형이 있을 경우에만 형태소의 자격
이 있다.

4. (가)′ 가거다/바다다, 가리어다/바드려다, 가거녀/바다녀 [비교: 가다/
　　　　받다, 가리라/ 바드리라, 가녀/바드녀]

'거'를 가진 語尾라도 비교되는 어미가 없는 것은 형태소의 자격이
없다. '-거늘/-어늘'은 '거/어'가 떨어진 '늘'이 連結어미로 쓰이는 일이
없기 때문에 전체가 하나의 형태소가 된다. '-옴, -오더'의 경우와 같다.

4-(가)의 {-거-}는 主觀的 믿음을 표시하는 선어말어미다.

{-거-}는 '-오-'와 결합하면 '-과/가-'로 바뀐다('ᄒᆞ과라, ᄒᆞ가니').

{-거-}는 他動詞 아래에 선택되는 '-아/어-'와 대립을 이루고 있는데, 위의 예 4-(가)'의 경우와 같이 비교되는 어형이 있는 경우에만 형태소의 자격이 있다. 그러므로 '-거늘/-어늘'은 '거/어'가 떨어진 '늘'이 연결 어미로 쓰이는 일이 없기 때문에 '-거늘/-어늘' 전체가 하나의 형태소가 된다.

終結法에서는 평서형('가거다, 가리어다')과 의문형('가거녀'), 명령형(가거라)에서도 나타난다. 連結法에서는 '니' 앞에서 나타나는 일이 많다('가거니, 가리어니'). 冠形詞形으로 사용된 예도 확인된다('가건').

'-거/어-'는 未來시제 추측법 '리'의 뒤에서 '-어-'로 나타난다('가리어다, 가리어니').

4-(나)의 '-니-'는 객관적 믿음을 표시하는데, 현대어와 큰 차이가 없다. 선어말어미 '-ᄂᆞ-, -더-' 뒤에 나타난다.

4-(나)' ᄒᆞᄂᆞ니라, ᄒᆞᄂᆞ니이다, ᄒᆞ더니라

(4-나)의 {-니-}는 客觀的 믿음(原則法)을 표시하는데, 현대어와 큰 차이가 없다. 終結法 평서형에만 사용되며, 선어말어미 '-ᄂᆞ-, -더-' 뒤에 나타난다.

ᄒᆞᄂᆞ니라, ᄒᆞᄂᆞ니이다, ᄒᆞ더니라 [비교, ᄒᆞᄂᆞ다, ᄒᆞ나이다, ᄒᆞ더라]

'ᄒᆞᄂᆞ니라/ᄒᆞᄂᆞ다, ᄒᆞᄂᆞ니이다/ᄒᆞᄂᆞ이다, ᄒᆞ더니라/ᄒᆞ더라' 등과 같이 비교가 가능하므로, '니'를 독립된 형태소로 추출되는 것이다.

'ᄒᆞᄂᆞ니여, ᄒᆞᄂᆞ니잇가'의 '니'는 의문형 어미의 일부이다. 그러나 학자에 따라서는 '니'를 선어말어미로 보는 의견도 있다. <허웅, 1975, 882-6>

그러나 'ᄒᆞᄂᆞ니여/*ᄒᆞᄂᆞ어, ᄒᆞᄂᆞ니잇가 /*ᄒᆞᄂᆞ잇가'와 같은 대조가 불가능하므로 이때의 '니'는 '-니여, -니잇가'라는 어미의 일부일 따름니다. '-니잇가'의 '이'도 어미의 일부로 보아야 한다. '잇'을 相對 높임 선어말어미로 보게 되면 선어말어미가 어말어미 뒤에 오게 되는 결과가 된다.

4-(다)의 '-돗-'은 느낌의 선어말어미다.

4. (다)′ ᄒᆞ도소이다, ᄒᆞ도소녀, ᄒᆞ도다

'ᄒᆞ도소이다, ᄒᆞ도소녀'는 'ᄒᆞ도스이다, ᄒᆞ도스녀'에서 '-돗-' 다음에 매개모음 'ᆞ'가 동화에 의해 'ㅗ'로 바뀐 것이다. '-돗-'은 자음 위에서 'ㅅ'가 떨어져 '-도-'가 된다. 이 밖에 느낌을 표시하는 선어말어미에는 '-옷-, -ㅅ-'가 있다. 'ᄒᆞ놋다, ᄒᆞ소라'에서 확인된다.

〈참고〉
　(4-다)의 {-돗-}은 느낌의 선어말어미다.
　'ᄒᆞ도다, ᄒᆞ도소이다, ᄒᆞ도소녀'에서 '-돗-'은 매개모음을 취하는 어미 앞에서 실현된다. 매개모음 'ᆞ'가 동화에 의해 'ㅗ'로 바뀐 것이다('ᄒᆞ도소이다'[ᄒᆞ돗ᄋᆞ이다 > ᄒᆞ돗오이다 > ᄒᆞ도소이다]. '-돗-'은 자음 위에서 'ㅅ'이 떨어져 '-도-'가 된다['ᄒᆞ돗다 > ᄒᆞ도다']. {-돗-}은 未來시제 추측법 선어말어미 '-리-' 뒤에서 '-로-'로 형태 바꿈 한다('ᄒᆞ리로다, ᄒᆞ리로소니'). {-돗-}은 終結法('하도다, ᄒᆞ리로다, ᄒᆞ도소이다, ᄒᆞ도소녀, ᄒᆞ리로소녀')과 連結法(ᄒᆞ도소니, ᄒᆞ리로소니')에 나타난다.

중세어의 語末어미도 終結어미, 連結어미, 轉成어미를 둘 수 있다.

5. (가) ᄒᆞ다, ᄒᆞ이다 (평서형)
　　(나) ᄒᆞ녀, ᄒᆞ니잇가 ; ᄒᆞᆫ다, ᄒᆞᇙ다 ; ᄒᆞᆫ가, ᄒᆞᇙ가 (의문형)
　　(다) ᄒᆞ라, ᄒᆞ쇼셔 (명령형)
　　(라) ᄒᆞ져, ᄒᆞ사이다 (청유형)

5는 주로 중세국어의 종결어미를 아주낮춤인 'ᄒᆞ라체', 아주높임인 'ᄒᆞ

쇼셔체'의 두 相對 높임법에 따라 제시한 것이다. 5-(가)는 평서형인데, 그 앞에 시간표현의 선어말어미를 앞세울 수 있다. 중세국어에는 '-다' 밖에 '-니라'로 끝나는 특수한 평서형이 있었다. (나)는 의문형이다. '-녀' 는 제1, 3인칭 의문형 어미이고, '-ㄴ다, -ㄹㆆ다'는 제2인칭 의문형 어미이다. '-ㄴ가, -ㄹㆆ가'는 간접 의문형 어미이다.

제1, 3인칭 의문형 어미와 간접 의문형 어미는 물음말과 함께 사용될 때에 '-뇨, -니잇고, -ㄴ고, -ㄹㆆ고'로 바뀐다. (다)의 '-라, -쇼셔'는 명령형 어미이고, (라)의 '-져, -사이다'는 청유형 어미이다. 이밖에 중세국어에는 '-니, -리'로 끝나는 반말이 있었다.

〈참고〉 語末語尾
중세어의 어말어미에도 終結어미, 連結어미, 轉成어미 등이 있다.

(1) 終結어미
중세어의 종결 어미에도 平敍形어미, 疑問形어미, 命令形어미, 請誘形어미 등이 있다.

(5-가) 〈平敍形〉 'ᄒ다, ᄒ이다'는 동사 'ᄒ다'의 平敍形이다. '-다, -니라' 는 아주낮춤인 'ᄒ라體'이고, '-이다'는 아주높임인 'ᄒ쇼셔體' 평서 형 어미다. 평서형 어미 앞에 선어말어미 'ᄂ, 더, 리, 거, 과, 니, 오' 등을 앞세울 수 있다(예: 'ᄒᄂ다, ᄒ더라, ᄒ리라, ᄒ거다, ᄒ 과라, ᄒᄂ니라, 호라'). 그리고 어미 '-다'는 '더, 리, 과, 니, 오'의 뒤에서 '-라'로 바뀐다(위의 예를 참조할 것).
(5-나) 〈疑問形〉 (나)의 예들은 疑問形 어미로서 'ᄒ녀, ᄒ니잇가'에서 '-녀' 는 ᄒ라체, '-니잇가'는 ᄒ쇼셔체 의문형 어미다. '-녀'는 '-니야, -니 여, -니아'로도 실현되는데, 현대국어 '-냐'의 소급형이다. 그리고 '-녀' 의문형 어미 앞에 선어말어미 'ᄂ, 더, 리'를 앞세울 수 있다 (예: ᄒᄂ녀, ᄒ더녀, ᄒ려(*ᄒ리녀)).
"功德이 하녀 져그녀" 〈석보 19:4〉
"므슷 罪業을 짓관디 이런 受苦롤 ᄒᄂ뇨" 〈월석 23:78〉

위의 예에서와 같이 '-녀'는 判定의문형 어미, '-뇨'('ㅕ'가 'ㅗ'로 교체
됨)는 說明의 문형 어미로 설명하기도 한다 <고영근, 1981: 12>. 의문형
어미 '-녀'는 主語가 1인칭과 3인칭일 때 쓰인다.

(5-나)의 '호다, 홇다'에서 '-ㄴ다'는 2인칭 의문형 어미다. 역시 선어말
어미('ㄴ, 더, 리')를 앞세울 수 있다(예 : 호눈다, 호던다, 홀따(<*호린다)
등).

(5-나)의 '-ㄴ가'도 '-ㄴ다'와 같은 구성이다. '-ㄴ가, -ㄹㅎ가'는 間接의문
형 어미로서 間接의문을 표시할 때 쓰인다. '-ㄴ가'도 선어말어미 'ㄴ, 더,
리'를 앞세울 수 있다 (예 : 호눈가, 호던가, 홀까(<*호린가> 등). '-ㄴ가'
型('-눈가, -던가, -ㄹ까' 등)은 判定의문형 어미이고, '-ㄴ고'型('-눈고, -던
고, -ㄹ꼬' 등)은 說明의문형 어미로 설명하기도 한다.

(5-다) <命令形> '호라, 호쇼셔'는 '호다'의 命令形이다. '-라, -쇼셔'는 명
        령형 어미로서 '-라'는 호라體 명령형 어미이고, '-쇼셔'는 호쇼셔
        體 명령형 어미다. '-라'는 선어말어미 '-거/어-'를 앞세우는 일도
        가끔 있다(예 : '호거라, 호야라' 등).
(5-라) <請誘形> '호져, 호사이다'는 '호다'의 請誘形으로서 '-져'는 호라
        體 청유형 어미이고, '-사이다'는 호쇼셔體 청유형 어미다.

相對높임법의 호라체와 호쇼셔체 종결 어미를 圖示하면 다음과 같다.

	호라체	호 쇼셔체
平敍形	-ㄴ다	-ㄴ이다
疑問形	-ㄴ녀	-ㄴ니잇가
命令形	-라	-쇼셔
請誘形	-져	-사이다

반말 어미 중세국어에는 相對높임법 중 이른바 '반말 어미'라는 종결법
            이 있다.

(가) "곶 됴코 여름 하느니" <용가 2>
(나) "부텻긔 받즈바 므슴 호려 ㅎ시느니" <월석 1:10>
(다) "너희돌히 如來ㅅ秘密 神通力을 仔細히 드르리" <월석 17:3>
(라) "므스게 쓰시리" <월석 1:10>

(가)와 (다)의 '니, 리'는 평서형 반말 어미이고, (나)와 (라)의 '니, 리'는 의문형 반말 어미로서 疑問辭 '므슴, 므슥'의 사용 與否에 따라 결정된다. 현대국어의 반말 어미 '-어, -지'가 句末抑揚(termination)과 疑問辭의 사용 여하에 따라 여러 가지 종결법으로 쓰임과 비슷하다.

連結어미와 轉成어미는 대부분 현대국어와 큰 차이가 없다. 명사형 어미로 '-옴/-움'밖에 '-디'가 있었다. 또, 관형사형 어미가 명사적으로 쓰이는 일이 간혹 있었다.

6. (가) 다욇 업슨 긴 ㄱ르믄 니섬니서 오놋다 <두언 10:35>
   (나) 德이여 福이라 호늘 나ㅇ라 오소이다 <악학, 동동>

6-(가)의 '다욇'은 'ㄹ'관형사형이 명사적으로, (나)의 '혼'은 'ㄴ'관형사형이 각각 명사적으로 쓰이고 있다.

<참고>
(2) 連結어미
중세국어의 연결어미도 현대국어에 준하여 체계를 세울 수 있다.
對等的 연결어미('-고, -며, -며셔, -나, -건마른, -거나~-어나' 등) 여기에서 '-며셔'는 현대국어 '-면서'의 소급형이다.
從屬的 연결어미('-니, -오디, -ㄹ썬, -관디, -거든, -거늘, -고져, -디비' 등)
補助的 연결어미('-어/-아, -긔/-게, -디, -고' 등) 여기에서 '-긔/-게'는 'ㅣ'와 'ㄹ' 아래에서 '-의/-에'로 바뀐다. (敍述부사형 어미로 다루기도 함 <이철수, 1993.1>).

아래의 예문에서 어미 '-게/-긔'는 부사형 어미로 사용되었다.

"크긔 너기시ᄂ니" <박통上 50>
"입게 사노이다" <월인 142> ':입다'(昏迷하다)
"부텻 양ᄌ롤 ᄀ티시긔 그리ᅀᆞᆸ거나" <월석 2:66> '우·리·티·다'(꾸
짓다, 叱喝하다)
"사ᄅ미 혜아료미 다 ᄣ러지긔 우리틸씨라" <몽산법 31>

(3) 轉成어미

轉成어미도 현대국어와 비슷하다.

名詞形어미('-옴/-움, -기, -디' 등) '-옴'은 음성모음으로 된 어간 아래에
서 '-움'으로 바뀌고, 서술격 조사 아래에서는 '-롬'이 된다(예 : '이롬'). '-디'
는 '-기'와 비슷한 기능을 나타내는 명사형 어미로서 형용사 '어렵다, 슳ㅎ
다, 둏다' 앞에서만 사용된다. "내 겨지비라 가져가디 어려볼씨" <월석
1:13>

"나가디 슳ㅎ야" <삼강 연녀도 16>
"ᄀ장 보디 됴ㅎ니라" <번박통上 5>

冠形詞形어미('-ㄴ, -ᄂ, -던, -ㄹ' 등) 이 가운데 '-ᄂ'과 '-던'은 선어말
어미 '-ᄂ-, -더-'에 관형사형 어미 '-ㄴ'이 붙은 것이다. 위의 예문 6-(가)
(나)에서 '다욇'('-ㄹ' 관형사형이 명사적으로 쓰임), '호놀'('-ㄴ' 관형사형
이 명사적으로 쓰임) 등과 같이 관형사형 어미가 명사적으로 쓰이는 일
이 있다.

(6-가) 登高(七言律詩) 56세(767) 때 成都에서 기주로 옮겨 살 무렵, 음
력 9월 9일(重陽節)을 맞아 동산에 올라 持病으로 술을 마시지
못하고 슬픈 가을을 흐느껴 우는 심정을 읊음. 나그네의 몸으로
가을을 슬퍼하며 老衰를 한탄함. 前四句(悲秋之景), 後四句(苦恨
之情)

不盡長江滾滾來 '곤곤(滾滾): 물 흐르는 모양, 홍건히 흐름.

"다옰:업슨 :긴 ᄀᄅ믄 니섬니ᅀᅥ 오놋다"(다함이 없는 긴 강은 끊임없이 이어져 흘러 오는구나), '다옰'(다함이) [다ᄋ-(盡)＋ㄹ(명사적 관형어미)＋ㅅ(주격조사 '이'를 생략한 대신으로 사용)] '다ᄋ다'(動, 다하다<盡>), '다옰:없·다'(形, 다함이 없다) '니섬니ᅀᅥ'(副, 잇달아, 끊임없이) [닛-(동)＋엄(접미사) → 니섬(부사)＋닛-(동)＋어(나열형)] ':닛·다'(續, 잇다)

(6-나) "德으란 곰비예 받줍고 福으란 림비예 받줍고 <u>德이여 福이라 호</u><u>ᄂᆞᆯ 나ᅀᆞ라 오소이다</u> 아으 動動다리" <악학, 動動, 序詞>

고려가요 '動動', 序詞까지 합하여 13節의 月令體노래. '호ᄂᆞᆯ'(하는 것을), '님븨곰븨, 님븨곰븨'(副, 연거푸, 계속하여, 앞 뒤), '받줍다'(받들어 바치다), '나ᅀᆞ다(나ᅀᆞ다)' (나아가다) "나ᅀᆞᆯ 진(進)" <훈몽下 26>

4) 단어의 형성

중세어의 단어 형성도 派生法과 合成法의 체계 안에서 설명할 수 있다.

현대어와 다른 점만 간추리기로 한다.

   1. (가) 우숨, 우룸
      (나) 노픠, 기릐
      (다) ᄀᆞ몰다, 깃다
      (라) 져기, 볼기, 키

1은 현대어에서 보기 어려운 派生法이다. 1-(가)는 동사의 명사 형성법인데, '웃-, 울-'에 접미사 '-움'이 붙었다. 활용형이 명사 형성의 접사로 굳어진 예이다. (나)는 형용사의 명사 형성법인데, 접미사 '-의/-의'가 붙었다. (다)는 명사 'ᄀᆞ몰, 깃'에 零(∅)의 접사가 붙어 동사 어간이 된 것이다. 현대어에도 이런 형성법이 있지만, 중세어에는 더 풍부하였다.

(라)는 형용사에 접미사 '-이'를 붙여 부사를 만드는 것인데, 현대어보다
더 생산적이었다. 현대어에서는 이들 어휘 대신 '적게, 밝게, 크게'와 같
은 활용형이 사용된다.

〈참고〉派生法

(1-가) 〈動詞의 名詞形成法〉 '우숨, 우룸' 등은 動詞가 파생명사로 굳어
        진 예다.
        우숨(笑) [웃-(동사)+-움(접미사) → 우숨(파생명사)]
        우룸(泣) [울-(동사)+-움(접미사) → 우룸(파생명사)]

(1-나) 〈形容詞의 名詞形成法〉 '노픠, 기릐' 등은 形容詞가 파생명사로
        굳어진 예다.
        노픠(高) [높-(형용사)+-의(접미사) → 노픠(파생명사)]
        기릐(長) [길-(형용사)+-의(접미사) → 기릐(파생명사)]
        기픠(名)
        기피(副) "기피 ᄀ초시니" 〈월인 138〉
        노픠(名)
        노피(副) "次第로 노피 이쇼ᄃᆡ" 〈월석 1:32〉
        너븨(名)
        너비(副) "衆生을 너비 濟渡ᄒ시ᄂ니" 〈석보序 1〉
        기릐(名)
        기리(副) "기리 혜요미"(長數) 〈두언 7:9〉
        킈(丈, 명사)
        키(크게, 부사) "大集ᄋᆞ 키 모ᄃᆞᆯ씨니" 〈석보 6:46〉

(1-다) 〈名詞의 動詞形成法〉 'ᄀᆞᄆᆞᆯ다(가물다), 깃다(깃들이다)' 등은 名
        詞('ᄀᆞᄆᆞᆯ, 깃')에 零접사가 붙어 동사의 어간이 된 예다.

        ᄀᆞᄆᆞᆯ다(부) [ᄀᆞᄆᆞᆯ(명사)+-∅(零접미사)+-다(어미) → ᄀᆞᄆᆞᆯ다(파생
                동사)]
        깃다(巢) [깃(보금자리, 명사)+-∅(零접미사)+-다(어미) → 깃다
                (파생동사)]

(1-라) <形容詞의 副詞形成法> ‘져기(적게), 볼기(밝게), 키(크게)’ 등은
    형용사 語基 (젹-(小), 붉-(明), 크-(大))에 접미사(‘-이’)를 붙여 부
    사를 만든 것이다.

2. (가) 듣보다, 그치누르다, 빌먹다
    (나) 됴쿶다, 흑뎍다

2는 현대어에서 보기 어려운 合成法이다. 2-(가)는 동사 어간끼리 합
쳐서 이루어진 합성 동사인데, 현대어보다 더 생산적이며, (나)는 형용
사 어간끼리 합쳐진 합성 형용사이다. 이런 단어 형성 역시 현대어에서
는 보기 어렵다.

〈참고〉合成法
    (2-가)의 ‘듣보다(聞見하다), 그치누르다(沮止하다), 빌먹다(빌어먹다)’
등은 동사 어간끼리 합쳐서 이루어진 合成동사이다.

    듣보다 [듣-(동사)＋보-(동사) → 듣보다(合成동사)]
    그치누르다 [그치-(동사)＋누르-(동사) → 그치누르다(合成동사)]

    (2-나)의 ‘됴쿶다(좋고 궂다, 吉凶), 흑뎍다(가늘고 적다)’ 등은 형용사
어간끼리 합쳐진 合成 형용사다.

    됴쿶다 [둏-(형용사)＋궂-(형용사) → 됴쿶다(合成형용사)]
    흑뎍다 [흑-(형용사)＋뎍-(형용사) → 흑뎍다(合成형용사)]

1.1.3 文章

1) 문장의 짜임새

(1) 문장 성분

중세어도 현대어에 준하여 문장 성분을 세울 수 있다. 현대어와 다른
점만 간추리기로 한다.

  1. (가) 迦葉의 能히 信受호몰 讚歎ᄒ시니라 <월석 13:56>

     (나) 諸子ㅣ 아비의 便安히 안존 둘 알오 <법화 2:138>

     (다) 前生앳 이릐 젼ᄎ롤 因緣이라 ᄒ고 <월석 1:11>

     (라) 늘근 늘근 브릃 사ᄅ미 잇ᄂ니 <월석 13:23>

1의 밑줄 부분은 관형어의 특수성에 관련된 예이다. 1-(가)는 의미상
의 주어가 관형어로 나타난 것이다. 중세어에는 이런 구성법이 많다.
관형격 조사 앞에서 有情명사의 'ㅣ'모음은 탈락되는 것이 원칙이나,
(나)에서처럼 節의 주어가 될 때에는 'ㅣ'모음이 그대로 유지된다. (다)
는 처소의 부사격과 관형격 'ㅅ'이 결합되어 체언을 관형어가 되게 하
는 예이다. (라)는 관형사형이 셋이나 나열되어 있는 것이다. 현대어라
면 앞의 관형어는 대등적 연결어미 '-고'로 연결된다.

  〈참고〉

  (1-가) "前엣 ᄒ相 ᄒ맛 等文을 다시 ᄒ샤 隨宜說法이 :아디 어려부믈
      볼기샤 <u>迦葉의 能히 信受호몰 讚歎ᄒ시니라</u> ᄒ相 ᄒ맛둘ᄒ 곧
      一切種智이 證ᄒ샨 法이니 如來 비록 :아ᄅ시나 衆生이 性欲이
      ᄀᆮ디 아니호몰 보샤 ⋯⋯ <월석 13:56>
      '隨宜'(隨宜ᄂ 맛당호몰조출씨라)
      '拈華微笑'(염화미소) (釋迦가 연꽃을 들어 大衆에게 보였을 때,
      迦葉만이 그 뜻을 깨달아 미소지음. 以心傳心, 教外別傳, 拈華示
      衆)

"迦葉이(甚히 希有ᄒᆞ야) 能히 如來ㅅ隨宜(마땅함을 좇음)說法을
알아 能히 信ᄒᆞ며 能히 受ᄒᆞ니 :엇뎨 어려뇨 ᄒᆞ란디 諸佛世尊ㅅ
隨宜說法이 아로미 어려ᄫᆞ니라 <월석 13:56>

(1-나)　"그ᄢᅴ 諸子ㅣ 아비의 便安히 안존 둘 :알오 :다 아비게 가 아비게
닐오디 願ᄒᆞ디 우릴 :세가짓 보비술위 주샤디 알ᄑᆡ 許ᄒᆞ샨다이
ᄒᆞ쇼셔 ···· 知父의 安坐ᄒᆞ고 皆諸父所ᄒᆞ야 而自父言ᄒᆞ디 願賜我
等三等寶車ᄒᆞ샤디 如前所許ᄒᆞ쇼셔 ····)" <법화 2:138>

(1-다)　"因緣은 젼치니 前生앳 :이릐 젼ᄎᆞ롤 因緣이라 ᄒᆞ고 그 :이롤 因
ᄒᆞ야 後生애 ᄃᆞ외요 몰 果報ㅣ라 ᄒᆞᄂᆞ니 果ᄂᆞᆫ 여르미오 報ᄂᆞᆫ 가
폴씨라" <월석 1:11-12>

'젼치니'(까닭이니) [젼ᄎᆞ(名, 까닭)+ㅣ니(술격조사의 활용형)],
'前生앳'(前生에서의) [前生(명)＋애(처격)＋ㅅ(처격)], ':일(事), ·
일(무, 일찍이)', 'ᄃᆞ외요몰'(되게 함을) [ᄃᆞ외오-(동)＋ㅁ(명사형)＋
올(목적격)], '여·름(열매, 實), 녀·름(여름, 夏)', '가폴'(갚을) [갚-
(동)＋올(관형형)]

(1-라)　"後에 ᄯᅩ 닐오디 ᄲᅡ男子아 :네 샹녜 이에셔 :일ᄒᆞ고 다ᄅᆞᆫ디 가디
:말라 네 갑슬 더 :주리니 믈읫 求ᄒᆞ논 盆器며 米麵이며 塩醋돌
홀 :네 어려ᄫᅵ 너기디 :말며 ᄯᅩ 늘근 늘근 브룷 :사ᄅᆞ미 잇ᄂᆞ니 求
ᄒᆞ면 :주리니 이대 ᄠᅳ들 便安히 가지라 ·내 네 아비 ᄀᆞᆮᄒᆞ니 ᄂᆞ외
야 시름 :말라" <월석 13:22-23>

'닐오디'(말해주되) [닐오-(說)＋디(설명형)], ':네(2인칭 주격), 네(2
인칭 속격)', '샹·녜'(副, 늘, 항상), '이에셔'(여기에서) [이에(처소
代)＋셔(처격)], '어·려·ᄫᅵ'(副, 어렵게), '브룷'(부리어질) [브리우
-(동)＋ㅭ(관형형)], '이·대'(副, 잘, 좋게), '·내(주격), 내(속격)',
'ᄂᆞ외야'(副, 다시, 다시는), '시름 :말라'(시름<憂>하지 말라)

2. (가) 셤 안해 자싫 제 <용가 67>

　　(나) 海東六龍이 ···· 古聖이 同符ᄒᆞ시니 <용가 1>

2의 밑줄 부분은 부사어의 특수성에 관련된 예이다. 2-(가)는 낙착점

처소의 부사격 조사가 동작이 이루어지는 처소를 표시하는 예이다.
(나)는 주격조사와 형태가 같은 '이'가 동등 비교의 부사격으로 쓰인 예
이다.

〈참고〉

(2-가) "ᄀᆞᄅᆞᆷ ᄀᆞᅀᅢ 자거늘 밀므리 사ᄋᆞ리로ᄃᆡ 나거ᅀᅡ ᄌᆞᄆᆞ니이다. 셤 안
해 자싫 제 한비 사ᄋᆞ리로ᄃᆡ 뷔어ᅀᅡ ᄌᆞᄆᆞ니이다. (江가에 자거늘
밀물이 사흘이로되(물이 들지 않더니) 나가고 난 뒤에야 비로소
잠긴 것이외다. 섬안에 자실 제, 큰비가 사흘이로되(섬에 물이 들
지 않더니) 비고 난 뒤에야 비로소 잠긴 것이외다) '�· 줌 · 다'(잠
기다 <沈>)

(2-나) "海東六龍이 ᄂᆞᄅᆞ샤 일마다 天福이시니 古聖이 同符ᄒᆞ시니 <용
가 1>
'海東(애)'(副詞格 '애'의 생략형), '六龍'(李太祖의 4대조인 穆祖·
翼祖·度祖·桓祖와 太祖, 太宗), '古聖이'(옛 聖人과, '-이'는 副
詞格 '-과'(비교의 뜻), '同符ᄒᆞ시니'(똑같이 들어맞으시니) [同符
ᄒᆞ-(동)+시(존칭)+니(평서형)]

3. (가) 文殊아 아라라 <석보 13:26>
   (나) 님금하 아ᄅᆞ쇼셔 <용가 125>

  3은 독립어 가운데에서 특수성을 띤 것이다. 3-(가)는 상대방의 신분
이 낮을 때에 쓰이고, (나)는 높을 때에 쓰인다.

〈참고〉

(3-가) "ᄯᅩ 諸佛을 보ᅀᆞᆸ게 ᄒᆞ샤미 이 :져고맛 因緣이 아니시니 文殊아
아라라 四衆이며 龍과 鬼神괘 仁者ᄅᆞᆯ 보ᄂᆞ니 므슷 :이를 닐오려
ᄒᆞ시ᄂᆞ뇨" <석보 13:26>
"佛子 文殊아 모ᄃᆞᆫ 疑心ᄋᆞᆯ 決ᄒᆞ고라" <석보 13:25>
'四衆'(불타의 4가지 제자. 곧, 比丘·比丘尼·우바새(優婆塞, 出

家하지 아니하고 불제자가 된 남자)·우바니(優婆尼, 出家하지 아니하고 불제자가 된 여자) 등, '므·ᄉᆞᆺ(冠, 무슨), '닐오려'(말하려) [닐오-(동, 말해주다)+려(의도형)], 'ᄒᆞ고라'(하기 바라노라) [ᄒᆞ-(동)+고라(願望形)]

(3-나) "千世 우희 미리 定ᄒᆞ샨 漢水北에 累仁開國ᄒᆞ샤 卜年이 ᄀᆞᇫ업스시니 聖神이 니ᅀᆞ샤도 敬天勤民ᄒᆞ샤ᅀᅡ 더욱 구드시리이다. <u>님금하 아ᄅᆞ소셔</u> 洛水예 山行 가이셔 하나빌 미드니잇가" <용가 125> (千世 옛날부터 미리 定하신 漢水北에 累仁開國하시어 卜年이 끝이 없으시니, 聖神이 이으셔도 敬天勤民하셔야 더욱 굳으실 것이외다. 임금님이시여, 알으소서. 洛水에 사냥가 있어 할아비를 믿습니까(믿을 것이겠습니까). '卜年'(國家의 歷年이란 운명적으로 미리 결정되어 있는 것이므로, 미리 占쳐서 決定한 것이나 다름없으매 卜年이라 한다), '니ᅀᆞ샤도'(이으셔도) [:닝-(동, 連)+ᄋᆞ샤도(방임형)], 'ᄒᆞ샤ᅀᅡ'(하셔야) [ᄒᆞ-(동)+시(존칭)+아ᅀᅡ(구속형)], '아ᄅᆞ쇼셔'(알으소서) [알-(동)+ᄋᆞ쇼셔(願望形)], '洛水 예' [낙슈(중국 지명)+예(ㅣ선행모음 밑에 오는 처격 '-에')]

(2) 겹문장의 짜임새

가. 안은 문장

1. (가) <u>부톄 授記ᄒᆞ샤미</u> 글 <u>쑤미</u> ᄀᆞᆮ고 <월석 8:96>
   (나) 내 겨지비라 <u>가져가디</u> 어려ᄫᅳᆯᄊᆡ <월석 1:13>

1은 명사절로 안긴 문장이다. 1-(가)는 '-옴/-움' 명사형이고, (나)는 '-디' 명사형이다.

〈참고〉

(1-가) "記別·은 分簡ᄒᆞᆯ·씨·니 簡·은 ·대 ᄧᅡ:개·니 :녜·ᄂᆞᆫ 죠·히 :업셔 ·대·ᄅᆞᆯ 엿·거 그·를·쓰·더니·라 <u>부:톄 授記·ᄒᆞ샤·미 ·글 ·쑤·미 ·ᄀᆞᆮ·고</u> 제여·곰 달·오·미 ·대ᄧᅡ·개 ·ᄀᆞᆮᄒᆞᆯ·씨 簡·ᄋᆞᆯ ᄂᆞᆫ·호·다 ᄒᆞ·니·라" <월석 8:96> (夾注文임)

‘·대’(竹), ‘짜:개’(쪼각, 쪼개), ‘·대짜·개’(대쪽), ‘:녜’(옛날), ‘ 제
여·곰’(副, 제각기)

(1-나) “내 布施·ᄒᆞ·논 ᄆᆞᅀᆞ·ᄆᆞᆯ :허·디 :말·라 俱夷 니ᄅᆞ·샤·ᄃᆡ
그딋 :말다·히 ·호리·니 ·내 :겨지·비·라 가·져 가·ᄃᆡ
어·려볼·ᄊᆡ :두 줄·기·롤 조·쳐 ·맛·디노·니 부텻·긔
받ᄌᆞ·ᄫᅡ 生生·애 내 願·을 일·티 아·니·케 ᄒᆞ·고·라”
<월석 1:13>
‘:헐·다’(헐뜯다), ‘··맛·디·다’(맡기다), ‘俱夷’(gopi, gopika) 人名
‘牛女, 明女’ 등으로 譯됨.
悉達太子의 妃, 善覺王의 女. ‘端正皎潔’(皎는 희고 빛날 교)로서
天下에 으뜸. ‘가·지·다’(가지다, 持)

2. 大愛道ㅣ 善ᄒᆞᆫ 뜨디 하시며 <월석 10:19>

2는 서술절로 안겨 있는 것이다. 주어가 둘 겹쳐 있는 문장이다.

〈참고〉

2. “阿難·이 다·시 술·ᄫᅩ·ᄃᆡ 大愛道ㅣ 善ᄒᆞᆫ ·뜨·디 ·하시·며
부:톄 ·처ᅀᅥᆷ ·나·거시·놀 ·손ᅀᅩ 기르ᅀᆞ·ᄫᅵ시·니이·다” <월
석 10:19>

3. 불휘 기픈 남ᄀᆞᆫ ᄇᆞᄅᆞ매 아니 뮐ᄊᆡ <용가 2>

3은 관형절로 안겨 있는 것이다.

4. 돈 업시 帝里예 살오 <두언 20:37>

4는 부사절로 안겨 있는 것이다.

<참고>

4. “:돈 :업시 帝里 ·예 :살오 지 ·비 ·다 :ㄱ쉬 ·와 잇 ·노라” (無錢居
　　帝里盡實在邊疆) <두언 20-37> ‘:ㄱ’(가, 邊)

5. (가) 이 比丘ㅣ ……닐오디 “내 너희둘홀 업시우디 아니ᄒᆞ노니 너희둘
　　　히 다 당다이 부톄 ᄃᆞ외리라” ᄒᆞ더니 <석보 19:29-30>
　　(나) 如來 샹녜 우리롤 ‘아ᄃᆞ리라’ 니ᄅᆞ시ᄂᆞ니이다 <월석 13:32>

　5-(가)는 직접 인용이다. 큰 문장의 서술어가 앞에 오고, 끝에 인용
동사 ‘ᄒᆞ다’가 와 있다. 중세어의 인용문은 대개 이런 형식으로 되어 있
다. 현대어에 보이는 인용의 부사격 조사는 보이지 않는다. 5-(나)는 간
접 인용이다. 인용의 부사격 조사가 따로 없음으로 대명사와 상대 높임
법으로 분간해야 한다. 이 문장은 如來의 말 ‘너희 내 아ᄃᆞ리라’를 화자
의 관점으로 바꾸었기 때문에 간접 인용이 된다.

<참고>

(5-가) “·내 너희 ·둘 ·홀 ㄱ ·장 恭敬 ·ᄒᆞ야 :업 ·시오 ·둘 아 ·니 ·
　　　ᄒᆞ노 ·니 :엇 ·뎨어 ·뇨 ᄒᆞ ·란 ·디 너희 ·둘 ·히 :다 菩薩ㅅ道
　　　理 行 ·ᄒᆞ ·야 당다이 부텨 ᄃᆞ외 ·릴 ·ᄊᆞ니 ·라 ·이 比丘ㅣ 經
　　　典 닐 ·거 외 ·오 ·몰 專主 ·ᄒᆞ야 아 ·니ᄒᆞ ·고 〔專主 ·ᄂᆞ 오 ·
　　　ᄋᆞ ·로 爲主홀 ·ᄊᆞ ·라〕오 ·직 ·절ᄒᆞ ·기 ·를 ·ᄒᆞ ·야 四
　　　衆 ·을 머 ·리 ·셔 보 ·고 ·도 ·ᄯᅩ 부 ·러 ·가 ·절ᄒᆞ ·고 讚
　　　嘆 ·ᄒᆞ ·야 닐 ·오 ·디 ·내 너희 ·둘 ·홀 :업 ·시우 ·디 아 ·
　　　니 ·ᄒᆞ노 ·니 너희 ·둘 ·히 :다 당다이 부:톄 ᄃᆞ외 ·리 ·라 ·ᄒᆞ
　　　더 ·니 四衆ㅅ中에 怒ᄒᆞᆫ ᄆᆞᅀᆞᆷ :낸 :사ᄅᆞ ·미 :모딘 ·이브 ·로
　　　구 ·지저 닐 ·오 ·디 ·이 智慧 :업슨 比丘ㅣ 어 ·드러 ·셔
　　　오 ·뇨 ·우리 ·둘 ·홀 授記 ·ᄒᆞ ·디 당다이 부:톄 ᄃᆞ외 ·리라
　　　·ᄒᆞᄂᆞ ·니 <석보 19:29-30>
　　　‘授記’(① 佛陀의 說法 중에서 問答式 또는 分類的 설명으로 되
　　　어 있는 부분, ② 佛陀가 제자들에게 未來의 證果에 대하여 미리

예언한 敎說)

(5-나) "長者·는 如來시·고 ·우리·는 :다 부텻 아·둘 ·곧·호·니
如來 샹·녜 ·우리·롤 아·ㄷ리·라 니르·시ㄴ·니이·다 世
尊·하 ·우·리 三苦ㅅ젼·츠·로 生死中·에 여·러 가·짓
熱惱·롤 受·ㅎ·야 迷惑·ㅎ·야 아·로·미 :업·서 :져·근
法·을 ·즐·기다·니" <월석 13:32> '三苦' 첫째 苦苦(苦의 因
緣으로 생겨서 받는 고통), 둘째 괴고(壞苦, 樂事가 破壞되는 고
통), 셋째로 行苦(無常流轉의 모든 행동으로 인한 고통) 등이다.

(나) 이어진 문장

중세어의 이어진 문장도 연결어미와 접속조사에 기대어 이루어진다.
이곳에서는 연결어미에 기대어 이루어지는 이어진 문장을 중심으로 그
특징을 살펴보도록 한다.

1. (가) 子는 <u>아ㄷ리오</u> 孫은 孫子ㅣ니 <월석 1:7>
   (나) 쏘 玉女둘히 虛空애셔 온가짓 풍류 <u>ㅎ며</u> 굴근 江이 묽고 <u>흐르디</u>
      <u>아니ㅎ며</u>…… 온 가짓 病이 다 <u>됴ㅎ며</u> 一切 즘겟 神靈이 다 侍
      衛ㅎ숩더라 <월석 2:32-33>

1은 대등하게 이어진 문장이다. 1-(가)는 연결어미 '-고'(>오)에, (나)
는 '-며'에 기대어 이어졌다.

〈참고〉

(1-가) "<u>子는 아ㄷ리오 孫은 孫子ㅣ니</u> 子孫은 아ㄷ리며 孫子ㅣ며 後ㅅ
   孫子롤 無數히 ㄴ리닐온 :마리라" <월석 1:7>

(1-나) "<u>쏘 玉女·둘·히 虛空·애·셔 ·온가·짓 풍류·ㅎ며 :굴·근</u>
   <u>江·이 묽·고 흐르·디 아·니ㅎ·며</u> 日月宮殿·이 머·므·러
   이·셔 나·ᅀᅡ가·디 아·니ㅎ·며 佛星·이 ㄴ·려·와 侍衛·
   ㅎ·숩거·든 녀느 :벼·리 圍繞·ㅎ·야 조·차 오·며 〔圍·

논 두를·씨·오 繞·는 버·믈·씨·라] :보·비 ·옛 帳·이
王宮·을 :다 두·프·며 明月神珠ㅣ 殿·에 둘·이·니 光明·
이 ·히 ·곧ㅎ·며 [明月神珠·는 불·군 ·둘 ·ᄀ톤 神奇ᄒ
구·스리·라] 설·긧·옷·둘·히·화·예·나·아걸·이·며
貴ᄒ 瓔珞·과 一切 :보·비 自然·히 나·며 :모딘 벌·에·는 :
다 ·숨·고 吉慶·엣 :새 ᄂ·니·며 地獄이 :다 停寢ᄒ·니 :셜
본 :이리 :업스·며 ·짜·히 ᄀ·장 드·러·치·니 노·ᄑ·며
ᄂᄀ가 ·본 ·디 :업스·며 곳 비 오·며 :모·딘 즁ᄉᆞ·이 혼·혜
慈心·을 가·지·며 ·아기나ᄒ·리 :다 아·ᄃᆞ·롤 나ᄒ·며
·온가·짓 病·이 :다 :됴ᄒ·며 一切 즘·겟 神靈·이 :다 侍
衛·ᄒ·ᅀᆞᆸ더·라" <월석 2:32-33>

2. (가) 이스른 오늜 바뫼 조차 ᄒᆡ니 ᄃᆞ론 이 녯 ᄀ올히 ᄇᆞᆯ갯ᄂᆞ니라 <두
언 8:36>

   (나) 불휘 기픈 남ᄀᆞᆫ ᄇᆞᄅᆞ매 아니 뮐ᄊᆡ 곶 됴코 여름 하ᄂᆞ니 <용가 2>

2는 종속적으로 이어진 문장이다. 2-(가)는 '-니'에, (나)는 '-ㄹᄊᆡ'에
각각 기대어 문장이 종속적으로 이어져 있다.

〈참고〉

(2-가) **月夜憶舍弟**

"防戍·ᄒᄂᆞᆫ ·뎃 부·페 :사룸 둔·니리 그·츠니 邊方ㅅᄀᆞ술·
히 훈 그려·긔 소·리로·다 이·스른 오·ᄂᆞᆳ ·바뫼 조·차·
ᄒᆡ니 ·ᄃᆞ론 ·이 :녯 ᄀ올·히 블·갯ᄂᆞ·니라 잇는 앗·이 :다
ᄒᆞ·러가·니 지·비 주·그며 사·롬 무·롤ᄃᆡ :업도·다 브·
텨 보·내ᄂᆞᆫ 書信이 댱샹 ᄉᆞ뭇·디 :몯 거 ᄂᆞᆯᄒᆞ믈·며 兵戈ㅣ :
다디 아니·ᄒᆞᆺ다" (戍鼓斷人行邊秋一鴈聲 露從今夜白月是故
鄕明 有弟皆分散無家問死生 寄書長不達況乃未休兵)

°邊方을 지키는 곳의 북소리에 사람 다니는 것이 그치니, 國境
 지방의 가을에 다만 짝 잃은 한 기러기의 소리로구나.

°白露의 節候가 되어 오늘밤부터 이슬이 더욱 희어지니, 이곳의

달은 고향에서도 저렇게 밝았느니라.

◦ 고향의 아우들이 난리로 다 흩어져 돌아다니니, 집안 식구가 죽었는지 살았는지 물어 볼 데도 없구나.

◦ 집에 부치어 보내는 편지가 전달되지 못하는데 더욱이 난리마저 그치지 아니하는구나.

3. (가) 아래 가신 八媒女도 <u>니거시니</u> 므스기 썰보리잇고 <월석 8:93>

   (나) 스승니미 엇던 <u>사로미시관디</u> 쥬버느로 이 門을 여르시ᄂ니잇고
     <월석 23:84>

   (다) 훈 사룸 勸ᄒ야 가 法 듣게 혼 功德도 <u>이러ᄒ곤</u> ᄒ물며····
     말다비 修行ᄒ미ᄯ녀 <월석 17:53-54>

   (라) ᄒ나훈 比丘ㅣ 큰 戒롤 디녀 잇거든 比丘尼 가 正法을 <u>비ᄒ디비</u>
     업시우믈말씨오 <월석 10:20>

　3은 연결어미가 주절의 문장 종결법에 제약을 주는 예들이다. 3-(가)는 연결어미 '-니'가 선어말어미 '-거-'를 앞세우면 주절에 의문형이 일치됨을 보여준다. (나)는 연결어미 '-관디'가 종속절에 쓰이면 앞에 물음말이 오고 이에 일치하여 주절은 의문형으로 끝나는 예이다. (다)는 종속절에 연결어미 '-곤'이 오면 이에 일치하여 주절에 의문형이 오는 예이다. 이와 함께 부사 'ᄒ물며'가 어울리기도 한다. (라)는 연결어미 '-디비'가 종속절에 쓰이면 주절에 부정표현이 오는 예이다.

〈참고〉

(3-가) "比丘ㅣ 닐·오·디 :<u>아·래 ·가신 八媒女·도 ·니·거시·니</u>
    <u>므·스기 :썰보·리잇·고</u> 夫人·이 닐·오·디 그·러커·든
    나·도 大王 :미슨·바 比丘 좃ᄌ·바 :가·리이다" <월석 8:93>
    ':아·래'(前, 前日, 예전, 일찍이)~'아·래'(下), ':썰보리잇고'(어려
    울 것입니까, 꺼림직할 것입니까) :썹·다(어렵다)

(3-나) "目連·이 드·라 드·니 獄卒·이 미·러 :내·며 닐·오디 스
    <u>숭니·미 :엇·던 :사른·미·시관·디 ·쥬벼·느·로 ·이 門</u>
    ·올 :여르·시ᄂ·니잇·고 ·이 門·온 :긴 劫·에 ·여·디 :

몯·ᄒᄂ·니이다 目連·이 獄主ᄃ려 무·로·ᄃ ·이 門·이 :
여·ᄃ :몯ᄒ·면 罪人·이 어드러·로 ·들·료 獄主 닐·오·
ᄃ ····" <월석 23:84>
    ':쥬벼·느·로'(마음대로) : '쥬변'(自由, 自意)
(3-다) "阿逸多·야 :녜 ·이·ᄅ 보·라 호 :사ᄅᆷ 勸·ᄒ·야 ·가 法
    ᄃ·게 ·혼 功德·도 ·이·러ᄒ·곤 ·ᄒ몰·며 一心·ᄋ로
    니ᄅ거·든 드·러 讀誦·ᄒ·야 大衆·의게 ·놈 爲·ᄒ·야
    ᄀᆯ·ᄒ·야 니ᄅ·며 :말다·븨 修行·호·미ᄯ·녀 〔·놈 勸
    ·ᄒ·야 ·가 드·로·ᄆ 隨喜·ᄒ·논 :이리·오 一心·ᄋ로
    修行·호·ᄆ 圓持·ᄒ·논 :이리·니 隨喜功·도 그·러ᄒ·곤
    圓持功·ᄋᆯ 아·랋디로·다〕" <월석 17:53-54>
    '-다·븨'(접미사, -대로, -답게)~'-디·븨'(어미, -지, -지마는)
(3-라) "여·ᄃᆲ가·짓 恭敬·ᄒ·논 法·은 ᄒ나·ᄒ 比丘ㅣ ·큰 戒·
    ᄅ 디·녀 잇거·든 比丘尼 ·가 正法·을 비·호·디·븨 :업·
    시우·믈 :말·씨·오 :둘·흔 比丘ㅣ ·큰 戒·ᄅ 디·뉴미
    半·ᄃᆯ·만·하야·도 比丘尼 ·절·ᄒ·야 셤·기·디·븨
    ·새 비·호는 ·ᄯ·들 ·어·즈리·디 :말·씨·오····" <월석
    10:20> (夾注文임)

2) 문법 기능

(1) 문장의 종결

중세어의 문장 종결법에는 평서문, 의문문, 명령문, 청유문, 감탄문이
있다. 문장 종결법은 상대 높임법과 상관관계를 맺고 있다.

1. 이 道ᄅ 이젯 사ᄅᆷ 브료믈 ᄒᆰ᠇티 ᄒᄂ다 <두언 25:56>

1은 平敍文이다. '-ᄂ-'와 같은 시간표현의 선어말어미 밖에도 느낌
표현의 선어말어미가 앞서서 여러 가지의 평서문이 구성된다.

<참고>

1. **貧交行** (七言古詩, 41세 때 友道가 輕薄해짐을 恨歎한 驚世歌)

   "그듸는 管仲鮑叔의 가난혼 젯 사괴요몰 보디 아니ᄒᆞᆫ다 ·<u>의 道</u>로
   이젯 :사ᄅᆞᆷ 보료몰 흙ᄀᆞ티 ᄒᆞᄂᆞ다" <두언 25:55-56>
   (君不見管鮑貧時交 此道今人棄如土) (世人은 옛날 管仲과 鮑叔의
   가난했을 때의 友道를 보지 아니하였는가, 요즈음 사람들은 이 交道
   를 마치 흙덩이를 버리듯 거들떠보지도 않는다), '管仲'(齊나라 宰相,
   이름 '夷吾'), '鮑叔'(齊나라의 大夫 이름 '叔牙'), '젯'(때의) [제(의명)＋
   ㅅ(관측)]. '사괴요몰'(사귐을) [사괴-(동)＋요(삽모)＋ㅁ(명사형)＋올(목
   적격)], '아니ᄒᆞᄂᆞ다'(아니하는가) [아니ᄒᆞ-(조동)＋ᄂᆞ다(의문형)], '-ᄂᆞ
   다' (현재 의문형), '-ㄴ다/-ㄴ고'(과거 의문형), '-ᄚ다/-ㄹ싸'(미래 의문
   형).'흙'(흙, 土)

   중세국어의 感歎文은 대부분 느낌의 선어말어미에 기대는데, 그런
   기능을 맡는 종결어미는 '-ㄹ쎠, -ㄴ뎌' 정도이다.

2. (가) 내 아ᄃᆞ리 <u>어딜쎠</u> <월석 2:7>
   (나) 몰힛 <u>마리신뎌</u> <악학, 정과정>

<참고>

(2-가) "雪山 北에 가·니(雪山ᄋᆞᆫ 山 일후미라) ·ᄯᅡ·히 훤ᄒᆞ·고 :됴
   ᄒᆞᆫ 고·지 ·하거·늘 그에·셔 :사·니 百姓이 져·재 가·ᄃᆞᆺ
   모·다 ·가 :서:너·힛 ᄉᆞ·싀·예 ·큰 나·라·히 두외어·늘
   王이:뉘으·처 블·리신·대 디·마·니 ·호이·다 ᄒᆞ·고 :다
   아·니오·니·라 王이 ·ᄒᆞ샤·디 내 아·ᄃᆞ리 ·어딜·쎠 ᄒᆞ
   시·니 글·로 ·ᄒᆞ·야 釋種·이·라 ᄒᆞ·니·라 (釋·ᄋᆞᆫ ·어
   딜·씨·니 釋種·ᄋᆞᆫ ·어딘 붓·기·라 ·ᄒᆞ논 :마리·라) <월
   석 2:6-7>
   '디·마·니'(副, 소홀하게, 지망지망하게), ':뉘으치·다'(뉘우치게
   하다, 뉘우치다), '블·리·다'(불리다, 招<사동·피동>), '붉'(씨, 種)

(2-나) **鄭瓜亭**(의종 20, 1166) 鄭敍(호 瓜亭)

　　　내 님믈 그리ᅀᆞ와 우니다니

　　　山 졉동새 난 이슷ᄒᆞ요이다

　　　아니시며 거츠르신돌 아으

　　　殘月曉星이 아ᄅᆞ시리이다 아으

　　　넉시라도 님은 ᄒᆞ디 녀겨라 아으

　　　버기더시니 뉘러시니잇가

　　　過도 허믈도 千萬 업소이다

　　　<u>믈횟 마리신뎌</u> 슬웃븐뎌 아으(뭇사람들이 헐뜯던 말이로다, 슬프

　　　도다.)

　　　니미 나롤 ᄒᆞ마 니즈시니잇가(임군께서 이미 나를 잊으셨습니까.)

　　　아소 님하 도람 드르샤 괴오쇼셔(아스시오, 그리 마옵소서 임이시

　　　여, 마음을 돌려 (衷情을)들으시어 옛날과 같이 사랑하소서.)

중세국어의 疑問文은 현대어와 다른 점이 많다.

　3. (가) 이 ᄯᆞ리 너희 <u>죵가</u> <월석 8:94>

　　　(나) 얻논 藥이 <u>므스것고</u> <월석 21:215>

　3은 의문 보조사가 붙어 이루어진 의문문이다. 3-(가)는 判定의문문
이고, (나)는 說明의문문이다. 설명 의문문은 물음말을 동반하여 설명
을 요구하는 의문문인데 대하여 판정 의문문은 可否를 묻는 의문문이
다. 중세어의 설명 의문문은 현대어와는 달리 '고'를 취하였다. 판정 의
문문과 설명 의문문은 ᄒᆞ라체의 제1, 3인칭 의문문에서도 구별된다.

〈참고〉

(3-가) "長者ㅣ 듣·고 :세·흘 드·려·드·러 오·라 ·ᄒᆞ·야 ᄠᅳᆯ·헤
　　　안·치습·고 :문 ᄌᆞᆸ·디 ·의·ᄯᆞ·리 너희 :죵·가 王과 比
　　　丘·왜 對答·ᄒᆞ샤·ᄃᆡ 眞實·로 ·우리 :죵이 ·니이·다" <월석
　　　8:94>

(3-나) 앞의 3 -오- 先語末 어미와 뒤의 7) 선어말어미 '-오-'의 문법기능을
참조.
"太子ㅣ 닐오디 :얻논 藥이 므스것고 大臣이 닐오디 ·나·다가며
브터 嗔心 아니ᄒᆞ논 :사ᄅᆞ미 눈ᄌᆞᅀᅪ 骨髓왜니이다" <월석
21:215>
':얻논'(얻은, 얻는), '·나·다가며'(副, 나면서), '눈ᄌᆞ·ᅀᆞ'(눈동자)

4. (가) 앗가ᄫᆞᆫ 뜨디 잇ᄂᆞ니여 <석보 6:25>
   (나) 究羅帝 이제 어듸 잇ᄂᆞ뇨 <월석 9:36상>

   4-(가)는 판정 의문문, (나)는 설명 의문문이다. 3과 4를 중심으로 할
때, 중세국어의 판정 의문문은 조사나 어미의 모음이 '아, 어'이고, 설명
의문문은 '오'임을 알 수 있다.

〈참고〉
(4-가) "須達·이 ·잔·죽·고 스랑·ᄒᆞ더·니 太子ㅣ 무·로·디 앗
    가·ᄫᆞᆫ ·ᄠᅳ·디 잇ᄂᆞ·니·여 對答·ᄒᆞ·디 그·리아·니·라
    ·내 스랑·ᄒᆞ·디 어·누 藏ㅅ金·이·ᅀᅡ ·마·치 ᄭᆞᆯ·이려·
    뇨 ·ᄒᆞ·노이·다" <석보 6:25>
    '·잔·죽·고'(잠자코, 蕭然히), '그·리아·니·라'(그런 것이 아
    니라), '어·누'(어떠한), '·마·치'(맞게, 適), '·ᄭᆞᆯ·다'(깔다, 敷)
    ~'ᄭᆞᆯ·이·다'(깔리다)
(4-나) "그 ᄆᆞᅀᆞᆷ :사름ᄃᆞ·려 무·로·디 究羅帝 ·이제 어·듸 잇ᄂᆞ·
    뇨 對答·ᄒᆞ·디 볼·쎠 命終ᄒᆞ·니·라" <월석 9:36上>

   중세어에는 ᄒᆞ라체에서 제2인칭 주어 대명사 '너'에 일치하여 쓰이는
어미가 있었다.

5. (가) 네 모ᄅᆞ던다 <월석 21:195>
   (나) 네 엇뎨 안다 <월석 23:74>

5-(가)는 판정 의문문이고, (나)는 설명 의문문이다. 이때에는 두 의문문이 형태상으로 구별되지 않는다.

〈참고〉
(5-가) "六師ㅣ 무·로·디 부:톄 ·누·고 對答·ᄒ·디 一切智人·이 시·니·라 ·ᄯ 무·로·디 一切智人·이 ·누·고 對答·ᄒ· 디 大慈悲父ㅣ시·니·라 :네 모·ᄅ던·다 白淨王種·이시·니 豪尊·이 第一·이시·니" <월석 21:195>
(5-나) "그 ·어·미 그에 닐·오·디 ·아기·씨 ·오시·ᄂ이다 그· 어·미 무·로디 :네 :엇·뎨 :안다 對答·ᄒ·디 益利門 알·픠 올·씨 ·아기·씨 ·오·시ᄂ·ᄃ :아·ᄂ오이·다 그 ·어·미 닐·오디 ·네 안·ᄌ 門 구·디 닫·고 그 :죵 ·드리·디 · 말·라 ᄒ·고" <월석 23:73-74>
'안·ᄌ' (副, 아직, 잠깐)

판정 의문문과 설명 의문문은 'ᄒ쇼셔체'에서도 구별된다.

6. (가) 사ᄅ미 이러커늘ᅀᅡ 아ᄃᆞᆯ올 여희리잇가 <월인 其143>
 (나) 몃 間ㄷ 지븨 사ᄅ시리잇고 <용가 110>

이곳에도 모음 '아'와 '오'가 대립되어 두 의문문을 구별하였다.

〈참고〉
(6-가) ":셟·고 :애ᄇᆞ른 ·ᄠ디·여 :누·를 가·ᄌ 줄빐·가 :사ᄅᆞ·이 라·도 즁싱·만 :몯·호이·다 사·로·미 ·이·러커·늘·ᅀᅡ 아·ᄃᆞᆯ·올 여·희·리잇·가 妻眷ᄃ외·여 :셜ᄫ·미 ·이·러 홀·써" <월인 其143>
(셟고 원통한 뜻이여 누구를 비교하여 말하리까. <이런 처지에서 사는 자기는> 사람이라도 짐승만 못하오이다. 사는 것이 이러한 데, 여기에 또 아들을 이별하여야 하겠습니까. 남의 아내가 되어

설움이 이렇게도 심함이여 <야수다라, 즉 태자비의 서러운 하소
연>) '애밭븐'(원통한), '가줄빓가'(비유할까), '즁싱만'(짐승만(도)),
'몯호이다'(못합니다), '이러홀쎠'(이러하구나, 이러하도다)

(6-나) "四祖ㅣ 便安·히 :몯 :겨·샤 ·현 ·고·둘 올·마시·뇨 ·몃
間드지·븨 :사·ᄅ시·리잇·고(四祖指穆翼度桓四聖也 便亦安
也) <용가 110>
(四祖가 便安히 못 계시어 몇 곳을 옮으시뇨. 몇 間 집에 살으시
겠습니까. <사셨겠습니까>)

7. (가) 어더 보ᅀᆞ발까 <석보 24:43>
   (나) 뎨 엇던 功德을 뒷더신고 <석보 24:37>

7은 간접 의문문에서 두 종류의 의문문이 구별되는 예이다.

〈참고〉

(7-가) "王·이 무·로·디 尊者ㅿ우·희 ·쏘 다·론 上座ㅣ 잇ᄂ·니
잇·가 對答·호·되 잇ᄂ·니부텨 니ᄅ·샨 賓頭盧ㅣ 손·지
사·라 :겨시·니 :긔 ·ᄊ·이 座·애 안ᄌ·시·리이·다 王·
이닐·오·디 :어·더·보·ᅀᆞ발·까 耶舍ㅣ 닐·오·디 아·니
오·라·아 ·보·시리·니 ᄒ·마 ·오시·리이·다"<석보 24:
43>
(왕이 묻기를 "尊者 위에 또 다른 上座가 있습니까?" 대답하되,
"있습니다. 부처가 이르신 賓頭盧가 아직도 살아 계시니, 그분이
야말로 이 자리에 앉으실 분입니다." 王이 이르기를 "만나볼 수
있겠습니까?"하니 耶舍가 대답하기를 "오래지 않아 보실 것이니,
장차 곧 오실 것입니다.")
'ᄒ·마'(副, 이미·벌써) "ᄒ마 城郭ㅅ밧긔 나(已出郭) <두언
7:2>
'ᄒ·마'(副, 장차·곧) "城을 ᄒ마 앐일 쩌긔(城將陷) <삼강행 忠
23>

(7-나) "王·이 무·로·디 ·뎨 :엇던 功德·을 ·뒷·더신·고 對答·
　　　 호·디 버·근 法王·이시·니 轉法·을 조·차 ·호·더시·니
　　　 이·다" <석보 24:37>
　　　 (王이 묻기를 "그는 어떤 功德을 쌓았던 것입니까" 대답하되 "부
　　　 처님 다음 가는 法王이시니 轉法을 따라 하시었습니다") '·뎨'
　　　 (저이 → 뎌<彼>)~'뎨'(저기), '·뒷·다'(두어있다, 두었다)

8. (가) 첫소리를 어울워 뽏 디면 굴봐쓰라 <훈정언해>
　　(나) 比丘돌하 부텻 양ㅈ를 보아라 <석보 23:13>
　　(다) 生生이 내 願을 일티 아니케 호고라 <월석 1:13>
　　(라) 淨土이 흔디 가 나사이다 <월석 8:100>

　　8은 命令文과 請誘文이다. 8-(가)는 흐라체이고, (나)는 믿음의 선어
말어미를 취한 형태이다. (다)는 반말의 명령문이며, (라)는 청유문이다.

〈참고〉
(8-가) '어울워'(어울러, 합치어) [어울-(동)＋우(사동)＋어(어미)] <基>어울
　　　 우다, '뽏디면'(쓰려면, 쓸터이면) [쓰-(동)＋우(삽모)＋ᇙ디면(구속
　　　 형)] 'ㅡ'탈락(모음충돌회피), '-ᇙ디면'[ᇙ(관형형)＋ᄃ(의명)＋ㅣ(서
　　　 술격)＋면(구속형)],'굴봐쓰라'(나란히 쓰라, 竝書하라) [굷-(동)＋아
　　　 (보조 연결형))＋쓰-(동)＋라(명령형)]
(8-나) ":네 흐·마 부텻 正化·롤 ·즐·기란·디 貪欲·과 憍慢·올
　　　 ᄇ·리·고 부텻 :말쏜·몰 바·다 精進·ᄋ·로 道行·올 ᄉ랑
　　　 ᄒ·라 ·이 ·뭇 後ㅅ부텻 기·티논 :긔·걸·이·니 모·로·
　　　 매 모 ·다 삼·가 ·라 比丘·돌·하 부텻양·ㅈ·롤 ·보아·라
　　　 :보·미 :쉽·디 :몯ᄒ·니·라" <석보 23:12-13>
　　　 (世尊이 "너는 장차 부처의 正化를 즐긴다면 貪慾과 驕慢을 버리
　　　 고 부처의 말씀을 받들어서 精進으로 道行을 행하라. 이것이 가
　　　 장 마지막 부처의 명령이니, 모름지기 모두 삼가서 행하라. 比丘
　　　 들아 부처의 모습을 보아라. 다시는 보기 어렵다.") '기·티논'(끼

치는, 남기는) 기·티·다(끼치다, 남기다), ':긔·걸' (명령)

(8-다) "俱夷 니ᄅ·샤·ᄃᆡ 그딋 :말다·히 ·호리·니 ·내 :겨지·비·
라 가·져가·디 어·려불·ᄊᆡ :두 줄·기·를 조·쳐 맛·디·
노·니 부텻·긔 받ᄌ·방 生生·애 내 願·을 일·티 아·니·
케 ᄒ·고·라 " <월석 1:13> (善慧와 俱夷의 對話)
'·ᄂᆡ'(주격)~'내'(속격), '-·고·라'(어미, -고 싶도다)

(8-라) "夫人·이 여·희·ᅀᆞᆸ저·긔 大王·ᄭᅴ :술·ᄫᅡ샤·ᄃᆡ 往生偈·
룰 외·오시·면 골폰 ·ᄇᆡ·도브르·며 :헌·옷·도 ·새 ·ᄀᆞᆮ
ᄒ·리·니 淨土·애 호·ᄃᆡ ·가 나·사이·다 ·ᄒ·야·시·
ᄂᆞᆯ" <월석 8:100>
'여·희·다'(여의다, 이별하다), '往生偈'(極樂往生을 노래하는 讚
歌, 伽陀 'gatha'), '·ᄇᆡ'(腹, 舟)~'ᄇᆡ'(梨), '·새'(名, 새것) "다시 새
롤 비어"(更雨新者) <법화 3:94>
'비흐·다'(뿌리다, 비오게 하다) '·새'(冠, 새) "녯 대에 새 竹筍
이 나며" <금삼 3:23>
"새 구스리 나며" <월석 1:27>
':새'(鳥, 草) "블근 새 그를 므러"(赤爵衝書) <용가 7>
"새 지블 지엣도다"(結茅屋) <두언 7:2>

9. 내 가논 더 남 갈셰라 <악장, 한림별곡>

9는 경계의 뜻을 지니고 있다. '가지 않을까 두렵다'를 의미한다.

〈참고〉

9. "혀고시라 밀오시라 鄭少年하 위 내 가논 더 늄 갈셰라" <악장, 한림
별곡>

(2) 높임 표현

1. (가) (이성계)……모딘 도즈ᄀᆞᆯ 믈리시니이다(sic) <용가 35>
   (나) 善慧 精誠이 至極ᄒ실ᄊᆡ <월석 1:10>

1은 主體높임법이다. 1-(가)는 주어 명사 '이성계'(*sic*)가 높임의 인물
이라고 생각하기 때문에 '-시-'를 썼다. (나)는 간접 주체 높임법이다.

〈참고〉
현대국어에서의 높임법 <「문법교육론」(1997. 3), pp.83-85 참조>
1. 主體높임 (문장의 主語인 주체를 높임) 主體높임의 先語末 {-시-}
2. 客體높임 (목적어, 위치말의 사람이나 사물을 높임) 客體높임의 先語
   末 어미 {-숩-, -ᄉᆞᆸ-, -줍-}
3. 相對높임(聽者에 대한 높임) 相對높임의 ᄒᆞ쇼셔체 先語末어미 {-이-}
   相對높임 ᄒᆞ라체와 ᄒᆞ쇼셔체

	ᄒᆞ라체	ᄒᆞ쇼셔체	반말체
平敍形	ᄒᆞ다	ᄒᆞ이다	(여름)하ᄂᆞ니
疑問形	ᄒᆞ녀	ᄒᆞ니잇가	(므슴) ᄒᆞ시ᄂᆞ니
命令形	ᄒᆞ라	ᄒᆞ쇼셔	
請誘形	ᄒᆞ져	ᄒᆞ사이다	

(1-가) (이성계)···모딘 도ᄌᆞ굴 믈리시니이다 (sic) <용가 35>
        "셔ᄫᅳᆯ 긔벼를 알씨 ᄒᆞᄫᅡ 나ᅀᅡ가샤 모딘 도ᄌᆞ굴 <u>믈리시니이다</u>
        스ᄀᆞᄫᆯ 軍馬롤 이길씨 ᄒᆞᄫᅡ 믈리조치샤 모딘 도ᄌᆞ굴 <u>자ᄫᆞ시니</u>
        <u>이다</u>" <용가 35>
        (突厥이) 서울의 기별을 알므로(기별을 알고 侵入하거늘) (唐太宗
        이) 혼자 나아가시어 모진 도둑을 물리친 것이외다(遂能退之).
        (元의 丞相 納哈出가) 시골 軍馬를 이길쌔, (李太祖가) 혼자 쫓기
        어 물러나시어, 모진 도둑을 잡으신 것이외다(遂能獲之).

    * 다음과 같은 故事의 내용으로 보아 (1-가) "모딘 도ᄌᆞ굴 <u>믈리시니</u>
<u>이다</u>"의 높임의 인물이 '이성계'라고 한 것은 잘못된 것임을 알 수 있다.
'믈리시니이다'의 높임의 대상은 唐太宗(李世民)이며, '자ᄫᆞ시니이다'의
높임의 대상이 李成桂이다.

〔해설〕

1. 唐太宗(李世民)이 그 兄弟 建成과 元吉을 죽이고 卽位하매, 突厥이
   唐의 서울이 內亂으로 약한 줄 알고, 大軍으로 侵入하거늘, 太宗이
   軍容을 整備하고 單騎로 나아가 威勢를 보이니, 突厥이 和를 청해 왔
   다.

2. 元나라 丞相 나하추(納哈出)가 洪原 等地를 침범하므로, 恭愍王은 李
   成桂로서 東北面 兵馬使를 삼아, 가 막게 하였다. 李太祖는 나아가
   나하추와 여러 번 접전하여 번번이 이겼고, 때로는 많은 적을 사로잡
   아 죽이기도 하였다. 마지막에는 數日 동안 軍士를 쉬게 하고 난 뒤
   에 要所 요소에 伏兵하고, 三軍으로 나누어 자기는 中軍을 거느리고
   咸興 들에서 나하추와 만나게 되었다. 李太祖는 혼자서 뛰어가니, 敵
   將 세 사람이 나란히 달려왔다. 太祖가 짐짓 달아나면서 고삐를 당기
   어 말을 급히 채찍질하니, 三敵이 다투어 쫓아왔다. 太祖는 말고삐를
   다리어 오른편으로 빠지니 셋이 모두 말을 멈추지 못하고 그냥 달려
   가므로 뒤에서 활을 쏘아서 전부 넘어뜨렸다. 이리하여 적을 끌어들
   여서 左右軍과 伏兵이 힘을 합하여 크게 격파하니 나하추는 도저히
   당하지 못할 것을 알고 달아나 버렸다.

(1-나) “곳 닐굽 줄기롤 가져 :겨샤디 王ㄱ出令을 저쏘바 瓶ㄱ:소·배
       ㄱ·초·아 ·뒷·더시·니 善慧精誠이 至極ᄒ실쎄 고·지 소·
       사·나거·늘” <월석 1:9b-10a>
       ‘곳’(곶, 꽃, 花), ‘:겨시·다’(계시다), ‘저쏘·바’(두려워하여) ‘젓·
       다’(두렵다), ‘:소·배’(속에) ‘:솝’(속, 裏), ‘ㄱ·초·다’(갖추다, 備),
       ‘·뒷·다’(두어있다, 두었다) ‘·두·다’(두다)

2. (가) 내 쫄……부텨옷 보ᅀᆞ볼면 <석보 6:40>
   (나) 내 아래브터 부텻긔 이런 마롤 몯 듣ᄌᆞ볼며 <석보 13:44>
   (다) 善女人이……無量壽佛끠 나 正法 듣ᄌᆞ고져 發願호디 <월석
       9:36>

2는 **客體**높임법이다. 객체란, 목적어 명사와 부사어 명사를 포괄한 말이다. 2-(가)는 목적어 명사 '부텨'를 높이고, (나)는 부사어 명사 '부텨'를 높인다. (다)는 간접 객체 높임법이다.

〈참고〉

(2-가) "波斯匿王·과 末利夫人·괘 부텨 ·보ᄉᆞ·고 과·ᄒᆞᄉᆞ·바 닐·오·ᄃᆡ 내 ·ᄯᅩᆯ 勝鬘·이 聰明ᄒᆞ·니 부텨 ·옷 ·보·ᄉᆞ ᄫᆞᆫ·면 당다이 得道·ᄅᆞᆯ 셜·리 ᄒᆞ·리·니 :사ᄅᆞᆷ ·브·려 닐· 어·ᅀᅡᄒᆞ·리로·다"

'과·ᄒᆞ·다'(일컫다, 칭찬하다, 부러워하다), '내'(나의, 屬格)~ '·내'(내가, 主格), '勝鬘'(·싱만), '옷'(강조사, -곧, -만), '·당다 이'(마땅히, 當當이), '·브·리·다'(부리다, 使), '닐·어·ᅀᅡ'(말 하여야, 일러야), '닐·다'(이르다, 말하다)~':닐·다'(일어나다)

(2-나) "그·ᄢᅴ 舍利弗이 四衆의 疑心도 :알·오져·도 :몰라 부텻긔 ᄉᆞᆲ 보ᄃᆡ 世尊하 :엇던 因緣으로 諸佛ㅅ 第一方便 甚히 기픈 微妙ᄒᆞᆫ :아·디 어려ᄫᆞᆫ 法을 브즈러니 讚嘆ᄒᆞ시ᄂᆞ니잇고 ·내 :아래브터 부텻긔 ·이런 :마ᄅᆞᆯ :몯 듣ᄌᆞᄫᆞ며 四衆·둘·토 :다 疑心ᄒᆞᄂᆞ니 世尊하·펴·아 니르쇼셔" <석보 13:43-44>

(爾時舍利弗知四衆心疑 自亦未了 而白佛言 世尊 何因何緣 慇 慇懃稱 歎諸佛第一方便 甚深微妙難鮮之法 我自昔來曾從佛聞 如是說 今者四衆 咸背有疑 唯願世尊 敷演斯事)

'四衆'(·ᄉᆞᆼ·즁, 佛門의 4가지 弟子, 比丘 Bhikkhu 比丘尼 Bhikkuni 優婆塞 Upasaka 優婆尼(夷)Upasika 등), 우바새(俗世에 있으면서 불교를 믿는 남자), 우바니(속세에 있으면서 불교 믿는 여자), ':알오·져·하·다'(알고자 하다) ':알·오져·도'(自亦未 了), '모·ᄅᆞ·다'(모르다), ':아·디'(알기), ':아·래'(名, 副, 前日, 예전,일찍이), '·펴·다'(펴다, 敷), '니르·다'(이르다, 言)~'니· 르·다'(至)

(2-다) "善女人이 八分齋戒를 디·녀 (八分齋戒ᄂᆞᆫ 八支齋라) ᄒᆞ·ᄒᆡ : 디·나거·나 :석·둘·만 ·ᄒᆞ거·나 ·ᄒᆞ·야 ·이 :됴ᄒᆞᆫ 根源

으로 西方極樂世界 無量壽佛의 ·나 正法 들:줍고져 發願·
호·디” <월석 9:36>

중세어의 상대 높임법의 대표적인 것은 ᄒ라체와 ᄒ쇼셔체이고, 이
밖에 반말이 있다.

3. (가) 소리쑨 듣노라 <석보 6:15>
   (나) 洛水예 山行 가 이셔 하나빌 <u>미드니잇가</u> <용가 125>
   (다) 열본 어르믈 하늘히 <u>노기시니</u>(*sic*) <용가 30>
     聖人神力을 어느 다 <u>술ᄫ리</u> <용가 87>

3-(가)는 ᄒ라체, (나)는 ᄒ쇼셔체이고, (다)는 반말이다. 용비어천가
에서는 **聽者**가 일반 백성일 때에는 반말이 쓰인다.

〈참고〉
(3-가) “婆羅門이 安否 :묻·고 닐·오·디 舍衛國에 호 大臣 須達이라
    ·호·리 잇ᄂ니 :아르·시ᄂ·니잇·가 護彌 닐·오·디 <u>소·</u>
    <u>리:쑨 듣·노·라</u>” <석보 6:15>
(3-나) “님금하 아르쇼셔 <u>洛水예 山行 가 이셔 하나빌 미드니잇가</u>” <용
    가 125>
    (임금님이시여 알으소서. 洛水에 사냥 가 있어 믿습니까(믿을 것
    이겠습니까).)
    夏나라 太康이 사냥에 節度가 없어서 洛水 南쪽까지 가서 十旬
    이나 되어도 돌아올 줄 몰랐다. 有窮의 임금이 참을 수 없어 河北
    에서 太康을 막아 돌아오지 못하게 하여 이를 廢하였다.
(3-다1) “:뒤헤는 :모딘 즁싱 알·픠·는 기픈 모·새 <u>열·본 어·르·믈</u>
    <u>하·늘·히 구·티시·니</u>” <용가 30>
    (뒤에는 모진 짐승, 앞에는 깊은 못에 엷은 얼음을 하늘이 굳히시
    니.) 李太祖가 少時에 들어서 사냥할 때에, 큰 표범이 갈대 속에
    숨었다가 갑자기 뛰어 나왔는데, 급해서 활을 쏠 수 없었다. 太祖

<부록> 옛말의 文法과 우리말의 變遷 283

는 피하여 달아났는데, 앞에 깊은 못이 있고 얼음은 아직 엷어서
사람이 건널 수 없었으나, 말을 탄 채 건너가니, 이는 하늘에서
얼음을 굳힌 것이라 함이다.
＊ 위에서 알 수 있는 바와 같이,『옛말의 문법』본문의 예문에서
보인 '노기시니'는 '구티시니'의 잘못임을 알 수 있다.
(3-다2) "드리·예 ·뻐딜 모·롤 넌즈시 ·치·혀시·니 聖人神力·을
어·느 :다 술·팅·리" <용가 87>
(다리에 떨어지는 말을 넌지시 잡아당기시니, 聖人의 神力을 어
찌 다 말씀할 수 있으리)

[해설]

恭讓王 때에 태조가 通川 叢石亭에 구경 간 일이 있는데, 安邊
鶴浦橋에서 마침 조는 중 말이 빗디디어서 떨어졌다. 太祖는 곧
내려서 두 손으로 말의 귀와 갈기를 잡으니, 말은 空中에 떠 있었
다. 옆의 사람이 칼을 빼서 말의 안장을 베어버리고 말을 놓으니,
말이 헤어 나왔다 한다.

(3) 시간 표현

1. (가) 네 이제 쏘 묻ᄂ다 <월석 23:97>
   (나) 내 오늘 實로 無情호라 <월석 21:219>

1의 밑줄 부분은 現在시제이다. 동사에서는 1-(가)와 같이 선어말어
미 '-ᄂ-'에 기대어 현재시제가 표시된다. 그러나 형용사는 (나)에서 보
는 바와 같이 현재시제를 표시하는 특별한 형태가 없다.

〈참고〉

(1-가) "부:톄 니ᄅ샤디 ᄀ장 :됴타 훤히 :묻ᄂ다 ·내 正히 니ᄅ고져 커
   늘 ·네 ·이제 쏘 :묻ᄂ다 善男子아 · · ·" <월석 23:96b-97a>
   '훤히'(크게, 넓게, 활달하게), '·네'(너에게, 副詞格), :네 ('너'의
   主格) ·내 ('나'의 主格) ·네 ('너'의 副詞格) 내 ('나'의 冠形格)

284 文法敎育의 탐구

네 ('너'의 冠形格)

(1-나) "(王이) 臣下ᄃ려 :무르샤ᄃﾕ 太子ㅣ 이제 어듸 잇ᄂᆞ뇨 大臣이 술
보ᄃﾕ 太子ㅅ모미 傷ᄒᆞ야 命이 :머디 아니ᄒᆞ시이다. 王이 드르시
고 짜해 디여 목노하 :우르샤 모매 몬지 무티시고 니ᄅᆞ샤ᄃﾕ ·내
오늘 實로 無情·호라 :엇뎨 아ᄃﾞ리 藥올 머거뇨 ᄒᆞ시고 太子ᄭᅴ
가시니 ᄒᆞ마 命終ᄒᆞ거늘···" <월석 21:219a>

'-호·라'(접미, -하노라, -노라) 感歎終止形, ':무르샤ᄃﾕ'(물으시되)
[:묻-(동)+으+샤ᄃﾕ]

'··디·다'(거꾸러지다) "것ᄆᆞᆯ 주거 짜히 디옛더라" <월석 21:
215>

':디·다'(떨어뜨리다) '··디·다'의 使動形, "어·분 ·아기·를
조·쳐 :디·오" <월석 10:24>

2. (가) 가다가 가다가 드로라 <악장, 청산별곡>
   (나) 네 아비 ᄒᆞ마 주그니라 <월석 17:21>
   (다) (세존)····舍利佛을 須達이 조차 가라 ᄒᆞ시다 <석보 6:22>

2의 밑줄 부분은 과거 또는 그와 비슷한 상황을 표시한다. 2-(가),
(나)는 대화의 표현으로서 過去시제가 분명하다. ㈐는 地文의 표현으로
서 과거의 사실을 說話하는 데 쓰인다.

〈참고〉

(2-가) "가다가 가다가 드로라 에졍지 가다가 드로라 사스미 짒대애 올
        아셔 히금(奚琴)을 혀거를 드로라 얄리얄리 얄라셩 얄라리 얄라"
        <악장, 청산별곡>
        '드로라'(듣노라, 들었노라) [듣-(동)+오라(감탄형)], '에졍지'(외딴
        부엌, 들판을 멀리 돌아), '짒대예'(장대에, 檣), '히금(奚琴)'(해금,
        속 빈 둥근 나무에 짐승의 가죽을 메우고 긴 나무를 꽂아 줄을 활
        모양으로 건 악기, 깡깡이·앵금)

(2-나) "·내 ·이제 方便을 ᄒᆞ야 ·이 藥올 먹게 호리라 ᄒᆞ고 ·즉재

닐오디 너희·둘·히 :알·라·내·이제 衰老ᄒᆞ야 주긇 時節이
다ᄃᆞ랫ᄂᆞ니 ·이 :됴ᄒᆞᆫ 良藥ᄋᆞᆯ ·이제예 ·뒷노니 너:희 먹고 :몯:
됴ᄒᆞᆶ가 시름:말·라 ·이리 ᄀᆞᄅ치고 ᄯᅩ 다ᄅᆞᆫ 나라해 가 :사ᄅᆞᆷ ·
브·려 도라와 닐오디 <u>네 아·비ᄒᆞ·마 주·그니·라</u>" <월석
17:20b-21a>

'·즉재'(즉시, 곧), '·내'(主格), '·뒷·다'(두어있다, 두었다), '너:
희'(너희가, 主格), '·브·리·다'(부리다, 役), '네'(屬格), 'ᄒᆞ·마'
(이미, 벌써)

(2-다) "世尊이 너기샤디 舍衛國 婆羅門이 :모디러 년·기 가면 :몯 이
긔리니 舍利弗 聰明ᄒᆞ고 옷 神足이 ᄀᆞᄌᆞ니 舍利弗이 가ᅀᅡ 일우
리라 ᄒᆞ샤 <u>舍利弗을 須達이 조차가라 ᄒᆞ시다</u> 길헤 가며 須達이
舍利弗 더브러 무로디 世尊이 ᄒᆞᄅᆞ 몃 里를 녀시ᄂᆞ니잇고 對答
호디ᄒᆞᄅᆞ 二十里를녀시ᄂᆞ니" <석보 6:22b-23a>

':모딜·다'(모질다, 사납다, 나쁘다), '년·기'(남이, 누가, '녀느'의
主格形), '이긔리니'(이길 것이니), '옷'(强勢詞 '곳'), '神足'(신기할
정도로 빠른 발 또는 걸음), 'ᄀᆞᄌᆞ니'(갖은 이, 갖춘 사람) [ᄀᆞᆽ-(형,
備)＋온(관형형)＋이(의존명사)], '일·우·다'(일우다, 成), 'ᄒᆞᄅᆞ'
(하루)

3. (가) (須達) ···· 그딋 ᄯᆞ를 맞고져 <u>ᄒᆞ더이다</u> <석보 6:15>
   (나) 내 <u>롱담ᄒᆞ다라</u> <석보 6:24>
   (다) ᄠᅳ데 몯 마즌 이리 다 願ᄀᆞ티 <u>ᄃᆞ외더라</u> <월석 10:30>

3의 밑줄 부분은 過去回想이나 그에 관련된 의미를 표시한다. 3-(가)는
현대어와 같고, (나)는 주어 명사가 제1인칭으로 나타나는 예이다. '-다-'
는 '더-'에 선어말어미 '-오-'가 화합된 것이다. (다)는 과거의 일을 설화
하는 지문에 쓰인다. 2-(다)와 같은 기능을 띠고 있다.

〈참고〉
(3-가) "婆羅門이 닐오디 舍衛國 中에 ·뭇 벼슬 놉고 가·ᅀᆞ며·루·

미 이 나라해 그듸·フ툭·니 흔 스랑ᄒᄂᆞᆫ ·아·기아·ᄃᆞ·리
양·지며 지·죄 흔·그티·니 그딋 ·ᄯᆞᄅᆞᆯ 맞고져 ᄒᆞ더이다 護
彌닐오ᄃᆡ 그·리 ·호리·라 ᄒᆞ야ᄂᆞᆯ···" <석보 6:15>
'婆羅門'(Brahmana) 四姓 가운데 가장 높은 僧族, '가·ᅀᅥ멸·다'
(가멸다, 富) [가ᅀᅥ멸-(형)+움(명사형)+이(조사)], '·フ툭·니'(같
은 사람) [곹-(형)+ᄋᆞ(관형형)+이(의존명사)], '스랑ᄒᄂᆞᆫ(생각하
는) [스랑ᄒᆞ-(동)+ᄂᆞᆫ(관형형)], '양지며'(모습이며) [양ᄌᆞ(명, 樣姿)
+이며(서술격)], '지·죄'(재주가) [지조 (명,才操)+ㅣ(주격)], '흔그
티니'(一流이니) [흔근(同端, 一流) ᄒᆞ+이니 → 흔그티니], 그:듸(2
인칭 主格) 맞·다(동, 迎) "부톄 마조 나아 마ᄌᆞ샤" <석보 6:12>
그딋 (2인칭 屬格), 맞·다(형, 適) "길 녀다가 바ᄅᆞᆯ 그릇 드듸유
미 이 마래 마ᄌᆞ니라" <능엄 7:61>
"어린 ᄠᅳ데 마초아 마존 배 잇ᄂᆞ니" <두언 9:23>
(3-나) "須達이 닐오ᄃᆡ 니르샨 :양ᄋᆞ로 호리이다 太子ㅣ 닐오ᄃᆡ 내 :롱담
ᄒᆞ다라 須達이 닐오ᄃᆡ 太子ㅅ法은 :거즛:마ᄅᆞᆯ 아니ᄒᆞ시는 거시니
구쳐 ᄑᆞᄅᆞ시리이다 ᄒᆞ고···" <석보 6:24>
'닐오ᄃᆡ'(이르되, 말하되, 謂), '닐·다'(謂)~':닐다'(起), '일·다'(만
들다)~':일·다'(되다), ':양'(모양, 樣), '내'(나에게), ':롱담'(弄談), ':
거·즛:말'(거짓말), '구·쳐'(副, 힘들여, 不得已), '·ᄑᆞᆯ·다'(팔다)
(3-다) "十方一切衆生·ᄋᆞᆯ ·차 비·취시·어 ·이 光明 맛·나ᅀᆞ·
ᄫᆞᆯ·니 ·눈:머니·도 보·며 구·브니·도 펴·며 ·손·발 :저
니·도 ·ᄡᅳ·며 邪曲·고 迷惑ᄒᆞ·니·도 眞言·을 ·보·ᅀᆞᄫᆞ
며 모·도·아 니르건·댄 ᄠᅳ·데 :몯마·존 :이·리 :다 願·フ
티 ᄃᆞ외·더·라 <월석 10:30>
'·차'(차게<滿>, 가득하게, 두루) '·ᄎᆞ·다'(차다, 滿)

4. 聖神이 니ᅀᆞ샤도 敬天勤民ᄒᆞ샤ᅀᅡ 더욱 구드시리이다 <용가 125>

4는 未來시제이다. 여기에는 추측의 의미도 함께 파악된다.

<참고>

4. "千世 우·희 미·리 定·ᄒᆞ·샨 漢水北·에 累仁開國·ᄒᆞ·샤 ㅏ
   年·이 :ᄀᆞᆸ·스시·니 <u>聖神·이:니·ᅀᅳ샤·도 敬天勤民·ᄒᆞ샤·ᅀᅡ</u>
   <u>더욱 구드·시·리이·다</u> :님·금·하 아·ᄅᆞ쇼·셔 洛水·예 山
   行·가이·셔 ·하나·빌 미·드·니잇·가" <용가 125>
   (千世 옛날부터 미리 定하신 漢水北에 累仁開國하시어 ㅏ年이 끝이
   없으시니, 聖神이 이으셔도 敬天勤民하셔야 더욱 굳으실 것이외다).
   '敬天勤民'(하늘을 공경하고 백성을 다스리기에 부지런함)

중세어에서는 믿음이나 느낌과 같은 화자의 태도를 표시하는 형태가
확인된다.

5. (가) 衆生의 福이 <u>다ᄋ거다</u> <석보 23:28>
   (나) 崔九의 집 알ᄑᆡ 몃 디윌 <u>드러뇨</u> <두언 16:52>
   (다) 내 이제 훤히 <u>즐겁과라</u> <법화 2:137>
   (라) ᄒᆞ마 비 <u>오려다</u> <월석 10:85>

5에서는 話者의 주관적 믿음이 파악된다. 5-(가)는 '-거-'가 자동사에
붙었고, (나)는 '-어-'가 타동사 '듣다'에 붙었다. (다)는 '-거-'에 선어말어
미 '-오-'가 화합되었다. (라)는 未來시제의 '-리-'에 '-어-'가 붙었다. '-거-
/-어-'가 동사 어간에 바로 붙으면 믿음의 의미에 부수하여 현재 완료적
인 의미가 파악된다. (가)는 '틀림없이 ···· 다했다' (나)는 '틀림없이
···· 들었느냐'로 해석된다. (라)는 현대어의 '곧 비 오렷다'의 소급형이
다.

<참고>

(5-가) "無量劫으로셔 長常 母子ㅣ 드외야 오다니 ᄒᆞ룻아ᄎᆞ미 ᄂᆞ외야 :
       몯보ᅀᆞᆸ게 드외요니 :셜ᄫᅥᆹ셔 <u>衆生의 福이 다ᄋ거다</u> ᄒᆞ시고" <석
       보 23:28a>

‘長常’(副, 恒常), ‘노외·야’(副, 다시), ‘:셜볼쎠’(서럽구나, 괴롭구나) ‘:셟·다’(섧다, 괴롭다) [셟-(형)+(으)ㄹ쎠(어미, 구나, 도다)], ‘이’(속격 조사, -의), ‘다ᄋ거다’(다했구나) ‘다ᄋ·다’(다하다, 盡) [다ᄋ-(동, 盡)+-거다(‘-다’의 강조형)]

(5-나) **江南逢李龜年**(七言絶句)

“岐王ㅅ집 안해 샹녜 보다니 崔九의 집 알픠 몃 디윌 드러뇨”(岐王宅裏尋常見 崔九堂前 幾度聞)

(일찍이 그대의 名唱은 岐王 宅 遊宴에서 자주 만나 들을 기회가 많았고, 崔九의 집 앞에서도 몇 차례를 들었던가)

‘보다니’(보았는데) [보-(동, 見)+다(회상)+니(설명형)] (1인칭 때에 쓰임, “내 님믈 그리ᅀᆞ와 우니다니” <鄭瓜亭>, ‘알픠’(앞에서) [앒(명, 前)+의(처소)](‘앒’은 특수 처소부사격 조사를 취함), ‘·몃’(冠, ‘몇, 幾’) 몇 → 몃(八終聲法), ‘디윌’(차례를, 번을) [디위(의존명, 番)+ㄹ(對格)], ‘드러뇨’(들었는고) [듣-(동, 聞)+어뇨(의문형)] (‘-어뇨’는 과거시제 의문형 어미)

(5-다) “長者ㅣ 아ᄃ러 火宅애 ·나 :네거리예 住호믈 보고 師子座애 안자 :제 慶賀ᄒ야닐오디 <u>·내 이제 훤히 즐·겁과·라</u> ·이 諸子ᄃᆞᆯ히 나·하 길우미 甚히 어렵거늘(長者ㅣ 見子의 得出火宅ᄒ야 住於四衢ᄒ고 坐師子座ᄒ야 而自慶言호디 我今快樂과라 此諸子等이 生育이 甚難커늘 ····) <법화 2:137>

‘화택(火宅, 번뇌가 많은 이 세상을 이르는 말), ‘·나·다’(出, 生), ‘:제’(제가, 주격), ‘·내’ (내가, 주격), ‘훤히’(副, 훤하게, 크게, 넓게), ‘즐·겁과·라’(즐겁도다) [즐겁-(형)+과라(어미)] ‘-과’(거+오(선어말) → 과), ‘나·하’(낳아) [낳-(동,産)+아(어미)], ‘길·우·미’(기르는 일이) [길·우-(동, 育)+ㅁ(명사형)], ‘길·우·다’(養)

“竹笋 길우노라 門을 다ᄅ뎌로 여로니”(長笋別開門) <두언 25:19>

“聖胎 길우미니”(養) <능엄 8:27>

“苗 길움 ᄀᆞᆮᄒᆞ니” <원각下 二之一 33>

“길워 내실ᄉᆡ” <眞供 17>

‘기르·다’(養) “ᄯᄂᆡ몰 기르더니” <석보 11:40>

“돌굴 해 기르놋다” <두언 8:33>

“果實 짜 머겨 기르ᅀᆞᆸ니” <석보 11-26>

“大悲롤 기르고”(養) <능엄 6:41>

(5-라) “雨障ᄋᆞᆫ 비롤 마굴씨니 ᄒᆞ나ᄒᆞᆫ 虛空中에 구룸 니르와ᄃᆞ며 ·울
에 ·번게 ᄒᆞ며 ᄇᆞᄅᆞ미 부러서늘ᄒᆞ야 이ᄀᆞ티 種種 :다 비옰相이
라 ᄒᆞ마 비오려다 홄저긔 羅睺阿脩羅王이 :두소ᄂᆞ로 비와 구룸과
자·바 바롨가온디 더딜씨오 :둘흔 웃:양ᄋᆞ로 ᄒᆞ마 비오려다 홄저
긔 火界增上力이 나면 비와 구룸괘 스라디여 :업슬씨오 :세흔 風
界增上力이 나면 구루믈 부러 迦陵伽磧이어나” <월석 10:85>
(위의 글은 夾注의 내용이다.)

‘니르와ᄃᆞ며’(일으키며) 니르왇다(일으키다) [니르왇-(동, 起)+ᄋᆞ
며(어미)], ‘·울에’(혹은 ‘·울·에’, 우레, 雷)~‘·울헤’(울타리에,
籬), ‘·번게’(혹은 ‘·번·게’, 번개, 電), ‘ᄒᆞ마’(副, 이미, 벌써, 곧),
‘·비 오·려·다(비가 올 것이다, 오겠구나) [오-(동, 來)+리어다
(어미, 렷다, ㄹ것이다)] ‘홄저긔’(할 때에), ‘자·바’(잡아, 執), ‘바
롨가온디’(바다 가운데), ‘더·디·다’ (던지다, 擲)~·뼈·디·다
(떨어지다, 墜), ‘웃’(冠, 윗), ‘:양’(모양), ‘·나·다’(出, 生), ‘부·러’
(불어, 吹) [불-(동, 吹)+어], ‘·이어·나’(이거나, 戴)

6. ᄃᆞᄅᆞᆫ 이 녯 ᄀᆞ올히 ᄇᆞᆯ갯ᄂᆞ니라 <두언 8:36>

6의 밑줄 친 ‘ᄇᆞᆯ갯ᄂᆞ니라’는 보조적 연결어미와 보조 형용사 ‘잇다’가
결합된 것인데, 완료상의 의미를 표시한다. 중세어에서는 이런 표현이
널리 쓰인다.

〈참고〉

6. **月夜憶舍弟**

“ 이스른 오ᄂᆞᆳ바믈 조·차 히니 ·ᄃᆞᄅᆞᆫ ·이 :녯 ᄀᆞ올·히 ᄇᆞᆯ·갯ᄂᆞ·
니라” (露從今夜白 月是故 鄕明) <두언 8:36>

‘ᄇᆞᆯ·갯ᄂᆞ·니라’ [붉-(形)+아(보조적 연결어미)+잇ᄂᆞ니라(보조형용

사 '잇다'의 활용형)](-아 잇- : 相的 의미)

動作相 문장 안에서 動作의 樣相을 표시하는 문법적 사실을 動作相 (aspect)이라 하며, 그 하위 구분에는 進行相, 完了相, 豫定相, 斷續相 등 여러 가지로 나뉜다. 국어의 動作相은 보통 보조적 연결어미와 보조용언으로 표시된다.

(4) 사동 표현

중세어의 使動文도 현대어와 형성 절차가 같다. 다음은 사동사에 기 댄 派生的 使動文이다.

1. (가) 한비롤 아니 <u>그치샤</u> <용가 68>
   (나) 太子ㅣ 道理 <u>일우샤</u> <석보 6:5>

이들은 다음과 같은 主動文이 바탕이 되어 있다.

1. (가)′ 한비 <u>그치다</u>
   (나)′ 道理 <u>일다</u>

〈참고〉

현대국어에서의 使動文되기

1) 派生法에 의한 使動文되기   /-이, -히, -리, -기, -우, -구, -추/
   ① 自動詞가 使動詞로 바뀜   속다 → 속이다
   ② 他動詞가 使動詞로 바뀜   먹다 → 먹이다
   ③ 形容詞가 使動詞로 바뀜   높다 → 높이다
2) 使動助動詞에 의한 使動文되기 -게 하다

使動詞에 기댄 使動文

(1-가) "ᄀ롮 ᄀ 아니 말이샤 밀므를 마ᄀ시니 하눌히 부러 ᄂ물 뵈시니
    <u>한비롤 아니 그치샤</u> 날므를 외오시니 하눌히 부러 우릴 뵈시니"
    <용가 68>

[(하늘이) 江가에 (자는 것을) 말리지 아니하시어 밀물을 막으시
니, 하늘이 부러 남에게 보이시니. 큰비를 그치지 아니하시어 나
는 물을 에워가게 하시니, 하늘이 부러 우리에게 보이시니] (不禁
江沙 迺防潮濤 彼蒼者天 示人孔昭 不止霖雨 迺回潢洋 彼蒼者
天 示我孔彰) '迺'(어조사 내), '潢'(물 모인 늪 황) '밀믈'(썰물, 出
水, 洪水) 여기서는 洪水의 뜻임. '외오시니'(외워가게 하시니) [외
오-('외다'의 파생타동사)＋시＋니], '그치샤'(그치게 하시어) [그치
-('긏다'의 使役타동사)＋샤], '그치샤'의 主語도 '하늘'

(1-나) "이제 또 내 아드를 드려가려 ㅎ시ᄂ니 眷屬ᄃ외슨ᄫ셔 :셜본 :일
도 이러홀쎠 太子ㅣ 道理 일우샤 즈개 慈悲호라 ㅎ시니 慈悲ᄂ
衆生올 便安케 ㅎ시ᄂ 거시어늘" <석보 6:5>
'일우다'(이루다)ᄂ ':일다(되다, 이루어지다)'의 使動詞(使役타동
사)임.
':셟·다'(섧다, 괴롭다), ':일'(事), '·일'(副, 일찍이)

다음은 補助的 연결어미와 보조동사의 결합에 기대어 형성된 사동문
이다.

2. 하늘히 당다이 이 피롤 사롬 드외에 ㅎ시리라 <월석 1:7-8>

〈참고〉
2. "·이 道士ㅣ 精誠이 至極ㅎ단디면 (道士ᄂ 道理비호ᄂ :사ᄅ미니 菩
薩올 술ᄫ니라)
하늘히 당다이 ·이 피롤 :사롬 드외에 ㅎ시리라 ·열둜:마내 :왼녁 피
ᄂ 男子ㅣ 드외오" <월석 1:7b-8a>

(5) 피동 표현

중세어의 피동문도 현대어와 큰 차이가 없다. 피동사에 기댄 被動文
이 적을 뿐이다.

1. 東門이 도로 다티고 <월석 23:80>

1은 다음과 같은 能動文이 바탕이 되고 있다.

1′. (獄主) 東門을 <u>닫다</u>

이야기의 내용을 보면 '獄主'가 動作主로 설정된다.

〈참고〉
현대국어에서의 被動文되기
(1) 派生接辭에 의한 被動文되기
　/-이, -히, -리, -기/
　싸다 → (연기에) 싸이다, 잡다 → 잡히다, 열다 → 열리다, 쫓다 → 쫓기다
(2) 被動助動詞에 의한 被動文되기
　'-어(아) 지다'
　멀다 → 멀어지다

1. "東門이 :열어든 보고 東門ᄋ로 허위여 ᄃᆞ르면 <u>東門이 도로 다티고</u> 西
　門이 :열어든 보고 西門ᄋ로 허위여 ᄃᆞ르면 西門이 도로 다티고" <월
　석 23: 80b>
　'다티다'(다치다) [닫-(동사, 閉)+히(피동)+고] '다티다'는 '닫다'의 被
　動詞, '허위다'(허위적거리다), 'ᄃᆞ르고'(달리고) '돋다'(走) [돋-(동)+ᄋ
　고]
2. 뫼해 살이 <u>박거늘</u> <월인 其41>

2는 접미사에 기대지 않고 바로 피동문이 된 것이다. 중세어에는 이
런 동사가 많다.

〈참고〉

2. "짜해 ·살이 :뻬여 ·늘 醴泉이 소사나아 衆生을 救ㅎ더시니 :뫼해 살
이 박거늘 天上塔애ㄱ초아 永世룰 流傳ㅎᅀᆞᇦ니" <월인 其41>
(悉達太子가 쏜 활이) 땅에 꿰뚫리어(그 자리에서) 단술이 솟는 우물
이 생기어 목마른 중생을 救하시더니. (실달태자가 쏜) 화살이 산에
박히었으므로(이 사실을 기념하노라) 하늘에 탑을 세우고 이것을 감
추어 길이 뒷세상에 유전하게 하니.
悉達多(Sidhartha) 석가여래가 淨飯王의 太子였을 때의 이름. '박거
늘'(박히었으므로)
'박 · 다'(박히다) ":뫼해 살이 박거늘" <월인 其41>
'박 · 다'(박다, 釘着) "白衣룰 바가 주라 命ㅎ노니" <능엄 跋4>
3. ᄇᆞᄅ매 竹笋(죽순)이 것거뎃고 <두언 15:8-9>

3은 '-어 디다'에 기댄 피동문이다. 이런 피동문은 많지 않았다.

〈참고〉

3. "프른 거시 드려시니 ᄇᆞᄅ매 竹笋(죽순)이 것거뎃고 블근 거시 ·뼈뎨
시니 ·비예 梅花ㅅ여르미 슬겻도다" <두언 15:8b-9a> (綠垂風折笋
紅綻雨肥梅)
陪鄭廣文遊河將軍山林 十首
'綻'(터질 탄) '·뼈·디다'(터지다), '것·거디·다' (꺾어지다)

(6) 부정 표현

중세국어의 否定文은 현대국어와 거의 차이가 없다.

1. (가) 耶輸ㅣ 손지 듣디 아니ㅎ시고 <석보 6:7>
(나) 불휘 기픈 남ᄀᆞᆫ ᄇᆞᄅ매 아니 뮐씨 <용가 2>
(다) 부텨 맛나디 몯ㅎ며 <월석 17:91>
(라) 부텨를 몯 맛나며 <석보 19:34>

<참고>

否定文 ┌─ '안'부정문 ┌─ 敍述 '안'부정(긴 부정문)
      │   └─ 限定 '안'부정(짧은 부정문)
      └─ '못'부정문 ┌─ 敍述 '못'부정(긴 부정문)
                  └─ 限定 '못'부정(짧은 부정문)

(1-가) "耶輸·는 :겨·지비·라 法·을 모·롤·씨 즐·굽 드·리·워 :둣온 ·뜨·들 :몯 ·쓰·러 브·리ᄂ·니 그:듸 ·가·아 아· 라듣·게 니르·라 大愛道ㅣ 五百靑衣 더·브·르시·고 耶輪·끠 가·아 種種方便·으·로 :두:어번 니르·시·니 <u>耶輸 ㅣ 손·지 듣·디 아·니·ᄒ시·고</u> 大愛道·끠 :술·ᄫ샤· 디 ·내 지·븨 이싫저·긔" <석보 13:48>

'즐·굽'(엉킴, 纒着), '드·리우다'(垂), ':둣오·다'(사랑하다), '· 쁠·다'(쓸다, 掃), '·쓰·러브·리·다'(쓸어버리다), '그:듸'(주 격), '손·지'(오히려, 아직도)

(1-다) "瞋恚훈 ·뜨드·로 :나·롤 :업시·운 젼·ᄎ·로 二百億劫·을 샹·녜 <u>부텨 맛나·디 :몯ᄒ·며</u> 法 듣·디 :몯·ᄒ·며 :즁 보· 디 :몯·ᄒ·야 千劫·을 阿鼻地獄·애 ·큰 苦惱·롤 受·ᄒ 다·가 ·이 罪 ᄆ·고 ·쏘···" <월석 17:91>

'진에'(瞋恚, 눈을 부릅뜨고 화를 냄, 怒), ':나·롤', ':날'(나를), '· 나ᄒ'(나이), ':업·시우·다'(업시우다, 업신여기다, 輕), '맛나· 다'(만나다, 相逢), ':즁'(중, 僧), 'ᄆ·고'(마치고) 몿·다(마치다, 끝내다)

(1-라) "三菩提·롤 샐·리 得·디 :몯 ᄒ·리·러니·라 得大勢·여 ·뎌 時節ㅅ比丘 比丘尼 優婆塞 優婆夷 怒훈 ·뜨·로 :날 므 더·니 너·기던 젼·ᄎ·로 二百億劫·을 샹·녜 <u>부텨·를 :몯 맛나·며</u> 法·을 :몯 드르·며 :쥬·을 :몯 보·아 ·즈믄劫을 阿 鼻地獄·애 ᄀ·장 受苦·ᄒ다·가 ·이 罪 ᄆ·고·쏘···" <석보 19:34>

'·뎌'(名, 저, 저것) "양ᄋ로 뎌롤 差等ᄒ야" <몽법 62>

'·뎌'(冠, 저 '彼') "이 곧 뎌 고대"(於此於彼) <용가 26>
"뎌 두 相올 보숩고 모다 츠기너겨" <월석 2:15>
'뎌ㅎ'(名, 저 '笛') "笛은 뎌히라" <월석 10:62>

중세국어에도 명사에 접미사가 붙어 이루어진 동사는 '아니'가 사이에 끼여드는 일이 많다.

2. 나도 現在 未來 一切 衆生올 시름 <u>아니</u> 호리라 <월석 21:130>

중세국어에도 '말다' 부정문이 있다.

3. 이 뜨들 <u>닛디</u> <u>마르쇼셔</u> <용가 110>

〈참고〉
3. "九重·에 ·드르·샤 太平·을 누·리싫·제 ·<u>이 ·뜨·들 닛·디</u>
<u>:마·르쇼·셔</u>" <용가 110>
(九重에 들으시어 太平을 누리실 때 이 뜻을 잊지 말으소서)

(7) 선어말어미 '-오-'의 문법 기능

형태소의 기능을 띠고 있는 선어말어미 '-오-'는 기능이 단순하지 않다.

1. (가) (나)…百年ㅅ한 病에 ㅎ올로 臺예 올오라 <두언 10:35>
   (나) 내……스믈여듧 字롤 밍가노니 <훈정언해>
   (다) 내 이제 分明히 너드려 닐오리라 <석보 19:4>

1은 주어 대명사가 話者 자신(제1인칭)일 때에 이에 일치하여 서술어에 '-오-'가 나타난 것이다.[92] 드물기는 하지만, 주어 명사가 聽者(제2인칭)일 때에도 '-오-'가 쓰이는 일이 있다.[93]

<참고>

(1-가) 登 高 (杜甫가 56세 때(767) 9월 9일 重陽節을 맞아 동산에 올라
　　　지음)
　　　"萬里·예 ㄱ술·홀 슬·허셔 샹·녜 나·그내 ᄃ외·요니 <u>百年</u>
　　　<u>한 病</u>·에 ᄒ올·로 臺·예 올·오라" <두언 10:35b, 登高>
　　　(萬里悲秋常作客　百年多病獨登臺) (만리 타향에서 가을을 슬퍼
　　　하면서 늘 나그네가 되니, 平生의 많은 身病을 지닌 몸으로 홀로
　　　높은 언덕에 오르도다)
　　　'슬·허셔'(슬퍼서), '올·오라'(오르도다) [오ᄅ-(동, 登)＋ 오(1인
　　　칭 활용 의도법 선어말어미)＋라(감탄형)]
　　　＊(1-가)의 引用文에서 '나····'는 本文('登高')에는 없고, '나그네'
　　　로 비유된 作者('나')가 있을 뿐이므로 ( ) 안에 '나'를 처리해야
　　　함.
(1-나) "·내 이룰 爲ᄒ야 :어엿비 너겨 새로 <u>스믈 여듧字룰 밍ㄱ노니</u>"
　　　<훈정언해 序>
(1-다) "부:톄 니ᄅ·샤·디 ·<u>내</u> ·이제 分明·히 너ᄃ·려 닐·오리라
　　　·이 :사ᄅ·미 一切 ·즐거·본거스로" <석보 19:4>
　　　＊(1-다)의 '내 ···· 이제 分明히 너ᄃ려 닐오리라'에서 '내'와 '이
　　　제' 사이의 생략 보호 '····'는 잘못된 것임. 왜냐하면 생략된 부
　　　분이 없기 때문이다.
2. (너)····다시 모더 안조더 端正히 <u>호리라</u> <몽산법 2>

'-더-, -거-'에 '-오-'가 화합된 '-다-, -과-'는 거의 화자 주어에 일치한
다.

3. (가) (나)····岐王ㅅ 집 안해 샹녜 <u>보다니</u> <두언 16:52>
　　(나) (나)····곳 디는 時節에 쏘 너를 <u>맛보과라</u> <두언 16:52>

---

92) 이런 점을 중시하여 '-오-'를 제1인칭 활용으로 처리하기도 한다.
93) 이런 점을 중시하여 '-오-'를 의도법으로 처리하기도 한다.

<참고>

2. "다시 :모·디 안조디 端正·히 ·호리라" <몽산법 2> (更要坐得端
正)

':모·디'(副, 반드시, 必, 要) "굿븐 꿔을 모디 놀이시니"(維伏之雉必
令驚飛)

'모·다'(副, 모두, 共), '굿블다'(엎드리다, 구푸리다), 꿩치

(3-가, 나) 江南逢李龜年(七言絶句)

"岐王ㅅ집 안해 상·녜 ·보·다·니 崔九·의 집 ·알·퓌·몃
디·월 드·러·뇨 正·히 ·이 江南·애 風景·이 됴ᄒ·니 곳 :디
ᄂ 時節·에 ·쏘 너·롤 맛보·과라"(岐王宅裏尋常見 崔九堂前幾
度聞 正是江南好風景 落花時節又逢君)

(일찍이 그대의 名唱은 岐王 宅 遊宴에서 자주 만나 들을 기회가 많
았고, 崔九의 집 앞에서도 몇 차례를 들었던가. 정말로 아름다운지고,
江南의 風景이다. 이 落花 時節에 내 또한 여기서 만나보게 되었구
나) '보다니'(보았는데) [보-(동,見)+다(회상)+니(설명형)] (1인칭 때에
쓰임), "내 님믈 그리ᅀᆞ와 우니다니" <鄭瓜亭>, '알퓌'(앞에서) [앒(명,
前)+의(처소)]('앒'은 특수 처소부사격조사를 취함), '·몃'(冠, '몇,
幾') 몇 → 몃(八終聲法), '디월'(차례를, 번을)[디 위(의존명, 番)+ㄹ
(對格)], '드러뇨'(들었는고) [듣-(동, 聞)+어뇨(의문형)]('-어뇨'는 과거
시제 의문형 어미), '맛보과라'(만나보게 되었구나) [맛보-(동, 逢)+과
라(어미, -도다)<주어가 1인칭일 때 쓰임>]

＊(3-가)와 (3-나)의 引用文에서 각각 "나···"로 기록된 것은 앞의
(1-가)의 경우와 마찬가지로 역시 "(나)···"로 고쳐 표기해야 한다.

관형사형에 나타나는 '-오-'는 꾸밈을 받는 명사가 꾸미는 말의 의미
상의 목적어일 때에 선택되는 경향이 있다.

4. 얻논 藥이 므스것고 <월석 21:215>

4의 '藥'은 '얻다'에 대하여 의미상의 목적어가 된다.94) 그러나 다른

성분으로 전개할 때에는 예외가 많아 통일된 규칙을 찾기가 쉽지 않다.

〈참고〉

4. "太子·끠 ·가 널·오·디 ·내 ·요ᄉ·시·예 여:쉰 小國·에 ·
가 藥·ᄋᆞᆯ :얻다·가 :몯·ᄒᆞ이·다 太子ㅣ 널·오·디 :얻·논 藥·
의 므·스것·고 大臣·이 널·오디 ·나·다가·며브·터 嗔心
아·니·ᄒᆞ·ᄂᆞᆫ :사ᄅᆞ·미 눈ᄌᆞ·ᅀᆞ·와 骨髓·왜·니이·다 太子
ㅣ 듣·고 널·오·디 내 ·모·미 쎄즛·ᄒᆞ도·다 ·내 난 後·로
嗔心ᄒᆞᆫ적 :업소·라" <월석 21:215>
'널·다'(말하다, 謂)~':널·다'(일어나다), '여:쉰'(예순, 60), ':몯ᄒᆞ·
다'(못하다), '므·스것'(무엇), ' ·나·다가·며'(副, 나면서), '진심(嗔
心, 왈칵 성내는 마음), '눈ᄌᆞ·ᅀᆞ'(눈동자), '쎄즛·ᄒᆞ·다'(形, 비슷하
다), ':업소·라' [없- +오라(어미)]

1.1.4 이야기

중세어에는 이야기로 설명해야 할 현상이 현대어보다 더 많다.

1. 나랏 말ᄊᆞ미 中國에 달아 文字와로 서르 ᄉᆞᄆᆺ디 아니홀씨 이런 젼츠
로 어린 百姓이 니르고져 홇 배 이셔도 ᄆᆞᄎᆞᆷ내 제 ᄠᅳ들 시러 펴디 몯
홇 노미 하니라 <훈정언해>

1은 현대어라면 두 문장으로 끊어질 수 있는 큰 문장이다. 곧 '아니
홀씨'는 뒤에 指示표현이 따르기 때문에 '아니ᄒᆞ니라'와 같은 종결형으
로 바꿀 수 있다. 중세어에는 이런 문장이 매우 많다. 경우에 따라서는
한 문장이 3, 4장에 걸쳐 이어지는 일도 있다. 그 속에는 대화가 여러
개 끼여드는 일도 많다. 이런 글들은 문장이라기보다 이야기라고 하는

---

94) 이런 점을 중시하여 관형사형의 '-오-'를 대상 활용 또는 목적격 활용으로 처리하
는 일이 있다.

편이 좋다.

〈참고〉

이야기(談話, discourse) 말하는 이(話者)와 말듣는 이(聽者)를 중심으로 문장이 실현되는 구체적인 脈絡의 단위로서 실질적 의미나 기능을 파악하는 데 필요한 談話의 단위다. 한 문장을 그것만 독립해서 보면 그 의미가 분명치 않은 경우가 많다. 이런 경우 한 문장이 실현되는 구체적 脈絡, 즉 對話의 場面을 고려해야 한다. 이러한 맥락의 단위가 '이야기(談話)'다. 이야기 개념의 도입으로 문장 成分의 생략이나 補助詞·指示語의 의미와 기능에 대한 설명이 분명해질 수 있고, 우리말의 물음과 대답의 특징도 쉽게 이해할 수 있다.

〈談話 文法의 특징〉
① 앞에 오는 문장과 관련시켜 기능과 의미를 분명히 이해한다.
② 한 문장이 나타나는 장면이나 그 문장을 말하는 사람의 생각에 따라 의미가 달라지는 일반적 원리를 이해한다.
③ 우리말의 구조적 특징이기도 한 주어, 목적어를 비롯한 문장 성분의 생략 등을 연구한다.
④ 指示語의 쓰임과 기능을 연구한다.

중세어의 詩歌 작품 가운데에는 배경 說話를 고려하지 않고는 주어나 목적어 등의 생략된 성분을 가려내기 어려운 것이 많다.

2. 스ᄀᆞᆯ 軍馬를 이길씨 ᄒᆞᄫᅡ 믈리조치샤 모딘 도ᄌᆞᆨ *믈리시니이다
   (*sic*) 〈용가 35〉

2는 이 노래만 가지고는 주어 명사를 찾을 수 없다. 배경 설화를 고려하면 '이길씨'의 주어 명사는 元나라 장수 '나하추'이고, 뒤의 높임의 활용형들은 그 주어 명사가 '이성계'이다.

2. ·스ᄀ᠍ᅙᆞᆯ 軍馬ᄅᆞᆯ <u>이길씨</u> ᄒᆞᄫᅡ <u>믈리조치샤</u> :모딘 도ᄌᆞᄀᆞᆯ *<u>믈리시니</u>
<u>이다</u> <용가 35>

"(가) 셔ᄫᅳᆳ 긔벼를 알씨 ᄒᆞᄫᅡ 나ᅀᅡ가샤 모딘 도ᄌᆞᄀᆞᆯ 믈리시니이다
(나) 스ᄀ᠍ᅙᆞᆯ 軍馬ᄅᆞᆯ 이길씨 ᄒᆞᄫᅡ 믈리조치샤 모딘 도ᄌᆞᄀᆞᆯ <u>자ᄇᆞ시니</u>
<u>이다</u>" <용가 35>

(突厥이) 서울의 기별을 알므로(기별을 알고 侵入하거늘) (唐太宗이)
혼자 나아가시어 모진 도둑을 물리친 것이외다 (遂能退之).

(元의 丞相 納哈出가) 시골 軍馬를 이길쌔, (李太祖가) 혼자 쫓기어
물러나시어, 모진 도둑을 잡으신 것이외다 (遂能獲之).

* 다음과 같은 故事의 내용으로 보아 예문 2의 "모딘 도ᄌᆞᄀᆞᆯ <u>믈리시</u>
<u>니이다</u>"의 높임의 인물이 '이성계'라고 한 것은 잘못된 것임을 알 수
있다. '믈리시니이다'의 높임의 대상은 唐太宗(李世民)이며, "모딘 도
ᄌᆞᄀᆞᆯ 자ᄇᆞ시니이다'의 높임의 대상이 李成桂이다.

[해설]

1. 唐太宗(李世民)이 그 兄弟 建成과 元吉을 죽이고 卽位하매, 突厥이
唐의 서울이 內亂으로 약한 줄 알고, 大軍으로 侵入하거늘, 太宗이
軍容을 整備하고 單騎로 나아가, 威勢를 보이니, 突厥이 和를 청해
왔다.

2. 元나라 丞相 나하추(納哈出)가 洪原 等地를 침범하므로, 恭愍王은
李成桂로써 東北面兵馬使를 삼아, 가 막게 하였다. 李太祖는 나아가
나하추와 여러 번 접전하여 번번이 이겼고, 때로는 많은 적을 사로잡
아 죽이기도 하였다. 마지막에는 數日 동안 軍士를 쉬게 하고 난 뒤
에 要所 요소에 伏兵하고, 三軍으로 나누어 자기는 中軍을 거느리고
咸興 들에서 나하추와 만나게 되었다. 李太祖는 혼자서 뛰어가니, 敵
將 세 사람이 나란히 달려왔다. 太祖가 짐짓 달아나면서 고삐를 당기
어 말을 급히 채찍질하니, 三敵이 다투어 쫓아왔다. 太祖는 말고삐를
다리어 오른편으로 빠지니 셋이 모두 말을 멈추지 못하고 그냥 달려
가므로 뒤에서 활을 쏘아서 전부 넘어뜨렸다. 이리하여 적을 끌어들
여서 左右軍과 伏兵이 힘을 합하여 크게 격파하니 나하추는 도저히

당하지 못할 것을 알고 달아나 버렸다.

중세어에도 대화에서 주어가 생략되는 일이 많다.

  3. (가) 俱夷 : 므스게 쓰시리 ?
      (나) 善慧 : 부텻긔 받즈보리라 <월석 1:10>

  3은 석가모니의 前身인 善慧와 그의 부인 耶輪의 전신인 俱夷가 주고 받는 말이다. 그 다음에 이어지는 대화를 참고하면 3-(가)에는 '그듸'가, (나)에는 '나'가 각각 나타나야 한다.
  중세어의 보조사도 현대어에 미루어 체계를 세울 수 있다.

  4. 곳(단독), 사(특수), 란(지적), 곰(여운), 가/고(의문)

  4는 현대어에 보이지 않는 보조사이다. 중세어의 보조사도 전제된 생각이나 함축된 의미와 관련시켜 설명할 수 있다.

〈참고〉
(3-가) 俱夷 니르·샤·디 大闕·에 보·내슨·바 〔大闕·은 ·큰 지·
     비·니 :님·금 :겨·신 지·비· 라〕 부텻·긔 받즈·뫃 고·
     지·라 :몯ᄒ·리·라. 善慧 니르·샤·디 五百銀 :도·ᄂ·로
     다·ᄉ 줄 ·기·롤 ·사·아지·라. 俱夷 :묻즈·ᄫ샤·디 <u>므·</u>
     <u>스게 ·쓰시·리</u>?
(3-나) 善慧 對答·ᄒ샤·디 <u>부텻·긔 받즈·ᄫ오리·라</u>.
     俱夷 ·또 :묻즈·ᄫ샤·디 부텻·긔 받즈·바 므·슴·호려·
     ᄒ·시ᄂ·니 善慧 對答·ᄒ샤·디 一切種種智慧·를 일·워 衆
     生·올 濟渡·코져 ·ᄒ노·라. <월석 1:10a-11a>

4. **補助詞**

　-곳(단독, 强意) : 사룸곳 아니면 <금삼 2:3>

　　疑心곳 잇거든 <월석 10:68>

　-사(특수) : 來日사 보내요리라 <월석 7:16>

　　오늘사 佛者ㅣ라 <법화 2:8>

　-란(指摘) : 道理란 브리시고 <월석 2:69>

　　사오나온 일란 고티고 <번소락 8:15>

　-곰(餘韻) : 十方곰 두이면 <석보 19:12>

　　(-씩) 亭舍롤 세곰 지스니 <월인 143>

　-가/-고(의문) : 이 두 사루미 眞實로 네 항것가 <월석 8:94>

5. (가) 뒤헤는 모딘 도족 알픠는 어드본 길헤 업던 번게를 하눌히 블기

　　　　시니 <용가 30>

　　(나) ㅣ 와ㅏ 와ㅓ 와ㅑ 와ㅕ <u>와란</u> 올혼 녀긔 브텨쓰라 <훈정언해>

　　(다) 늘거 가매 외ᄅ왼 <u>빈옷</u> 잇도다 <두언 14:14>

　　(라) 이 <u>각시사</u> 내 얻니논 무슨매 맛도다 <석보 6:14>

　5-(가)는 보조사 '눈/는'이 대조의 의미를, (나)는 '란'이 **指摘**의 의미를, (다)의 '옷'은 단독의 의미를, (라)의 '사'는 특수의 의미를 각각 표시한다.

〈참고〉

(5-가) "<u>:뒤헤·는 :모딘 도족 알·픠·는 어·드본길 ·헤 :업던 ·번·게·를 하·눌·히 블·기시·니</u> :뒤헤·는 :모딘 즁싱 알·픠·는 기·픈 모·새 열·본 어·르·믈 하·눌·히 구·티시·니" <용가 30>

(5-다) **登岳陽樓**(杜甫가 57세 때 洞庭湖가 있는 岳陽樓에 올라 지음)

　　"親친 ·버디 혼字ㅅ·글월·도 :업스·니 늘·거 :가매 ·외ᄅ왼 ·빈·옷 잇·도다" (親朋無一字老去有孤舟) <두언 14:14>

　　(친한 친구한테서는 한 字의 편지도 없고, 늘그막에 외로운 배 한

척에 의지하여 떠나는 신세가 되었도다.)

(5-라) "婆羅門·이 그 지·븨·가 糧食 :빈·대 그 나·랏 法·에 布
施·호·디 모·로·매 童女·로 :내·야 ·주더·니 그짓 ·
᳀·리 ·뿔 가·져 ·나·오나·늘 婆羅門·이 보·고 깃·거
·의 ·각·시 ᄡ 내 :얻니·논 ᄆᆞᆺ·매 맛·도·다 ·ᄒᆞ·야
그 ·ᄯᆞᆯᄃᆞ·려 무·로·ᄃᆡ 그딋 아·바:니·미 잇ᄂᆞ·닛·가 對
答·호·ᄃᆡ 잇ᄂᆞ·니이·다" <석보 6:14>
':얻·니·다'(얻고 있다), '·각·시'(姬)

중세어의 지시어도 현대어와 비슷한 기능을 가지고 있다.

6. 내 이롤 爲ᄒᆞ야 어엿비 너겨 <훈정언해>

6의 '이'는 앞선 문장의 내용, 곧 백성들이 마음대로 자기들의 의사를
표현하지 못하는 사실을 가리킨다.

〈참고〉

6. "ᄆᆞ·촘:내 제·ᄠᅳ·들 시·러 펴·디 :몯ᄒᆞᇙ·노·미 하·니·라·
내·이·롤 爲·ᄒᆞ·야 :어엿·비너·겨·새·로·스·믈 여·듧
字·롤 밍·ᄀᆞ노·니" <훈정언해>

中世語의 指示語도 談話의 현장에 자리잡고 있는 대상을 話者·聽者
와의 거리의 멀고 가까움을 지시할 때 쓰인다.

대명사/관형사	대명사	형용사	부사
이	이어긔, 이에, 예	이러ᄒᆞ다	이리
그	그어긔, 그에, 게	그러ᄒᆞ다	그리
뎌	뎌어기, 뎌에, 뎨	뎌러ᄒᆞ다	뎌리

1.2 '옛말의 文法'의 문제점

1.2.1 도입

국어 현상에 대한 깊은 탐구는 우리말과 우리글의 중요성을 알고 이를 발전시키며 국어에 대한 바람직한 태도가 형성될 수 있다. 따라서 보다 수준 높은 국어생활을 이루기 위해서는 기초적인 언어 규범과 더불어 체계적인 국어의 문법에 관한 배경지식이 요구된다. 이러한 취지 아래 개편된 고등학교『문법』(1996, 교육부) 교과서는 비교적 간결하게 문법의 제 규칙을 설명하였다.

한 나라 말의 문법을 통일되게 정리한 문법을 規範文法이라 하고 이 규범문법을 학교에서 교육하기 위한 목적으로 재구성한 것이 학교문법이다. 따라서 학교문법은 매우 주요하다고 할 수 있다. 그런데 이 학교문법에 부록으로 실린 '옛말의 문법'은 많은 문제점을 드러내고 있다. 그러므로 본서는 그 '옛말의 문법'을 면밀히 검토하여 잘못된 점들을 내용상의 문제점, 잘못 기록된 誤字들, 문장 부호 및 기호 표시의 문제점, 단락 구분의 잘못 등으로 나누어서 제시하고자 한다. 다행히도 제7차 교육과정『문법』(2002, 교육인적자원부)에서는 상당히 많은 부분을 수정·보완하였다.

1.2.2 내용상의 문제점

　　* <p. 205:22, 25>
　　믈읫 字ㅣ 모로매 어우러삭 소리 이ㄴ니 <훈민정음 언해>

위의 문장에서 '믈읫'은 관형사이다.

'믈읫'을 관형사로 보아 '모든'의 뜻으로 단정짓고 있음이 문제이다.

'믈읫>므릇>무릇'의 변천 과정으로 알 수 있듯이 부사인 '대저(凡)'의 뜻으로 보는 것이 좋다.

* <p. 210:27-31>
(나) 잇다, 잇고, 잇더니 [비교 : 이셔, 이쇼니, 이시며, ……]
(다) 니거시든, 니거늘 [비교 : 녀(보니), 녏, 녀실(씨라), ……]

위의 예는 개별 어휘의 어간이 바뀌는 것이다. (나)는 '이시-'가 자음 어미 앞에서 '잇-'으로 바뀌었고, (다)는 '녀-'가 '거' 앞에서 '니-'로 교체되었다.

위의 예문 설명에서 (나)는 '이시-'가 자음 어미 앞에서 '잇-'으로 바뀐다고 했는데, 모든 子音 어미 앞에서 바뀌지는 않는다. 왜냐하면 共鳴子音(ㄴ, ㄹ, ㅁ) 앞에서는 '이시-'가 그대로 유지되기 때문이다. 예를 들면, '이시며, 이시나, 이시려, 이시나잇고' 등에서 알 수 있다. 따라서 '이시-'가 '잇-'으로 바뀌는 경우는 자음 중에서도 沮止音(파열음, 파찰음, 마찰음) 앞에서이다.

* <p. 211:16-17>
'-숩-'은 어간의 끝소리가 'ㄱ, ㅂ, ㅅ, ㅎ'일 때, '-줍-'은 'ㄷ, ㅊ, ㅌ'일 때, '-숩-'은 유성음일 때에 각각 나타난다.

위의 문장에서 '-줍-'은 어간의 끝소리가 'ㄷ, ㅊ, ㅌ'일 때 나타난다고 했는데 'ㅈ' 아래에서도 '-줍-'은 나타난다. 따라서 '-줍-'은 'ㅈ, ㄷ, ㅊ, ㅌ'일 때 나타난다고 고쳐야 한다. 그리고 그 예로 '마쯥더니'(맞+줍+더+니)를 첨가해야 한다.

* <p. 214:23-25>
文殊아 아라라 <석보상절 13, 26>

님금하 아르쇼셔 <용비어천가 125장>

독립어 가운데서 特殊性을 띤 것이 있다. 각각 상대방의 신분이 낮을
때와 높을 때에 쓰인다.

상대방의 신분이 낮을 때에는 '-아', 높을 때에는 '-하'라고 했지만 반
드시 그런 것은 아니다. 그 예를 보이면 다음과 같다.

누릿가온디 나곤 몸하 흐올로 널셔 <동동>
혀고시라 밀오시라 鄭少年하 <한림별곡>
舍利弗아 極樂國土애 七寶 모시 잇ᄂᆞ니 <阿彌:7>

* <p. 217:23>
(이성계) …… 모딘 도즈글 믈리시니이다 <용비어천가 35장>

위의 예문에서 '믈리시니이다'의 主體는 太祖 李成桂가 아니라 唐太
宗(李世民)이다. 이성계가 주체가 되려면 '믈리시니이다'를 '자ᄇᆞ시니이
다'로 고쳐야 한다. 참고로 <용비어천가 35장> 全文과 그것에 대한 解
說을 보이면 다음과 같다.

셔볼 긔버를 알씨 ᄒᆞᄫᆞᅀᅡ 나ᅀᅡ가샤 모딘 도즈글 믈리시니이다
스ᄀᆞᄫᆞᆯ 軍馬를 이길씨 ᄒᆞᄫᆞᅀᅡ 믈리조치샤 모딘 도즈글 자ᄇᆞ시니이다
<용비어천가 35장>

[해설]
돌궐족이 당나라 서울의 소식을 알고 침입하기에, 唐太宗이 혼자 나
아가시어 악독한 도둑(돌궐족)을 물리치셨습니다.[95]

---

95) 唐太宗(李世民)이 그 형제 建成과 元吉을 죽이고 즉위하자, 돌궐족이 당의 서울이
   內亂으로 약한 줄 알고 大軍으로 침입하거늘, 태종이 軍容을 정비하고 單騎로 나
   아가 위세를 보이니 돌궐이 和解를 청해왔다.

<부록> 옛말의 文法과 우리말의 變遷 307

나하추(納哈出)가 동북면에 침입하여 시골의 군마를 이기기에, 太祖 이성계가 혼자 나가시어 거짓 도망가는 양 쫓기어 물러나시어 악독한 도둑을 잡으셨습니다.96)

* <p. 218:6>

열본 어르믈 하놀히 <u>노기시니</u> <용비어천가 30>

위의 예문에서 '노기시니'는 '구티시니'의 誤記이다. 참고로 <용비어천가 30장> 全文과 그 解說을 보이면 다음과 같다.

뒤헤는 모딘 도족 알픽는 어드본 길헤 업던 번게를 하놀히 불기시니
뒤헤는 모딘 즁싱 알픽는 기픈 모새 열본 어르믈 하놀히 <u>구티시니</u>

[해설]

後唐 太祖가 朱全忠에게 속아 성을 넘어 달아날 때, 뒤에는 포악한 도둑(주전충의 무리), 앞에는 어두운 길인데, 없던 번개를 하늘이 밝혀 길을 찾게 하시도다.

李太祖가 사냥할 때, 뒤에는 사나운 짐승, 앞에는 깊은 연못인데, 엷은 얼음을 하늘이 굳게 하시어 피신하게 하시도다.

* <p. 218:15>

가다가 가다가 <u>드로라</u> <악장가사, 청산별곡>

---

96) 원나라 丞相 나하추가 洪原 등 東北面을 침범하므로, 공민왕은 이성계를 동북면 兵馬使로 삼아 나하추 무리를 막게 하였다. 이성계는 곳곳에 병사를 伏兵시키고 三軍으로 나누어 中軍을 거느리고 함흥 들판에서 나하추와 만나게 되었다. 태조 이성계는 혼자서 앞으로 달려 나아가니 적장 세 사람이 달려왔다. 이에 이성계는 거짓으로 도망가는 양 고삐를 당기어 말을 채찍질하니 적장 세 사람이 쫓아왔다. 태조는 말고삐를 당기어 오른편으로 빠지니 적장 셋은 미처 말을 멈추지 못하고 그냥 달려가므로 숨어 있던 복병들이 뒤에서 활을 쏘아 모두 넘어뜨렸다. 이리하여 左右軍과 伏兵이 힘을 합쳐 적을 크게 격파하니 나하추는 도저히 당하지 못할 것을 알고 달아나 버렸다.

님금하 아른쇼셔 <용비어천가 125장>

독립어 가운데서 特殊性을 띤 것이 있다. 각각 상대방의 신분이 낮을
때와 높을 때에 쓰인다.

상대방의 신분이 낮을 때에는 '-아', 높을 때에는 '-하'라고 했지만 반
드시 그런 것은 아니다. 그 예를 보이면 다음과 같다.

누릿가온디 나곤 몸하 호올로 녈셔 <동동>
혀고시라 밀오시라 鄭少年하 <한림별곡>
舍利弗아 極樂國土애 七寶 모시 잇ᄂᆞ니 <阿彌:7>

* <p. 217:23>
(이성계) …… 모딘 도ᄌᆞᄀᆞᆯ 믈리시니이다 <용비어천가 35장>

위의 예문에서 '믈리시니이다'의 主體는 太祖 李成桂가 아니라 唐太
宗(李世民)이다. 이성계가 주체가 되려면 '믈리시니이다'를 '자ᄇᆞ시니이
다'로 고쳐야 한다. 참고로 <용비어천가 35장> 全文과 그것에 대한 解
說을 보이면 다음과 같다.

셔볼 긔벼를 알씨 호ᄫᅡᅀᅡ 나ᅀᅡ가샤 모딘 도ᄌᆞᄀᆞᆯ 믈리시니이다
스ᄀᆞᄫᆞᆯ 軍馬를 이길씨 호ᄫᅡᅀᅡ 믈리조치샤 모딘 도ᄌᆞᄀᆞᆯ 자ᄇᆞ시니이다
<용비어천가 35장>

〔해설〕
돌궐족이 당나라 서울의 소식을 알고 침입하기에, 唐太宗이 혼자 나
아가시어 악독한 도둑(돌궐족)을 물리치셨습니다.[95]

---

95) 唐太宗(李世民)이 그 형제 建成과 元吉을 죽이고 즉위하자, 돌궐족이 당의 서울이
    內亂으로 약한 줄 알고 大軍으로 침입하거늘, 태종이 軍容을 정비하고 單騎로 나
    아가 위세를 보이니 돌궐이 和解를 청해왔다.

나하추(納哈出)가 동북면에 침입하여 시골의 군마를 이기기에, 太祖 이성계가 혼자 나가시어 거짓 도망가는 양 쫓기어 물러나시어 악독한 도둑을 잡으셨습니다.96)

* <p. 218:6>
열본 어르믈 하늘히 <u>노기시니</u> <용비어천가 30>

위의 예문에서 '노기시니'는 '구티시니'의 誤記이다. 참고로 <용비어천가 30장> 全文과 그 解說을 보이면 다음과 같다.

뒤헤는 모딘 도족 알픠는 어드본 길헤 업던 번게를 하늘히 불기시니
뒤헤는 모딘 즁싱 알픠는 기픈 모새 열본 어르믈 하늘히 <u>구티시니</u>

[해설]
後唐 太祖가 朱全忠에게 속아 성을 넘어 달아날 때, 뒤에는 포악한 도둑(주전충의 무리), 앞에는 어두운 길인데, 없던 번개를 하늘이 밝혀 길을 찾게 하시도다.
李太祖가 사냥할 때, 뒤에는 사나운 짐승, 앞에는 깊은 연못인데, 엷은 얼음을 하늘이 굳게 하시어 피신하게 하시도다.

* <p. 218:15>
가다가 가다가 <u>드로라</u> <악장가사, 청산별곡>

---

96) 원나라 丞相 나하추가 洪原 등 東北面을 침범하므로, 공민왕은 이성계를 동북면 兵馬使로 삼아 나하추 무리를 막게 하였다. 이성계는 곳곳에 병사를 伏兵시키고 三軍으로 나누어 中軍을 거느리고 함흥 들판에서 나하추와 만나게 되었다. 태조 이성계는 혼자서 앞으로 달려 나아가니 적장 세 사람이 달려왔다. 이에 이성계는 거짓으로 도망가는 양 고삐를 당기어 말을 채찍질하니 적장 세 사람이 쫓아왔다. 태조는 말고삐를 당기어 오른편으로 빠지니 적장 셋은 미처 말을 멈추지 못하고 그냥 달려가므로 숨어 있던 복병들이 뒤에서 활을 쏘아 모두 넘어뜨렸다. 이리하여 左右軍과 伏兵이 힘을 합쳐 적을 크게 격파하니 나하추는 도저히 당하지 못할 것을 알고 달아나 버렸다.

'드로라'를 과거의 표현으로 보았는데 '드로라'는 '들＋오라(감탄형 어미)'로 보는 것이 좋다.

* <p. 221:14>
스マ볼 軍馬롤 <u>이길쎄</u> ㅎ봉아 믈리조치샤 모딘 도즈굴 <u>믈리시니이다</u>.
<용비어천가 35장>

위의 노래만 가지고는 주어를 찾을 수 없다. 배경 설화를 고려하면 '이길쎄'의 주어는 원나라 장수 '나하추'이고, 뒤의 높임의 활용형들은 그 주어가 '이성계'이다.

위의 예문 설명에서 '이길쎄'의 주어는 '나하추'가 옳으나, 뒤의 주어가 '李成桂'로 될 때에는 '믈리시니이다'가 아니라 '자ㅸ시니이다'가 되어야 한다. 왜냐하면 '믈리시니이다'의 주어는 唐太宗 李世民이 되기 때문이다. 따라서 위의 예문 '믈리시니이다'를 '자ㅸ시니이다'로 고쳐야 한다. 참고로 <용비어천가 35장> 全文을 보이면 다음과 같다.

셔붏 긔벼를 <u>알쎄</u> ㅎ봉아 나아가샤 모딘 도즈굴 <u>믈리시니이다</u>.
스マ봃 軍馬롤 <u>이길쎄</u> ㅎ봉아 믈리조치샤 모딘 도즈굴 <u>자ㅸ시니이다</u>.

1.2.3 잘못 기록된 誤字

* <p. 201:14>
(가) 목소리, <u>스숭</u>, 낟[곡식], 눈, 솝옷, 꿈, 보비옷, 믈

위의 예문에서 '스숭'은 '스슝'으로 종성은 'ㅇ'이 아니라 'ㆁ'이어야 한다. 예를 보이면 다음과 같다.

マ른치ㄴ닌 <u>스슝</u>이오 비호ㄴ닌 弟子ㅣ라 <월인석보 1:9>

* <p. 201:20>
곳 됴코, 딮둥, 깊고, 맞나ᅀᄫᅥ며, 깊거다

위의 예문에서 '딮둥'은 '딮둥'의 잘못이다. '둥'의 'ㅇ'은 '둥'의 'ㅇ'으로 써야 한다. 예를 보이면 다음과 같다.

딮둥을 타샤 <월인석보 8:85>

* <p. 201:23>
궁 업스시니, 홁 구들, 짜 넒듯

위의 예문에서 '짜 넒듯'은 '짜 넓듯'이어야 한다. 예를 들면 다음과 같다.

싸홀 블보디 믈 넓듯ᄒ고 므를 블보디 짜 넓듯ᄒ더니 <석보상절 6:34>

* <p. 201:29>
눈에, 일올, 꿈을, 죵올, 안아, 담아

위의 예문에서 '죵올'은 '죵올'로 고쳐야 한다. 예를 보이면 다음과 같다.

가시며 子息이며 죵이며 집안ㅅ사ᄅᆞ몰 다 眷屬이라 ᄒᆞᄂᆞ니라 <월인석보 6:4>

* <p. 203:16>
홀 껏, 여흴 쩌긔, 둡ᄊᆞ고

위의 예문에서 '홑 껏'은 '홀 껏'이어야 한다. 예를 들면 다음과 같다.

홀 단(單) <七類:27b>, 홀 독(獨) <七類: 27b>

* <p. 205:7>
심, 이, 기픈, 믈, 은, ᄀ믈, 애, 아니, 긎, 을써

위의 예문은 <용비어천가 2장>의 내용으로 '믈'은 '믈'의 잘못된 표기
이다. 즉, '므른'에서 '믈+은'으로 '믈'이 되어야 한다.

* <p. 205:24, 25>
(1) 엥 올ᄒ시이다.
(2) 위의 문장에서 …… '엥'은 감탄사이다.

위의 글에서 '엥'은 '참으로, 아아'의 의미인 感歎詞로 '엥'이어야 한다.
예를 들면 다음과 같다.

舍利佛이 술보디 엥 올ᄒ시이다. <석보상절 13:47>

* <p. 206:9, 26>
(1) 내(나ㅣ) …… 스물여듧 자(字)를 밍ᄀ노니 <훈민정음 언해>
(2) ᄒ나ᄒ, 둘ᄒ, …… 스믈ᄒ, 셜흔, 마순

위의 예문에서 '스물'은 '스믈'이어야 한다. 예를 들면 다음과 같다.

二十八은 스물여듧비라. <훈민정음 언해>

* <p. 212:1-2>
'-ᄂ-'는 현재 시제를 표시하는데, 선어말어미 '-오-'와 결합되면 'ᄒ노
라'에서 보는 바와 같이 '-ㄴ-'로 바뀐다.

위의 문장에서 '-ㄴ-'은 'ᄂ+오'인 '-노-'로 고쳐야 한다.

* <p. 215:21>

ᄯᅩ 玉女ᄃᆞᆯ히 虛공애셔 온가짓 <u>풍류</u>ᄒᆞ며 굴근 江이 ᄆᆞᆰ고 흐르디 아니 하며 …다 侍衛ᄒᆞᅀᆞᆸ더라 <월인석보 2:32-33>

위의 예문에서 '풍류'는 '풍류'의 잘못 표기이다.

* <p. 216:21>

<u>ᄆᆞᆯ힛 마리신뎌</u> <악학궤범, 정과정>

위의 'ᄆᆞᆯ힛 마리신뎌'(뭇 사람이 헐뜯던 말이로다)는 'ᄆᆞᆯ힛마러신뎌'로 '-리'를 '-러'의 오기로 보는 것이 지배적이다.

* <p. 216:23>

이 ᄯᆞ리 너희 <u>죵가</u> <월인석보 8, 94>

위의 예문의 '죵가'는 '죵가'로 고쳐야 한다.

* <p. 217:15>

比丘ᄃᆞᆯ하 부텨 <u>양ᄌᆞᄅᆞᆯ</u> 보아라 <석보상절 23, 13>

위의 예문에서 '양ᄌᆞᄅᆞᆯ'은 '양ᄌᆞᄅᆞᆯ'의 잘못 표기이다.

* <p. 219:17>

하ᄂᆞᆯ히 당다이 이 피ᄅᆞᆯ 사ᄅᆞᆷ ᄃᆞ외에 ᄒᆞ시리라 <월인석보 1, 8>

위의 예문에서 '당다이'는 '당다이'의 잘못이다. 그에 대한 예문은 다음과 같다.

菩薩ᄋᆞᆯ 당다이 이리ᄫᅵ 나ᄒᆞ시리라 <월인석보 2:36>

* <p. 220:15>

내 …… 스믈여듧 字를 <u>밍ㄱ노니</u> <훈민정음 언해>

위의 문장에서 '밍ㄱ노니'는 기본형이 '밍ᄀᆞᆯ다'이기에 '밍ᄀᆞ노니'로 고쳐야 한다.

* <p. 220:21>

岐王ㅅ 집 안해 <u>샹녜</u> 보다니

위 예문은 <江南逢李龜年>(七言絶句)의 구절이다. 이 시는 杜甫가 유랑생활을 한 지 12년만인 작자 59세(770) 때의 작품으로 當代의 명창 李龜年을 만나 今昔의 감회를 읊은 初刊本[97])의 작품이다. 따라서 '샹녜'는 샹녜'로 해야 한다.

* <p. 221:14>

<u>스ᄀᆞ볼</u> 軍馬를 이길씨 ᄒᆞᄫᅡ 믈리조치샤 모딘 도ᄌᆞᄀᆞᆯ 믈리시니이다.
<용비어천가 35장>

'스ᄀᆞ볼'은 '스ᄀᆞ봟'의 잘못이다. '스ᄀᆞ봟'의 분석은 '스ᄀᆞ볼(시골)+ㅅ(의)'로 된다.

1.2.4 문장 부호 및 기호 표시의 문제점

* <p. 207:11-12>

또, '눈, ᄋᆞᆫ/는, 은; 룰, 를/올, 을; 올/으로'의 쌍은 체언의 모음이 양성모음이냐 음성 모음이냐에 따라 선택된다.

위의 글은 양성모음과 음성모음 아래 쓰이는 조사를 설명한 것으로

---

97) 初刊本(1481)은 連綴表記이며 중간본에서 쓰이지 않던 △, ㅇ이 쓰였다.

'논, 운/는, 은'처럼 '양성모음/음성모음'의 구분이 되지만 '롤, 를/올, 을'은
이러한 성립이 아니다. 따라서 '롤, 올/를, 을'의 형태로 고쳐야 한다.

　　* <p. 211:7-8>
　　(나)는 'ㄱ' 계통의 어미가 'ㄹ', 이중 모음의 반모음 'ㅣ', 서술격 조사
아래에서 후두 유성 마찰음 'ㅇ'으로 바뀌었다.

위의 문장에서 반모음 'ㅣ'는 'ㅣ'로 표기해야 한다.

　　* <p. 211:25-26>
　　'-(으)시-'는 'ㅎ거시늘, ㅎ더시다'에서 …… 한다. '-이-'는 상대 높임의
ㅎ쇼셔체의 선어말어미이다.

위의 글에서 ㅎ쇼셔체는 'ㅎ쇼셔체'로 작은따옴표(' ') 표시를 해야 한
다.

　　* <p. 213:1>
　　'ㅎ도소이다. ㅎ도소녀'는 'ㅎ도ㅅ이다, ㅎ도ㅅ녀'에서 ……

위의 글에서 'ㅎ도소이다. ㅎ도소녀' 사이에 온점(.)을 찍었는데, 온점이
아니라 'ㅎ도소이다, ㅎ도소녀'처럼 반점(,)을 찍어야 한다.

　　* <p. 213:6>
　　(나) ㅎ녀, ㅎ니잇가 ; ㅎ다, ㅎㅅ다 ; ㅎ가 ; ㅎㅅ가(의문형)

위의 예문에서 'ㅎ가'와 'ㅎㅅ가'는 간접 의문형이기에 그 둘의 관계를 반
점(,)으로 해야 한다. 즉, 다음과 같다.

　　(나) ㅎ녀, ㅎ니잇가 ; ㅎ다, ㅎㅅ다 ; ㅎ가, ㅎㅅ가(의문형)

* <p. 218:24>
聖神이 니〻샤도 敬天勤民ᄒ샤사 더욱 구드시리이다. <용비 125장>

　위의 문장에서 '더욱 구드시리이다'에 밑줄을 쳤는데, '구드리리이다'에
대한 설명이므로 '더욱'은 밑줄을 긋지 말아야 한다.

* <p. 220:14-16>
나 …… 百年ㅅ 한 病에 ᄒ올로 臺예 올오라 <두시언해 10, 35>
내 …… 스믈여듧 字를 밍ᄀ노니 <훈민정음 언해>
내 —— 이제 分明히 너ᄃ려 닐오리라 <석보상절 19, 4>

　(1) 위의 문장에서 첫 번째 문장의 '나'는 표면상으로는 실제로 나타나
지 않고, '나그네'로 비유된 작자만이 나타난다. 따라서 '나'는 괄호의 (나)
로 해야 한다. 참고로 이 문장에 관련된 杜詩諺解를 보이면 다음과 같다.

　萬里예 ᄀ술홀 슬허셔 샹녜 나그내 ᄃ외요니 百年 한 病에 흐올로 臺
에 올오라

　(2) 세 번째 문장인 "내 …… 이제 分明히 너ᄃ려 닐오리라"에서 '내'
다음에 생략된 부호를 표시했지만 실제로는 생략된 부분이 없기에 생략
부호인 '……'를 없애야 한다. 참고로 이 문장에 관련된 석보상절의 원문
을 보이면 다음과 같다.

　부톄 니르샤디 내 이제 分明히 너ᄃ려 닐오리라

* <p. 220:19, 21-22>
너 …… 다시 모더 안조디 端正히 호리라 <몽산법어 언해 2>
나 …… 岐王ㅅ 집 안해 샹녜 보다니 <두시언해 16, 52>
나 …… 곳 디ᄂ 時節에 쏘 너롤 맛보과라 <두시언해 16, 52>

두 번째와 세 번째 예문에서 주어 대명사인 '나'는 아래의 전문에서 알듯이 표면상으로는 나타나지 않고 단지 의미상의 주어가 될 뿐이다. 따라서 '나'는 '(나)'와 같이 괄호 안에 처리해야 한다. 참고로 이 시의 전문과 고친 예문을 보이면 다음과 같다.

<江南逢李龜年>
岐王ㅅ 집 안해 샹녜 보다니
崔九의 집 알퓌 몃 디윌 드러뇨
正히 이 江南애 風景이 됴ᄒ니
곳 디ᄂᆞᆫ 時節애 ᄯᅩ 너롤 맛보과라

<예문>
(나) …… 岐王ㅅ 집 안해 샹녜 보다니
(나) …… 곳 디ᄂᆞᆫ 時節애 ᄯᅩ 너롤 맛보과라

1.2.5 단락 구분의 문제점

* <p. 211:25-26>
'가샤(가샤아)'에서는 연결 어미 '-아'가 떨어졌다. '가샴(가샤옴)' 등과 …… 떨어졌다. '-(으)시-'는 'ᄒ거시늘, ᄒ더시다'에서 …… 한다. '-이-'는 상대높임의 ᄒ쇼셔체의 선어말어미이다.

위의 "'가샤(가샤아)' …… 한다."까지의 내용은 그 앞에 제시된 예문의 설명이다. 그러나 '-이-'의 어미 설명은 그 다음 예문에서 설명하고 있기에 새로운 단락으로 잡아야 한다. 따라서 고친 부분을 보이면 다음과 같다.

'가샤(가샤아)'에서는 연결 어미 '-아'가 떨어졌다. '가샴(가샤옴)' 등과 …… 떨어졌다. '-(으)시-'는 'ᄒ거시늘, ᄒ더시다'에서 …… 한다.
'-이-'는 상대높임의 ᄒ쇼셔체의 선어말어미이다.

* <p. 217:6-7>

각각 판정의문문, 설명의문문이다. 이때에는 두 의문문이 형태상으로 구별되지 않는다. 판정의문문과 설명의문문은 'ᄒᆞ쇼셔체'에서도 구별된다.

위의 글에서 판정 의문문과 설명 의문문의 'ᄒᆞ쇼셔체' 구별은 다음에서 그 예문과 설명을 하고 있기에 새로운 단락으로 잡아야 한다.

각각 판정의문문, 설명의문문이다. 이때에는 두 의문문이 형태상으로 구별되지 않는다.
판정 의문문과 설명 의문문은 'ᄒᆞ쇼셔체'에서도 구별된다.

* <p. 218:2-3>

이들은 객체 높임이 실현된 문장이다. 객체란, 목적어 명사와 부사어 명사를 포괄한 말이다. 중세국어의 상대 높임법의 대표적인 것은 'ᄒᆞ라체'와 'ᄒᆞ쇼셔체'이고, 이밖에 반말이 있다.

위의 글은 하나의 단락으로 되어 있다. 상대 높임법에 대한 예문을 다음에서 제시하고 있기에 새로운 단락으로 잡아야 한다.

이들은 객체 높임이 실현된 문장이다. 객체란, 목적어 명사와 부사어 명사를 포괄한 말이다.
중세국어의 상대 높임법의 대표적인 것은 'ᄒᆞ라체'와 'ᄒᆞ쇼셔체'이고, 이밖에 반말이 있다.

* <p. 222:5-6>

위의 문장에서 보조사 '는/는'이 대조의 의미를, '란'이 지적의 의미를, '옷'은 단독의 의미를, '사'는 특수의 의미를 각각 표시한다. 중세국어의 지시어도 현대국어와 비슷한 기능을 가지고 있다.

위의 글에서 중세국어의 지시어에 대한 예문과 설명이 다음에서 제시

<부록> 옛말의 文法과 우리말의 變遷 317

되기에 아래와 같이 새로운 단락으로 처리해야 한다(단락 구분 및 ‘·’표
표시).

　　위의 문장에서 보조사 ‘-논/-는’이 대조의 의미를, ‘-란’이 지적의 의미
를, ‘-옷’은 단독의 의미를, ‘-싸’는 특수의 의미를 각각 표시한다.
　　중세국어의 지시어도 현대국어와 비슷한 기능을 가지고 있다.

1.2.6 요약

　지금까지 고등학교 문법 교과서를 면밀히 검토한 결과 전체적인 체제
면에서나 내용상 잘못된 점을 고찰했다. 국어를 소중히 여기고 보다 수
준 높은 국어 생활을 영위하기 위해 문법에 관한 체계적인 지식을 알아
야 하는 것은 당연하다. 특히 이번 제6차 교육과정에서 문법은 언어의 본
질과 국어의 특질, 국어의 이해, 국어 사용의 실제 등에 중점을 두어 종
전의 문법 체계의 틀에서 벗어나 새로운 시도를 보여주었다. 그러나 국
어의 이해와 사용면의 실제를 강화하여 ‘이야기’, ‘바른 언어생활’, ‘표준
어와 맞춤법’ 등이 새로운 단원으로 설정되다보니 각 단원의 내용이 종
전의 내용보다 많이 축소되어 간략하게 언급되었으며, 그 과정에서 내용
이 충분하게 언급되지 못해, 중요한 내용이 빠지기도 하고, 잘못 기록되
기도 하는 등 여러 가지로 문제점이 발견되었다. 특히 부록에서는 내용
상의 문제점, 誤字, 문장부호 및 기호 표시의 문제, 단락구분의 잘못 등
문제점이 많았다. 예를 들어 <용비어천가> 예문을 들 때, 전절과 후절의
원문조차 틀린 점이라든지, 그 고사의 주체를 바꾸어 놓은 점 등 아주 기
본적인 것조차 잘못하였으며, 받침표기가 ‘ㆁ’이어야 할 것을 대부분 ‘ㅇ’
으로 한 점 등 바로잡아야 할 것이 상당히 많았다.
　앞으로『문법』교과서는 전체적으로 철저한 재검토가 이루어져야 할
것이다. 즉, 종전의 문법 내용을 거의 그대로 반영시킨 점, 일부 중요
내용을 생략하여 너무 기본적인 지식체계 전달 위주로 한 점, 부족한

부분을 학습활동, 단원의 마무리, 심화학습 등에서 일부 보충하였지만
극히 일부에 지나지 않으며 산만한 점, 내용 면에서의 오자 및 발음상
의 오기 등 보다 논리적이고 체계적인 조직과 함께 내용이 충분히 검
토되어 민족의 언어인 국어를 발전시키는데 기저가 될 수 있는 교재가
되어야 할 것이다.

제2장 우리말의 變遷과 特質

2.1 우리말의 變遷

2.1.1 국어의 形成과 歷史

만물은 시간의 흐름에 따라 끊임없이 변화한다. 언어 또한 마찬가지다. 국어도 역사적으로 크고 작은 변화를 겪으면서 오늘날의 모습으로 발전해 왔다.

이러한 변화와 발전은 音韻, 語彙, 文法, 意味 등 언어를 구성하는 모든 부분에 걸쳐 이루어졌다. 예를 들어 '가을'을 옛말에서는 'ㄱ술'이라고 했다. 이것을 보면 音韻이 역사적으로 변화했음을 알 수 있다. /ㅿ/과 /·/ 같은 음운이 지금은 없어졌다. 音韻뿐만 아니라 意味도 역사적으로 변화했다. 옛말에서 '어엿브다'는 지금처럼 '아름답다'라는 뜻이 아닌 '불쌍하다'란 뜻이었으며, '어리다'는 '나이가 어리다'라는 뜻이 아닌 '愚昧하다'란 뜻이었다.

아득한 先史시대, 우리 조상들이 처음으로 말을 할 수 있게 되었을 때의 언어는, 어떠한 모습이었을까. 지금으로서는 그 대답을 명확하게 할 수 없다. 국어의 形成은 국어의 系統과 관련이 있다. 국어의 계통은 그간 꾸준한 연구에도 불구하고 아직 분명하게 제시할 수 없다. 다만 몽골語群, 만주-퉁구스語群, 튀르크 語群 등과 함께 알타이語族에 속할 가능성은 높지만, 분명한 比較言語學的 증거가 확보되어 있지 않은 가설 상태에 머물러 있다.

歷史시대 이후 韓半島와 만주 일대에 자리잡은 우리 민족의 언어는

夫餘系 언어와 韓系 언어로 나누어 있었으며, 三國이 세워지면서 고구려어, 백제어, 신라어가 서로간에 공통점과 차이점을 가지면서 제각기 모습을 갖추게 되었을 것이라고 생각된다. 그러나 이 시기의 언어에 대해서는 자료가 부족하여 정확한 실상을 알기 어렵다. 다만, 新羅가 삼국을 통일하면서부터는 慶州를 중심으로 언어가 통일되었으며, 渤海는 고구려어를 이어받았을 것으로 추측된다. 이 시기의 국어를 古代國語라고 부른다.

高麗가 건국되면서 언어의 중심지는 慶州에서 開城으로 옮겨갔다. 高麗語는 고구려어의 흔적이 남아 있기는 하였지만, 크게 보아 신라어와 차이가 없었다. 朝鮮이 건국하면서 언어의 중심이 지금의 서울로 옮겨졌으나 언어의 모습이 크게 달라지지는 않았다. 고려의 건국부터 16세기 말까지의 국어를 中世國語라고 부른다. 中世국어는 前期中世國語와 後期中世國語로 더 나누기도 한다. 訓民正音이 創製되어 한글로 적힌 많은 문헌 자료가 바로 後期中世國語다.

17세기부터는 음운, 어휘, 문법에서 그 이전의 국어와는 매우 다른 모습을 보인다. 17세기 초기부터 19세기 말까지의 300년 동안의 국어를 近代國語라고 한다. 20세기 이후의 국어는 現代國語라고 부른다.

국어의 역사를 살펴보기 위해서는 文獻資料가 필요하다. 문헌 자료는 漢字를 빌려 적은 자료와 한글로 적은 자료로 나눌 수 있다. 국어의 역사는 한글로 기록되어 있는 後期中世國語 시기의 자료를 통하여 제대로 파악할 수 있다.

漢字를 빌려 적은 자료 가운데 대표적인 것은 신라 시대의 鄕札表記다. 다음은 三國遺事에 실려 있는 處容歌의 일부다.

東京明期月良 夜入伊遊行如可　　東京 불긔 ᄃ래 밤 드리 노니다가
入良沙寢矣見昆 脚烏伊四是良羅　드러ᅀᅡ 자리 보곤 가ᄅ리 네히어라

鄕歌는 漢字의 뜻과 音을 이용하여 우리말을 표기하였다. 대개 語彙

형태는 한자의 뜻을 이용하고 [明(붉-), 月(달), 夜(밤), 入(들-)], 文法 형태는 한자의 음을 이용하였다 [期(-의), 良(-애), 伊(-이)].

訓民正音이 창제된 이후인 後期中世國語부터는 한글로 적은 자료가 매우 풍부하다. 특히 漢文을 우리말로 번역한 諺解文獻이 많다. 이는 한문 原文에 한글로 口訣을 달고 번역한 것이다.

> 國之語音이 異乎中國ㅎ야
> → 나랏 말쓰미 中國에 달아 <훈민정음 언해>

위의 첫째 문장은 口訣文이다. 口訣文이란 한문 원문에 우리말 식으로 읽을 수 있도록 토(口訣)를 단 문장이다. 둘째 문장은 諺解文인데, 구결문을 우리말로 번역한 문장이다. 諺解한 문장이라도 한문 원문에 토를 달지 않은 것도 있다.

諺解文獻은 근대 국어에서도 간행되었다. 그리고 하나의 문헌이 시대를 달리하여 두 번 이상 번역된 것도 있어, 우리말 역사를 살펴보는 데에 많은 도움이 된다. 예를 들어, '老乞大'의 언해 자료가 그러하다. 아래 자료들은 각각 여러 해에 걸쳐 간행되어 나온 '老乞大' 언해류인데, 表記, 音韻, 語彙, 文法의 여러 측면에서 조금씩 달라지고 있는 모습을 쉽게 볼 수 있다.

(가) [1510년대] "네 닐옴이 올타 나도 므슴매 이리 너기노라 네 닐오미 내 뜯과 ᄀᆞᆮ다" <번역노골대 권上 11장 앞>

(나) [1670년] "네 니ᄅ미 올타 나도 ᄆᆞ음애 이리 싱각ᄒᆞ엿더니 네 닐오미 맛치 내 뜻과 ᄀᆞᆺ다" <노걸대언해 권上 10장 앞>

(다) [1745년] "네 닐롬이 올타 나도 ᄆᆞ음애 이리 싱각ᄒᆞ엿더니 네 닐옴이 맛치 내 뜻과 ᄀᆞᆺ다" <평양본 노걸대언해 권上 10장 앞>

(라) [1763년] "네 니ᄅ미 올타 나도 ᄆᆞ음에 이리 싱각ᄒᆞ엿더니 네 니ᄅ미 맛치 내 뜻과 ᄀᆞᆺ다" <노걸대신석언해 권1의 13장 뒤>

(마) [1795년] "네 니롬이 올타 나도 ᄆᆞ음에 싱각ᄒᆞ엿더니 네 니ᄅ미 맛

치 내 뜻과 ᄀᆞᆺ다" <중간노걸대언해 권上 10장 앞>

(바) [현대국어 번역] "네가 말한 것이 옳다. 나도 마음에 생각하였더니, 네가 말한 것이 마치 나의 뜻과 같다."

2.1.2 音韻의 변천

1) 子音의 변천

분명하게 알기는 어렵지만, 古代國語의 자음에는 안울림소리에 예사소리('ㅂ, ㄷ, ㅈ, ㄱ')와 거센소리 ('ㅍ, ㅌ, ㅊ, ㅋ')의 두 계열이 존재하였으며, 아직 된소리 계열은 발달되어 있지 않은 것으로 보인다. 中世國語에서는 자음의 된소리 계열이 새로이 등장하게 되어, 예사소리, 거센소리, 된소리의 세 계열이 자리잡았다. 그리고 마찰음인 'ㅸ'[β], 'ㅿ'[z]와 같은 자음도 있었다. 그런데 그 후 'ㅸ'은 반모음 ㅗ/ㅜ[w]로 바뀌었다. '고바>고와', '더버>더워', '쉬본>쉬운' 등에서 그 변천 양상을 살펴볼 수 있다. 'ㅿ'는 15세기 후반에서 16세기 전반에 걸쳐 소리값이 소멸하였다.

中世國語에서는 현대국어와는 달리, 음절 첫머리에 둘 이상의 자음이 올 수 있었다. 'ᄠᅳ, ᄲᅳ, ᄱᅡᆨ'과 같이 두 개 자음이 놓인 경우와, 'ᄢᅳᆷ, ᄣᅢ'와 같이 세 개의 자음이 오는 경우가 있었다. 이러한 소리들은 나중에 대부분 된소리로 바뀌었다.

2) 母音의 변천

중세국어의 單母音은 'ㅣ, ㅡ, ㅓ, ㅏ, ㅜ, ㅗ, ·'의 7모음 체계로 되어 있었다. 그 중에서 '·'는 점차 소리값이 소멸하기 시작하여 16세기에 둘째 음절 위치에서 'ㅡ'나 'ㅗ', 'ㅏ'로 바뀌어 가게 되었다. '기ᄅᆞ마'(鞍)가 '기르마'로, 'ᄇᆞ룸'(壁)이 'ᄇᆞ람'으로 바뀐 것이 그 예들이다.

二重母音으로는 'ㅑ, ㅕ, ㅛ, ㅠ, ㅘ, ㅝ'와 같은 반모음이 앞서는 이중모음뿐만 아니라, 'ㅣ, ㅐ, ㅔ, ㅚ, ㅟ, ㅢ'와 같은 반모음이 뒤에 놓이는 이

중 모음도 존재하였다. 그리고 중세국어에서는 母音調和 현상이 지켜
진 것이 특징이었다.

近代國語에서는 모음체계에 큰 변화가 일어났다. 이미 중세국어 시
기에 일어났던 'ㆍ'의 소리값이 소멸되어 둘째 음절 위치에서 'ㆍ'의 변
화가 일어났고, 첫음절 위치에서도 'ㆍ'가 'ㅏ'로 바뀌게 되었다. 'ᄀᆞ래'
(楸)가 '가래'로, '러년'(來年)이 '래년'으로 바뀐 것들이 그 예다. 'ㆍ'의
소리값이 소멸된 이후, 二重母音이었던 'ㅔ'와 'ㅐ'가 단모음으로 변화
하였다. 그 결과 18세기 말엽의 近代國語에서는 'ㅣ, ㅔ, ㅐ, ㅡ, ㅓ, ㅏ,
ㅜ, ㅗ'의 8모음 체계로 되었다.

현대국어로 들어서는 시기에 二重母音 'ㅚ, ㅟ'가 단모음으로 변화하
여 근대국어의 8모음 체계가 10모음 체계로 되었다. 그래서 이중모음
의 경우, 중세국어와는 달리 반모음이 앞서는 이중모음만 남게 되었다.
그러나 현대국어에서 'ㅚ, ㅟ'는 다시 이중모음으로 발음되는 변화가 일
어나고 있다.

2.1.3 소리의 높이와 길이의 변천

聲調는 소리의 높이를 통해 단어의 뜻을 분별하는 말소리의 특질이
다. 지금으로서는 古代國語에 성조가 존재하였는지 알 수 없다. 그러나
적어도 中世國語에는 聲調가 있었다. 중세국어에서 성조는 글자의 왼
쪽에 점을 찍어 표시했는데, 이를 傍點이라 부른다. 平聲은 점이 없으
며, 去聲은 한 점, 上聲은 두 점으로 표시되었다. 평성은 낮은 소리고,
거성은 높은 소리였다. 그리고 상성은 처음에는 낮다가 나중에는 높아
가는 소리였다. '곳'(花)은 평성으로 낮은 소리였으며, 'ㆍ플'(草)은 거성
으로 높은 소리였으며, ' : 별'(星)은 낮다가 높아 가는 소리였다.

聲調는 16세기 중엽 이후 흔들리기 시작하다가 16세기 말엽 문헌에
서는 성조가 표시되지 않게 되었다. 성조는 적어도 16세기 후반에 소멸
하였는데, 평성과 거성은 짧은 소리로, 상성은 긴 소리로 바뀌어, 소리

의 높이가 소리의 길이로 바뀌어 現代國語에 이어졌다. 그러나 방언에
따라서는 성조가 완전히 소멸되지 않아서 현대국어의 경상도 방언이나
함경도 방언의 일부에 아직도 남아 있다.

2.1.4 語彙의 변천

1) 固有語의 변천

古代國語의 어휘에 대해서는 자료가 부족하기 때문에 지금으로서는
자세히 알기가 어렵다. 漢字로 기록되어 있는 땅이름, 사람 이름, 官職
이름의 표기를 통하거나 한자의 새김을 통하여 그 흔적을 짐작해 볼
수 있을 뿐이다.

中世國語 문헌에서는 현대국어에서 볼 수 없는 많은 고유어를 찾아볼
수 있다. '온(百), 즈믄(千), ᄀ름(江), 미르(龍), ᄒ마(已), 밍ᄀᆯ-(作), 하-
(多·大), 두렵-(圓), 언마(幾), ᄀᄅ비(霧雨), ᄂᆺ곳(顔色), 다ᄒ-(如), 빌먹-
(乞食)' 등이 그 예들이다. 이들 어휘는 그대로 살아남은 경우도 있지만,
뒤에 그 모습이 크게 바뀌거나 소멸되기도 하였다. '밍ᄀᆯ-'은 '민둘-'이나
'ᄆᆫ둘-'로 바뀌기도 하고, '언마'는 '얼마'로 정착하고, '두렵-'(圓)은 '두립-'
(畏)이 16세기 말에 '두렵-'으로 모습이 바뀌면서 소리가 비슷해지자 새
로이 생성된 '둥글-'에 그 자리를 내어주고 소멸되고 말았다.

近代國語에서도 고유어가 많이 사용되었으나 한자어와 외래어가 끊
임없이 침투하여, 그 결과로 고유어가 점차 소멸해 버리는 경우가 많아
졌다. 이러한 현상은 현대국어에서도 마찬가지이다.

2) 外來語의 유입

우리말에는 古代國語에 이미 '붇, 먹' 등의 외래어가 중국에서 받아
들여졌다. 또, 한자와 한문의 학습이 심화되면서 漢字語가 많이 쓰이게
되었다. 동시에 불교의 수입으로 '彌勒, 菩薩'과 같은 불교 용어도 우리
말에 들어왔다.

中世國語에도 외래어들이 많이 들어왔다. 前期中世國語에는 몽골語에서 온 외래어가 많았다. 官職, 軍事에 관한 어휘를 비롯하여, 말(馬)과 매(鷹)에 관한 어휘, 음식에 관한 어휘들이 몽골語에서 들어왔다. 약간의 女眞語 어휘도 들어왔다. '투먼'(豆萬)이 그 대표적인 예다.

後期中世國語에는 한자어가 다량으로 침투되었다. 후기 중세국어 문헌에는 한자어가 한자로 적히지 아니하고 한글로 적힌 예들이 많이 있었는데, 이는 한자어의 歸化가 크게 진전되었음을 보여준다. '차반(茶飯), 즁싱(衆生)'이 대표적인 예들이다. 이 가운데 '즁싱'은 근대국어에서 '즘싱'으로 말소리와 뜻까지 바뀌었다. 이러한 외래어의 침투는 근대국어에서도 계속되었다.

2.1.5 文法의 변천

앞에서 살펴본 음운 현상이나 어휘처럼 文法 현상도 시대에 따라 변천되어 왔다. 문법 현상을 실현하는 방법이 바뀌기도 하고, 어떤 문법 현상이 없어지거나 반대로 새로 생겨나기도 했다.

1) 문법 현상의 바뀜

中世國語에서는 어미 '-ㄴ'과 '-ㄹ'이 冠形詞形 기능 외에 名詞形의 기능도 아울러 가지고 있었다. 다음 문장의 '다욿'의 '-ㄹ'은 명사형의 기능을 지니고 있다.

> 다욿 업슨 긴 ᄀᆞᄅ몬 니섬니어 오놋다 <두시언해 10:35>
> (다욿 :업슨 :긴 ᄀᆞ·ᄅ몬 니·섬니·어 ·오놋·다)

그러나 현대국어에서는 어미 '-ㄴ'과 '-ㄹ'은 관형사형의 기능만 지닌다. 이것은 문법 현상이 역사적으로 바뀐 경우다.

中世國語에는 使動이나 被動을 실현하는 접미사를 통하여 현대국어

<부록> 옛말의 文法과 우리말의 變遷 327

보다 훨씬 많은 수의 사동사와 피동사를 파생시켰다. 중세국어에서는 사동 접미사 '-이-'에 의해 사동사가 파생되었으나, 현대국어에서는 그렇지 못한 경우가 많다. 예를 들어, '밍굴다'의 사동 표현은 중세국어에서 사동사 '밍굴-이-다'로 실현되었으나, 현대국어에서는 '만들-이-다'라는 사동사가 쓰이지 아니하고, 오직 '만들게 하다'로 사동을 표현한다.

2) 문법 현상의 없어짐

疑問文이 물음말의 존재 여부에 따라 '-아' 계통의 어미와 '-오' 계통의 어미로 달리 표현되는 것이 중세국어의 특징이다. '-아'는 물음말이 없는 의문문에 사용되었고, '-오'는 물음말이 있는 의문문에 사용되었다. 그리고 의문형 어미 중에서 '-ㄴ가, -ㄴ고, -ㄹ가, -ㄹ고' 등은 주어가 1인칭이나 3인칭일 때 사용되었고, '-ㄴ다'는 주어가 2인칭일 때 사용되었다.

> 西京은 편안훈가 몬훈가 <두시언해 18:5>
> 故園은 이제 엇더훈고 <두시언해 25:24>
> 네 엇데 안다 <월인석보 23:74>

그러나 현대국어에서는 의문문에 물음말이 있든 없든, 주어의 인칭이 어떠하든, 의문형 어미를 구분하지 않게 되었다.

中世國語의 선어말어미 가운데 '-오-'는 독특한 기능을 가졌다. 첫째, 문장의 주어가 1인칭(말하는 이)임을 표현하는 기능이다. 아래의 첫째 문장은 주어('내')가 1인칭이기 때문에 '-오-'가 나타나지만, 둘째 문장은 주어('아비')가 3인칭이기 때문에 '-오-'가 나타나 있지 않았다.

> 호오아 내 尊호라(← 尊호-오-라) <월인석보 2:34>
> 아돌돌히 아비 죽다(← 죽-다) 듣고 <월인석보 17:21>

둘째, 관형절을 구성할 때에 꾸밈을 받는 명사가 목적어나 부사어인 경우에는 '-오-'가 나타나지만, 꾸밈을 받는 명사가 주어인 경우에는 나타나지 않는 경향이 있었다.

> 겨집돌히 子息을 낳다.
> (가) 주어인 경우: 子息 나흔(← 낳-온) 겨집돌
> (나) 목적어인 경우: 겨집돌히 나흔(← 낳-오-온) 子息

그런데 이러한 '-오-'에 의한 문법 대립 현상은 近代國語에서 거의 소멸하였다.

3) 문법 현상이 생겨남

문법 현상은 소멸과 쇠퇴 현상만 나타나는 것이 아니고, 새로이 생겨나거나 용법이 확대되기도 한다. 예를 들어, 주격 조사는 中世國語에서 원래 '-이'만 쓰였으나, 16세기 말에 이르러 '-가'가 사용되기 시작하여 17세기부터 본격적으로 사용되었다.

中世國語에서 현대국어로 오면서 시간 표현의 선어말어미 '-었-'이 확립되고, 아울러 '-겠-'이 형성된 것도 새로운 문법 현상이 생겨난 예다. '-었-'은 원래 중세국어의 보조적 연결어미 '-어'와 보조용언 '있다'가 이어진 '-어 잇-'이 축약되어 생겨났다. 즉, 현대국어의 '-었-'은, '-어 잇->-엣->-었-'과 같은 과정을 거쳐 완성되었다.

2.1.6 意味의 변천

의미의 변천은 의미의 擴大, 縮小, 移動 등의 세 유형으로 나누어 살펴볼 수 있다.

1) 意味의 擴大

의미가 변화하여 그 적용되는 영역이 원래 영역보다 넓어지게 된 것이 의미의 擴大인데, 그 예는 무수히 많다. 단어가 多義性을 가지게 되는 것은 대개 의미의 확대에 해당한다. '다리'(脚)가 애초에는 사람이나 짐승의 다리만을 가리키는 것이었을 텐데 '책상'이나 '지게'의 다리 같은 무생물에까지 적용된 것이라든가, '먹다'라는 동사가 음식물을 섭취하는 동작만을 가리켰을 것인데 '욕을 먹다, 마음을 먹다, 겁을 먹다' 등에까지 적용된 것도 의미가 擴大된 결과이다.

좀더 구체적인 것으로는 '영감'(令監) 같은 말을 들을 수 있다. 이 말은 옛날에는 堂上官(정삼품 이상 종이품)에 해당하는 벼슬을 지낸 사람을 일컫는 말이었는데, 지금은 남자 노인을 가리키게 되었다. 오늘날 아무에게나 '사장님'이라는 호칭을 사용하는 것도 비슷한 예다.

'세수하다'(洗手～)는 말도 원래는 '손만을 씻는 동작'을 가리키는 뜻이었으나, 얼굴을 씻는 행위까지 포함하게 되어 의미가 확대된 것이다. '방석'(方席)은 원래 네모난 모양의 깔개만을 가리키는 말이었으나, 둥근 것까지도 가리키게 되어 의미가 擴大되었다고 할 수 있다. '핵'(核)이라는 말도 원래는 '열매의 씨를 보호하는 속껍데기'를 가리키는 말이었지만, 지금은 '사물의 중심이 되는 알맹이'라든가, '原子의 核' 등으로 확대되어 사용되고 있다.

2) 意味의 縮小

앞의 경우와는 반대로, 의미가 변화하되 그 적용되는 영역이 원래 영역보다 좁아지게 되면 意味의 縮小가 일어난다. 그 대표적인 예로는 '짐승'이라는 단어가 있다. 이 말은 원래 '중싱'(衆生)에서 온 말로서, 有情物 전체를 가리키는 불교 용어이던 것이지만 지금은 인간을 제외한 동물을 가리키는 말로 의미가 축소되었다. 이와 비슷한 예로는 '놈, 계집' 같은 말이 있다. 이 말들은 원래 일반적인 남자, 여자를 가리키는 말로 사용되던 것인데, 지금은 그 사용 범위가 縮小되어, 욕하는 뜻으로만 사용된다.

3) 意味의 移動

한편 의미의 擴大도 아니고 縮小도 아닌 단순한 移動으로 볼 수밖에 없는 경우도 있다. 가령, '어리다'라는 말은 中世에는 '어리석다'(愚)는 뜻이었는데 '나이가 어리다'(幼)는 뜻으로 의미가 移動한 것이다. 또 '씩씩하다'는 말은 원래 '嚴하다'는 뜻이었는데 지금은 '씩씩하다'(勇)의 뜻으로 바뀌었다. 이것도 의미의 이동에 해당한다. '어엿브다' 역시 '불쌍하다'에서 '예쁘다'로 의미가 이동되었다.

현대국어에 이르는 동안 원래와는 완전히 반대의 뜻을 가지게 된 단어도 있다. '빋싸다'는 원래 명사 '빋'과 형용사 '싸다'가 합성된 용언이었다. '빋'은 '값어치'의 뜻을, '싸다'는 '값이이 나가다'의 뜻을 가졌었는데, 후대에 '비싸다'는 하나의 단어로서 원래의 뜻을 그대로 유지한 반면, '싸다'는 그 반대의 뜻을 가지게 되었다. 이와 같은 예로는 '엉터리'와 '에누리'를 더 들 수 있다. '엉터리'는 원래 '대강 갖추어진 틀'을 뜻했고, '에누리'는 원래 '값을 더 얹어서 부르는 일'을 뜻했다.

한편, 의미의 이동이 일어난 흥미로운 예로는 '추착 없다, 엉터리없다' 같은 말도 있다. 이 말들은 원래 否定표현이 개입되어 '주착이다, 엉터리다' 등과 같은 肯定 표현은 반대의 의미로 사용되어야 할 것이나, 실제로는 같은 뜻으로 사용되고 있다. 이는 否定 표현과 肯定 표현은 사이에 의미의 移動이 일어난 것이라고 할 수 있다. 오늘날 흔히 '우연하게'라고 말해야 할 자리에 사용되고 있는 '우연치 않게'와 같은 경우도 의미의 移動이 나타날 조짐을 보이고 있는 예라 할 수 있다.

어떤 단어의 의미 변화 과정을 잘 조사해 보면, 의미의 확대와 축소가 단계적으로 이루어지고 있는 경우를 볼 수 있다. 가령 '手術'과 같은 단어를 보면 원래 '손으로 하는 기술이나 재주' 정도의 뜻이었지만, 의미가 축소되어 醫學 용어로 사용되다가, 여기서 다시 '고치기 어려운 사회 병리 현상이나 폐단을 고친다'는 뜻으로 확대 사용되기도 한다.

2.2 국어의 特質

2.2.1 음운상의 특질

音聲模型(sound pattern)이 다르다.

① 音聲目錄(sound inventories)이 다르다.
  ○ 영어에는 脣齒音(labiodentals) /f, v/ 같은 음성목록이 있는데 국
    어에는 없다.
  ○ 중국어에는 捲舌音(retroflex)이 있는데, 국어에는 없다.
  ○ 子音에 유성·무성의 대립이 없다.
  ○ 현대국어의 地域방언마다 음성목록이 다르거나 잘 발음하지 못
    하는 현상도 있다. [w]음을 잘 발음하지 못하거나, 子音 /ㅅ, ㅆ/
    이나 모음 /ㅔ, ㅐ/, /ㅡ, ㅓ/ 등이 구분되지 않는 방언도 있다.
② 音節구조가 다르다. 閉音節과 開音節이 공존한다. 현대 일본어,
  중국어는 開音節이 주를 이룬다.
③ 音聲들은 서로 다른 序列로 나타난다.
   국어의 子音은 三肢相關束을 갖는다. /ㄱ ㄲ ㅋ/, /ㄷ ㄸ ㅌ/, /ㅂ
  ㅃ ㅍ/, /ㅈ ㅉ ㅊ/처럼 예사소리, 된소리, 거센소리가 짝을 이룬다.
④ 個別언어에 따라 發話의 흐름, 즉 리듬(rhythm)이 다르다. 영어는
  強勢·時間 리듬(stress-timed rhythm)이고, 중국어는 高低·時間리
  듬(pitch-timed rhythm)이지만, 현대국어는 音節·時間리듬(syllable-
  timed rhythm)이다. 그러므로 韻素(prosody)에 있어서 현대국어는
  音長韻素로 소리의 길이가 말의 뜻을 구별하는 데 쓰인다.
⑤ 音韻過程(현상)이 서로 다르다. '국민궁민'(자음동화), '로인(老人)

＞노인’, ‘녀자(女子)＞여자’(두음법칙), ‘흙＞혹’, ‘값＞갑’(받침규
칙) 등이 그 예들이다.

2.2.2 어휘상의 특질

국어의 語彙 ┬ 固有語
　　　　　 ├ 漢字語 ┐
　　　　　 └ 外來語 ┘

국어의 어휘는 크게 고유어와 외래어로 兩分된다.

漢字語는 국어의 語彙체계에 매우 큰 비중을 차지하고 있다. 고유어
가 표현하지 못하는 어휘의 빈자리를 대신해 줄 수 있다는 긍정적인
면이 있는 반면, 이미 존재하는 고유어를 위축시켰다는 부정적인 면도
있다.

고유어는 감각어와 상징어에서 많은 양을 차지하고 있다. 擬聲語나
擬態語의 발달이 그 대표적인 예다.

外來語는 중국어, 몽골어, 여진어, 만주어, 일본어, 서양어 등 여러 언
어에서 들어왔다.

中國語 : 많은 漢字語뿐만 아니라 漢語原音借用 외래어들이 많다.
　　　　　나박(김치)(蘿蔔, 무), 김치(沈菜), 배추(白菜), 시금치(赤根菜),
　　　　　먹(墨), 붓(筆), 실(絲兒), 상투(上頭), 노털(老頭兒), 배갈(빼갈)
　　　　　(白乾兒), 한탕(一趟), 시늉(形容), 핑계(憑借, 憑藉)
몽골語 : 보라매(秋鷹, boro), 송골매(海靑, šingqor), 수라(水剌, šüllen),
　　　　　깁(絹, kib)
女眞語 : 두만강(豆滿江, tümen＜萬＞, 衆水至此合流故名之也), 바치(把
　　　　　持, 工匠), 아씨(了寸 ＜婦＞)
滿洲語 : 朱蒙＜善射＞ ‘朱蒙’의 ‘蒙’과 만주어 /mangga/＜善射＞와 대응
　　　　　된다.

外來語라기보다는 같은 알타이語로서 對應되는 어휘들이 많다.
/muke/(水), /tumen/(萬), /firu-/(祈), /holo/(谷, /kol/) 등.

日本語 : 쓰리(ツリ)꾼, 고데(コテ,鏝)하다, 쇼부(ショウブ, 勝負)보다, 앗
사리(アッサリ)하다. 오뎅(オデン)집, 구두(クツ)방, 다다미(タタ
ミ)방, 찹쌀모지(モチ), (電氣)다마(タマ)

西洋語 : 빵(pão<포>, pan<서>), 뎀뿌라(テンプラ, tempora<포>), 고
무(신)(gomme<프>), 담배(tabacco<포>), 깡패(gang-牌)

같은 漢字로 적힌 단어라도 중국, 일본과는 달리 다른 소리(이른바
東音)로 발음하기 때문에 일반 外來語와는 다른 성격을 지니고 있다.

2.2.3 문법상의 특질

① 국어의 語順配列 : 주성분이 '주어＋목적어＋서술어' 순으로 배열
됨(S＋O＋V, 掉尾式).
영어의 語順配列 : 주성분이 '주어＋서술어＋목적어' 순으로 배열
됨(S＋V＋O, 散列式).

② 국어는 添加語(膠着語)로서 '실사＋허사＋실사＋허사'의 순으로
배열된다.

③ 국어는 높임법이 발달되었다. 높임의 대상에 따라 표현하는 방법
이 다양하다.
先語末어미의 사용 : '-(으)시-'
終結어미의 사용 : '습니다, -(으)오'
높임말(존칭어)의 사용 : '진지, 모시다'

④ 名詞에 性의 구별과 數의 개념, 관계대명사 등이 없고, 형용사에
비교급과 최상급이 없다.

참고 논저

三國史記 <地理志>(1145).
東國李相國集 卷24(1241).
龍飛御天歌(1447).
釋譜詳節(1447) : 권 6, 13, 19.
高麗史 <地理志>(1451).
世宗實錄 <地理志>(1454).
月印釋譜(1459) : 권 1, 2, 6, 8, 23.
訓民正音諺解(1459).
佛說阿彌陀經諺解(1464).
杜詩諺解初刊本(1481) : 권 10, 16.
東國輿地勝覽(1486).
樂學軌範(1493) : 動動, 鄭瓜亭.
樂章歌詞(미상) : 靑山別曲, 翰林別曲.
新增東國輿地勝覽(1530).
杜詩諺解 重刊本(1632) : 권 2, 14.
東國輿地志(1656).
京畿誌(1842).
大東輿地全圖(1864).
大東地志(1865).
京畿邑誌(1871).
畿甸邑誌(1894).
朝鮮地誌資料(1919), 朝鮮總督府.
江華史(1976), 江華文化院.
京畿道史(1979), 第一卷, 경기도.
韓國地誌(1980), 國立地理院.
仁川年鑑(1981-1997), 仁川日報社.

韓國地名要覽(1982), 國立地理院.

한국지명총람(1986), 18 <경기·인천>편, 한글학회.

地名由來集(1987), 國立地理院.

地名由來集(1987), 경기도.

鄕土仁川(1988), 인천직할시.

富川市史(1988), 富川市.

한국땅이름큰사전(1991), <상·중·하>, 한글학회.

仁川市史(1993), <상·중·하>, 仁川市.

富平史(1997), 부평구청.

인천의 생활(1998), 교육부.

교육부(1984, 1991, 1993, 1996), 문법.

______(1992), 고등학교 교육과정.

______(1993), 국민학교 교육과정 해설, 대한교과서주식회사.

______(1994a), 중학교 교육과정 해설, 대한교과서주식회사.

______(1994b), 고등학교 교육과정 해설, 대한교과서주식회사.

______(1995), 고등학교 교육과정 해설.

______(1984), "학교 문법 교과서의 변천 과정", 국어생활 창간호.

______(1996), 고등학교 문법.

______(1997), 중학국어 3-1.

姜秉倫(1994), "地名語의 語構成에 관한 硏究 : 忠淸北道의 固有地名을 중심
        으로", 웅진어문학 제2호, 웅진어문학회.

姜信沆(1957), "軍隊卑俗語에 對하여", 一石 李熙昇 先生 頌壽紀念論叢.

강영봉(1994), "제주지방의 지명", 새국어생활 제4권 제1호, 국립국어연구원.

高永根(1965), "現代國語의 敍法體系에 대한 연구", 國語硏究 15.

______(1981), 中世國語의 時相과 敍法, 塔出版社.

______(1983), 國語文法의 硏究, 탑출판사.

______(1986), "國語의 時制와 動作相," 국어생활 6.

______(1988), 표준 중세국어문법, 塔出版社.

______(1990), "텍스트 이론과 국어통사론 연구의 방향", 배달말 15, 배달말학
        회.

______(1994), 통일시대의 어문문제, 길벗.

______(1998), "학교문법의 전통과 통일화 문제", 선청어문, 제16·17집.

고영근·남기심(1985), 표준국어문법론, 탑출판사.

구도희(1987), "담화 속에서의 생략", 연세대학교 석사논문.

국립국어연구원(1999), 표준국어대사전, 두산동아.

권순기(1994), "지명 부여의 과정과 방향", 새국어생활 제4권 제1호, 국립국어
　　　연구원.

권재일(1995), "국어학적 관점에서 본 언어지식 영역의 지도 내용", 국어교육
　　　연구 제2집, 서울대 사범대학 국어교육연구소.

김광해(1992), "문법과 탐구학습", 선청어문 제20집.

＿＿＿(1997), "고등학교 문법 교육과정의 변화 및 새 교과서의 특징", 한글사
　　　랑 봄호.

김문창(1988), "표준어의 제 문제", 말과글 37, 한국교열기자협회.

金敏洙(1953), "隱語(변말)試考 : 特히 거지말(乞人語)을 中心으로", 국어국문
　　　학 6.

＿＿＿(1971), 국어문법론, 일조각.

＿＿＿(1979), 신국어학, 일조각.

＿＿＿(1986), "학교문법론", 서정범 박사 화갑기념논문집, 집문당.

金相大(1976), "國語時制表示의 특징", 국어교육 26.

김성화(1990), 현대국어의 상 연구, 한신문화사.

김세중(1992), "표준어 규정과 한글 맞춤법의 몇 가지 문제", 말과 글 51, 한국
　　　교열기자협회.

김수업(1989), 국어교육의 원리, 청하.

金承烈(1981), 國語 語順研究, 한신문화사.

김양수(1998), "인천 땅이름 중의 궁금한 몇 가지", 인천땅이름연구회보, 인천
　　　땅이름연구회.

金英培(1994), "북한의 지명", 새 국어생활 제4권 제1호, 국립국어연구원.

김영희(1978), "겹주어론", 한글 162.

＿＿＿(1980), "정태적 상황과 겹주어 구문", 한글 169, 한글학회.

金永泰(1976), "慶南地域의 隱語研究", 논문집 3, 경남대학교.

김용도(1987), "텍스트의 문연결에 관한 연구", 외대논총 5, 부산외국어대학교.

＿＿＿(1989), "언어학적 텍스트 분석(1)", 외대논총 7, 부산외국어대학교.

김용석(1983), "한국어 보조동사 연구," 배달말 8.

김윤우(1998), "<摩尼山>은 <마리산>으로 읽어야 한다", 인천땅이름연구회보,
　　　인천땅이름연구회.

김윤학(1987), "땅이름은 어떻게 만들어지나", 建國語文學 제11·12합집, 건국
　　　대학교.
김은실(1990), "은어에 관한 고찰 : 학생어를 중심으로", 국어교육논문집 16,
　　　대구교육대학.
金恩雨(1963), "隱語를 通해본 女大生 氣質論", 세대통권 5(10월호).
김일웅(1989), "담화의 짜임과 그 전개", 인문논총 34, 부산대학교.
김정수(1984), "17세기 한국말의 높임법과 그 15세기로부터의 변천", 정음사.
金鍾塤 외(1985), 隱語, 卑俗語, 職業語, 집문당.
김종인(1987), "문장언어학의 한계와 담론언어학의 근거", 서울대학교 석사논
　　　문.
金周弼(1991), "'표준어 모음'의 심의 경위와 해설", 말과 글 46, 한국교열기자
　　　협회.
김태자(1992), "담화분석과 그 과정", 국어국문학 107, 국어국문학회.
김택구(1987), "경남 사천군 서포면의 땅이름 : 땅이름의 조어론적 짜임새 고
　　　찰", 建國語文學 제11·12합집, 건국대학교.
金海星(1969), "隱語로 본 時代感覺", 여성동아 20(6월호).
＿＿＿＿(1977), "韓國大學生의 隱語調査 : 남녀대학생 1,270명 응답자료를 중심
　　　으로", 국어국문학 76.
金亨奎(1965), 古歌謠註釋, 一潮閣.
김혜숙(1990), 언어와 삶, 태학사.
南廣祐(1960), 國語學論文集, 一潮閣.
南基心(1972), "現代國語 時制에 關한 問題," 國語國文學 55-57(합병호).
남풍현(1976), "國語否定法의 발달", 문법연구 3.
노명완(1988), 국어교육론, 한샘출판사.
노석기(1984), "국어의 담화와 문장에 대한 특성 비교", 한글 184호, 한글학회.
＿＿＿＿(1990), "우리말 담화의 결속관계 연구", 한글 제208호, 한글학회.
대한교과서주식회사(1988), 국어 어문 규정집.
都守熙(1994), "지명 연구의 새로운 인식", 새국어생활 제4권 제1호, 국립국어
　　　연구원.
文斌永(1995), "國語 標準化와 語文規程", 즈믄 李喆洙 教授 華甲紀念論文集,
　　　태학사.
文光榮(1990), "始興市 牧甘洞지역의 땅이름 調査 研究", 畿甸文化研究 제19
　　　집, 인천교육대학.

文世榮(1936), "변말", 한글 4의 6.

민현식(1983), "학교문법의 격 교육에 대하여", 국어교육 46·47.

______(1990), "國語의 時相과 時間副詞 : 時制,相 ,敍法의 3元的 解釋論," 국어교육 69·70.

______(1991), "학교문법의 불규칙활용교육에 대하여", 선청어문 제19집.

______(1991), 國語의 時相과 時間副詞, 개문사.

______(1992), "현대국어 보조용언 처리의 재검토," 語文論集 第3輯, 淑明女子大學校.

______(1994), "한글 맞춤법(1988)의 문제점에 대하여(1)", 南川 朴甲洙 先生 華甲紀念論文集, 태학사.

______(1995), "국어 오용 어법의 예방적 지도법 연구(1)", 국어교육 89호, 한국국어교육연구회.

박근우(1991), 영어담화문법, 한신문화사.

朴德裕(1995), 談話分析 研究의 展開와 方向, 즈믄 李喆洙敎授 華甲紀念論文集, 太學社.

______(1996), "現代國語의 時間表現에서의 時制와 相에 대하여," 語文研究 91호.

______(1997a), "고등학교 문법교과서의 문제점", 국어교육학연구 제7집, 국어교육학회.

______(1997b), "학교문법의 문제점에 대하여: 옛말의 문법을 중심으로", 인하어문연구 제3호.

______(1997c), 現代國語의 動詞相 研究, 인하대학교 박사논문.

______(1998a), "學校名稱語에 대하여", 仁川地名由來集, 인천시청.

______(1998b), "學校名稱語의 形態·語彙論的 考察", 새국어교육 57, 한국국어교육학회.

______(1998c), 國語의 動詞相 研究, 한국문화사.

______(2001), "大學生의 特殊語 考察 : 이성관계의 언어를 중심으로", 교양교육논문집 제6호, 한국체육대학교.

박성익(1987), 수업방법탐구, 교육과학사.

박승윤(1986), "담화의 기능으로 본 국어의 주제", 언어 11-1, 한국언어학회.

朴良圭(1980), "主語의 省略에 대하여", 국어학 7.

박영목·한철우·윤희원 공저(1995), 국어과 교수학습 방법탐구, 교학사.

______________________(1996), 국어교육학 원론, 교학사.

朴榮順(1985), "고등학교 문법교육의 문제점", 사대논집 10, 고려대 사대.

_____(1986), 韓國語統辭論, 집문당.

_____(1986), "국어문법 교육으로서의 의미론에 대하여", 한국어문교육, 창간
　　　호, 고려대 국어교육과.

_____(1998), 한국어 문법교육론, 박이정.

박정규(1995), "문법교육을 위한 일고찰", 부속학교 교육논문집, 서울대 사범
　　　대학.

朴荣花(1992), "國語 談話의 主題構造 研究", 서울대 석사논문.

徐康和(1989), "改定된 正書法의 是非点 -표준어 査定員의 意識背景批判-", 말
　　　과 글 41, 한국교열기자협회.

서덕현(1992), "학교문법의 경어법 기술에 관한 연구", 서울대 박사논문.

徐炳國, 柳基龍(1979), "大學生隱語考", 경북대교육연구지 21, 경북대학교.

徐廷範(1960), "隱語文字考 : 주로 서울 裏巷社會 그룹을 중심으로", 국어국문
　　　학 19.

서정수(1981), "합성어에 관한 문제", 한글 173 · 174(합병호).

徐泰龍(1988), "국어활용어미의 형태와 의미", 탑출판사.

成光秀(1982), "국어 표현양상과 통사구조", 한글 176.

_____(1987), "중 · 고 국어문법 내용의 적절성과 연계성", 사대논집 12. 고려
　　　대.

성낙수(1993), "대학생들의 은어 고찰", 한국어문교육, 교원대.

손영애(1986), "국어과교육의 성격과 내용체계", 선청어문 14 · 15합집, 서울대
　　　국어교육과.

_____(1994), "국어과 교육의 목표와 내용", 국어교육학연구 제4집.

宋喆儀(1989), 국어의 파생어형성 연구, 서울대 박사논문.

申敬淳(1977), "地名의 類型的 研究 : 忠北地名을 중심으로", 명지대 석사논문.

_____(1975), "國語 助詞의 研究", 국어국문학 67.

_____(1991), "國語 正書法의 批判的 回顧", 語文研究 69. 韓國語文教育研究
　　　會.

_____(1992), 國語正書法研究, 集文堂.

신현숙(1989), "담화 대용 표지의 의미 연구 : 그래서, 그러니까, 그러나, 그렇
　　　지만을 대상으로", 국어학 19, 국어학회.

심영택(1995), "언어지식 내용의 조직방식에 대한 국제비교연구", 국어교육연
　　　구 제2집, 서울대 사범대학 국어교육연구소.

沈雨晟(1969), "걸립패 隱語들", 세대 67(2월호).

沈在箕(1982), 국어어휘론, 집문당.

元大誠(1985), "名詞의 相的 特性에 대한 研究," 國語研究 第65號.

元學喜(1994), "서울 地方의 地名", 새국어생활 제4권 제1호, 국립국어연구원.

유구상(1987), "대학생의 언어와 은어", 한글 162, 한글학회.

柳敏榮(1982), "大學生의 言語生活 : 大學社會의 隱語・俗語를 중심으로", 생
    활연구 1, 한양대학교.

柳在泳(1982), "우리고장의 땅이름", 傳來地名의 研究, 원광대학교.

尹載遠(1988), "國語 補助動詞의 談話分析 研究", 영남대학교 박사학위논문.

尹錫敏(1989), "국어의 텍스트 언어학적 연구 試論", 서울대학교 석사논문.

윤희원(1988), "문법교육 강좌 모형 개발을 위한 연구", 한국국어교육연구회
    논문집, 제33집.

윤태수(1985), "은어에 나타난 여대생의 의식구조", 학생생활연구 5, 상명여대.

李圭昌(1976), "隱語・卑俗語 調査研究", 군산교대논문집, 군산교대.

이기동(1976), "조동사의 의미분석," 문법연구 3.

李基文(1972), 古典國語, 志學社.

李南淳(1981), "現代國語의 時制와 相에 대한 研究," 國語研究 46.

______(1995), "국어의 syntagm과 paradigm을 위하여," 國語學 25.

이대규(1994), "문법 수업 설계의 방법", 선청어문 제22집.

이도영(1996), "국어과 교육의 이념, 목표, 내용의 설정방안", 국어교육학연구
    제6집.

李敦柱(1965), "全南地方의 地名에 關한 考察 : 특히 Suffix의 分布를 중심으로
    한 試攷", 國語國文學 29, 국어국문학회.

______(1994), "지명의 전래와 그 유형성", 새국어생활 제4권 제1호, 국립국어
    연구원.

이성영(1995), "언어지식 영역지도의 필요성과 방향", 국어교육연구 제2집, 서
    울대 사범대학 국어교육연구소.

______(1997) "교육문법의 필요성과 조건", 한글사랑, 봄호.

李崇寧(1957), "隱語考 : 雪嶽山 山蔘採取人의 隱語를 중심으로 하여", 一石
    李熙昇 先生 頌壽紀念論叢.

______(1961), 中世國語文法, 을유문화사.

李承旭(1990), "표준어와 문화어의 비교와 검토", 말과 글 51, 한국교열기자협
    회.

李庸周(1990), "談話 單位로서의 適格文에 대하여", 국어교육 71-72, 국어교육
　　　연구회.
_____(1979), "교육을 위한 국어 문법 기술의 통일에 대하여", 국어교육 35.
_____(1995), 국어교육의 반성과 개혁, 서울대학교출판부.
이은상(1933), "'심메만이'의 '변말'", 東亞日報 10월 9일.
李種奭(1966), "妓生房隱語", 신동아 22(6월호).
李勳鍾(1965), "곁말攷", 국어국문학 28.
이은정(1991), "부사화 접미사 '-이, -히'에 대하여", 말과 글 46, 한국교열기자
　　　협회.
이은희(1994), "언어 영역의 위상과 내용선정 방식에 관한 연구", 선청어문 제
　　　22집.
_____(1995), "언어지식영역 교수학습 방법연구", 국어교육 87·88.
이을환·이철수(1977), 韓國語文法論, 개문사.
李翊燮(1978), "相對時制에 대하여", 관악어문연구 3.
_____(1992), 國語表記法研究, 서울大學校出版部.
이익섭·임홍빈(1983), 國語文法論, 학연사.
이종덕(1997), "학교문법의 교육의 향방", 한글사랑 봄호.
李智凉(1982), "現代國語의 時相形態에 관한 研究," 國語研究 51.
李喆洙(1982), "地名言語學研究序說(I) : 地名言語學　研究領域을　중심으로",
　　　語文研究 제35호.
_____(1984), "學校文法論(1, 2)", 語文研究 제42·43호, 韓國語文教育研究會.
_____(1985), "學校文法論(3, 4)", 語文研究 제45호, 韓國語文教育研究會.
_____(1985), "學校文法의 성격", 국어교육 53·54.
_____(1986), "學校文法論(5)", 語文研究 제49호, 韓國語文教育研究會.
_____(1992), 國文法의 理解, 인하대출판부.
_____(1993), 國語文法論, 개문사.
_____(1994), 國語形態學, 인하대출판부.
_____(1997), "韓國의 行政區域 地名語에 대하여", 名稱科學, 제4호.
李忠求(1986), "隱語 造語考", 공주교대논총 제22권 제2호.
이충우(1991), "학교 문법의 교육에 대한 몇 문제", 국어교육학연구 제1집.
이형석(1998), 인천의 땅이름, 가천문화재단.
李薰益(1987), 仁川地誌, 美文出版社.

______(1993), 仁川地名考, 仁川地方鄕土文化硏究所.

李熙昇·安秉禧(1989), 한글 맞춤법 강의, 신구문화사.

이희재(1981), "학교문법과 변형문법의 접목", 충북대론문집(인문·사회과학
　　　편).

林萬榮(1982), "隱語에 關한 考察 : 學生語를 중심으로", 서울교대논문집 15,
　　　서울교대.

임용기(1995), "<조선지지자료>와 부평의 지명", 畿甸文化硏究 제24집, 인천
　　　교육대학교.

임지룡(1997), "학교문법의 새 교과서 내용 검토", 한글사랑 봄호.

任洪彬(1978), "被動性과 被動構文", 국민대논문집 12.

______(1987), "국어 부정문의 통사와 의미", 국어생활 10.

張京姬(1985), 現代國語의 樣態範疇 硏究, 탑출판사.

張泰鎭(1965), "造語論(Word-formation) 硏究(上) : 犯罪人 隱語를 中心으로",
　　　국어국문 28.

______(1998), 국어변말사전, 한국문화사.

______(1998), 국어변말의 사회언어학적 연구, 한국문화사.

정문수(1984), "相的 特性에 따른 韓國語 풀이씨의 分類," 문법연구 5.

정재도(1988), "맞춤법, 표준말 규정, 발음법-문교부 규정들(1988)의 문제점-",
　　　한글새소식, 189호, 한글학회.

______(1989), "고친 맞춤법과 표준말 적용하는데 조심해야", 말과 글 38, 한
　　　국교열기자협회.

丁濬燮(1988), "한글 맞춤법 개정 방향과 운용 방향", 말과 글 34, 한국교열기
　　　자협회.

정회자(1994), "시제와 상의 화용상 선택조건," 애산학보 15집.

趙成植 외(1990), 英語學辭典, 信雅社.

趙俊學(1980), "話用論과 공손의 규칙", 語學硏究 16-1.

조항범(1994), "扶餘 地方의 地名, 새국어생활 제4권 제1호, 국립국어연구원.

주경희(1992), "국어 대명사의 담화분석적 연구", 서울대학교 교육학 박사학위
　　　논문.

蔡 琬(1986), 國語語順의 硏究, 탑출판사.

최근식(1998), 인천 향토사, 개마서원.

최현배(1937), 우리말본, 연희전문출판부.

최영환(1992), "국어교육에서의 문법지도의 위상", 국어교육학연구 제2집.

______(1994), "언어 지식 영역의 목표와 내용", 국어학 연구, 남천 박갑수선
　　　생 화갑기념논문집, 태학사.
한국교육개발원(1992), "제6차 교육과정 각론 개정연구 중학교 국어과", 한국
　　　교육개발원.
______________(1992), "제6차 교육과정 각론 개정연구 고등학교 국어과", 한
　　　국교육개발원.
한글학회(1992), 우리말 큰사전, 어문각.
黃炳淳(1986), "국어 동사의 상 연구," 배달말 11호.
______(1986), "국어 복합동사에 대하여", 嶺南語文學 13.
洪允杓(1979), "국어의 조사", 언어 4-2.
______(1981), "近代國語의 處格表示와 方向表示의 格", 東洋學 11.
홍종선(1997), "학교문법과 문법교과서", 한글사랑 봄호.
허영자(1987), "여대생의 은어", 학생생활연구 10, 성신여대.
허　웅(1975), 우리옛말본, 샘문화사.

南不二男 外(1983), "談話の研究と敎育の必要性", 談話の研究と敎育 I.
國立國語研究所(1983), 談話の研究と敎育 I, 東京 大藏省.
小倉進平(1927), "平安南北道の方言 : 山蔘採取業者の隱語", 京城帝國大學 法
　　　文學部 研究調査 冊子 제1집.
______(1930), "咸鏡南道及び 黃海道の方言 : 山蔘採取業者の隱語", 京城帝
　　　國大學 法文學部 研究調査冊子 제2집.
油谷幸利(1978), "現代韓國語의 動詞分類 : aspect를 중심으로," 朝鮮學報 제87
　　　輯.

Alexander, P.D.(1981), *Events, Processes and States in Syntax and Semantics* 14,
　　　New York, Academic Press.
Asher, R.E.(1994), Slang, *The Encyclopedia of Language and Linguistics*, Vol. 7,
　　　Pergamon Press Ltd, Oxford.
Ballmer, Th.(1975), *Sprachrekonstruktion systeme*, Kronberg, Scriptor.
__________(1981), Words, Sentences, Texts, and all that, *Text* 1, 2.
Bloomfield, L.(1933), *Language*, New York, Holt, Rinehart & Winston.
Brown, G., & Yule(1983), *Discourse Analysis*, Cambridge, Cambridge University
　　　Press.

Comrie, B.(1976), *Aspect*, Cambridge Univ. Press.

Coulmas, F.(1989), *The Writing Systems of the World*, Oxford, Blackwell.

Connor, U., & Farmer, M.(1985), *The teaching of topical analysis as revision strategy : An exploratory study*, Paper presented at the annual meeting of the American Educational Research Association, Chicago.

Coulthard, M.(1977), *An Introduction to Discourse Analysis*, London, Longman.

De Beaugrande, R. & W. Dressler(1981), *Introduction to Text Linguistics*, London, Longman.

Dressler, W.(1972), *Trends in Textlinguistics*, Walter de Gruyter.

__________(1973), *Einfuhrung in die Textlinguistik*, Max Niemeyer Verlag, Tubingen.

Dumas, B.K., Lighter, J.(1978), Is slang a word for linguists *AS* 53.

Elson, B., & Pickett, V.(1983), *Beginning Morphology and Syntax*, Dallas, Texas, SummerInstitute of Linguistics.

Fischer, C.S.(1975), Toward a subcultural theory of urbanism, *American Journal of Sociology* 80.

Flexner, S.B.(1960), Preface, *In the Dictionary of American Slang*, Crowell, New York.

Flexner, S.B.(1974), *Slang*, Encyclopaedia Brittanica, vol.16, U.S.A.

Forsyth, J.(1970), *A Grammer of Aspect, Usage and Meaning in the Russian Verb*, Cambridge Univ. Press.

Frederiksen, C.H.(1975), *Representing logical and Semantic Structure of Knowledge acquired from discourse*, Cognitive Psychology 7.

Garey, H.B.(1957). "Verbal aspect in French," *Language* 33.

Givón, T.(1979), *Syntax and Semantics* Volume 12, Discourse and Syntax New York, Academic Press.

________(1984), *Syntax: A Functional - Typological Introduction* Vol.1., Amsterdam/ Philadelphia, John Benjamins Publishing Company.

Gumperz, J.(1982), *Discourse Strategies*, Cambridge University Press.

Halliday, M.A.K. & Hasan, R.(1976), *Cohesion in English*, London, Longman.

________(1989), *Language*, Context and Text, Oxford University Press.

Harris, Z.(1952), Discourse Analysis, *Language* 28.

Harweg, R.(1968), *Pronomina und Textkonstitution,* Fink.

Hinds, J.(1976), *Aspects of Japanese Discourse Structure*, Kaitakusha.

Hymes, D.(1964), *Language in Culture and Society*, New York, Harper & Row.

Jespersen, O.(1924), *The Philosophy of Grammar*, London, George Allen & Unwin Ltd.

Karttunen, L.(1968), *What Makes Noun Phrases Definite,* Santa Monica, Rand Corporication TRP.

Lautamatti, L.(1978), Observations on the development of the topic in simplified discourse, *Text linguistics, cognitive learning, and language teaching*, Turku, AF in LA.

Maslov, Ju. S.(1962), *Voprosy Glagol'nogo Vida,* Sbornik. Moscow.

Mackay, C.(1980), *Memoirs of Extraordinary Popular Delusions and The Madness of Crowds,* Bonanza, New York.

Maurer, D.W., High, E.C.(1980), New words : Where do day come from and where do day go, *AS* 55.

Morgan, J.L. and Sellner, M.B.(1980), *Discourse and linguistic theory*, In Spiro et al., eds.

Motsch, W.(1987), Satz, Text, Sprachliche Handlung, *Studia grammatica* XXV.

Quirk, R., Greenbaum, S., Leech, G. and Svartvik, J.(1985), *A Comprehensive Grammar of the English Language*, London and New York, Longman Inc.

Sampson, G. (1985), *Writing Systems : A Linguistic Introduction*, Stanford University Press.

Sanford, A.J. & Garrod, S.C.(1981), *Understanding Written Language* Chichester, Wiley.

Schmidt, S.J.(1971), *Text und Geschichte als Fundierungskategorien*, in, W., D.

Sturtevant, Edgar H.(1947), *An Introduction to Linguistic Science*, New Haven, Yale University Press.

Stubbs, M.(1973), Some structural complexities of talk in meetings, *Working Papers in Discourse Analysis* 5, University Birmingham, Mimeo.

__________(1983), *Discourse Analysis,* the sociolinguistic analysis of natural language, Oxford, England.

Stewart, George R. 지음(1975) 朴德裕 번역(1996), "命名者로서의 인간", 지구에 대한 이름들, 名稱科學 제2호, 名稱科學硏究所.

Vachek, J.(1973), *Written Language,* General Problems and Problems of English,

The Hague, Mouton.

Van Dijk, T.A.(1977a), Connectives in Text Grammar and Text Logic, *Grammars and Descriptions*, eds. by van Dijk & Petofi, Berlin, Water de Gruyter.

____________(1977b), *Text and Context*, London, Longman.

Vendler, Zemo(1967), "Verbs & Times," *Linguistics in Philosophy*, Cornell Univ. Press.

Widdowson, H.G.(1979), Rules and procedures in discourse analysis in (ed.)T. Myers, *The Development of Conversation and Discourse,* Edinburgh University Press.

Wolff, K.H.(1950), *The Sociology of Georg Simmel*, Free Press, New York.

Wunderlich, Dieter(1971), Pragmatik, Sprachsituation, Deixis, *Literaturwissenschaft und Liguistik*, 1.

文法敎育의 탐구

2002년 10월 5일 초판 1쇄 인쇄
2002년 10월 15일 초판 1쇄 발행

저자/ 朴德裕
발행인/ 김진수

발행처/ 한국문화사
133-122 서울시 성동구 성수1가2동 13-156
전화/ 02)464-7708, 3409-4488
팩스/ 02)499-0846
E·mail/ hkm77@korea.com
URL/ www.hankookmunhwasa.co.kr
등록번호/ 제2-1276호

값13,000원

ISBN 89-7735-960-0 93710